KB174854

한·중·일 문헌 교류와 유통을 통해 본 지식의 영향력

이 저서는 2017년 대한민국 교육부와 한국연구재단의 지원을 받아 수행된 연구임
(NRF—2017S1A6A3A01079180)

지식인문학총서
(지식 사회화 2)

한·중·일 문헌 교류와 유통을 통해 본 지식의 영향력

단국대학교 일본연구소 HK+ 사업단 기획

최석원, 허재영, 노경희, 홍성준, 이성현 지음

경인문화사

발간사

　본 총서는 한국연구재단의 2017년 HK+ 인문기초학문 분야 지원
사업에 선정된 단국대학교 일본연구소의 "지식 권력의 변천과 동아시
아 인문학－한·중·일 지식 체계와 유통의 컨디버전스－" 사업 수행
결과물을 정리·보급하는 차원에서 기획된 총서의 하나이다. 본 사업
은 15세기 이후 20세기 초까지 한·중·일 지식 체계의 형성·변화 및
지식 유통의 메커니즘을 규명함으로써 그와 관련된 지식 권력의 형성
과 지형 변화 등을 연구하는 데 목표를 두고 있다.

　지식이란 사물이나 대상에 대한 인간의 명료한 의식 전반을 일컫
는 용어로, 실증적 학문 이론뿐만 아니라 때로는 종교적이거나 형이
상학적 인식을 지칭하는 용어이다. 동서양의 지식 관련 담론과 서적
은 이루 헤아릴 수 없을 정도로 많고 다양하다. 지식의 탄생과 진화,
지식의 체계와 구조 등에 대한 연구 성과도 마찬가지이다. 이는 인간
사회와 역사에서 지식의 영향력이 그만큼 크다는 것을 의미한다. 곧
지식은 그 자체로서 이데올로기성을 띨 뿐만 아니라 권력과 밀접한

관련을 맺고 있다는 뜻이다.

본 연구소의 HK플러스 사업팀이 15세기를 기점으로 동아시아 지식 지형과 권력의 상관성을 키워드로 하여 한국 지식사를 규명하고자 한 의도는 한국 학문 발전사뿐만 아니라 한·중·일의 지식 교류사, 지식의 영향력, 지식 사회의 미래 등을 집중적으로 연구할 수 있는 토대를 갖추고, 이를 기반으로 본 연구소를 세계적인 지식 담론의 생산처로 발돋움하게 하는 데 있다. 본 연구소에서 다루어야 할 지식 담론은 전근대의 한·중·일 지식 현상뿐만 아니라 본 대학의 위치한 경기 동남부를 중심으로 한 각 지역의 지역학, 이를 기반으로 한 국내 각 지방의 지역학 네트워크 구축, 인접 국가인 중국과 일본의 지역학 등을 포함한다.

이를 위해 본 사업단의 '지식 기반', '지식 지형', '지식 사회화' 팀은 지속적으로 스터디를 진행하고, 집필자를 선정하며 주제에 부합하는 총서 개발을 진행해 왔다. 더욱이 2차 연도부터는 학술지에 미리 발표한 논문을 최대한 배제하고, 창의적인 원고를 수합하는 데 힘썼으며, 부록 자료도 총서 개발에 바탕이 되었던 것을 선별하는 데 힘썼다. 이에 따라 2년차 총서는 지식 기반 팀의 '번역 문제', 지식 지형 팀의 지식의 구조와 지형 변화 탐색을 위한 '교육' 문제, 지식 사회화 팀의 '문헌 유통과 지식 공유 문제'를 주제로 1차 연도의 사업 결과를 심화하는 데 중점을 두고자 하였다.

이번에 발행하는 지식 사회화 팀의 『한·중·일 문헌 교류와 유통을 통해 본 지식의 영향력』은 지식의 사회사와 관련된 다수의 이론서를 바탕으로, 한·중·일 문헌 교류의 실제 사례를 중점적으로 살피고자 하였다. 이 점에서 이번 총서에서는 이론적인 면보다 사례 중심의 연구가 더 많은 비중을 차지하고 있는데, 이는 사업단에서 지식의 영향력에 대한 귀납적 연구를 모색하고자 했기 때문이다. 제1부에서는 '근대 동아시아 번역 서학서'의 유통과 관련된 논문(허재영)과 '세설 신어보'와 관련된 논문(노경희) 두 편을 수록하였으며, 제2부에서는 일본에서의 '수호전물'(홍성준)과 '당시 선집의 정전화 문제'(최석원) 를 연구한 논문을 수록하였다. 제3부는 목록류 도서를 통해 본 근현 대 일본의 한중 관계 연구(허재영)와 '점석재화보'(이성현)를 대상으 로 한 매체 변화의 특성을 다룬 논문을 수록하였으며, 부록으로 연구 논문 작성에 활용된 근대 중국의 번역 서학서 두 종을 발췌·번역하여 수록하였다. 아무쪼록 본 총서가 본 사업단의 지식 인문학 연구를 비 롯하여, 학계의 연구에 기여할 수 있기를 소망한다.

2019년 12월 1일
단국대학교 HK+사업단 연구 책임자 허재영

목차

제1부 문헌의 유통 그리고 지식의 공유

근대 동아시아의 번역 서학서 유통과
지식의 확장 과정에서 서양인의 역할

허재영

1. 서론

이 연구는 근대 한·중·일 번역 서학서의 유통 상황을 통해 서양인의 동아시아에 대한 시각이 어떠했으며, 그 결과 동아시아의 근대 지식사회가 어떻게 변화해 갔는지를 규명하며, 그 과정에서 서양인의 역할을 연구하는 데 목표를 둔다.

근대 동아시아에서의 번역 서학서는 지식 유통 경로나 방식, 유통 양상 등이 시대 상황에 맞게 다양한 모습을 띤다. 중국의 경우 명말·청초부터 시작된 서양서 번역이 아편전쟁 직후인 1850년대부터 활발해지며, 1850년대 실용지식전파회 성립, 1868년 강남 제조총국 번역국 설립, 1887년 광학회 등으로 이어지면서 비교적 방대한 번역 서학서가 산출된다. 일본에서의 서학서 번역은 1770년대 『해체신서(解體

新書)』라는 네덜란드어 해부학 번역서가 등장하고, 오규 소라이(荻生徂徠)의 『역문전제(譯文筌蹄)』(1753년 澤田吉左衛門 발행), 1847년 우다카와 요안(宇田川榕菴)의 『세이미가이소(舍密開宗)』라는 번역 화학서가 출현하는 등 중국과 다른 경로를 보일 때가 많다. 비록 메이지 시대를 전후하여 상하이(上海)와 나가사키(長崎)의 긴밀한 지식 통로가 형성되지만, 서구 지식의 유입과 유통 과정에서 차이를 보이는 셈이다. 이에 비해 개항이 늦은 한국의 경우, 전통적인 연행사와 통신사의 지식 유입 경로에서 1880년대 일본과 중국 이외에 선교사를 통한 새로운 지식 유입 통로가 형성되기 시작한다.

동아시아 근대 지식의 확장 양상은 지식 유입과 유통 양상뿐만 아니라 지식 수입 방식에도 일정한 차이를 보인다. 예를 들어 중국의 경우 서양인과 중국인의 협업 번역 방식인 '구역필술(口譯筆述)' 문화가 발달한 반면, 일본의 경우 서구 지식을 일본식으로 직접 번역하여 전파하거나 중국을 통해 들어온 번역 서학서에 '훈점(訓點)'을 표기하는 방식이 발달하였다. 이에 비해 한국은 서양서를 직역하기보다 한역 서학서를 번역하거나 여러 책을 발췌하여 번역하는 이른바 '역술(譯述)' 문화가 발달한다.

이와 같은 흐름에서 근대 동아시아 번역 서학서 유통과 지식이 확장되는 과정에서 선교사나 외교관을 중심으로 한 서양인들의 역할이 적지 않았음을 확인할 수 있는데, 본 연구에서는 한·중·일 근대 번역 서학서의 실체를 대상으로 근대 지식의 확장 과정에서 서양인의 역할을 규명하는 데 중점을 둔다.

2. 근대 동아시아의 번역 서학서와 지식 유통 양상

1880년 6월 존 프라이어(중국명 傅蘭雅)가 저술한 『역서사략(譯書事略)』의 서문을 살펴보면 "강남 제조국 내 번역관을 설치한 지 10여 년 원근 여러 친구들이 그 일을 들은 바 있으나, 일의 본말과 이로움을 알지 못하는 사람이 있다. 일찍이 서양 사람의 서적을 찾아 살피고자 한다면 이 서적관이 원류(源流)가 된다.[1]"라고 하여, 중국에서의 번역 서학서 유통과 상해 강남제조총국(江南製造總局) 번역관(飜譯館) 설립이 중국에서의 서양 근대 학문 수용에서 매우 중요한 역할을 했음을 밝히고 있다.

『역서사략』은 번역관의 유래를 밝힌 '논원류(論源流)', 번역 방법을 논한 '논역서지법(論譯書之法)', 역서의 이익을 논한 '논역서지익(論譯書之益)', 역서의 종류와 목록을 적은 '논역서각수목여목록(論譯書各數目與目錄)'으로 구성되어 있는데, 그 가운데 '원류'에서는 번역관의 핵심 인물로 서수(徐壽)와 화형방(華蘅芳)을 살펴볼 수 있다. 이 두 사람은 1855년 상해(上海) 묵해서관(墨海書舘)에서 만난 적이 있으며, 마테오리치(중국명 利瑪竇) 이후 서양의 격치서에 관심을 갖고 1862년 증문정공(曾文定公: 曾國藩)의 천거에 따라 번역 업무를 맡기 시작했는데, 1868년 번역관 창설 이후 서양서 번역의 핵심적인 업무를 담당하였다. 이러한 설명으로 볼 때 중국에서의 서양서 번역은 16세기 마테오리치 이후 1800년대 중반까지 『기하원본(幾何原本)』, 『대미적(代微積)』(알렉산더 와일리, 중국명 偉烈亞力 번역), 『중학(重學)』(요셉 에

---

1) 傅蘭雅, 『譯書事略』, 序. 1880. 江南製造總局內 設繙繹館十餘年 遠近諸君幾若共聞. 然其中本末補益 尙有未詳知者 屢承顧問 且常有西人書緘頻寄訊 此館之源流.

드킨스, 중국면 艾約瑟) 등 다수가 존재했으나, 번역관 설립 이후 그
것이 체계화된 것으로 보인다. 참고로 『역서사략』 제4장 '논역서각수
목여목록'에서는 '이미 간행하여 판매하는 서적명'(제1류), '번역했으
나 간행하지 않은 서적명'(제2류), '번역을 진행했으나 전체를 번역하
지는 못한 서적명'(제3류)를 종합하여 당시의 번역 상황을 표로 나타
낸 바 있다.

1880년 당시 중국의 번역서 발행 상황

各門等書	旣刊成者	尙未刊者	未譯全書	已譯出者
算學測量等書	22부(部)	계52본(本)	2부 계8본	3부 계5본
汽機等書	7부 17본	3부 6본	1부	계 2본
化學等書	5부 19본	1부 1본	1부	계 4본
地理等書	8부 12본	0	2부	계 9본
地學等書	5부 12본	0	0	0
天文 行船 等書	9부 27본	3부 4본	0	0
博物學 等書	6부 14본	4부 5본	1부	1본
醫學等書	2부 8본	1부 6본	2부	10본
工藝等書	13부 15본	9부 26본	0	0
水陸兵法等書	15부 41본	9부 26본	2부	2본
年代表 新聞紙 等	6부 10본	1부 1본	0	0
造船等書	0	3부 13본	1부	1본
國史等書	0	5부 16본	0	0
交涉公法等書	0	2부 26본	0	0
呑件等書	0	2부 2본	0	0

(旣刊 98部 225本, 尙未刊 45部 142本, 未譯全書 13部 43本)

이 수목(數目)에서 '본(本)'을 '책(冊)'을 의미하는 것이며, 부(部)는 종
수(種數)를 의미한다. 이는 구체적으로 '목록(目錄)'을 통해 확인할 수
있는데, 기간(旣刊) 목록은 『운규약지(運規約指)』(傅蘭雅, 徐建寅), 『대수
술(代數術)』(傅蘭雅, 華蘅芳) 등 98종으로 제조총국이나 격치서원, 미화서
관 등을 통해 판매되는 책들이다. '기역성미각(旣譯成未刻)' 서적은 『결
의수술(決疑數術)』(傅蘭雅, 華蘅芳), 『대수총법(代數總法)』(傅蘭雅, 華蘅

芳) 등 45종이며, '상미역전(尙未譯全)' 목록은 『내단수리(奈端數理)』(傅蘭雅, 李善蘭), 『질수증명(質數證明)』(傅蘭雅, 徐壽) 등 13종이다. 또한 '수목(數目)과 목록(目錄)'에는 '익지서회에서 모방 저술한 각종 서적 목록(益智書會擬著各種書目錄)' 42종과 '중국에 거주하는 서양인이 스스로 번역한 책 목록(寓華西人自譯各書目錄)' 62종이 포함되어 있다. 이상과 같이, 추가 조사가 필요하지만 『역서사략』의 '수목'과 '목록'은 1880년까지 중국에서 유통된 번역 서학서의 대략적인 상황을 보여준다.[2]

이러한 흐름에서 1880년대부터 1900년대까지 번역 서학서 유통과 관련한 주요 자료 가운데 하나는 '광학회 서목(廣學會 書目)'이다. 광학회는 1887년 상해에서 영국인 선교사들이 중심이 되어 조직한 단체로, 처음 조직할 때는 '동문서회'였다. 윌리엄슨(중국명 韋廉臣), 알렌(중국명 林樂知), 하트(중국명 赫德) 등이 중심이 되어 "중국의 양민법(養民法)을 위해 서양 지식을 배울 수 있도록" 한 목표로 출발한 광학회는 1892년 각 지역에 분회를 두어 활동할 정도로 서양 지식 보급에 큰 역할을 하였다. 1893년 8월 『만국공보(萬國公報)』에서 확인할 수 있는 이 단체의 번역 서학서는 대략 90여 종(리처드, 중국명 李提摩太의 미인출본 포함)이었는데, 1907년 8월에는 264종으로 늘어난다.[3]

광학회 서목에서 주목할 점은 '윌리엄 마틴(丁韙良), 파베르(花之安), 존 프라이어(傅蘭雅), 윌리엄슨(韋廉臣), 뮈르헤르(慕維廉), 알렌(林樂知), 리처드(李提摩太)' 등과 같이 서양서를 중국어로 번역하는 데 헌신한 사람들이 비교적 다수 존재한다는 점이다. 이들은 선교사 또는 외교관으로써 종교 서적뿐만 아니라 서양의 역사, 과학기술, 의학

---

2) 이에 대해서는 허재영, 근대 중국의 서학 수용과 한국에서의 번역 서양서 수용 양상, 『어문학』, 2019, 144쪽(한국언어문학회, 305-312쪽)에서 소개한 바 있다.
3) 허재영, 위의 논문, 312-315쪽 참고.

서 등 다양한 서적을 중국어로 번역하는 데 기여하였다.

일본에서의 서양 문명은 천정(天正)·경장기(慶長期)(1573~1615) 서양인이 일본에 오면서 전래된 것으로 알려져 있는데, 이때 전해진 의학을 남만류(南蠻流)라고 한다. 난학 번역 과정의 어려움을 회고한 스기타 겐파쿠(杉田玄白)의 『난학사시(蘭學事始)』에 따르면 이 시기를 전후하여 막부가 네덜란드 배의 상륙을 허가했으며, 이들 상선을 타고 온 외과 의사들을 중심으로 '네덜란드류 외과'가 성립되었으며, 그들의 수술법을 목도하면서 서양의 외과 기술이 유입되고, 그 과정에서 네덜란드어 학습이 이루어진 것으로 알려져 있다.[4]

난학의 유입 과정에서 처음에 막부는 서적 유입을 금지했는데, 1720년 도쿠가와 요시무네(德川吉宗, 1684-1751)가 금지령을 완화하면서 네덜란드 학술 서적이 일본에 유입되었다. 이에 따라 일본에서의 서양서 번역은 스기타 겐파쿠(杉田玄白)·마에노 료타쿠(前野良澤)에 의해 번역된 『해체신서(解體新書)』부터 본격적으로 시작되었다. 이 책은 네덜란드 의학에 관심을 갖던 겐파쿠가 번역을 결심하고, 네덜란드어를 알고 있던 료타쿠가 주도적으로 번역한 것으로 알려져 있는데,[5] 그 당시 네덜란드 의학 용어에 해당하는 일본 학술어가 없었으므로 번역 과정에서 많은 논란이 존재했던 것이다.

난학의 유입과 함께 일본에 번역된 책은 마에노 료타구(前野良澤, 1723-1803)가 1777년 번역한 『번역운동법(飜譯運動法: 혼야쿠 운도호)』, 『측요도설(測曜圖說: 소쿠요키주세츠)』 등이 널리 알려져 있다. 이 책은 천문 역학과 관련된 책들로, 난학의 세 분야(의학, 천문 역학, 세

---

4) 杉田玄白·緒方富雄 校註, 『蘭學事始』, 岩波書店, 2018, 11-13쪽.
5) 홍성준, 서양 지식의 전달을 위한 번역의 시작과 그 양상, 『지식 산출의 기반으로서 근대 번역의 기능』, 평사리.

게 지리학) 가운데 하나라고 할 수 있다.[6] 난학의 발달은 새로운 번역 용어 산출에 기여하였는데, 미우라 바이엔(三浦梅園, 1723-1789)과 같은 사람은 조리(條理) 탐구서로 『현어(玄語: 겐코)』, 과학개론 관련 서로 『췌어(贅語: 세이고)』, 인륜 철학서로 『감어(敢語: 간고)』(이를 바이엔 3서라고 함) 등을 저술하면서, quality = 性(せい), quantity = 量(りょ), substance = 質(しつ), matter = 物質(ぶっしつ), mass = 質量(しつりょ), body = 物體(ぶったい) 등의 용어를 만든 것으로 알려져 있다.[7]

일본의 근대화가 번역과 함께 시작되었다는 사실은 가노 마사나오(鹿野政直)의 『근대 일본 사상 안내(近代日本思想案內)』에서도 확인된다. 이 책에서는 일본의 근대사상이 메이지 이후 본격화된 계몽사상에 기반을 두고 있으며, 메이로쿠샤(明六社)를 비롯한 계몽 운동이 사상뿐만 아니라 번역어 형성에도 중요한 역할을 하고 있음을 강조하고 있다. 그는 '번역의 시대'에서 "계몽주의는 飜譯의 시대를 가져 왔다는 점에서 근대 일본의 지적 환경의 형성에 결정적인 영향을 주었다. 飜譯은 구미 사회가 산출한 사상이나 기술(양자가 확연하게 나누어지지는 않지만)을 습득함에 있어, 유학이나 원서 강독(이라는 말이 있지만)보다 훨씬 중요한 통로가 되었다고 말하는 데 그칠 것이 아니다.[8]"라고 말한다. 이처럼 난학에 기반을 둔 근대 일본의 서양서 번

---

6) 이종찬, 『난학의 세계사-중화적 세계를 넘어 일본이 유럽과 열대에서 접속하다』, 알마, 2014.

7) 三浦梅園, 『梅園選集』, 岩波書店, 1912.

8) 鹿野政直, 『近代日本思想案內』, 岩波文庫, 2000. 啓蒙思想は飜譯の時代をもたらしたという点で, 近代日本の知的環境の形成に決定的な影響を與えました. 飜譯は歐米社會の生みだした思想や技術(兩者は裁然とわけられるものではありませんか)を習得するにさいして, 留學や 原書講讀(という言葉ができたのですが)よりはるかに太い管になったというだけにとどまりません.

역은 1800년대 '난화(蘭和)·영화(英和) 사전' 편찬과 함께, 문부성 『백과사전』 번역의 기반을 이룬 것으로 알려져 있는데[9] 이는 메이지 이전 일본의 서양서 번역이 활발했음을 보여준다.

근대 일본에서 서양서 번역에 관한 전반적인 모습을 확인하기는 어려우나 야마오카 요이치(山岡洋一, 2004)에서는 19세기 후반의 일본 근대화 시기를 '대번역시대(大翻譯時代)'라고 명명하면서, 1868년부터 1882년까지 대략 1만 종 가까운 번역서가 출판되었다고 밝힌 바 있다.[10] 이뿐만 아니라 일외아소시에쯔 주식회사(日外アソシエーツ株式會社, 2017)에서 편찬한 『번역도서목록(翻譯図書目錄)』을 참고하면 메이지·다이쇼·소와 전전기(明治·大正·昭和戰前期) 총기·인문·사회(總記·人文·社會) 15,807점, 과학·기술·산업(科學·技術·産業) 4,962점, 예술·언어·문학(芸術·言語·文學) 12,436점 등이 정리되어 있음을 볼 때, 일본 근대화와 번역을 불가분의 관계에 있었다고 할 수 있다. 이들 번역물 가운데 동서양의 비중을 조사한 예는 발견되지 않으나, 적어도 난학시대부터 메이지 초기까지의 번역물은 대부분 서양과의 접촉 과정에서 수입한 서적이거나 상해를 경유하여 일본에 들어온 책들이었을 것임은 일본의 대외 교류 상황을 통해 쉽게 짐작할 수 있다.

한국에서의 서양 지식 유입은 1600년대 통사(通事)를 중심으로 시작되었다. 이는 이규경(李圭景)의 『오중연문장전산고(五洲衍文長箋散稿)』 '경사편(經史編) 3 석전류(釋典類)3'의 '서학(西學)'이나 '경사편 6 논사류(論史

---

9) 長沼美香子, 開化啓蒙期の翻譯行爲 : 文部省『百科全書』をめぐって, 『翻譯研究への招待』7, 日本通譯翻譯學會, 2012.

10) 山岡洋一, 15年に數千点-明治初期の大翻譯時代, 『翻譯についての斷章』 2012, (http://www.honyaku-tsushin.net/ron/bn/maiji.html). 이 글에서는 일본 각 대학도서관 소장 데이터를 기반으로 한 국립정보학연구소의 웹 플러스 자료를 인용하여 1만 종 가량으로 추산하고 있다.

類」1'의 '서양이 중국과 통상한 것에 대한 변증설' 등에서도 비교적 자세히 설명되어 있다. 이를 체계적으로 정리한 이능화(1927)의 『조선기독교급외교사(朝鮮基督教及外交史)』에 따르면 한국인으로 서양 사정에 처음 접한 사람은 1520년(중종 경진) 이석(李碩)이었으며, 1600년대(선조~광해 연간) 이수광(李睟光)의 『지봉유설(芝峯類說)』에 불랑기(佛朗機)국과 영결리(永結利)의 문물이 기록되었다고 한다. 그 이후 잠곡 김육(金堉)의 시헌력 채용, 명곡 최석정(崔錫鼎)의 건상곤여도병 수용, 이승훈의 수학서(修學書) 및 의례 기기 도입, 이광정(李光庭)의 구라파 곤여도 도입, 정두원(鄭斗源)의 서적 수입11) 등이 있었으나, 이들 서적(또는 지도)은 모두 중국에서 만든 것들이었다.

따라서 1880년 수신사(修信使) 김홍집(金弘集)이 가져온 황준헌(黃遵憲)의 『조선책략』이나 정관응(鄭觀應)의 『이언(易言)』 등과 같이 중국인 저술서, 1881년 조사시찰단(朝使視察團)의 보고서에 등장하는 일본의 제도와 교과서로 사용하는 번역 서학서, 조사시찰단을 수행했던 어윤중(魚允中) 등이 상해 제조총국을 방문하고 견문한 번역 서학서, 1881년 영선사로 파견되었던 김윤식(金允植)이 견문한 번역 서학서 등과 같이, 한국에 서양 사정이 본격적으로 소개된 것은 1880년대 이후의 일로 볼 수 있다.

주목할 점은 이 시기 한국에 수용된 번역 서학서는 대부분 중국어로 번역된 것이었으며, 같은 시기 활발했던 일본의 번역서들이 국내에 유입된 것 같지는 않다. 예를 들어 1883년 창간된 『한성순보』의

---

11) 정두원(鄭斗源)은 『치료연기』 1책, 『이마두(마테오리치) 천문서』 1책, 『원경서』 1책, 『천리경설』 1책, 『직방외기』 1책, 『서양 풍속기』 1책, 『서양국 공헌신위대경소』 1책, 『천문도 남북극』 2폭, 『천문광교』 2폭, 『만리전도』 5폭, 『홍이포제본』 1본 등을 들여온 것으로 알려져 있다.

경우 상당수의 기사원(記事源)이 중국에서 발행된 신문과 번역 서학서인데, 이들 기사는 중국 서적을 편집(編輯)하거나 전재(轉載)한 것들이 많다. 그 중 하나로 1858년 상해 묵해서관(墨海書舘)에서 발행한 벤자민 홉슨(Benjamin Hobson, 중국명 合信)의 『박물신편(博物新編)』을 들 수 있는데, 『한성순보』의 1884년 5월 5일부터 6월 4일자(제20호~제23호)의 '행성론(行星論)', '풍우침(風雨鍼)', '한서침(寒暑鍼)', '논경기(論輕氣)', '논담기(論淡氣)', '논탄기(論炭氣)', '논탄경이기(論炭輕二氣)' 등은 이 책을 편집 또는 전재한 것이다.[12]

　1880년대 한국에서의 번역 서학서 유통 상황을 파악하는 일은 쉽지 않다. 어윤중(魚允中)의 『종정연표(從政年表)』(고종 18년 신사 9월, 1881)에 등장하는 '유서분(劉瑞芬), 진보거(陳寶渠), 정관응(鄭觀應), 이홍장(李鴻章)' 등과의 만남은 일본을 통해 번역 서학서가 들어왔을 가능성을 추론할 수 있으며, 김윤식(金允植) 『음청사(陰晴史)』(1882. 임오, 4월)의 강남 제조총국 번역관 견학 기록은 중국을 통한 번역 서학서 유입 가능성을 높여 준다. 이뿐만 아니라 『한성주보』 제3호(1886.2.15.) '신래서적(新來書籍)'과 같이 외국인이 상해에서 신역(新譯)된 서적을 직접 구입하여 전래한 사례도 나타난다. 이 기사에 따르면 그 당시 독일 영사 부들러(卜德樂)는 상해에서 자비로 번역 서학서 200종을 구입하여 외아(外衙)에 보냈는데, 이는 박문국(신문국)에서 열람할 수 있다고 하였다.[13] 이상 몇 가지 사실을 종합해 볼 때,

---

12) 이에 대해서는 허재영, 「근대 한국에서의 번역 서학서 수용과 학술어 사용 양상」, 『인문사회과학연구』20-3, 부경대 인문사회과학연구소, 2019, 69-72쪽을 참고할 수 있다.

13) 『漢城周報』1886.2.25.(第3號), 新來書籍. 德國領事卜君德樂素留心世務者也. 行捐貲由上海購求新譯西書送于外衙轉致本局者凡二百餘卷　皆天文·地理·醫藥·筭數·萬國史記·各邦和約 以至鳥獸·金石·電礦·煤冶·鎗砲, 汽機, 水陸, 兵丁, 航海, 測候, 化

한국에서도 1880년대부터 중국의 번역 서학서가 상당수 유입되었음을 확인할 수 있다. 그럼에도 그 당시 일본에서 번역된 서양서의 유입은 일본인 거류민(居留民)을 제외하면 그다지 많지 않았던 것으로 보이는데, 그 까닭은 그 당시 한국의 지식 사회가 한문을 기반으로 하였기 때문으로 보인다. 즉 중국어로 번역된 서학서는 한문 구조와 크게 다르지 않지만, 일본어로 번역된 서적은 별도로 일본어를 학습하지 않을 경우 독해하기가 어렵다.

이러한 상황에서 한국에서 본격적인 서양 지식의 유입은 1895년 갑오개혁 이후에 전개된 것으로 볼 수 있는데, 근대식 학제의 도입이나 서양인과의 접촉이 이전 시대보다 활발해졌기 때문으로 보인다. 주목할 점은 학제 도입과 함께 개발된 다수의 교과서가 번역 서학서를 기반으로 하고 있다는 점이다. 예를 들어 『태서신사남요(泰西新史攬要)』(馬懇西 著, 李提摩太 口譯, 蔡爾康 筆述), 『공법회통(公法會通)』(헨리 휘튼 著, 丁韙良 譯), 『서례수지(西禮須知)』(傅蘭雅 著, 李提摩太 譯) 등의 학부 편찬 교과서가 이에 해당한다. 이 교과서는 연호(年號), 연기(年紀) 등을 한국식으로 바꾸고 일부 문장만 한문 구조에 맞게 한역(漢譯)한 것으로 대부분 편집 또는 전재(轉載) 수준에 해당한다. 흥미로운 점은 학제 도입 당시 교과서 편찬에 다카미 가메(高見龜)나 아사카와 마쓰지로(麻川松次郎)와 같은 일본인이 편집 보좌원(補佐員)으로 활동했음[14]에도 교과서 내용은 일본에서 번역한 것보다 중국의 번역 서학서를 채용하고 있다는 점이다. 이 또한 그 당시 지식 사회

學, 動物及列國歲計之增減五洲時局之推遷靡不晰載 實爲我邦始有之書籍 而亦係方今利用厚生之方也. 苟有志經濟者來到本局一經繙閱則不無裨益於需世實用也.

14) 學部, 『尋常小學』, 序, 1895. "玆에 日本人 補佐員 高見龜, 麻川松次郎으로 더부러 小學의 敎科書를 編輯할시 天下萬國의 文法과 時務의 適用홀 者를 依樣ᄒ야".

가 한문을 기반으로 형성되어 있었기 때문으로 보인다. 이들 교과서 가운데 『태서신사』, 『서례수지』 등은 언역본(諺譯本: 순한글 번역)이 나왔으며, 이때의 언역 방식은 전통적인 언해(諺解) 방식을 계승한 것으로 볼 수 있다.

이러한 흐름에서 1900년대 이후 한국 사회의 서양 지식 유통은 1) 중국의 번역 서학서(또는 중국인 저술)를 통한 것, 2) 한국에서 번역한 것, 3) 서양인이 직접 가져온 것 등으로 다양화되는데, 이에 대한 전수 조사 결과는 발견할 수 없으나 허재영 엮음(2017) 『근대 계몽기 학술 잡지의 학문 분야별 자료—부록』(경진)에서 밝힌 바와 같이 1895년부터 1912년까지 교과(敎科)를 목적으로 편찬된 도서가 900여 종에 이르며, 그 가운데 상당수의 번역서가 포함되어 있음을 확인할 수 있다.

3. 근대 동아시아에서의 서양서 번역 방식과 서양인의 역할

서양의 근대화가 자국어 성경 번역으로부터 출발한 것처럼, '자국어(自國語)', '민족주의(民族主義)' 등은 근대화 여부의 주요 표지(標識)로 작용한다. 이는 동양도 마찬가지인데, 중국의 번역 서학서, 일본의 서양서 번역, 한국에서의 근대 번역 등은 모두 근대의 지식 교류뿐만 아니라 지식 생산의 주요 수단으로 작용했다. 량치차오는 '논역서(論譯書)'에서 "역서는 실로 근본 중의 근본"이라고 주장했으며, 난학을 계승한 일본의 근대가 '번역의 시대'를 열었듯이 번역은 동아시아 3국의 근대화와 밀접한 관련을 맺고 있다.

그럼에도 3국의 언어와 문화가 다르듯이 근대의 번역 문제나 번역

문화도 동일한 것은 아니었다.

먼저 중국의 경우 '서학중원론(西學中源論)'에서 빈번히 확인되듯이, 서양 학문을 중국 전통 학문(또는 문화)에 견주어 해석하고자 하는 경향이 우세했던 것으로 보인다. 종교나 사상적인 관점에서 서양의 기독(基督)의 신(神)과 중국의 '상제(上帝)'를 견주어 표현하고자 한 것이나(天主라는 용어 생성도 같은 맥락으로 파악됨), 량치차오와 같이 서양 계몽사상과 묵자(墨子)를 연계하여 해석하고자 한 경향 등이 이를 뒷받침한다. 이러한 맥락에서 서양 문화를 기반으로 한 서양의 인문, 사회, 자연과학 지식을 중국어로 번역하는 문제가 결코 쉽지는 않았을 것으로 보인다. 번역상의 문제에 관하여 『역서사략(譯書事略)』에서 "명나라 때 마테오리치 등 여러 사람과 지금 역서를 하는 사람이 모두, 이전에 경험하지 못한 심각한 어려움이 있어 번역을 중단한다."라고 하면서, 그 가운데 가장 중요한 것이 '명목을 정하는 일(번역 용어를 만드는 일)'임을 주장한 것도 이 때문이다. 즉 기존에 없던 개념을 중국어로 옮기기 위해서는 중국인이 이해할 수 있는 개념을 바탕으로 번역 대상 개념을 변용해야 한다. 이는 이른바 '격치서(格致書)'뿐만 아니라 '경학서(經學書: 상당수는 종교서)' 모두가 해당한다. 1880년 저술 『역서사략』에서는 이러한 문제를 해결하기 위한 방책으로 '중국에 이미 존재하는 명사를 응용하는 방법', '중국에 없는 개념을 새로 만드는 방법', '중국과 서양의 자휘(字彙)를 만들어 대조하는 방법'을 제시하고 있으나, 실제 번역 과정에서는 없는 개념을 표현하기 위한 새로운 개념을 만들거나 문자를 창조하기도 하였다. 이러한 사례는 『격치휘편(格致彙編)』 1876년 7월호 '기기명명설(機器命名說)' 등을 통해 확인할 수 있는데, 이 논설에서는 새로운 용어를 만드는 가장 일반적인 원칙이 '가차(假借)'이며, 그 다음은 '지사(指事)'와 '회의(會意)'라고 하였다. '화륜선(火輪船), 화륜기(火輪器), 기기윤선(機器輪船)' 등과 같이 기존에 존재하지 않던 사물을 지시하는 용어나 '과로(鍋爐), 연통(煙筒), 매당(煤堂), 경기(輕氣), 양기(養氣)' 등의 용어가 사물과 물질의 특성에 따라 생성되었다. 마테오리치를 '이마두(利瑪竇)'로, 존 프라이어를 '부란아(傅蘭雅)'로 표기한 것은 당연히 음을 차용한 표기이다. 그뿐만 아니라 『화학감원(化學鑑原)』의 '원질(原質: 元素), 잡질(雜質), 애력(愛力: 引力)'이라는 신조어, '석(矽: 규소 Si), 납(鈉: 나트륨 Na), 개(鈣: 칼슘 Ca), 미(鎂, 마그네슘 Mg)' 등과 같이 신문자(新文字)를 창조하기도 하였다. 신문자 창조의 기본 원칙은 물질의 속성을 기준으로 했는데, '석(矽)'은 '석류(石類)'에 속하는 물질이므로 '석(石)'에 '석(夕)'을 합쳐 쓰고, '납(鈉)'은 '금류(金類)'에 속하므로 '금(金)'에 '내(內)'를 합쳐 쓰는 원리이다.

　이와 같은 문제는 근대 일본에서도 상황이 크게 다른 것 같지는 않다. 홍성준(2019)에서 밝힌 것과 같이, 『해체신서(解體新書)』 '범례'에는 '글을 옮기는 세 가지 방법'이 등장하는데, '번역(飜譯), 의역(意譯), 직역(直譯)'이 그것이다. 이때 등장하는 '번역'은 현대 번역학의 관점으로 볼 때 외국어와 자국어의 등가 번역이 이루어지는 상황을 의미하며, '의역'은 의미를 기준으로 자국어에서 새로운 표현을 찾아 번역하는 것을 의미하고, '직역'은 자국어에 없는 표현을 만드는 것을 지칭한다. 『해체신서』에 따르면 네덜란드어 'beenderen'을 '뼈[骨 こつ]'로 번역할 경우 '번역', 'kraakbeen'(부드러운 뼈, 加蠟仮價)을 '연골(軟骨: 부드러운 뼈, 특히 價의 의미를 살린 것으로 알려져 있음)'로 번역할 경우 '의역', 'klier'와 같이 기존에 없는 개념을 '키리이루[腺]'처럼 새로 만들어 번역할 경우 '직역'이라고 부른다. '범례'에 등장하는 '직역'의 경우 새로운 표현을 찾는 일이 쉽지 않기 때문에 음역(音

譯) 방식을 따를 경우가 많다. 즉 중국의 '가차(假借)' 방식이 적용되는 셈이다.[15]

근대 한국에서도 번역 방식에 대한 편린(片鱗)을 찾아볼 수 있는데, 그 중 대표적인 것이『한성주보(漢城周報)』1886년 6월 31일자(제22호) '스베인 사룸 마르미아가아다린짓그를 차진 속고'이다. 이 논설에서는 "이상 고룽브스 짜 차진 사적과 속고 등 디명과 슈명과 산명과 인명을 한문으로 번역ᄒ면 고룽브스ᄂ 科倫布요, 유로부ᄂ 歐羅巴요, 예시아ᄂ 亞細亞요(下略)"라고 하여, 인지명을 중국의 번역 사례에서 찾아 대조하고 있음을 알 수 있다. 이러한 인지명 대조는『태서신사남요』의 '인지제명표(人地諸名表)'에도 등장한다. 즉 번역 과정에서 인명과 지명은 자국어에 없는 개념에 해당하므로, 한·중·일 3국 모두 중요한 문제로 등장한 셈이다. 이와 같이 근대 번역에서 한·중·일 3국은 번역 과정에서 발생하는 문제와 그에 대한 해결 방식(번역어 생성과 확산 등)에서 공통점을 보일 경우도 많다.

그러나 한·중·일 3국의 근대 번역은 번역이 활성화된 시점, 번역 문화 등에서 비교적 큰 차이를 보인 것으로 추정된다.

중국의 경우 16세기 마테오리치 이후 서학서 번역이 시작되고, 아편전쟁 이후인 1850년대 이후 본격적인 서학서 번역이 이루어지나 그 과정에서 '실용지식전파회', '익지서회', '미화서관', '광학회' 등 서양인의 역할이 적지 않았던 것으로 추정된다. 특히 중국의 번역 문화에서 독특한 점은 이른바 '구역필술(口譯筆述)'이 존재한다는 것인데,

---

15) 김동기, 「일본의 근대와 번역」,『시대와 철학』14-2, 한국철학사상연구회, 2003, 263-290쪽. 이 논문에서는 근대 일본의 번역 방식을 ① 난학자(蘭學者)의 역어 차용, ② 중국어 역어 차용, ③ 고전 중국어 전용, ④ 신조어 만들기의 네 가지 유형으로 구분한 바 있다.

이는 중국어를 익힌 서양인이 입으로 번역하고 중국인이 필술(筆述)하는 방식을 의미한다. 1868년 설립된 강남 제조총국 번역관의 번역 방식은 대부분 이 방식을 취하고 있다.

이에 비해 일본에서의 근대 번역은 난학의 전통을 이어, 새로운 개념을 자국어로 번역하는 문제에 집중했던 것으로 보이며, 그 과정에서 일본어의 근대화 문제가 중요한 문제로 대두되었던 것으로 보인다. 초대 문부대신 모리 아리노리(森有禮)의 '일본어 폐지, 영어 채용론'과 바바 다쓰이(馬場辰猪)의 모리에 대한 비판16)은 외국어 습득과 번역상의 어려움 등이 종합적으로 표출된 사건으로 볼 수 있으며, 근대 일본어의 발달과 지식 사회의 성장에 따라 서양인의 조력을 상대적으로 덜 받는 번역 문화가 형성되었던 것으로 추정된다.

근대 한국의 경우 1882년 지석영의 '개화 상소문', 1888년 박영효의 '건백서' 등에서 국문 번역의 필요성이 본격적으로 언급된다. 그러나 이 시기 국문 번역은 조선시대 '언해(諺解)'의 전통을 이은 『이언(易言)』 정도에 그치며, 중국의 번역 서학서(심지어는 헐버트의 순국문 『ᄉ민필지』 포함)에 대한 한역서(漢譯書)가 등장할 정도로 국문 번역에 대한 인식이 상대적으로 낮았다. 그 후 1894년 갑오개혁과 함께 '칙령 제1호'의 '국문위본(國文爲本)'이 천명되고, 국문 번역이 본격적으로 시작되었으나 그 양이 많지 않다. 더욱이 이 시기 번역서는 이른바 '역술(譯述)'로 표현되는 발췌 번역이 많고, 중국어나 일본어로 번역된 것을 다시 번역하는 '중역(重譯) 문제'가 대두되었다. 그뿐만 아니라 이 시기 역술서(譯述書)는 번역 대상 서적이 어떤 것인지 밝히

---

16) 이에 대해서는 이연숙 저, 고영진·임경화 옮김, 『국어라는 사상』, 소명출판, 2006, '서장'을 참고할 수 있다.

지 않은 경우가 대부분이다. 이처럼 한국의 근대 번역이 안고 있는 여러 가지 문제는 '지식 교류의 미흡', '한문 기반의 지식 사회', '근대 한국어 규범의 미발달(未發達)' 등과 같은 복합적인 요인이 작용한 것으로 볼 수 있는데, 1900년대 이후 국권 침탈과 애국계몽운동 그리고 국권 상실기의 민족 운동 등을 통해 국문 규범이 확립되면서, 점진적으로 번역 문화도 활성화되기 시작하였다. 그 과정에서 언더우드, 헐버트, 게일 등과 같이 한국 선교 및 교육 보급 사업에 관심을 기울였던 다수의 선교사들의 역할은 주목할 만한데, 이들은 모두 성경 번역과 교과서 편찬, 서양서의 한국어 번역에 힘을 썼던 인물들이다.

4. 결론

이 글은 근대 한·중·일 번역 서학서의 유통 상황을 통해 서양인의 동아시아에 대한 시각이 어떠했으며, 그 결과 동아시아의 근대 지식 사회가 어떻게 변화해 갔는지를 규명하며, 그 과정에서 서양인의 역할을 연구하는 데 목표를 두고 출발했다. 주제가 매우 거시적이어서 동양 3국의 근대 지식 사회 변천을 세부적으로 고찰하기는 어려우나, 서양 지식의 수용 과정에서 3국 모두 '번역'의 문제가 등장하였고, 이를 해결하기 위한 그 나름대로의 방책이 있었음을 확인할 수 있었다. '구역필술'이 존재하는 중국과 난학의 번역 전통을 이은 일본, 이에 비해 번역 문화가 늦게 발달한 한국은 시대적인 조건과 언어적인 문제 등이 근대 번역 문화의 차이를 가져온 요인으로 작용할 가능성이 높다는 점은 주목할 점이라고 할 수 있다.

이와 함께 좀 더 고찰해야 할 문제는 이들 번역 서학서가 미친 영향에 관한 것들이다. 중국과 일본은 그만두고라도 한국의 경우 1883 년 창간된 『한성순보』, 1888년 이승희(李承熙)가 저술한 『몽어유훈(蒙語類訓)』, 1891년 지석영의 『신학신설』 등에는 번역 서학서가 직접 언급되거나 서학서에 있는 내용이 반영된 경우가 많다. 1900년대 이후 역술서(譯述書)에서도 번역 대상 서적을 알 수 없지만 서양 지식이 발췌 번역을 통해 수용된 사례가 매우 많으며, 1906년 이후 애니 베어드(한국명 安愛理) 등이 번역한 『동물학』, 『식물학』, 『심리학초보』 등은 명료하게 번역 대상서와 번역자, 조력자 등을 표현하여 지식 수용 과정에서 번역이 본격적으로 정착하고 있음을 보여준다. 이와 관련한 논의는 추후의 과제로 남겨둔다.

참 고 문 헌

김동기, 「일본의 근대와 번역」, 『시대와 철학』14-2, 한국철학사상연구회, 2003, 263-290쪽.

이연숙 저, 고영진·임경화 옮김, 『국어라는 사상』, 소명출판, 2006.

이종찬, 『난학의 세계사-중화적 세계를 넘어 일본이 유럽과 열대에서 접속하다』, 알마, 2014.

허재영, 「근대 중국의 서학 수용과 한국에서의 번역 서양서 수용 양상」, 『어문학』144, 한국언어문학회, 2019, 305-312쪽.

허재영, 「근대 한국에서의 번역 서학서 수용과 학술어 사용 양상」, 『인문사회과학연구』20-3, 부경대 인문사회과학연구소, 2019, 69-72쪽.

홍성준, 「서양 지식의 전달을 위한 번역의 시작과 그 양상」, 『지식 산출의 기반으로서 근대 번역의 기능』, 평사리, 2019.

博文局, 『漢城周報』1886.2.25.(第3號), 新來書籍.

學部, 『尋常小學』, 序, 1895.

長沼美香子, 開化啓蒙期の翻譯行爲 : 文部省『百科全書』をめぐって, 『翻譯研究への招待』7, 日本通譯翻譯學會, 2012.

鹿野政直, 『近代日本思想案內』, 岩波文庫, 2000.

傅蘭雅, 『譯書事略』, 序, 1880.

山岡洋一, 15年に數千点－明治初期の大翻譯時代, 『翻譯についての斷章』2004, (http://www.honyaku-tsushin.net/ron/bn/maiji.html).

杉田玄白·緒方富雄 校註, 『蘭學事始』, 岩波書店, 2018.

三浦梅園, 『梅園選集』, 岩波書店, 1912.

『세설신어보』의 조선과 에도 문단의 출판과 향유층 비교*

노경희

1. 들어가며

본고는 『세설신어』의 동아시아 유전(流傳) 현상을 살피기 위한 글이다. 위진남북조 시대에 처음 유의경(劉義慶, 南朝 宋, 403~444)이 편찬한 『세설신어』는 문인들의 필독서로 애호되면서 중국에서 각 시대별로 다양한 형태의 판본으로 간행되어 오늘날에 이르고 있다. 특히 명대에 왕세정(王世貞, 1526~1590)이 하량준(何良俊, 1506~1573)

---

* 이 글은 그간 필자가 『세설신어보』의 서지 및 사회문화적 성격을 다룬 연구 성과들인 「현종실록자본 『世說新語補』 간행과 流傳의 문화사적 의미」(『한국한문학연구』 52집, 한국한문학회, 2013), 「세설신어보의 조선과 에도 문단의 출판과 향유층 비교」(『한국문화』 72, 2015), 「조선후기 『세설신어』 간행과 유전의 문화사적 의미」(『동아시아의 문헌 교류: 16-8세기 한중일 서적의 전파와 수용』, 소명출판, 2014) 등을 종합하여 정리한 것이다. 다만, 이번 작업에서는 오탈자와 명백한 오류를 수정하는 정도에 그칠 뿐, 최신의 연구 성과나 새로운 내용을 추가하는 작업에까지는 이르지 못했음을 밝혀 둔다.

의 『하씨어림(何氏語林)』과 합산(合刪)하여 『세설신어보』를 편찬하면서 이 책의 인기는 기존의 『세설신어』를 넘어 중국문단 뿐만 아니라 조선과 에도문단으로 전파되어 큰 영향을 끼쳤다.

조선과 에도문단에서도 이른 시기부터 『세설신어』가 전래되어 문인들의 독서물로 애독된 흔적이 발견된다. 그리고 17세기 후반 이후 양국 문단에서 각기 조선판, 에도판이 출현하였다. 그런데 이 판본들은 모두 왕세정 산정(刪定)의 『세설신어보』를 저본으로 하였다는 공통점을 지니면서도 출판 형태, 출판 기관, 독자층 등 여러 가지 측면에서 차이점을 보인다. 서적의 향유와 출판의 형태 문제는 당시 사회의 지식인 계층의 성격, 지식의 유통 과정, 출판업 발달 등의 문제와 밀접하게 연결되어 있다. 이에 본고에서는 서적의 출판과 서적의 향유 문제의 상관성에 주목하여 이를 통한 조선과 에도 문단의 지식인 문화의 일면을 살피고자 한다.

2. 명문단의 『세설신어보』 편찬과 전승

위진남북조 시대에 처음 만들어졌다고 하는 『세설신어』는 문인들의 필독서로 애호된 만큼 이후 중국에서 각 시대별로 다양한 형태의 판본으로 제작되어 오늘날에 이르고 있다. 특히나 『세설신어』 원문만 판각하는 백문본에 그치지 않고, 거기에 주석과 비점을 덧붙이거나 다른 서적과 합하여 그 모자란 부분을 보충하기도 하였다. 또한 각 시대별로 『세설신어』의 정신에 입각하여 『당세설(唐世說)』, 『명세설』, 『금세설(今世說)』 등 『세설신어』의 속편에 해당하는 책이 편찬되기도 하였다. 선행연구를 참조하여 각 시대별로 전하는 대표적인 『세설신

어』의 판본에 대해 정리하면 다음과 같다.[1]

당나라 이전까지는 정식 간본은 전하지 않고, 오직 당나라 때 필사본 일부가 일본에만 전래되고 있는데 제명이 '세설신어(世說新書)'라 되어 있다. 이 필사본은 「규잠(規箴)」 제10부터 「호상(豪爽)」 제13까지 전하며, 나진옥(羅振玉. 1866~1940)이 영인하여 세상에 전한다. 전 책은 모두 10권이라 하는데, 이는 『수서(隋書)』 「경적지」에 기록된 '세설유효표주(世說劉孝標注)'의 권수와 일치한다.[2]

송대는 『세설신어』가 크게 유행한 시대로 현재 널리 전하는 『세설신어』의 판본은 대부분이 남송각본을 저본으로 삼고 있다. 왕조(汪藻)의 『서록(敍錄)』에 언급된 것을 보면 십여 종이 있다고 하였는데 실제로 오늘날 확인되는 것은 3종뿐이다.[3] 첫 번째는 일본 『존경각총간(尊經閣叢刊)』 중에 영인된 송나라 고종 소흥(紹興) 8년(1138) 간행의 동분각본(董分刻本)이다. 이 책의 실물은 현재 2부가 전하며 모두 일본에 소장되어 있다. 다음으로 송 효종 순희(淳熙) 15년(1188) 간행의 육유각본(陸游刻本)이 있다. 이는 명 가정 연간 오군(吳郡) 원경(袁褧) 가취당(嘉趣堂) 중조본(重雕本)으로 전한다. 모두 상중하 3권으로 나눠있으며 각권은 다시 上下로 나눠져 있다. 청 도광 연간에 포강(浦江) 주심여(周心如) 분흔각(紛欣閣)에서 원본을 중각하였고, 광서 연간에 왕선겸(王先謙)이 분흔각본에 의거하여 다시 판각하기도

1) 王能憲, 『世說新語研究』, 江蘇古籍出版社, 1992, 68~112쪽; 余嘉錫 箋疏, 「凡例」, 『世說新語箋疏』, 上海古籍出版社, 1993, 1~2쪽.

2) 興膳宏·川合康三, 『隋書經籍志詳攷』, 汲古書院, 1995, 568쪽.

3) 왕능헌은 남송대의 판각본에 대해 소흥 8년의 동분각본과 순희 16년의 상중각본만을 언급하고 있다. 본고에서는 여가석(余嘉錫) 전소(箋疏)의 『세설신어전소(世說新語箋疏)』 「범례」의 기록에 의거하여 순희 15년의 육유각본까지 포함한 3종을 모두 정리하였다.

하였다. 마지막으로 청대 서건학(徐乾學) 전시루(傳是樓) 소장본인 송순희 16년(1189) 간행의 상중각본(湘中刻本)이 있는데, 위의 동분각본과 비슷하고 원경본과는 자못 다르다. 심보연(沈寶硯)이 이를 비교한 기록이 함분루(涵芬樓) 영인 가취당본(嘉趣堂本) 뒤에 실려 있다. 이상 3종의 송각본 중에는 첫 번째 동분각본이 가장 선본이라 평가 받고 있다.

송말원초에 유진옹(劉辰翁)과 유응등(劉應登) 두 사람이 『세설신어』에 비점을 붙였는데, 그 작업이 원대에 유진옹비점본 『세설신어』(8권)로 간행되었다. 오늘날 그 원본의 완질본은 이미 전하지 않고 일본에 잔권이 남아 있을 뿐이다. 유진옹의 비점은 명대 능영초(凌瀛初) 등이 간행한 평점본에서 그 모습을 확인할 수 있다. 이상의 송대 이전의 자료들을 보면 대부분이 원책은 이미 제대로 전하지 않고 명청대의 중각본이나 평점본에서 그 자취의 일부를 발견할 수 있을 뿐이다.

명대는 『세설신어』가 가장 성행한 시기로, 다양한 형태의 판본이 끊이지 않고 출간되었다. 현재 확인되는 판본만도 대략 26종이 넘게 간행된 것으로 보인다. 명대에 『세설신어』가 성행한 주요 원인으로는 명말 문단의 거두인 왕세정·왕세무 형제의 활약을 꼽을 수 있다. 왕세무는 『세설신어』를 교정하여 간행한 바 있고, 왕세정은 『세설신어』와 하량준 편찬의 『하씨어림』을 산정하고 합간한 『세설신어보』를 편찬하였다. 문단에서 이들 형제의 영향력이 컸던 만큼 이 책들은 당시 문단에 크게 유행하였고 이판본을 저본으로 한 평점본, 비점본 등 다양한 형태의 판본들이 연이어 출간되었다. 또한 능영초, 능몽초(凌濛初), 이탁오 등의 비점본이 간행됨으로써 『세설신어』의 보급이 널리 이루어지게 되었다.

명대 간행된 『세설신어』는 크게 세 계통으로 구분할 수 있다. 『세설신어』원래의 본문과 주석만을 수록한 원문본계, 『세설신어』에 비점을 붙인 비점본계, 마지막으로 왕세정이 『하씨어림』과 합산한 『세설신어보』계열본이 그것이다. 원문본은 1509(正德 4) 조준(趙俊)이 간행한 것을 최초로 하여, 가정(嘉靖) 연간(1522~66)에만 원경(袁褧), 사계(沙溪) 조영숙(曺永叔), 모씨금정(毛氏金亭) 등의 간행본이 나왔다. 만력 연간에는 관대훈(管大勛), 오서정(吳瑞征), 조씨 야록원(趙氏野鹿園), 등원악(鄧原岳), 주씨 박고당(周氏博古堂), 도공(陶珙) 등의 간행본이 있고, 그 외로도 오중형(吳中珩)·황지채(黃之寀), 오면학(吳勉學) 등이 편찬한 간행본이 나왔다. 비점본은 송대 류응등, 류진옹 비점본, 명대 왕세무 비점본이 주요한 간본들이다. 『세설신어보』계통의 판본은 왕세정 산정(刪定)·장문주(張文柱) 교간·왕세무 비석본이 기본 형태로, 대표적인 간본에 이탁오 비점본과 능몽초의 개정본이 있다. 능몽초본은 기존의 『세설신어』(6권)와 새로 추가된 『세설신어보』(4권)를 분리하여 펴낸 형태였으며, 『이탁오비점세설신어보』는 이 둘을 합쳐서 간행한 '20권본'의 형태로 편찬되어, 각기 다른 형태를 보이고 있다. 이탁오비점본과 능몽초의 판본은 출판업계에서 그들의 명성이 높았던 만큼 『세설신어보』의 보급과 전파에 큰 역할을 했다.

　　『세설신어보』가 등장한 이래로 기존의 『세설신어』 원문본은 거의 간행되지 않고 그 자리를 『세설신어보』가 대신하게 되었다. 이 점에 대해서는 능몽초도 한탄한 바 있다. 그럼에도 그 또한 『세설신어보』의 인기를 무시하지 못하고 『세설신어』만이 아닌 『세설신어보』를 첨부한 판본을 간행하게 된다.[4] 이러한 상황은 19세기초엽에 청문인 周

---

4) 凌氏 일가의 출판 활동과 『세설신어』 편찬에 대해서는 表野和江, 「明末吳興凌氏刻書活動考」, 『日本中國學會報』 50, 1998; 「吳興凌氏刻『世說新語』四種について」, 『日本中國學會報』 52, 2000; 「「鼓吹」考」, 『藝文研究』 80, 慶應義塾大學, 2001 등을 참

心如가 간행한 『세설신어』(6권) 원문본에 나온 발문을 통해서도 확인할 수 있다.

　송의 유희경이 『세설신어』를 편찬하여 청언(清言)의 연수(淵藪)가 되었고, 양(梁)나라 유효표의 주석으로 인해 더욱 해박하다 일컬어졌다. 왕세정이 하량준의 『어림』를 합하여 『세설신어보』가 되었다. 장문주가 거기에 주를 달았는데 원문과 옛 주석들을 산삭한 것이 무척 많았다. 그 책이 성행하여 『세설신어』 원본이 전하는 것이 매우 적었다. 일전에 동생 조운(筱雲)과 함께 수소문하여 찾았으나 구하지 못하여 매번 서로 탄식하였다. 임오년(1822)에 우연히 가정 연간의 오군(吳郡) 원씨(袁氏: 袁褧)가 간행한 원본을 얻어 귀중한 보물처럼 여겼다. 이에 자세한 교정을 더하고 출판업자에게 간행을 부탁하여 사람들이 함께 좋아하고 아끼도록 하였다. 조운(筱雲)이 오래 전에 세상을 떠나 이를 함께 기뻐하지 못함이 한스러울 뿐이다. 1828년 7월 16일, 포강(浦江) 주심여(周心如) 우해(又海)가 쓰다.[5]

　위의 발문을 통하여 확인할 수 있는 사실은 다음과 같다. 명대에 『세설신어보』가 나온 이래로 중국문단에서는 『세설신어』 원책 보다는 『세설신어보』가 널리 유행하게 되었다. 그러나 『세설신어보』는 원문과 구주(舊注)를 지나치게 산삭하였기에 일부에서는 불만을 품었

조할 수 있다.

5) 周心如, 『세설신어』(국립중앙도서관본 〈한古朝48-224〉) 권6 "宋劉義慶撰世說新語, 爲淸言淵藪, 梁劉孝標注, 尤稱該博, 明王元美參合何氏語林, 併爲新語補, 張文柱爲之注, 原文舊注刪削頗多. 其書盛行而世說原本傳者寖少. 曩與家弟筱雲搜訪不得, 每相歎惋. 壬午歲, 偶得嘉靖中吳郡袁氏所刊原本, 如獲重珤, 因詳加讐校重付梓, 人以公同好惜. 筱雲久歸道山不復同此欣賞爲可憾耳. 道光戊子七月望後, 浦江周心如又海識."

고, 이에 『세설신어』 옛 판본을 찾기도 하였으나 이미 그 원본은 구하기 어렵게 되었다.

청대에는 명대의 세 가지 계통의 『세설신어(보)』 간본 형태가 기본적으로 유지되었고 송대의 주석이나 명대의 증보·비점과 같은 작업은 거의 이루어지지 않은 듯하다. 주심여 분흔각 간본과 왕선겸(王先謙) 사현강사(思賢講舍) 간본이 교감 작업을 한 바 있으나, 이는 송대와 명대 각본의 오류를 교정하는 작업에 그치고 있다.

명대 이후로 『세설신어(보)』가 크게 유행하게 된 상황에는 왕세정·왕세무의 작업이 큰 영향을 끼친 만큼, 여기서 서발문을 참조하여 그 편찬·간행 경위를 살피기로 한다. 다음은 1586년에 진문촉이 왕세무와 왕여존의 부탁을 받고 쓴 『세설신어보』 서문이다.

우리나라의 하원랑(하량준)은 박학다식하고 옛것을 좋아해서, 위로는 한나라와 진나라까지 거슬러 올라가고 아래로는 원나라까지 내려가서 널리 모아 『어림』을 지었다. 왕원미(왕세정)은 그중에서 번잡한 것을 삭제하고 전아한 것을 남겨놓아 『세설신어보』를 지었으며, 왕경미(왕세무)는 어려서부터 이 책을 몹시 좋아해서 날마다 연구한 끝에 자구 중에서 껄끄러운 것과 이해하기 어려운 것을 분명하게 하고, 옛 주에서 천박한 자에 의해 찬입된 것을 지적해 내서 묘금씨[묘금표(劉孝標)]의 억울함을 씻어주고자 했다고 말했다. 왕경미는 일찍이 예장에서 『세설신어』를 판각한 뒤에도 계속 수정을 했으며, 오군에서 이를 복각하고 장중립(장문주)이 교정해 이미 선본이 되었다. 왕경미는 또한 비평을 가했는데, 그 비평이 유진옹보다 상세하다고 여겨진다. 왕경미가 민중에서 이를 다시 판각하고 왕여존이 교정해 재주 없는 나에게 서문을 청해왔기에 다시 읽어보게 되었다.[6]

위의 예문과 기타 『세설신어보』 편찬자들이 지은 서문들을 참조하면 다음의 사실들이 확인된다.

1) 1556년에 왕세정은 하량준의 『하씨어림』과 합하여 『세설신어보』를 편찬하였다.[7]

2) 1580년에 왕세무는 『세설신어』의 자구와 주석의 오류를 교정하였고, 교무경(喬懋敬)이 이 책을 예장에서 판각하였다.[8] 이후 이 책은 오군에서 다시 복각되었다.

3) 1585년에 장문주(喬懋敬)는 왕세정의 『세설신어보』에 주석 작업을 한 바 있는데, 여기에 왕세무의 『세설신어』 교정본이 참고되었다.[9]

---

6) 번역은 김장환 번역의 『세설신어보』(지식을만드는지식, 2010)를 참조하였다.
陳文燭,〈刻世說新語補序〉『世說新語補』"國朝何元朗博洽嗜古, 上遡漢晉, 下逮勝國, 廣爲語林. 王元美刪其 冗襍, 存其雅馴者, 爲世說新語補, 敬美自幼酷好是書, 鑽厲有日, 于字句勾棘難通者疏明之, 于舊註爲俗子 攙入者標出之, 自謂洗卯金氏之冤. 曾刻預章, 續有正者, 復刻吳郡, 張仲立校之, 已爲善本. 敬美又加指摘, 其批評視劉辰翁加祥. 再刻閩中, 王汝存校之, 問序于不佞, 因得再讀."

7) 왕세정, 『세설신어보서』, 1556 "내가 연(燕)과 조(趙) 군국(郡國)의 옥사를 다스릴 때, 잠시 일 없는 틈을 타서 봇짐 속에 넣어두었던 것을 뒤져보았더니 두 책이 그곳에 있었다. 그래서 약간 산정한 뒤 합쳐서 그 편목을 나누었는데, 대개 『세설』에서 삭제한 것은 10분의 2를 넘지 않으며 『하씨어림』에서 채록한 것은 10분의 3을 넘지 않을 뿐이다."

8) 왕세무, 『세설신어서』, 1580 "나는 어려서부터 이 책을 몹시 좋아했고 중년에는 더욱 심해져서 늘 두건 상자에 넣어두었는데, 교감한 문장을 여러 번 바꾸었으며 책을 엮은 가죽끈이 끊어지려 했다. 다만 자구가 간혹 껄끄럽거나 말이 방언에 가까운 경우가 있었는데, 자구가 너무 심오하면 판단하기 어렵고 말이 다르면 이해하기 어려운지라 오랫동안 생각하고 여러차례 교정해 약간 분명하게 했지만, 결국 의심나는 것은 빼놓아 옛 성현의 가르침을 따랐다…(중략)…처음에는 비록 그것을 휘장 속에 넣어두었지만 이미 공의 마음에 들기를 바라고 있었는데, 참지 교공(교무경)께서 보시고 극구 칭찬하면서 즉시 판각공에게 넘겨주는 바람에 서둘러 마지막 장을 엮고 판각하게 된 바를 서문에 썼다. 이 책의 편찬이 이루어졌지만 내가 어찌 감히 두 분(유의경과 유효표)의 충신이라 말할 수 있겠는가! 오히려 고상한 문장의 죄인이 되지 않기를 바랄 뿐이다."

9) 왕세무, 『世說新語再識』, 1585 "형님 원미(왕세정)는 일찍이 『하씨어림』과 병합해

4) 1586년에 왕세무는 민중에서 『세설신어보』를 판각하였는데, 이는 왕세정이 산정하고, 장문주가 주석을 달고 왕세무가 비평을 가한 판본이다.

정리하면 왕세무는 『세설신어』 원문본도 교정·출판한 바 있으며, 형 왕세정이 편찬한 『세설신어보』 비평 작업에도 관여했다고 할 수 있다. 또한 『세설신어보』의 최종판은 왕세정의 산정과 장문주의 주석, 왕세무의 비평이 모두 합쳐진 판본이다. 현전하는 『세설신어(보)』 자료를 살피면, 『세설신어』 원문본 중에는 왕세무와 교무경의 서발문이 첨부되고 왕세무 비점이 들어간 판본도 전하며, 『세설신어보』의 경우 4권 분책본에는 편찬자 이름에 왕세정 산정과 장문주 교주만 나온 경우가 대부분이지만, 서발문에는 왕세무와 교무경의 서발문이 첨가되어서 왕세무의 작업이 일정 정도 반영되었을 가능성을 보여주는 자료들이 있다. 특히나 『세설신어보』 20권 통합본의 경우 왕세정 산정, 왕세무 비석(批釋), 장문주 교주가 편찬자 명단에 모두 나타나는 점에서 이러한 판본들의 경우 왕세무의 작업이 반영된 후기의 판각본을 저본으로 하여 제작된 것이라 추정할 수 있다.

국립중앙도서관에 소장된 필사본 『세설신어보』〈古貴 2526-6〉의 경우 바로 이러한 책을 저본으로 필사한 것으로 보인다. 이 책은 표제가 '침사(枕史)'라 되어 있으며 조선에서 필사된 것이다. 매우 좋은 종

타당치 못한 부분을 삭제하고 하나로 합쳐 편찬했는데 오래되어 이미 산실되었다. 친구 장중립(장문주)은 그것을 얻어 좋아해 차례를 정하고 주를 달았으며, 나아가 하씨(하량준)의 오류를 정정하고 그 주의 미비한 점을 보충했다. 교감 작업이 해를 넘기고 완성된 원고가 방에 가득했을 때, 마침 내가 장차 민중으로 가게 되자 장중립이 손수 원고를 나에게 보여주면서 작자의 뜻을 서문으로 지어달라고 청했다. 나는 예장에서 『세설』을 판각한 후 거듭 교정한 선본을 아끼지 않고 그에게 주었다."

이에 정성스럽게 필사되었고 책의 표지나 장황 등으로 보아 상급의 책이라 할 수 있다. 책의 서지사항은 다음과 같다.

■ 『枕史(世說新語補)』(20卷 10책)
劉義慶(宋) 撰 / 劉孝標(梁) 註 / 劉辰翁(宋) 批 / 何良俊(明) 增 / 王世貞(明) 刪定 / 王世懋 批釋 / 張文柱(明) 校註
표제: 枕史, 권수제: 世說新語補, 판심제: 世說補, 판하: 崑山唐周刻
四周單邊, 半郭:19.7x12.7cm, 9行18字, 有界, 上下向2葉花紋魚尾
序: 王世貞(1556), 王世懋(1580)·再識(1585), 劉應登(1227), 袁褧(1535), 高似孫, 董弅(1138), 陸游(1188), 文徵明 <何氏語林序>(1611), 陸師道 <何氏語林序>

[도판 1] 『枕史(世說新語補)』(국립중앙도서관 소장본 〈古貴 2526-6〉)

이 책의 저본이 된 중국본은 현재 발견되지 않고 있지만, 이는 중국에서도 이탁오나 능몽초 등의 비점본이 나오기 전인 초창기에 판각된 『세설신어보』 판본으로 보이며, 조선에서 이러한 책이 필사되었다는 사실을 통해 왕세정이 산정한 『세설신어보』가 상당히 이른 시기에 조선에 유입되었음을 짐작할 수 있다.

3. 조선문단의 『세설신어(보)』 수용과 조선본 간행

3.1. 조선문단의 『세설신어(보)』 수용

『세설신어』가 우리나라에 전래된 사실을 알 수 있는 구체적인 문헌상의 기록은 고려시대 이규보의 『동국이상국집』에 처음으로 보이지만, 그 이전에 최치원이 그의 시에 『세설신어』의 이야기를 전고로 사용한 점에서 통일신라시대에 전래되었을 가능성도 제기되고 있다. 실제로 고려시대 여러 문인학자들이 이 책을 애독하고 그들의 시문에 폭넓게 수용한 예를 확인할 수 있으며, 이러한 기풍은 조선시대까지 계속 이어졌다.[10)

그러나 현전하는 국내 소장 중국본 『세설신어(보)』는 모두 명대와 청대에 간행된 것들로 조선시대에 들어온 것들이다. 국내에 전하는 중국본 『세설신어』 관련 자료에 대해서는 김장환과[11] 민관동의 선행 연구에서 일차적으로 정리된 바 있다. 다만, 김장환의 경우 아직 우리나라 국공립 도서관과 개인 소장 고서의 목록화 작업이 제대로 이루어지지 못한 상황에서 이루어진 연구로 현전 자료들이 충분히 검토되지 못하고 있다. 이에 『세설신어』의 판본은 명대 원경가취당본 계통이 주를 이루고, 『세설신어보』의 경우 명대 장문주교각본 계통이 주를 이룬다고 대략적인 사항만 정리하는데서 머무르고 있다.[12)

---

10) 김장환, 「『世說新語』의 國內 流轉狀況과 研究槪況」, 『동방학지』 104, 1999.

11) 김장환, 「『世說新語』 續書 研究:『世說新語補』」, 『중국어문학논집』 16, 2001; 「『世說新語』의 韓國 傳來 時期에 대하여」, 『중국어문학논집』 9, 1997; 「『世說新語』의 國內 流轉狀況과 研究槪況」, 『동방학지』 104, 1999; 「한국 고활자본 『世說新語姓彙韻分』 연구」, 『중국어문학논집』 13, 중국어문학연구회, 2000.

12) 김장환, 「『世說新語』의 國內 流轉狀況과 研究槪況」, 368~370쪽.

민관동 교수팀의 경우 『세설신어』와 『세설신어보』, 『세설신어성휘운분』 등에 대해 현재 국내에 전하는 자료들의 출판사항과 소장처 등을 총망라하여 목록화하고 있어 이들 서적의 국내 전승 현황을 한번에 살필 수 있게 한다는 점에서 의의를 지닌다.[13] 그러나 개별 자료의 실제 조사가 이뤄지지 못한 채 기존의 소장처에서 제공된 목록을 수합하여 만든 것이라 간행연도나 서명, 판본사항 등에서의 오류와 중국본과 조선본, 명대본과 청대본, 활자본과 목판본 등을 혼동하는 잘못을 수정하지 못하고 있다. 또한 소장처별 개별 자료들을 단순히 나열하는데 그치고 판본의 계열을 제대로 분류하지 못하고 있다.

이상의 선행 연구성과를 참조하면서 이 글에서는 〈한국고전적종합목록시스템〉에서 검색된 결과와 국공립 도서관의 목록, 여기에 개별 판본들의 실물을 검토한 필자의 조사를 바탕으로 각 판본들의 계열 분류를 시도하였다. 현재 〈한국고전적종합목록시스템〉에서 '세설신어'로 검색할 경우 대략 150건이 검색되고 있으며,[14] 민관동 교수팀 조사를 통해 『세설신어』 99종·『세설신어보』 88종, 모두 187종의 목록이 보고되었다. 여기에는 중복되는 자료도 있고 중국본과 한국본이 섞여 있기도 하지만, 이를 통해 국내에 현전하는 『세설신어(보)』 자

---

13) 민관동 외,『韓國 所藏 中國文言小說의 版本目錄과 解題』, 학고방, 2013; 민관동·정영호,『中國古典小說의 國內 出版本 整理 및 解題』, 학고방, 2012. 그 외로 경희대학교 비교문학연구소에서 「비교문화총서」로 그 결과물이 계속 간행되고 있다.

    * 또한 2018년에 유희준·민관동, 「중국 세설체 소설의 국내 유입과 수용」(『중국소설논총』 54호, 한국중국소설학회, 2018, 121~153쪽)에서 '국내 출판된 세설체 수입 작품'에서 현종실록자본과 목활자본 『세설신어보』에 대해 언급하면서 이대본 목활자본 자료에 대해 소개하고 있는데, 기실 이대본 목활자본 자료의 문헌 정보와 그 문화사회적 의미에 대해서는 필자의 2013·2014년 논문들에서 이미 자세히 밝힌 바 있음을 밝혀 둔다.

14) 2015년 12월의 상황이다.

료의 대체적인 수량은 파악할 수 있다.

그 결과물로 다음의 국내 소장본 도표에서 '중국본' 『세설신어』와 『세설신어보』를 구분하여 정리하였다. 이때 『세설신어보』의 경우 『세설신어』 원본과 분책하여 따로 엮은 4권본과 『세설신어』와 통합하여 만든 20권본 이렇게 두 종류가 있기에 이를 다시 별도로 정리하였다. 『세설신어보』 4권본은 『세설신어』와 한 세트로 이루어져 완전한 책을 이루는데, 『세설신어』 또는 『세설신어보』(4권)만 각기 따로 소장된 경우가 있어 혼동을 주기도 한다. 이는 실물의 검토를 통해서만 확인되는 사항이다.

또한 현전하는 중국본 자료 중에 20세기초 간행된 중화민국 시대의 석인본(石印本) 자료들도 상당한 분량이 전하는데, 본고의 주요 관심사가 조선 시대에 유입된 중국본의 성격을 규명하는데 있기에 여기서는 다루지 않고 19세기 이전의 간행본인 청대의 자료까지만 살피기로 한다.

■ 국내소장 중국본 『세설신어』(王義慶(宋) 撰, 劉孝標(梁) 注)[15]

	권수제 (판심제)	권책수	판본	저편자	행자수	계선	어미문양	장서인	半郭 (cm)	서발문	비고	소장처 (기호)
①	世說新語 (世說新語)	8권8책	목판	劉義慶(宋)撰 劉孝標(宋)注 王世懋(明)批點 凌瀛初(明)校	9행 20자	有界	上黑魚尾	東陽 申翊聖 君奭 樂齋	19.6 x 12.0	王世懋 袁褧 高氏偉略	刻手名	고려대 (화산 C14B76)
②	世說新語 (世說新語)	4권4책 (零本) :2-5책 총6권6책	목판	劉義慶(宋)撰 劉孝標(梁)注 吳勉學(明)校	9행 18자	有界	上黑魚尾	2개	19.7 x 12.8		판심 하단에 숫자 『西廂記』 필사	연세대 (고서 貴812/0)
③	世說新語 (世說新語)	6권6책	목판	劉義慶(宋)撰 劉孝標(宋)注	8행 20자	有界	上下向 黑魚尾	5개	20.3 x	袁褧 王世懋		서울대중도 (4660-166)

15) 이하의 도표에 수록된 국내 소장 중국본 『세설신어』와 『세설신어보』 자료들의 도판은 필자의 「조선후기 『세설신어』 간행과 유전의 문화사적 의미」(『동아시아의 문헌 교류: 16-8세기 한중일 서적의 전파와 수용』, 소명출판, 2014)를 참조할 수 있다.

				王世懋(明)批點 張肇林(明)校讐					12,5	喬懋敬 劉應登		
④	世說新語[16]	8권8책	목판	劉義慶(宋)撰 劉孝標(宋)注	8행18자	無界			21,7 x 13,8	喬懋敬	綿紙	한중연(4-228)
⑤	世說新語(世說新語)	6권3책	목판	臨川王義慶(宋)撰 劉孝標(梁)註 劉辰翁(宋)評	9행20자	有界	上白魚尾	한중연(沈喜澤印, 靑松)	20,3 x 13,5	劉應登 袁褧 王世懋		국중(BA古6-45-2) 한중연(貴D7C-26)
⑥	世說新語(世說新語)	6卷6册	목판	劉義慶(宋)撰 劉孝標(梁)注 吳中珩(明)校	9行18字	有界	下白口上黑魚尾(間白魚尾)		19,5x 12,8	袁褧	世說新語補(劉須溪先生纂輯/三畏堂梓行) 관심 하단에 숫자	고려대(대학원C14 B76D) 서울대중앙(남장古920.052-Y91s)
⑦	世說新語(世說新語)	6卷6册	목판	臨川王義慶(宋)撰 劉孝標(梁)註	10행20자	有界	上下白口內向黑魚尾		20,1 x 14,5	袁褧 周氏博古堂刊序(1585) 高氏偉略	劉須溪先生纂輯 世說新語補 本衙藏板	성균관대(雨田D7C-47e) 국중본(BA古10-30-나48) 고려대(육당C14 B15A)
⑧	世說新語(世說新語)	6권4책	목판	劉義慶(宋)撰 劉孝標(梁)注	12행24자	有界	大黑口內向黑魚尾	규장각(集玉齋)	18,5 x 14		光緖三年三月湖/北崇文書局開雕(1877)	규장각(규중3511) 성균관대(D7C-46a) 전북대
⑨	世說新語(世說新語)	6권6책(上下)	목판	劉義慶(宋)撰 劉孝標(梁)注	11행24자	有界	上下大黑口上黑魚尾		17,4 x 12,7	袁褧 高氏偉略 董芬 陸游 葉德輝	光緖十有七年/思賢講舍開雕(1891) 성대본(면지)	연세대(812,38/6) 성균관대(D7C-46b) 계명대 雅丹文庫
⑩	世說新語(世說新語)	6권6책(上下)	목판	劉義慶(宋)撰 劉孝標(梁)注 三原李錫齡孟熙校刊	10행20자	有界	大黑口上黑魚尾		17,5 x 12	袁褧 사고전서총목제요 高氏偉略	光緖丙申七月/重刊於長沙(1896) 관하(惜陰軒叢書) 綿紙	성균관대(D7C-46c) 단국대

---

16) 이 자료는 필자가 아직 실물 자료를 확인하지 못하였기에 우선적으로 소장기관의 목록정보를 참조하여 표를 작성하였다. 8행18자의 판본이 이 책 하나 밖에 없기에 일단 별도의 판본으로 두었으나, 이 부분은 확인이 필요하다. 또한 계선이 없고 종이가 면지(綿紙)라 한 것도 실물의 검토가 요구된다. 제공된 목록 정보에 오류가 있을 가

■ 『세설신어보』(劉義慶(宋)撰, 劉孝標(梁) 注, 何良俊(明) 增補, 王世貞 刪定)
분책본(『세설신어』+『세설신어보』(4권))

권수제(판심제)	권책수	판본형태	저편자	행자수	계선	어미문양	半郭(cm)	서발문	비고	소장처(기호)
①-1 世說新語(世說新語)	8권4책	목판	劉義慶(宋)撰 劉峻(梁)注 張懋辰(明)訂	9行19字	有界	上白魚尾	21.2 x 14.2	王思任 劉應登 袁褧 王世懋	陳太史增補 古世說新語	성균관대(D7C-46) 고려대(화산C14 B76C) 성대(D7C-47b)
①-2 世說新語補(世說新語補)	4권1책		何良俊(明)撰補 王世貞(明)刪定 張懋辰(明)攷訂					王世貞		
②-1 世說新語鼓吹(世說新語)	총10권10책 세설:6권6책	목판	劉義慶(宋)撰 劉峻(梁)注 凌濛初(明)訂	9行20字	有界	上下向黑魚尾	19.4 x 12.1	富春全城 後章紋麟 來氏書 (1676) 凌濛初 沈筌 (1672)	增訂世說新語補 寶旭齋藏板 또는 承德堂藏板	규장각 고려대 3종 서울대 4종 경희대, 한양대 1종 등
②-2 世說新語鼓吹(世說新語補)	세설보:4권4책		何良俊(明)撰補 王世貞(明)刪定 張文柱(明)校注 凌濛初(明)攷訂							
③-1 世說新語(世說新語)	총12권4책 세설:8권	목판	劉義慶(宋)撰 劉峻(梁)注 劉辰翁(宋)批 程稡(清)重訂	9行19字	有界	上白魚尾	20.7 x 14.1	莆陽余懷 (1694) 程稡 吳瑞徵 凌濛初 高氏偉略 喬懋敬 董斿 陸游 王思 王世懋 王泰亨	增訂世說新語補 廣陵玉禾堂藏板	고려대(대학원 C14B76G)
③-2 世說新語補(世說新語補)	세설보:4권		何良俊(明)增 王世貞(明)刪定 王世懋(明)注 程稡(清)重訂							

『세설신어보』 20권 통합본

권수제(판심제)	권책수	판본형태	저편자	행자수	계선	어미문양	半郭크기	서발문	비고	소장처(기호)
① 李卓吾批點世說新語補(批點世說補)	20권6책	목판	劉義慶(宋)撰 劉孝標(梁)註 劉辰翁(宋)批 何良俊(明)增 王世貞(明)刪定 王世懋(明)批釋 李贄(明)批點 張文柱(明)校注	9行18字	有界	無魚尾	22.9 x 14.2	王世貞 王世懋 (再識) 劉應登 袁褧 高氏偉略 董斿 陸游 文徵明 陸師道 陳文燭	*장서인: 「金昌業」「白山之下」(고려대)	규장각(가람古920.052 -Y91s) 고려대(만송C14B83A)
② 鍾伯敬批點世說新語補(批點世說補)	1책(零本 8,9권)	목판	劉義慶(宋)撰 劉孝標(梁)註 劉辰翁(宋)批 何良俊(明)增	9行18字	有界	無魚尾	22.9 x 14.2	확인불가	*장서인: 「豐城」「趙氏駿命」「愼汝甫」	대전 燕亭國樂院

능성도 있다.

				王世貞(明)刪定 王世懋(明)批釋 鍾惺(明)批點 張文柱(明)校注							
③	世說新語補 (世說補)	20卷 10冊 (고대본:6책)	목판	劉義慶(宋)撰 劉孝標(梁)註 劉辰翁(宋)批 何良俊(明)增 王世貞(明)刪定 王世懋(明)批釋 張文柱(明)校注 王湛(明)·彭燧(明)校訂	9行18字	有界	上白魚尾(間黑魚尾)	18.5 x 12.6	陳文燭 王世貞 王世懋(再藏) 劉應登 袁褧 高氏偉略 董分	世說新語補(劉須溪先生纂輯/梅墅石渠閣梓) 世說新語補(太史王鳳洲先生刪定/古吳麟瑞堂藏板)	성균관대(D7C-47a) 고려대(만송 C14B83) 연세대(고서 (묵용실) 812.38 세설신어)
④	世說新語補 (世說補)	20권 6책	목판	劉義慶(宋)撰 劉孝標(梁)註 劉應登(宋)評 何良俊(明)增 王世貞(明)刪 王世懋(明)評 張文柱(明)注 黃汝琳(淸)補訂重刻 延凝齋, 和心耘, 勉蘭畹(淸)校字	9행18자	有界	上黑魚尾	17.5 x 12.0	黃汝琳 劉應登 袁褧 陳文燭	관심아래 茂淸書屋 重訂世說新語補(乾隆壬午春/茂淸書屋藏板)	성균관대(D7C-47c/D7C-47d) 영남대 중앙대 해군사관 충북대 한중연 2질

이상의 도표에 나타나듯이, 조선시대에 국내에 유입된 중국간본 『세설신어』와 『세설신어보』는 19세기까지 간행된 자료에 한정하더라도 여러 종의 판본이 전한다. 이 글에서는 판본을 기준으로 분류하였는데, 같은 판본이라 하더라도 후대에 인쇄되거나 번각된 것 등이 있어 실제 인쇄 시기는 책에 따라 서로 다를 수 있다.17) 책에 따라서는 인쇄와 제본 과정에서 일부의 서발문이 빠지거나 추가되는 등의 차이점을 보이기도 한다. 또한 청대의 서발문이 있다 해도 판목은 명대의 것을 그대로 사용하는 경우도 있고, 같은 판목을 당시 서점가에서 봉면지의 서점명만 바꾸어 간행하여 판소유자는 다르더라도 실제로 동일 판본인 경우도 많다.

---

17) 성균관대 소장본 〈D7C-47c〉와 〈D7C-47d〉는 모두 '무청서옥(茂淸書屋)' 소장판으로 인쇄한 동일 판본이지만, 〈D7C-47d〉은 훨씬 후대에 인쇄된 것으로 판목이 손상되어 인쇄상태가 좋지 않다.

구체적인 예를 들면, 분책본으로 이루어진 능몽초 교정본『세설신어보』의 경우 동일 판본이지만 인쇄 시기가 다른 책들이 여러 종류 전한다. 현재 이화여대와 고려대 등에 여러 종의 능몽초본이 전하고 있다. 그런데 이들 자료는 모두 동일한 판이지만 이대본〈고812.3유78ㅅA〉은 이른 시기의 인쇄본으로 보이며, 고려대 소장본의 경우 1672년 심전(沈銓)의 서문이 붙어 있는 청대 인쇄본이다. 이에 수록된 서발문도 차이를 보여 이대본의 경우 왕세무·문징명 등 명대 인물까지의 서발문이 실려 있는데[18] 반해 고려대본의 경우 청대 인물들의 서발문만 수록되어 있다. 또한 고려대본의 경우 같은 청대의 간행본이면서도〈대학원 C14B76E〉은 봉면지에 '보욱재장판(寶旭齋藏板)'이라 되었고〈대학원 C14B76F〉와〈육당 C14B15〉는 '승덕당장판(承德堂藏板)'이라 하여 판소유자가 다른 경우도 있다.

다음에서는 각 판본별로 봉면지와 본문 첫 장을 참고하여 편찬자와 주석, 비평, 교정, 간행자들을 정리하였다.

■『세설신어』(8권 또는 6권)
* 劉義慶(宋) 撰 / 劉孝標(梁) 注 / 王世懋(明) 批點 / 凌瀛初(明) 校
* 劉義慶(宋) 撰 / 劉孝標(梁) 注 / 吳勉學(明) 校
* 劉義慶(宋) 撰 / 劉孝標(梁) 注 / 王世懋(明) 批點 / 張肇林(明) 校讐
* 臨川王義慶(宋) 撰 / 劉孝標(梁) 註 / 劉辰翁(宋) 評
* 劉義慶(宋) 撰 / 劉孝標(梁) 注 / 吳中珩(明) 校
* 臨川王義慶(宋) 撰 / 劉孝標(梁) 註 / 博古堂刊 / 本衙藏板

---

18) 이대본(고812.3유78ㅅA)의 경우 모두 11책으로 구성되어 제1책에는 목록과 서발문이 실려 있다. 이대본에 실린 서발문 작자 명단은 다음과 같다. 王世懋(再識), 王泰亨, 文徵明, 陸師道, 袁褧, 吳瑞徵, 喬懋敬, 董羒

* 劉義慶(宋) 撰 / 劉孝標(梁) 注 / 崇文書局(淸, 1877)
* 劉義慶(宋) 撰 / 劉孝標(梁) 注 / 思賢講舍(淸, 1891)
* 劉義慶(宋) 撰 / 劉孝標(梁) 注 / 李錫齡孟熙校刊 / 惜陰軒叢書(淸, 1896)

오중형(吳中珩) 교정본과 박고당(博古堂) 간행본의 경우 모두 봉면지에는 '世說新語補'라 제명되어 있는데, 이는 후대 서점가에서 덧붙인 것으로 보이며 실제 내용을 보면 이 책들은 『세설신어』 원문본에 해당한다.

■ 『세설신어』와 『세설신어보』(4권) 분책본
* 『세설신어』(8권): 劉義慶(宋) 撰 / 劉峻(梁) 注 / 張懋辰(明) 訂
  『세설신어보』(4권): 何良俊(明)撰補 / 王世貞(明)刪定 / 張文柱(明)校注 / 張懋辰(明)攷訂
* 『세설신어』(6권): 劉義慶(宋) 撰 / 劉峻(梁) 注 / 凌濛初(明) 訂
  『세설신어보』(4권): 何良俊(明)撰補 / 王世貞(明)刪定 / 張文柱(明)校注 / 凌濛初(明)攷訂
* 『세설신어』(6권): 劉義慶(宋) 撰 / 劉峻(梁) 注 / 劉辰翁(宋)批 / 程稶(淸)重訂
  『세설신어보』(4권): 何良俊(明)撰補 / 王世貞(明)刪定 / 王世懋(明)注 / 程稶(淸)重訂

■ 『세설신어보』 통합본(20권)
* 劉義慶(宋)撰 / 劉孝標(梁)註 / 劉辰翁(宋)批 / 何良俊(明)增 / 王世貞(明)刪定 / 王世懋(明)批釋 / 李贄(明)批點 / 張文柱(明)校注
* 劉義慶(宋)撰 / 劉孝標(梁)註 / 劉辰翁(宋)批 / 何良俊(明)增 / 王世貞(明)刪定 / 王世懋(明)批釋 / 鍾惺(明)批點 / 張文柱(明)校注

* 劉義慶(宋)撰 / 劉孝標(梁)註 / 劉辰翁(宋)批 / 何良俊(明)增 / 王世貞
   (明)刪定 / 王世懋(明)批釋 / 張文柱(明)校注 / 王湛(明)·彭燁(明)校訂
* 劉義慶(宋)撰 / 劉孝標(梁)註 / 劉應登(宋)評 / 何良俊(明)增 / 王世貞
   (明)刪 / 王世懋(明)評 / 張文柱(明)注 / 黃汝琳(清)補訂重刻 / 延凝齋·
   和心耘·勉蘭畹(清)校字 / 茂清書屋

　　여기서 주목할 부분은 명대 이후로『세설신어』와『세설신어보』의
편찬에 관여한 이들의 명단이다. 『세설신어』의 경우 '王世懋(明) 批
點·凌瀛初 校 / 吳勉學(明) 校 / 吳中珩(明) 校 / 張肇林(明) 校讐 / 凌蒙
初(明) 訂 / 程稽(淸)重訂' 등이 있다. 『세설신어보』의 경우 책의 편찬
자인 '何良俊(明) 增·王世貞(明) 刪定'과 공통의 주석자인 '張文柱(明)校
注'를 제외하고 나면 4권의 분책본의 경우 '張懋辰(明)攷訂 / 凌蒙初(明)
攷訂 / 程稽(淸)重訂'이 있고, 20권의 통합본의 경우 '王世懋(明)批釋·李
贄(明)批點 / 王世懋(明)批釋·鍾惺(明)批點 / 王世懋(明)批釋·王湛(明)彭燁
(明)校訂 / 王世懋(明)評·黃汝琳(淸)補訂重刻·延凝齋·和心耘·勉蘭畹(淸)校
字' 등이 있다. 이때 20권본『세설신어보』의 경우 '王世懋 批釋'이 공
통적으로 들어간다. 앞 절에서 살핀 바대로 20권본은 왕세정 산정·장
문주 교주·왕세무 비평 작업이 모두 반영되어 간행된『세설신어보』
의 최종적인 형태라고 할 수 있다.
　　『세설신어』의 경우 6권 분책의 박고당 간행본이 많이 전하고,『세
설신어보』의 경우 4권 분책으로 이루어진 능몽초의 교정본이 많은
수량을 보이고 있다. 20권 합본『세설신어보』에서는 이탁오비점본과
왕담·팽수교정본이 다수를 차지한다.

3.2. 조선본 『세설신어(보)』의 종류와 성격

조선시대는 『세설신어』에 대해 큰 관심을 보였던 시대이다. 다양한 종류의 명청대 『세설신어』 간행본이 유입되었고, 『세설신어보』가 조선의 금속활자(현종실록자)로 간행되었으며, 『세설신어성휘운분』과 같은 『세설신어』 관련 공구서가 출판되기도 하였다. 거기에 이 글에서 새롭게 소개하는[19] 『세설신어』와 『세설신어보』 목활자본도 간행된 바 있다. 각 판본들의 전승 현황을 살피면 금속활자본(현종실록자)『세설신어보』가 수십 종이 전하여 대부분을 이루고 있으며, 목활자본 『세설신어』와 『세설신어보』는 현재 확인되는 수량이 각기 5질 안팎으로 극소수의 분량이 전하고 있다. 그간 조선 간행본 『세설신어(보)』 자료로 현종실록자본만이 언급되던 까닭이 여기에 있다고도 할 수 있다.

이제 다음 각 절에서 조선에서 간행된 『세설신어(보)』의 간본들의 저본과 유전 상황 등에 대해 검토하고 이를 통해 이들 서적 간행과 유전의 문화사적 성격을 살피기로 한다.

3.2.1. 18세기 금속활자본(현종실록자) 『세설신어보』

현종실록자본 『세설신어보』의 경우 간행에 대한 제발문이 전하지 않아 간행 경위에 대한 정보가 거의 알려져 있지 않았고 이에 그 저본에 대해서도 제대로 고찰되지 못하였다. 이와 관련하여 필자는 최근의 논문을 통해 현종실록자본의 저본을 밝히고, 이 판본의 이후 유

---

19) 여기에서 말하는 '이 글'은 「조선후기 '세설신어' 간행과 유전의 문화사적 의미」 (207~259쪽)를 말한다.

졌지만, 16세기 후반 이래로 왕명이 아닌 사대부 주도로 이루어진 주조도 있었다. 대표적으로 김좌명이 호조와 병조의 물자와 인력을 활용하여 수어청에서 만든 무신자,[25] 김좌명의 아들인 김석주가 사적으로 주조한 한구자가 그것이다.[26] 그리고 현종실록자를 만드는 과정에서 구득한 사적인 활자인 '낙동계자'가 있다.[27] 현종실록자는 1677년에 『현종실록』을 인출하기 위해 '낙동계(洛東契)'라는 계모임이 만들어 사용하던 금속활자 3만 5,830자를 구득하고, 여기에 새로 주조한 활자 4만 825자를 섞은 것이다.[28] 낙동계에 대해서는 『승정원일기』「1677년 8월 19일」의 기록에 따르면 '공자·왕손가의 계'라는 언급에서 이들이 단순한 민간 인물이 아닌 상당한 지위와 신분을 지닌 이들임을 알 수 있다.[29] 이상의 사실에서 16세기 후반 이래로 문벌 가문 주도로 금속활자를 만들었고, 그것을 가지고 자신들의 취향에

---

25) 무신자는 당시 전병조판서 겸 호조판서였던 김좌명이 호조와 병조의 경비를 들여 주조한 것으로, 주조 과정에 대한 기록을 보면 김좌명이 주조비용을 청구하는 계청만 있을 뿐 활자 주조를 명하는 왕의 칙령은 보이지 않는다. 즉, 이 활자의 주조는 김좌명의 적극적인 의지에 따라 이루어진 것이라 할 수 있다(김두종, 앞의 책, 302~5쪽).

26) 한구자의 주조와 관련해서는 강경훈, 「潛谷 金堉家의 활자주조와 문헌생산」, 『문헌과해석』 18, 2002, 99~124쪽 ; 노경희, 「17세기 明代文學의 流入과 漢文散文의 朝鮮的 展開에 대한 一考」, 『한국고전문학연구』 27, 한국고전문학회, 2005, 426~433쪽 참조.

27) 낙동계자에 대해서는 이재정 「낙동계자를 통해 본 조선시대 문인들의 지적 교류」, 『민족문화연구』 60, 고려대 민족문화연구원, 2013 참조.

28) 서울대 규장각한국학연구원, 「숙종초 '현종대왕실록'의 편찬과 '현종대왕실록찬수청의궤'」, 『규장각소장의궤해제집』 1, 2003, 200쪽 :『현종대왕실록찬수청의궤』의 기록에 따르면 낙동계에서 빌린 활자들은 실록의 인출이 끝난 후에도 돌려주지 않고, 새로 주조한 활자와 함께 교서관에 옮겨서 새 책들을 찍게 하였다고 한다. 실록 인출 이후 우선 『한서』를 찍어 널리 배포하고자 하였다. 그리고 활자를 빌려준 개인들에게 대가를 지불하고자 하였으나 그들이 사양하였기에 그 대신 새로 찍은 책들을 한 부씩 주기로 결정하였다고 한다.

29) 박철상, 「조선후기 상업출판의 전개과정」, 연세대 동방학연구소 발표문, 2013, 10쪽.

맞는 서적을 출판하였던 정황을 짐작할 수 있다. 더불어 이 시기 금속활자 출판물의 출판이 반드시 국가의 필요에 따라서만이 간행되지 않았을 가능성을 찾을 수 있다.

현종실록자는 조선조 말기에 이르기까지 역대 실록을 비롯하여 열성어제(列聖御製), 각종 지장류(誌狀類) 등 왕실의 서적을 인쇄하는데 주로 사용되었다. 그런데 현전하는 현종실록자 인쇄물을 보면, 숙종 연간에 간행된 서적 중에는 이 글의 『세설신어보』를 비롯하여 왕실과 국가적 필요에 의한 서적이라고 보기 어려운 것들이 간행된 바 있다. 『당송팔대가문초』, 『고시선』, 『선문철영(選文掇英)』, 『세설신어보』, 『예원치언(藝苑巵言)』(왕세정 찬), 『송이충정공주의(宋李忠定公奏議)』, 홍만종 편찬의 『동국역대총목』·『증보역대총목』, 능치륭(凌稚隆)(명) 집교(輯校)의 『사기평림』·『한서』, 박세당 해설의 『남화경주해산보(南華經註解刪補)』, 박세채 편찬의 『신수자경편(新修自警編)』 등과 같은 문학서와 역사서, 도교 관련 자료들이 그러한 예들이다.[30]

이 책들 대부분은 서발문이 없어 그 편찬경위를 알 수 없는데 서발문이 있는 자료들 중에 왕명이 없이도 출판이 가능했던 정황이 발견된다. 1705년에 홍만종이 편찬한 『동국역대총목』이 그 한 예이다. 이 책은 당시 교서관제조 겸 영의정이었던 신완(申琓, 1646~1707)의 요청에 따라 간행된 것이다. 신완은 명대문인이 편찬한 중국의 역사서 『역대총목』을 입수하여 읽고, 우리나라 역사 또한도 정리할 필요성을 느껴 홍만종에게 『동국역대총목』의 편찬을 부탁하였다고 한다.[31] 『동국역대총목』을 편찬한 이듬해에 홍만종은 중국의 역사서인

---

30) 숙종 연간에 간행된 현종실록자본 서적의 목록과 그 성격에 대한 보다 자세한 정보는 노경희의 「현종실록자본 '세설신어보' 간행과 유전(流傳)의 문화사적 의미」(511~513쪽) 참조.

『역대총목』을 보충한 『증보역대총목』을 저술하였고, 이 책 역시 현종실록자로 간행되었다. 이 책들은 이후 1707년에 그 내용이 참람되고 권문에 의탁하였다는 등의 죄목으로 김시환에게 논계되었으나 최석정이 이를 두둔하여 모면된 바 있다.[32]

이상의 실록 기사에 따르면, 이 시기에 왕명이 없어도 교서관 책임자의 권한에 따라 현종실록자로 서책을 인출할 수 있는 여건이 마련되었음을 알 수 있다. 이 글에서 다루는 『세설신어보』의 간행이 18세기 초에 이루어졌다고 한다면,[33] 『세설신어보』 또한 이러한 출판환경에서 간행되었을 가능성이 있다고 할 수 있다. 실제로 교서관의 관

---

31) 洪萬宗, 『東國歷代總目』, 「東國歷代總目序」. "平川申公職摠芸閣, 心留墳典, 偶得皇明人所撰歷代摠目, 覽而悅之, 欲取東事倣成一書, 以命不佞. 不佞復日, 玆書之體, 雖非史家比, 抑其纂次有序, 然後可爲久遠考信. 不佞非其人也, 敢辭, 公强委之, 不已乃廣裒書籍."

32) 『숙종실록』 권45, 33년(1707) 7월 18일. "신이 전 참봉 홍만종이 찬한 『역대총목』을 보았더니…(중략)…그 참월하고 무엄한 죄는 이미 말할 수가 없습니다. 더욱이 홍만종은 본래 자질구레하고 괴귀(怪鬼)한 무리로서 권문에 빌붙고 의탁해 종적이 궤비(詭秘)하여 사람 축에 끼이지 못해 세상에서 버림받았으니, 그가 어찌 감히 책자의 찬성(撰成)을 의논하는데 참여할 수 있단 말입니까? 당초 운각에서 찬집하도록 허락한 것이 이미 잘못입니다."
『숙종실록』 33년 8월 2일: "고(故) 상신(相臣) 신완(申琓)이 운각(교서관)의 제조로 있을 때 홍만종에게 『동국역대총목』을 찬집하게 하고 본관으로 하여금 인출하게 하였는데, 책 가운데 약간 포폄·여탈(與奪)한 것은 있으나, 인출한 것이 많지 않아 진실로 번거롭게 전해질 염려는 없습니다. 그리고 홍만종은 비록 외설스럽고 망령된 잘못이 있으나, 정배(定配)는 지나칩니다."

33) 김두종, 앞의 책, 298~300쪽 ; 남권희, 「조선후기 금속활자의 주조와 조판에 관한 연구-인력자, 현종실록자, 교서관인서체자, 정리자의 복원」, 『조선후기 한국의 금속활자』, 청주고인쇄박물관, 2010, 104~107쪽 : 이들 논저에서는 모두 숙종 33년(1707)에 간행되었다고 하였으나 필자가 이제까지 현종실록자본 『세설신어보』 원자료들을 실사한 결과에 따르면 간행 연도에 대한 뚜렷한 증거는 찾을 수 없었다. 선행연구와 도서관 목록에서 이 자료의 간년을 1708년이라 하는 경우가 많은데 이 또한 현재 정확한 증거는 없다. 다만, 서적에 찍힌 장서인들 중에 1700년대 초반의 몰년 인물들의 것이 있어 이를 토대로 1700년 전후하여 간행되었음은 확인할 수 있다.

리가 사적으로 국가의 활자를 운용하여 자신이 필요한 서적을 인간하는 것은 조선 전기부터 종종 일어나는 일이기도 하였다.

국은을 입어 여러 공경의 뒤를 따른 후 외람되게 운각[芸閣(교서관)]의 제조가 되었고, 책을 인간하는 편리함을 살피게 되면서 개인적인 마음을 품게 되었다. 집의 장서를 뒤적이다가 이 한질을 얻었다. 모든 비용을 마련하여 저작 김용에게 일과를 끝내고 틈을 내어 인간하게 함으로써 널리 퍼뜨릴 것을 도모하였으니, 우선 불후의 계책은 이룬 셈이다. 그러나 공적인 일을 빌려 사적인 일을 시행했다는 질책은 끝내 피하기 어려울 것이다.[34]

예문은 16세기 중반에 교서관제조로 재직하던 송세형이 교서관의 물자를 이용하여 형 송세림이 엮은 『어면순(禦眠楯)』을 사적인 목적으로 인간하던 사정을 잘 보여준다. 송세형은 집안 인물의 문집을 인간하였지만, 윤춘년 같은 경우는 교서관 제조로 있으면서 『전등신화구해』(1559)를 간행하는 등 자신의 취미에 맞는 서적을 간행하기도 하였다.[35]

이와 관련하여 최근 금속활자본으로 간행된 소설들에 대한 심층적인 연구가 진행되면서 기존의 금속활자본에 대한 인식을 제고할 필요성이 제기된 바 있다. 병자자본 『삼국지통속연의』를 비롯하여, 교서관인서체자로 인쇄된 『기재기이』, 『전등신화』, 『산보문원사귤(刪補文苑樝橘)』, 『앙경룡전(王慶龍傳)』 등 금속활자본 한문소설들의 경우 기

---

34) 宋世珩, 「禦眠楯序」. "仍承國恩, 忝從諸卿之後, 濫提芸閣, 窺見印書之便, 旋懷爲私之念. 搜家藏, 得此一秩, 給諸工糧資債, 著作金鎔, 日供例役之餘, 投間挾印, 以圖廣布, 爲先不朽之計則得矣. 假公行私之責, 終難逭矣"(윤세순, 앞의 논문, 136쪽 재인용)

35) 김영진, 「조선 간 『전등신화구해』 제본 연구(1)」, 『어문논집』 65, 민족어문학회, 2012.

존의 금속활자 출판물과 성격이 다르다고 한다.[36] 이에 대해 김영진
은 "조선 중앙의 서적 간행 담당자와 그 담당자의 성향에 따라 간행
서적의 취사에 일정한 영향력이 개입될 수 있다"는 가설을 세우고,
조선시기 금속활자로 인쇄된 소설 및 도선류 서적들의 등장 배경으로
"금속활자 및 서적 출판의 주도권을 쥐고 있는 중앙 고위관료의 개인
적 취향 및 사적인 경로의 청탁, 상업출판과의 결탁을 통해 이러한
서적의 간행이 이루어졌다"고 주장한 바 있다. 여기서 금속활자본 서
적의 간행에 출판의 주도권을 지닌 이들의 취향과 청탁이 반영될 여
지가 있다는 부분은 『세설신어보』 간행 경위를 살피는데도 참고할
수 있다.

　물론 『세설신어보』는 한문 문장 학습서의 하나로도 인식된 문예물
로서 『전등신화구해』와 같은 소설류와 성격을 달리하는 것이기에 중
앙 관청에서 출판할만한 명분을 인정받았다고 볼 가능성도 있다. 다
만, 그 간행 서적의 선택 과정에서 교서관 책임자 또는 그 주변 인물
들의 취향이 반영되었고, 현종실록자 간행 서적 중 문학서와 제자백
가서, 역사서 중 일부는 이러한 배경에서 간행되었다고 볼 여지가 있
다. 특히나 현종실록자는 본디 공자와 왕손계 인물들이 주조한 낙동
계자를 구득하여 주조된 바, 이들 낙동계자의 원소유자들이 서적의
간행에 관여할 가능성도 있다. 여기서 공적인 출판에 문벌 가문의 사
적인 취향과 필요가 일정 정도 개입될 여지를 상정할 수 있으며, 『세
설신어보』의 간행 역시 그러한 경로를 통해 간행되었다는 가설이 성
립한다 할 것이다. 이에 대한 실제적인 증명은 새로운 자료의 발굴을

---

36) 김영진, 「교서관인서체자본 한문소설 4종에 대하여」, 『포럼·그림과 책 2011 논문집
　　(1)』, 포럼·그림과 책, 2011, 86~9쪽.

기대하며 추후의 과제로 남겨 놓는다.

　다음으로는 현종실록자본을 간행하는데 저본으로 사용된 책을 살필 것이다. 이를 찾기 위해서는 당시 조선에 들어온 『세설신어보』 중국판본에 어떤 것이 있는지, 현종실록자본의 체제가 어떠한지 등을 검토하는 것이 한 방법이 된다.

　다음은 현종실록자본 『세설신어보』의 서지사항이다.

■ 『世說新語補』(20卷)
　劉義慶(宋) 撰 / 劉孝標(梁) 註 / 劉辰翁(宋) 批 / 何良俊(明) 增 / 王世貞(明) 刪定 / 王世懋 批釋 / 鍾惺(明) 批點 / 張文柱(明) 校註
　四周單邊, 半郭:23.5x15.8cm, 10行18字 註雙行, 內向黑魚尾
　序: 王世貞(1556), 王世懋(1580)・再識(1585), 陳文燭(1586), 劉應登(1227),
　　　袁褧(1535), 高似孫, 董弅(1138), 陸游(1188), 文徵明 <何氏語林
　　　序>(1611), 陸師道 <何氏語林序>

　이 책은 왕세정이 하량준의 『하씨어림』을 산정하고 여기에 기존의 『세설신어』를 더해 만든 『세설신어보』이다. 이때 『세설신어』와 『세설신어보』가 따로 분책된 것이 아니라 둘을 통합하여 편찬한 전체 20권의 책이다. 책수는 7책이 주를 이루는 가운데, 5책본(국중본)・6책본(연세대본)도 발견되고 있다.

　여기서 주목할 점은 편찬자 명단에서 '鍾惺(明) 批點'이라 되어 있는 부분이다. 그간의 국내외 연구에서는 이 책의 저본이 될 '종성 비점'의 중국본 『세설신어보』를 찾지 못하거나 조선본 현종실록자본을 중국본으로 오인하는 경우가 종종 있었다. 또는 종성이 『세설신어』에 평을 한 자료인 『세설신어주초(世說新語注鈔)』(2권)와 혼동되기도 하였다. 그러나 필자가 최근에 국내의 대전 연정국악원에 소장된 중국본『종백경비점세설신어보』의 조사를 통해 중국에서 실제로 '종성비점본'이 간행된 바 있으며 이 자료가 현종실록자본의 저본과 같은 판본임을 밝히었다.[37]

'종성 비점'의『세설신어보』가 그간 선행연구에서 제대로 거론되지 못한 것은 이 책의 현전하는 자료가 극히 드물기 때문이다. 필자의 자료 조사 과정에서도 한중일 삼국에서 각 나라별로 1종씩 단 3종만이 목록에서 확인될 뿐이었다.[38] 대전의 연정국악원 소장본『종백경비점세설신어보(鍾伯敬批點世說新語補)』은 현재까지 확인된 국내 유일본이다. 이 자료의 서지 정보는 다음과 같다.

■ 『鍾伯敬批點世說新語補』(1책 零本(권 8~9))
劉義慶(宋) 撰 / 劉孝標(梁) 註 / 劉辰翁(宋) 批 / 何良俊(明) 增 / 王世貞
(明) 刪定 / 王世懋 批釋 / 鍾惺(明) 批點 / 張文柱(明) 校註
四周單邊, 半郭:19.5x14cm, 有界, 9行18字, 註雙行, 頭註, 無魚尾
조선식 개장(5침본), 竹紙
표제: 世說新話, 권수제: 鍾伯敬批點世說新語補, 판심제: 批點世說新語補

---

37) 종성 비점의『세설신어보』에 대해 선행 연구에서 제대로 다루지 못한 사정과 이 자료가 현종실록자본의 저본인 사실에 대해서는 노경희의「현종실록자본 '세설신어보' 간행과 유전(流傳)의 문화사적 의미」에서 자세히 검토하였다.

38)『종백경비점세설신어보』는 우리나라의 연정국악원 소장본 이외로 중국의『烟台市珍貴古籍名彔圖彔烟台市珍貴古籍名彔圖彔』(齊魯書社, 2010)의 목록과 일본의 국회도서관 내각문고(內閣文庫) 목록에서『종백경비점세설신어보』(20권 8책, 明刊本, 何良俊 撰·鍾惺 評·王世貞 校·張文柱 注)라는 서지정보를 확인할 수 있다. 단, 일본 내각문고의 목록에서 제공된 편자 정보의 경우 현종실록자본과 일치하지는 않고 있어 확인이 필요하다. 이와 같이 한중일에서 전하는 수백 종의『세설신어(보)』이본들 중에 단 3종만 현재 확인되는 상황을 볼 때 이 책은 당시 널리 유통된 판본은 아니라고 할 수 있다.

이 자료에는 조준명(趙駿命, 1677~1732)의 장서인인 '풍성(豊城)', '조씨준명(趙氏駿命)', '신여보(愼汝甫)'가 찍혀 있어 18세기 초엽에 이미 국내에 유입되었음을 확인할 수 있다.[39]

그런데 여기서 주목할 사항은 『종백경비점세설신어보』가 실제적으로 '종성 비점'의 자료가 아니라는 점이다. 결론부터 말하자면, 이 자료는 『세설신어보』 비점본 중 가장 널리 유행한 판본인 『이탁오비점세설신어보』의 판본에 제명과 본문 첫 장의 비점자 이름만 '이탁오' 대신 '종백경'으로 바꿔 넣어 인쇄한 것이다. 그 증거로는 이 책들에는 유진옹과 왕세무, 이탁오의 비평들이 책 본문 위쪽에 두주로 실려 있는데, '종성비점본'의 경우 종성의 비점은 없고 '李云…'이라 하며 실린 이탁오의 비점이 그대로 두주에 실려 있는 점을 들 수 있다.

여기서 『이탁오비점본』이 원래 판본이고 후에 명대 서점가에서 책의 제명과 첫머리의 비점자 이름만 '이탁오'를 '종백경(종성)'으로 바꾸어 유포한 상황임을 짐작할 수 있다. 명대의 서점상들이 책의 판매를 늘리기 위해 유명한 사람들의 이름을 마음대로 가탁하여 편찬자로 바꾸는 것은 자주 있는 일이며, 『이탁오비점세설신어보』 역시 실제 이탁오 편찬서인지에 대해서는 의심을 받고 있기도 하다.[40] 다만, 두주에 '鍾云…'이 아닌 '李云…'이라 표기된 점에서 적어도 이 책이 원래는 이탁오가 비점한 것으로 나온 책이라는 사실만은 확인할 수 있다.

---

39) 장서인의 판독은 고서연구가 박철상 선생님의 도움을 받았다.
40) 王能憲, 앞의 책, 107쪽.

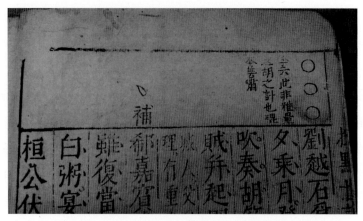

[도판 2] 『종백경비점세설신어보(鍾伯敬批點世說新語補)』(권8) 두주(頭註)에
'李云…'이라는 이탁오의 비평이 실려 있다.

　'종백경비점본'이 현종실록자본의 저본 자료와 동일한 판본이라 추정할 수 있는 근거는 다음과 같다. 우선 두 자료의 본문 첫 장에 제시된 편찬자 사항이 "劉義慶(宋) 撰 / 劉孝標(梁) 註 / 劉辰翁(宋) 批 / 何良俊(明) 增 / 王世貞(明) 刪定 / 王世懋 批釋 / 鍾惺(明) 批點 / 張文柱(明) 校註"이라 하여 완전히 일치하고 있다. 그리고 본문과 주석 내용을 검토하면 종백경비점본에는 이탁오와 류진옹·왕세무의 비평이 본문 위의 여백에 두주(頭註)로 실려 있는데, 현종실록자본에는 두주가 빠졌을 뿐 나머지 본문의 내용이 완전히 일치한다. 목판으로 간행된 중국본 두주의 내용들을 조선에서 활자본으로 제작할 때 생략하고 제작하는 것은 흔히 있는 일이다. 이로써 현종실록자본의 편저자 명단이 본문의 내용과 상관없이 기존의 판본을 그대로 베낀 것임을 알 수 있다.

　다음으로 수록된 서발문을 통해서도 저본 관계를 확인할 수 있다. 현재 국내에 전하는 『종백경비점본』의 경우 1책 영본(권8, 9)으로 그 전모를 알 수 없지만, 이 책은 앞서 언급한 대로 『이탁오비점본』과 동일 판본이기에 『이탁오비점본』을 참고하여 현종실록자본과 그 서발문을 비교할 수 있다. 이탁오비점본에는 현종실록자본에 실린 서발문이 모두 수록되었다. 현종실록자본은 『세설신어』와 관련된 구서(舊序)와 『세설신어보』에 대한 명대 이후 작성된 신서(新序)를 모두 망라하고 있는 것이 특징이다. 『세설신어보』 간행 관련인물인 왕세정과 왕세무, 진문촉의 서문을 비롯하여, 『세설신어』의 원래 서발문인 유응등, 원경, 고사손, 동분, 육유의 기록들, 거기에 『세설신어보』를 편찬하는데 참조한 『하씨어림』에 대한 문징명과 육사도의 서발문이 모두 실려 있다. 국내에 전하는 중국판본 중에서 현종실록자본에 실린 서발문을 모두 수록하고 있는 것은 『이탁오비점세설신어보』 밖에 없다.

『이탁오비점세설신어보』는 『세설신어보』 비점본 중에서 명대 이래로 가장 유행한 판본 중 하나이다.[41] 중국뿐 아니라 일본에도 전래되어 현재 일본에서 전하는 『세설신어(보)』 판본 중에서도 큰 비중을 차지하고 있으며, 화각본(和刻本) 『이탁오비점세설신어보』도 여러 차례 간행되어 널리 유포되었다.[42] 현재 우리나라에 전하는 화각본 『세설신어』도 상당수가 『이탁오비점세설신어보』를 저본으로 하고 거기에 주석과 설명을 덧붙인 것들이다.[43] 조선문단에도 일찍부터 이탁오비점본이 들어온 흔적이 발견되는데, 김창업(1658~1721)의 장서인이

---

41) 王能憲, 앞의 책, 71쪽.

42) 일본의 전국 도서관 소장 한적 목록 검색 자료인 〈전국한적데이터베이스(全國漢籍データベース)〉에서 '세설신어(世說新語)'로 검색했을 때 '398종'이 검색되는데, 이 중 『이탁오비점세설신어보』라 제명된 것만 '75종'이고, 화각본 『세설신어보』 주석본 중에서도 이탁오비점본을 저본으로 한 것들이 상당수이다.

43) 필자의 조사 중에 확인된 자료만으로도 국중본 〈古古 10-30-나61〉, 서울대 중도본 〈4660-162〉, 성대본 〈D7C-47f〉, 고대본 〈대학원 C14 C1〉 등이 『이탁오비점세설신어보』를 저본으로 한 일본 간행본이었다.

찍혀 있는 고려대본(晩松 C14-B83A)이 그 한 예이다.

이들 세 자료의 서지사항을 정리하면 다음과 같다.

	현종실록자본『세설신어보』	『종백경비점세설신어보』	『이탁오비점세설신어보』
출판형태	조선본 금속활자본	중국본 목판본	중국본 목판본
편찬자	劉義慶 撰 / 劉孝標 註 / 劉辰翁 批 / 何良俊 增 / 王世貞 删定 / 王世懋 批釋 / 鍾惺 批點 / 張文柱 校註	劉義慶 撰 / 劉孝標 註 / 劉辰翁 批 / 何良俊 增 / 王世貞 删定 / 王世懋 批釋 / 鍾惺 批點 / 張文柱 校註	劉義慶 撰 / 劉孝標 註 / 劉辰翁 批 / 何良俊 增 / 王世貞 删定 / 王世懋 批釋 / 李贄 批點 / 張文柱 校註
서문	王世貞(1556), 王世懋(1580)·再識(1585), 陳文燭(1586), 劉應登(1227), 袁褧(1535), 高似孫, 董弅(1138), 陸游(1188), 文徵明〈何氏語林序〉(1611), 陸師道〈何氏語林序〉	확인미상	王世貞(1556), 王世懋(1580)·再識(1585), 陳文燭(1586), 劉應登(1227), 袁褧(1535), 高似孫, 董弅(1138), 陸游(1188), 文徵明〈何氏語林序〉(1611), 陸師道〈何氏語林序〉
권수제	世說新語補	鍾伯敬批點世說新語補	李卓吾批點世說新語補
판심제	世說補	批點世說新語補	批點世說新語補
권수	20권	1책 零本(권8-9)	20권

이상의 사항을 종합하면 다음과 같다. 현종실록자본의 저본은『종백경비점세설신어보』인데, 이때의 종백경본은 원래『이탁오비점세설신어보』를 명대의 서점가에서 이름만 '이탁오' 대신 '종백경'으로 바꾸어 간행한 것이다. 『종백경비점본』과『이탁오비점본』은 18세기초에 모두 조선에 유입되었는데 현전하는 자료의 전승 상황을 보면『이탁오비점본』이 훨씬 많은 수량을 보이고 있다. 『이탁오비점본』은 당시 중국에서 널리 유통된 판본이었기에 당연한 일일 것이다. 그럼에도 불구하고 조선에서『종백경비점본』을 저본으로 하여 현종실록자본을 간행한 배경에 대해서는 주목할 사항이다.

3.2.2. 18세기 목활자본 『세설신어보』

그간의 연구에서는 우리나라에서 간행된 『세설신어』 자료로 현종실록자본 『세설신어보』만을 다루었다. 그러나 필자가 실제 자료들을 조사한 결과 조선시대에는 현종실록자본 또는 이 책과 같은 판본을 저본으로 한 목활자본 『세설신어보』도 간행된 바 있다. 그리고 필사본 중에 현종실록자본을 저본으로 하여 지방 관아에서 서리들이 필사한 책도 발견되었다. 이들 자료를 통해 현종실록자본이 좀더 확대된 범위로 유통되고 있음을 확인할 수 있다. 현종실록자본과 같은 판본을 저본으로 제작된 자료들을 정리하면 다음과 같다.

서명	권책수	판본형태	간행시기	저편자	행자수	계선	어미문양	半郭 크기	서발문	소장처(기호)	비고
世設新語補(世說補)	20권	금속활자(현종실록자)	1707(?)	劉義慶(宋)撰 劉孝標(梁)註 劉辰翁(宋)批 何良俊(明)增 王世貞(明)刪定 王世懋(明)批釋 鍾惺(明)批點 張文柱(明)校注	10行18字	有界	下白口 內向黑魚尾	22.9 x 15.4	王世貞 王世懋(再識) 陳文燭 劉應登 袁褧 高氏僞略 董芬 陸游 文徵明 陸師道	國內 다수 소장	
世設新語補(世說補)	2책(零本) 1책:권1-5 2책:권6-9	목활자	조선후기	劉義慶(宋)撰 劉孝標(梁)註 劉辰翁(宋)批 何良俊(明)增 王世貞(明)刪定 王世懋(明)批釋 鍾惺(明)批點 張文柱(明)校注	10行18字	有界	上下花紋 二葉魚尾	23 x 17	王世貞 王世懋 再識 陳文燭 劉應登 董芬 陸游 文徵明 陸師道	이화여대(812.3 유78ㅅ)	
世設新語補	20권 4책	필사	조선후기	劉義慶(宋)撰 劉孝標(梁)註 劉辰翁(宋)批 何良俊(明)增 王世貞(明)刪定 王世懋(明)批釋 鍾惺(明)批點 張文柱(明)校注	14行25字	無界	無魚尾	없음	王世貞 王世懋 再識 陳文燭 劉應登 袁褧 高氏僞略 董芬 陸游 文徵明 陸師道	연세대(고서(III) 4917/0)	각 책 마지막에 필사자명 (戊子(1888?) 五月日 沃溝下吏)

도표의 두 번째 자료인 이화여대본 〈812.3 유78ㅅ〉은 현종실록자본과 같은 판본을 저본으로 하여 간행한 조선본 목활자본이다(그림〈사진 2〉). 책의 장황 상태로 보아 현종실록자본과 목활자본은 거의 비슷한 시기에 간행된 것으로 추정된다. 17세기 이후 급증하는 서적 수요에 따라 훈련도감을 중심으로 한 목활자 인쇄가 활성화된 사정을 고려할 때[44] 『세설신어보』 또한 금속활자본 만으로는 충당할 수 없을 정도의 수요가 있어 이를 목활자로 대체하였다고 볼 수 있다. 실제로 왕실 전용 출판활자인 현종실록자본 서적을 구하는 것은 쉬운 일이 아니었다. 목활자본의 간행은 이들 금속활자본을 구하기 힘든 계층을 대상으로 한 것일 것이다.

다만, 이 목활자본은 현재 전하는 수량이 극히 적은 것으로 볼 때 넓은 범위에서 유통된 것으로 보이지는 않는다. 처음부터 목판이 아닌 활자로 출판되었다는 사실 자체가 넓은 수요를 갖추지 못했음을 의미하기도 한다. 이 또한 『세설신어보』의 수요가 전체적으로는 제한된 범위에 그치고 있음을 보여주는 하나의 사례가 되고 있다.

이와 관련하여 위의 도표 중 마지막 자료인 현종실록자본을 저본으로 하여 지방의 서리들이 필사한 자료는 주목할 만하다.(〈그림 4〉) 이 사례를 통해 지방의 문인 중에 이 자료에 대해 관심을 가진 경우에는, 활자본을 구득하지 못하고 관아의 아전을 동원하여 필사본을 제작하던 상황을 짐작할 수 있다.

교서관 책임관의 사적인 목적으로 간행된 자료라 해도 『전등신화』와 같은 소설류는 상당한 수요가 확보되었고 이에 금속활자본 뿐만

---

44) 옥영정, 「17세기 출판문화의 변화와 서적간행의 양상」, 『다산과 현대』 03, 연세대 강진다산실학연구원, 2010, 60~69쪽.

아니라 목판본, 특히 방각본으로까지 간행되어 넓은 범위에서 유포되었다.[45] 이와 비교한다면 『세설신어보』의 경우 매우 제한된 범위의 사람들만 향유하던 독서물이었다고 할 수 있다. 다만, 비슷한 시기에 금속활자본과 목활자본이 모두 출현하였다는 사실에서 금속활자를 구득할 수 있던 계층을 넘어서서 그 다음의 목활자본 향유 계층에까지 독서범위가 확대되었음을 알 수 있다. 그러나 이때의 목활자본이 일반적인 영리 목적의 축약된 내용의 조악한 인쇄 상태의 판본이 아닌 20권 분량의 거질이면서 정성들여 만든 상급의 서적인 점에서 목활자본 향유층 중에서도 다시 제한된 계층임을 생각해야 한다.

3.2.3. 19세기 이후 목활자본 『세설신어』

이상에서 살핀 18세기초 간행된 현종실록자·목활자본 『세설신어보』를 제외하고 『세설신어(보)』는 더 이상 목판으로 간행되지 못한 채 한동안 필사본의 형태로만 조선 문단에서 유통된 것으로 보인다. 그러다가 19세기 중반 이후로 청대 주심여 간행본(1828)을 저본으로 한 목활자본 『세설신어』(6권 6책)가 새롭게 조선에서 간행되었다. 이 자료는 필자의 실물 자료 조사 중에 확인된 것으로 본고에서 처음으로 논의하는 것이다. 이 간본의 존재를 통해 『세설신어』가 조선후기에 목활자로 간행될 정도로 지속적인 인기를 끈 저작임을 확인할 수 있다. 이 책의 서지사항은 다음과 같다.

---

45) 김영진, 「조선 간 『전등신화구해』 제본 연구(1)」, 295~310쪽.

■ 『世說新語』(국립중앙도서관 소장, 한古朝48-224)

劉義慶(宋) 撰 / 劉孝標(梁) 注

古活字本(木活字)

6卷6冊(上·中·下: 각권 上下)

四周單邊, 半郭 21.0x15.3cm. 無界, 11行21字, 註雙行, 上黑口, 無魚尾;
25.5x17.6cm

* 序: 劉應登 序(1227) / 袁褧序(1535) / 高氏緯略 / 董弅題(1138) / 陸游
  書(1188)

* 劉義慶(宋) 撰 / 劉孝標(梁) 注

　책의 상태를 보면 활자의 형태나 인쇄 상태가 조악하며, 중간에 페이지 순서가 어긋나는 등 최상품의 책은 아니다. 종이와 장황 등으로 짐작컨대 인쇄 시기를 19세기 후반에서 20세기 초반으로까지 추정할 수도 있다. 내용을 살피면, 앞서의 왕세정 편찬의 20권본『세설신어보』가 아닌『세설신어』원문과 유효표(劉孝標)의 주석만을 실은 6권의 원문본이다. 제6책 첫 장에 1828년에 주심여가 쓴 발문과 간기가 있어 이 책의 저본이 19세기초에 간행된 것임을 알 수 있다. 주심여의 간행 시기가 1828년이라는 점에서 이 책은 중국에서 19세기 초반에 간행되었고, 그것이 조선에 들어와 19세기 중엽 이후로 간행되었다고 짐작할 수 있다. 주심여의 발문은 앞서 본 원고의 2장에서 살핀 바 있다.

　이 간본은 현재 국내에 몇 종이 전하고 있다. 필자가 확인한 국립중앙도서관과 한양대본(812.34-유678ㅅㄴ) 이외로도 아직 실물을 확인하지는 못했지만 공개된 서지정보만으로 보건대 영남대·중앙대·건국대 등에 이 활자본과 같은 인본이라 추정되는 자료가 전한다.

그런데 이 책의 저본인 주심여가 판각한 책의 경우『세설신어보』가 원문을 지나치게 산삭하였기에 거기에 불만을 품고『세설신어』원문을 찾아 새롭게 간행한 것이라 하였다. 그러나 이를 바탕으로 조선에서 간행된 책은 주심여의 의도에 공감하여 제작된 것이라 보기 힘들다. 우선은 조악한 책의 형태와 인쇄 상태를 볼 때 이 책이 판본에 대한 불만을 품을 수 있을 정도로『세설신어』에 정통한 사람들을 독자로 상정하고 편찬한 것이라 보기 어렵기 때문이다.

그렇다면 19세기 중반 이후 이 책이 조선에서 출판된 사정은 무엇일까.『세설신어』와『세설신어보』는 일찍부터 우리나라에 들어온 책으로, 앞 장에서 살핀 바 조선시대에는 다양한 중국 판본이 유입되었고, 금속활자본과 목활자본으로도 간행되어 유통되었다. 활자본 이외로 필사본 또한 상당한 수량이 전하는 것으로 볼 때 조선시대에 지속적으로 인기를 끌었던 책임에 틀림없다. 목활자본『세설신어』는 이러한 관심과 수요를 반영하는 결과물로 19세기 이후에도 여전히『세설신어』가 문단에서 인기를 끈 독서물이었음을 보여주는 자료라 할 수 있다.

다만, 18세기 초반 간행된 현종실록자본·목활자본『세설신어보』와 비교할 때 19세기에 간행된 이 책의 존재를 통해 독자층에서의 변화를 감지할 수 있다. 우선 20권 분량에 이르는『세설신어보』가 아닌 6권 분량의『세설신어』로 그 분량이 1/3 정도로 크게 줄었으며, 금속활자가 아닌 목활자 간행본이고, 인쇄상태나 종이, 제본 등의 부분에서 품질이 현저하게 떨어졌다. 이는 앞서의『세설신어보』의 독자층과 비교할 때 이 책의 향유자는 문화적으로나 사회경제적으로 수준이 떨어지는 계층이었음을 의미한다고 할 수 있다.

조선시대에 금속활자본 인쇄물의 경우 상당한 신분이 아니고서는 개인적으로 쉽게 구득할 수 있는 책이 아니었다. 공적으로 간행된 출판물의 경우 왕의 내사(內賜)를 통해 구할 수 있었으며, 교서관 관리의 사적인 간행물이라 해도 그것을 구하기 위해서는 그에 상응하는 신분이나 친분을 갖고 있어야 했다. 앞에서 살핀 현종실록자본과 같은 판본의 목활자본『세설신어보』의 등장은 금속활자본을 구득하지 못한 계층의 수요를 반영한 것이다. 그러나 그 책은 비록 목활자본이지만 분량은 20권 분량을 그대로 유지하고 있으며 책의 장황이나 형태를 볼 때 상당히 공을 들여 만든 책이다. 거기에 당시의 활자 제작과 종이, 인쇄비용을 고려할 때 상당히 고가의 서적이었음을 짐작할 수 있다. 조선의 출판문화 상황에서 이 목활자본『세설신어보』역시 아무나 손쉽게 구할 수 있는 책은 전혀 아니었던 것이다.

그에 반해 여기서 살피는 목활자본『세설신어』의 경우 분량이 6권으로 줄었고 종이질이나 제본, 활자의 상태를 볼 때 앞의 20권 분량『세설신어보』활자본과 비교하여 간행 비용이 훨씬 적게 들었을 것이다. 이는 다시 앞의 금속·목활자본『세설신어보』향유층보다 이들의 경제적·사회적 지위가 떨어졌음을 의미하는 것일 수도 있다. 그러나 그것이 곧『세설신어』독자의 수준이 전반적으로 떨어졌음을 의미하는 것은 아니다. 그보다는『세설신어』의 독자층이 일부 한정된 상층 계층에 머무르지 않고 보다 아래의 계층으로까지 널리 확대되고 있음을 보여주는 자료라고 해석하는 것이 더 타당할 것이다.

조선에서 간행된『세설신어(보)』의 특징을 살피면 금속활자와 목활자 등 모두 '활자본'이며, 중국책 원문을 그대로 간행한 '백문본'이라는 점을 들 수 있다. 이는 다음 장에서 살필 에도의 판본들이 모두 '목판본'이며 대부분의 책이 훈점본과 주석·해설본이라는 점과 대비되는 모습이다. 양자 간의 차이점에 대해서는 마지막에 다시 정리하기로 한다.

〈중국 간행 『세설신어보』 판본〉

[1-1] 중국본 『종백경비점세설신어보』

[1-2] 중국본 『이탁오비점세설신어보』

〈조선 간행 『세설신어(보)』 판본〉

[2-1] 조선판 금속활자본 『세설신어보』

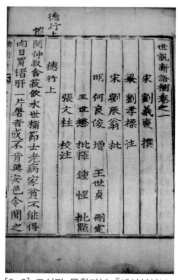

[2-2] 조선판 목활자본 『세설신어보』

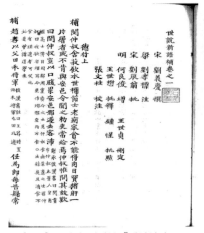

[2-3] 조선판 필사본 『세설신어보』　　　　[2-4] 조선판 목활자본 『세설신어』

4. 에도문단의 『세설신어보』 수용과 和刻本 간행

4.1. 에도문단의 『세설신어보』 수용

일본에 『세설신어』가 들어온 것은 헤이안 시대 기록에도 간간히 보이는 바 상당히 이른 시기였던 것으로 추정된다. 당나라에 유학을 간 승려들의 기록에서 주로 확인되는데, 공해(空海, 774~835)의 경우를 보면 그가 당나라로 유학 가기 이전인 797년의 기록에 이미 『세설』에 대한 언급이 보여 그 이전부터 『세설신어』가 일본 문단에 들어와 있었음을 짐작할 수 있다. 실제로 현전하는 가장 오래된 『세설신어』 필사본인 당사본(唐寫本) 『세설신어』의 잔권들이 일본에서만 전래되고 있는 사실에서도 이른 시기 일본에 들어왔음을 확인할 수 있다.

『세설신어』가 본격적으로 일본 문단에서 유행하고 그 영향력을 발휘

한 것은 17세기 이후 에도 시대에 들어와서의 일이다. 특히 왕세정 산정의 『세설신어보』가 수입된 이래로 『세설보』의 인기가 기존의 『세설신어』를 압도하게 되었다. 이에 대해서는 1802년 일본에서 간행된 『세설신어』 주석서인 『세설음석(世說音釋)』(恩田仲任 輯)에 실린 오오타 후카시(大田覃: 大田 南畝, 1749~1823)의 발문에서도 확인할 수 있다.

菅公(菅原道眞, 845~903)에게 <相府文亭始讀世說新書>(『菅家文草』 권2)라는 시가 있고 승려 空海(774~835)가 『세설』 병풍을 쓴 것을 보면, 이 책은 우리나라에 돌아다닌지 오래된 것이다. 근세에 이르러 왕세정의 '補本'(『세설신어보』)가 크게 유행하면서 예전의 『세설신어』는 사라졌으니 가히 탄식할 일이다. 온다 츄닌(恩田仲任)은 박학하며 다양한 책을 읽고 저술이 풍부하였는데, 『세설음석』이 그 중 하나이다. 이 책이 나타난 것은 곧 예전의 『세설신어』가 흥기한 것이다.[46]

에도시대에 『세설신어』가 성황을 이루었던 사실에 대해서 일찍이 오오야네 분지로(大矢根文次郎)는 '세설열(世說熱)'이라는 표현으로 묘사한 바 있다.[47] 그는 그 원인으로 다음의 사항들을 지적하였다. ① 에도막부가 문교 정책을 펼치면서 한학의 발흥으로 각종 한적이 수입되었고 ② 패사소설에 속하는 『세설신어』는 한어 학습에 가장 좋은 교재로 인식되었으며 ③ 왕세정 산정 『세설신어보』의 경우 위진 시대부터 송원 시대에 이르기까지의 인물 고사를 수록해 놓았기에 이 책을 통해 중국 역사상 유명한 인물들의 고사와 역사적 지식을 한꺼

---

46) 大田覃, 『世說音釋』, 「跋文」 "菅公有相府文亭始讀世說新語詩, 僧空海書世說屛風, 則此書之行于吾邦也久矣. 至近世王弇州補本大行, 而古世說廢矣, 可嘆哉. 尾張恩田仲任氏博學弘覽, 富于著述, 世說音釋亦其一也. 此書一行, 則古世說亦其興乎."
47) 왕능헌, 앞의 책, 244쪽 재인용.

번에 얻을 수 있고 ④ 『세설신어』의 내용이 일본인들의 취향에 부합하다는 것이 그것이다.

또한 에도시대에 출현한 '세설열'의 징후로 왕능헌은 다음 세가지 사항을 지적하였다.[48] ① 『세설』과 『세설보』의 화각본이 여러 차례 출현하여 널리 유행하였으며 ② 『세설』의 주석서나 연구서가 여러 종 출현하였는데 그 성취가 탁월하고 ③ 한문 혹은 가나로 『세설』을 모방하여 편찬한 일본판 『세설』 즉 '화세설(和世說)'이 출현하였다.

이상에서 언급한 대로 에도시대에 일본에서는 『세설신어』, 특히 왕세정 산정의 『세설신어보』가 크게 유행하였고 그와 관련된 서적들이 다수 간행되었다. 에도문단에서 간행된 『세설』 관련 서적들은 그 성격에 따라 다양하게 분류할 수가 있는데, 본고에서는 선행연구를 참조하면서 본고의 논의와 관련하여 ① 화각번각본 ② 일본학자의 주석·해설본 ③ 『세설신어』를 모방한 일본판 『세설신어』로 분류하였다. 이때 본고의 논의가 '출판형태'에 집중하는 관계로 간행본에 집중하고 필사본은 원칙적으로 다루지 않는다.

4.2 화각본(和刻本) 『세설신어보』의 종류와 성격

4.2.1. 화각번각본(和刻翻刻本)

중국 책의 원문을 그대로 번각한 책이다. 서발문의 순서나 체제상의 변화가 있는 경우도 있지만 기본적으로 중국 책의 본문 내용은 그대로 싣고 있다. 단, 일본인들의 독서 편의를 위해 훈점이 첨부되었

---

48) 에도시대 『세설신어(보)』의 수용에 대한 개괄적 사항은 왕능헌의 앞의 책, 244~147쪽 참조.

다. 에도시기 간행된 화각본 『세설신어』의 특징에 대해 일찍이 왕능헌은 다음과 같이 지적한 바 있다. 왕세정 산정 이탁오 비점의 『세설신어보』 20권본이 크게 유행하였다. 원본 『세설신어』는 거의 보이지 않는다. 각 판본에 일반적으로 모두 일본인들의 한문 독해를 돕기 위한 부호 즉 '훈점'이 표기되어 있다. 중국본을 번각한 것으로 내용, 판식에서 서발문, 범례 등에 이르기까지 중국본을 따르고 있다 등이 그것이다.

현재 확인되는 화각번각본 『세설신어보』는 모두 두 종류로 겐로쿠(元祿) 연간 간본(元祿版, 1694)과 이를 교정한 안에이(安永) 연간 간본(安永版, 1779)이 있다.

	元祿版	安永版
간행시기	1694년 (元祿 7)	1779년 (安永 8)
편찬자	劉義慶撰, 劉孝標注, 何良俊增補, 王世貞刪定, 王世懋批釋, 李贄批點, 張文柱校注	劉義慶撰, 劉孝標注, 何良俊增補, 王世貞刪定, 王世懋批釋, 李贄批點, 張文柱校注
출판형태	목판본, 20권10책	목판본, 20권10책
간행자	林九兵衛	林九兵衛
저본	『李卓吾批點世說新語補』	『李卓吾批點世說新語補』
비고		* 題簽:校正改刻世說新語補 * 戶碕允明 校(발문)

이상의 화각번각본 자료들의 특징을 정리하면 다음과 같다. 현재 확인되는 화각번각본 『세설신어보』는 1694년 간행된 원록판이 가장 이른 시기이며, 이후 85년 뒤인 1779년에 이 판본을 교정하여 改版한 안영판이 나왔다. 모두 '하야시쿠헤(林九兵衛)'가 간행한 것으로 목판본의 형태이다. 두 판본 모두 『이탁오비점세설신어보』를 저본으로 한 것이며, 훈점이 첨부되어 독해에 도움을 준다.

'하야시쿠헤(林九兵衛)'는 하야시 기단(林義端, ?~1711)으로 에도 시대의 서점상이자 통속문학 작가이기도 하다. 1689년경 교토에 '문회

당(文會堂)'이라는 서점을 열었으며, 이토 진사이의 문하에서 공부하였다. 저서로 통속소설 『타마쿠시게(玉櫛筍)』와 『타마하하키(玉箒子)』가 있으며 편저에 『박상명현시집(搏桑名賢詩集)』, 『박상명현문집(搏桑名賢文集)』 등이 있다.

뒤에 나온 개정판인 안영판 중에는 봉면지에 '騰龍源公定本 觀濤閣藏 / 世說新語補 / 千里必究不許翻刻 常陽碕允明哲夫校'라 하여 '觀濤閣' 소장본임을 밝히는 판본이 2종 확인된다. 대부분의 안영판에는 '觀濤閣藏'이라는 기록은 없고 '하야시쿠헤'라는 간행자 이름만 실려 있다. '騰龍源公'은 이와키 모리야마(磐城守山)의 번주인 마츠다히라 요리히로(松平賴寬)로 소라이학에 경도된 다이묘[大名]이다. 관도각(觀濤閣)은 그의 서재 이름이다. 이 기록을 통해 안영판의 교정자로 널리 알려진 토자키 엔메이(戶碕允明)가 사실은 마츠다히라 요리히로의 교정본을 바탕으로 안영판을 만들었음을 짐작할 수 있다.

이는 안영판의 마지막권 말미에 실린 토자키 엔메이의 〈중각세설신어보발(重刻世說新語補跋)〉에서도 확인할 수 있는 사실이다. 이에 따르면 騰龍源公이 『세설신어보』를 좋아하여 여러 판본들을 수집하여 교정본을 만들고 토자키 엔메이에게 그 간행을 맡기었다고 하였다. 이렇게 안영판은 마츠다히라 요리히로와 토자키 엔메이의 공동 작업으로 이루어진 것인데, 이들은 모두 소라이 학파의 일원으로 이들의 작업이 소라이 학파의 『세설신어』 열독과 일정한 관련이 있을 것이라 추정할 수 있다.

다음으로 이상의 『세설신어』 화각번각본에 일본 학자들이 오류를 교정하고, 주석과 해설, 강의를 '필사'로 적어 놓은 가키이레본(書入本)을 살피기로 한다.[49]

書入本

那波魯堂本 (元祿版)	* 那波魯堂(1727~1789) 필사 * 스승 岡白駒의 『世說新語補觿』(1749) 인용.
芝荷園校本 (元祿版)	* 石島筑波(1708~1758)이 1756년(寶曆 6) 필사 * 石島筑波는 오규 소라이의 수제자 핫토리 난카쿠(服部南郭)의 문인.
鹿鳴樓藏本 (安永版)	* 오규 소라이의 문인 太宰春臺, 服部南郭, 秋山玉山, 千葉芸閣 등의 학설 필사. * 20권 본문 말미 '辛亥(寬政 3, 1791)春以太宰南郭玉山三先生及芸閣先生考 標寫了於小水街 鹿鳴樓藏'라는 붉은색 필사기 있음.
中井履軒 雕題本 (元祿版)	* 中井履軒(1732~1817) 필사 * 大典顯常의 『世說鈔撮』와 桃井源藏의 『世說新語補考』 등 인용. * 履軒은 『세설신어보』의 등장인물들에 대해 비판적인 시각을 보임.

이상의 가키이레본(書入本)과 관련된 인물들의 특징을 보면 이시즈마 츠쿠바(石島筑波), 다자이 슌다이(太宰春臺), 핫토리 난카쿠(服部南郭), 아키야마 교쿠잔(秋山玉山), 치바 운카쿠(千葉芸閣), 마츠다히라 요리히로 등 『세설신어보』에 흥미를 보인 대다수의 인물들이 모두 소라이 학파의 문인들이라는 점을 들 수 있다. 그 외로 앞서 살핀 두 번째 화각판인 안영판의 교정자 토자키 엔메이와 뒤에서 살필 『세설신어보휴(世說新語補觿)』의 저자 오카핫쿠(岡白駒)도 소라이학파 문인이다.

여기서 『세설신어』와 소라이학파의 관계에 대해 생각할 필요가 있다. 당시 소라이학파의 한문강독 기본 텍스트로는 『당시선』·『세설신어』·『창명척독(滄溟尺牘)』이 언급된 바 있다.[50] 소라이 또한 제자 목하공달(木下公達)에게 보낸 「시목공달서목(示木公達書目)」(『荻生徂徠全集』 권1)에서 '이 책들은 우리당의 학자들은 반드시 갖추어야 할 것으로 한 종도 빠져서는 안된다[右吾黨學者必須備坐右不可欠一種]'이라 하며

---

49) 이 자료들에 대해서는 稻田篤信, 「和刻本『世說新語補』の書り三種」, 『日本漢學硏究』 8, 二松學舍大學, 2013; 「中井履軒『世說新語補』雕題本考」, 『日本漢學硏究』 9, 二松學舍大學, 2014 참조.

50) 高山大毅, 「『滄溟先生尺牘』の時代−古文辭派と漢文書簡」, 『日本漢文學硏究』 6, 二松學舍大學21世紀COEプログラム「日本漢文學硏究の世界的據点の構築」, 2011, 58쪽 참조.

제시한 필독서 목록에 『세설신어』는 없고 『세설신어보』만을 언급하고 있다. 이들 자료를 통해 에도문단에서 『세설신어보』가 유행하고 널리 유포된 데에는 소라이 학파 문인들의 활동이 컸음을 짐작할 수 있다.

다만, 위 목록의 마지막 자료인 나카이 리켄(中井履軒)의 가키이레본 (書入本)을 보면, 그는 소라이 학파와 달리 『세설신어』 인물들의 방달함과 자유분방함에 대해 비판적인 태도를 보이고 있다. 이는 오사카의 회덕당주(懷德堂主)로서 견실한 생활인의 유용한 학문으로 경세제민의 학설을 강론하는 입장을 드러낸 것으로 볼 수 있다. 이 사례를 통해서 당시 에도문단의 『세설신어』에 대해 다양한 이해를 살필 수 있다.

4.2.2. 에도문인의 주석·해설본

다음으로 살필 에도판 『세설신어』 자료들에는 에도문인들의 교감·주석·해설이 첨부되거나 가나로 번역되어 간행된 것들이 있다. 이들 『세설신어』 연구서와 관련하여 왕능헌은 다음의 성격을 지적하였다.[51] 에도시대 일본 학자들의 『세설신어』 연구 저작은 20여 종이 넘게 간행되었는데, 그 연구의 특징은 두 가지 방향에서 찾을 수 있다. 하나는 당시 유행 판본이 왕세정 산정의 『세설신어보』였기에 그들의 연구 대상 역시 『세설신어』가 아닌 『세설신어보』에 있었던 점이다. 두 번째로는 연구의 범위가 음과 뜻의 주석과 문장의 뜻을 해설하고, 오류를 교정하고, 사실을 고증하며 인물의 계보를 작성하는 등 자구의 뜻과 의미의 해석 방면에 치중해 있는 점이다. 출판본 중심으로 이들 연구서 목록을 보면 다음과 같다.[52]

---

51) 왕능헌, 앞의 책, 247~253쪽.

1749 (寬延 2)	목판본	『世說逸』(1권), 岡井孝先·大冢孝綽 校
1749 (寬延 2)	목판본	『世說新語補觿』(2책), 岡白駒 著 * 『세설신어보』에서 뜻이 잘 해석되지 않는 어구에 대해 설명한 책 * 일본 『세설』 연구의 효시.
1762 (寶曆 12)	목판본	『世說新語補考』(2책), 桃井盛(桃源藏) 著
1763 (寶曆 13)	목판본	『世說新語補國字解』, 穗積以貫
1763 (寶曆 13)	목판본	『世說鈔撮』(4권4책), 大典顯常 撰
1772 (明和 9)	목판본	『世說鈔撮補』, 大典顯常 撰
1774 (安永 3)	목판본	『世說新語補索解』(2책), 平賀晋人 著·島邦利 校
1774 (安永 3)	목판본	『世說誤字誤讀訂正』(2권/부록 1권), 大江德卿·井上萬年 贊 * 大江德卿, 井上萬年은 『世說新語補索解』의 저자인 平賀晋人의 제자들. * 『世說新語補觿』, 『世說新語補考』, 『世說鈔撮』 및 그 스승의 『世說新語補索解』를 참고하여 이를 교감하고 그 오류를 정정. * 기존 『세설』 연구의 총 검열과 비평에 해당하는 책
1781 (天明 元)	목판본	『世說鈔撮集成』(10권 5책), 大典顯常 撰
1785 (文明 5)	목판본	『世說新語補系譜』(3책(2권 부록1권)), 柚木綿山
1802 (享和 2)	목판본	『世說音釋』(10권 5책), 恩田仲任 編·礒谷正卿·岡田守常 校 * 일본 『세설』 연구 중 가장 권위 있는 저작으로 후대에 큰 영향을 끼침.
1815 (文化 12)	목판본	『世說啓微』(2권2책), 皆川淇園 著·皆川筺齋 校
1816 (文化 13)	목판본	『世說講義』(10권10책), 田中頤(田中履堂) 著·小森寬 校 * 저자 田中頤는 『世說啓微』의 저자인 皆川淇園의 제자임. * 이 책은 스승의 학설을 널리 참고하여 문학적 각도에서 『세설』을 연구한 것으로 일반적인 주석본과 다름.
1826 (文政 9)	목판본	『世說箋本』(20권10책), 尾張泰士鉉 校讀 * 『세설신어보』를 바탕으로 하였음. * 일본 학자들의 箋注를 널리 인용하고 자신의 학설을 더한 것으로 일본 『세설』 주해서의 집대성.

---

52) 이 목록은 왕능헌의 앞의 책, 245~253쪽; 「일본고전적종합목록데이터베이스」; 『에도
한학서목』(이송학사대학 21세기 COE 프로그램, 2006) 등을 참고하여 필자가 본고의
논의에 부합하는 자료들을 선발하여 새롭게 정리한 것이다.

이상의 목록에서 확인되는 바, 18세기 중반 이후로 다양한 형태의 『세설신어보』 주석·해설서들이 본격적으로 간행되었다. 이들 연구서의 효시라 할 수 있는 『세설신어보휴(世說新語補觽)』〈도판 3-3〉의 경우 『세설신어』의 해석에 있어 난해한 곳이나 자구의 풀이를 주로 다루고 있어, 초기의 연구들은 주로 의미 해석에 집중하고 있음을 알 수 있다. 이후 『세설오자오독정정(世說誤字誤讀訂正)』과 같은 저작도 등장하였는데, 이는 기존 일본 학자들의 『세설신어』 연구 성과를 교감하여 그 오류를 정정하는 작업을 한 것이다. 이후에 나온 『세설음석』, 『세설전본』 등은 앞의 선배 문인들의 『세설신어』 연구서를 집대성한 것이다. 이를 통해 이들의 작업이 선배들의 작업을 기반으로 하여 새롭게 검토되고 발전해 가고 있음을 살필 수 있다.

특히 이들 저작의 저자들을 살피면 사제 관계인 경우가 종종 발견된다. 『세설오자오독정정』의 저자인 木下公達, 井上萬年은 『세설신어보색해(世說新語補索解)』의 저자인 히라가 신민(平賀晋人)의 제자들이며, 『세설강의(世說講義)』의 저자인 다나카 리도우(田中頤)는 『세설계미(世說啓微)』의 저자인 미나가와 키엔(皆川淇園)의 제자인 것이 그 예이다. 이들은 스승의 작업을 참조하여 이를 교감하거나 거기에 자신의 학설을 더해 새로운 저작을 만들고 있다. 여기서 에도문단의 『세설신어』 연구가 스승의 학설을 전승하는 과정을 통해 유행하였음을 살필 수 있다. 이는 앞서 『세설신어』의 유행에 소라이 학파 문인들이 한문 교재로 『세설신어』를 사용하고 이에 대한 스승의 강의를 기록하는 등의 작업이 큰 역할을 하였던 것과 상통한다. 이렇게 이전 시대, 혹은 스승의 연구성과를 이어 받아 이를 집대성하고 발전시키는 모습이 에도문단 『세설신어』 연구의 중요한 특징 중 하나이다.

〈일본 간행 『세설신어보』 판본〉

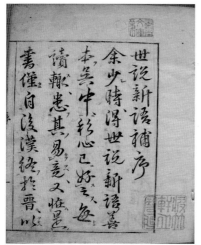

[3-1] 화각번각본 元祿版

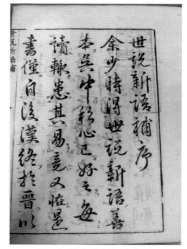

[3-2] 화각번각본 安永版

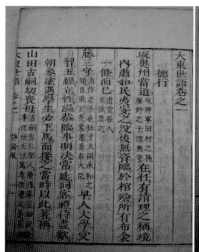

[3-3] 화각본 설명서 『世說新語補觿』

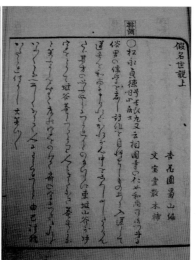

[3-4] 화각본 주해서 『世說箋本』

『세설신어보』의 조선과 에도 문단의 출판과 향유층 비교　79

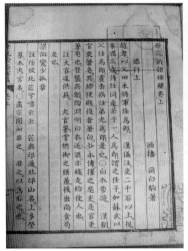

[4-1] 『대동세어』   [4-2] 『가나세설』

4.2.3 일본판 『세설신어』 속서

『세설신어』를 모방하여 일본의 역사 인물의 일화나 고사를 뽑아서
엮은 책들이다. 한문만이 아니라 가나로 편찬되기도 하였다.

『大東世語』 (5권5책)	木版本	* 服部南郭 편찬, 1750년(寬延 3) 嵩山房에서 간행. * 남곽이 청년기부터 읽은 和書 중에서 헤이안(平安) 왕조와 가마쿠라(鎌倉) 시대 문인들의 일화 중에서 마음에 닿는 것들을 뽑아 漢譯하고, 德行·言語·政事·文學으로 분류하여 『세설신어』를 모방하여 만든 책. * 〈自序〉에 따르면 일본 고대의 왕조시대는 중국 晉代와 마찬가지로 귀족문화의 전성기로, 사람들의 心情과 言語에 우아함이 있기에 이를 공감하여 엮었다고 하였음.
『大東世語考』(5권)	木版本	* 方寸菴漆鍋 편찬, 1751년(寬延 4) * 『대동세어』의 출전을 고증한 것으로 『세설신어』에 있어 '劉孝標注'와 같은 책.
『仮名世說』 (2권2책)	木版本	* 大田南畝 편찬, 1824년(文政 7) 序, 1825년(文政 8) 간행.

이 책들에서 주목할 사항은 먼저 일본판 『세설신어』인 『대동세어』의 편찬자인 핫토리 난카쿠가 오규 소라이의 문학 방면의 수제자로서 여기서 또한 소라이파의 『세설신어』 애호의 일면을 살필 수 있다는 점이다. 또한 『세설신어』에 유효표의 주석서가 나온 것과 마찬가지로 『대동세어』에도 그 출전을 고증한 주석서인 『대동세어고』가 나오고 있는데, 이 점에서 에도 문인들의 『세설신어』 수용의 주요한 특징이 주석서의 편찬에 있음을 다시 확인할 수 있다.

5. 조선과 에도문단 간행 『세설신어(보)』의 특징

조선과 에도에서 간행된 『세설신어(보)』 판본의 특징을 비교하자면 가장 두드러지는 공통점은 모두 『세설신어』 원문본이 아닌 왕세정 편찬의 『세설신어보』가 주류를 이루고, 그중에서도 『이탁오비점세설신어보』가 저본으로 사용된 간본이 주로 유포되었다는 사실이다.

실제로 중국 문단에서도 명대에 왕세정의 『세설신어보』가 나타난 이래로 그 이전의 『세설신어』 원문본은 거의 사라지고 『세설신어보』가 그 자리를 대신하였다. 이는 당시 조선과 에도문단에 들어온 중국본 『세설신어』의 판본들을 볼 때도 확인할 수 있다. 현전하는 자료를 통해 검토할 때 조선과 에도 문단에서 가장 많이 들어온 중국본은 능몽초본과 이탁오비점본 『세설신어보』이다. 이상의 『세설신어』의 유통 현황을 볼 때 양국 문단에서 모두 『이탁오비점세설신어보』를 저본으로 한 간본들이 출현했다는 것은 당연한 일이기도 하다.

『세설신어보』의 경우 『하씨어림』과 합본되어 기존의 『세설신어』에 없는 송원대 문인들의 일화까지 살필 수 있기에 조선과 에도 문인들이 중국 역대 인물들을 한꺼번에 살필 수 있다는 점에서 더욱 선호했을 것이다. 또한 『이탁오비점본』의 경우 '劉義慶(宋) 撰 / 劉孝標(梁) 註 / 劉辰翁(宋) 批 / 何良俊(明) 增 / 王世貞(明) 刪定 / 王世懋 批釋 / 李贄(明) 批點 / 張文柱(明) 校註'라 하여 역대 『세설신어』의 대표적인 비점·교정·해설자들이 모두 망라된 주석의 총괄판이라는 점에서 조선과 에도문인들에게 큰 인기를 끌었을 수도 있다.

다만, 조선에서 간행된 서적은 그 경위는 알 수 없지만, 실질적으로 『이탁오비점본』임에도 불구하고 '종성 비점'이라 표기된 간본이 저본으로 사용되었다는 점에서 주목을 요한다. 당시 이탁오가 유학의 이단아로서 주자성리학에 충실하였던 조선 문인들에게 반감을 불러 일으켰기에 의도적으로 '종성비점'이라 표기된 판본을 채택하여 간행하게 된 것인지, 우연의 일치로 그렇게 된 것인지에 대해서는 추후 고찰이 필요한 부분이다.

다음으로 조선판과 에도판 『세설신어보』의 차이점을 보면, 조선에서 간행된 판본들은 금속활자와 목활자 등 모두 '활자본'인데 반해, 일본에서 간행된 것은 모두 '목판본'이라는 형태상의 차이점에 가장 주목할 수 있다. 그 간행 주체 또한 조선의 경우 상층 엘리트 계층 사대부 문인들이라면, 일본의 경우 유학자를 중심으로 하면서 상업적 기반의 민간 서점들이 중심이 되어 출판하고 있다는 점이 다르다. 거기에 조선 간본은 중국의 원문을 그대로 간행한 백문본들인데 반해 일본의 간본은 원문본에도 훈점이 붙어 있고 그 외로 일본문인의 주석·해설본, 심지어 번역본까지 다양한 형태로 간행되고 있는 점도 다른 점이다.

현전하는 조선 간본 『세설신어(보)』는 모두 '활자본'이다. 조선에서 『세설신어(보)』가 '목판'으로 간행된 흔적은 실물 자료는 물론 현전하는 책판목록에서도 발견되지 않는다.[53] 조선의 간본은 금속활자본(현종실록자) 『세설신어보』가 대부분을 차지하고 그 외로 비슷한 시기의 목활자본 『세설신어보』와 19세기 중엽 이후 목활자본 『세설신어』가 간행된 적 있을 뿐이다. 그 이외의 조선본은 모두 필사본의 형태로 전승되고 유통되었다.

그렇다면 이러한 '활자본' 인쇄가 의미하는 바는 무엇일까. 그것은 일차적으로 이 책의 수요가 대량 생산이 필요할 만큼 큰 것은 아니었음을 의미한다. 중국서적이 조선에 수용되고 이를 조선에서 새롭게 간행할 때는 우선적으로 왕명에 따라 중앙관청에서 금속활자로 찍어내고, 이것을 널리 보급할 필요가 있을 경우 중앙 및 지방 감영에서 목판으로 번각하여 대량 생산하게 된다. 한편으로 일부 사대부 문인들의 기호와 취향에 부응하는 서적들의 경우 인맥과 친분을 동원하여 사적인 방식으로 출판할 수 있는 길이 있었다. 중앙 출판기관인 교서관의 관리를 통하여 사적으로 교서관의 인력을 사용해 인쇄하거나, 벌열가나 종친 등 세도가들 중에 금속활자를 소유한 이들이 있어 그를 통해 중국 서적을 출판한 일 등이다. 금속활자에 접근이 어려운 이들은 목활자본을 제작하여 유통시키기도 하였다. 그 외로 이상의 간행본 서적들을 구하지 못하는 이들은 책을 빌려 필사하는 방식 등으로 중국 서적을 소유하였다.

이때 금속활자본 『세설신어』의 경우 교서관 관련 인물의 사적인 취향이 반영되어 인쇄되었을 가능성이 높다. 그러한 만큼 이 책을 구득하는데도 그에 상응하는 친분과 신분이 필요하였을 것이다. 또한 이렇게 한정된 수요에 따라 만들어진 책이기에 이를 지방의 관청에

---

53) 정형우·윤형태 편저, 『한국의 책판목록』, 연세대 국학연구원, 1995.

보내어 목판으로 번각하는 일은 고려되지 못했을 것이다. 이러한 가운데 19세기 중반 이후로 분량이 현저히 줄어든 목활자본『세설신어』가 간행되었다. 일반적으로 후대의 간본들이 분량을 줄이고 저비용을 추구하는 것은 적은 비용으로 대량 출판을 함으로써 서적의 대중적 보급을 꾀하는 시도라 할 수 있다. 그러나 이 목활자본『세설신어』의 경우 목판이 아닌 목활자로 간행되었다는 사실에서도 대중출판의 목적으로 간행된 것이라 보기는 어렵다. 무엇보다 현재 확인되는 이 책의 수량이 5질 안팎의 극히 적은 수량이라는 사실에서 이 책은 대량 생산된 것이라 볼 여지가 적다.

이러한 사정에서 볼 때 이 책은 상업적인 목적의 출판이 아닌 이 책에 관심을 가진 동호인 집단에서 적은 수량으로 간행하여 보급된 것으로 볼 가능성이 높다. 그것은 곧 19세기까지 여전히『세설신어』는 넓은 범위의 독자층을 확보하지 못한 채 소수의 집단에서 관심을 갖고 독서하던 서적이었음을 의미한다고 볼 수 있다. 이렇게 상당한 정도의 경제적·문화적 역량을 갖추고, 중국 문단의 출판 상황에 민감하게 반응하면서, 문예적 취향의 서적을 애호하던 모습이야 말로 조선문단에서『세설신어(보)』를 간행하고 향유하던 독자층의 가장 기본적인 성격이라 할 것이다.

에도문단의 경우는 목판본 중심의 출판문화가 발달했다. 에도의 출판문화를 이끌어 간 세력은 당시 서민문화를 주도한 쵸닌(町人)들이었다. 이들은 서점을 경영하고 문화예술인들을 후원하였으며 이를 통해 문학과 예술 분야에서 서민문화의 번영을 맞이하였다. 자본이 형성되었고 이를 소비할 계층이 두터웠던 만큼 에도의 출판은 대량 생산을 위한 목판본 위주로 진행되었고 한학서의 경우도 예외는 아니었다. 다만, 중국의 시문집을 포함한 한학서의 경우 문단 안에서도 한문 교양을 갖춘 지식인층으로 그 독자층이 제한되었기 때문에 소설과 희곡 및 실용서와 비교할 때 출판 주체와 수량, 방식에서 차이점을 지니고 있었다. 에도시대 한학서 출판은 한학 교육기관들이 주로 담당했는데 막부의 교육기관인 창평횡과 각 번들의 교육기관인 번교, 그리고 한학자들의 사설 교육기관인 사숙 등이 대표적이었다.

특히 중국문학 수용과 관련하여 가장 활발한 활동을 보인 것은 저명한 유학자를 중심으로 모인 私塾의 문인들이었고, 그중에서도 오규 소라이를 중심으로 한 고문사파의 활동이 두드러졌다. 소라이 학파는 명대 이반룡과 왕세정을 추종하며 중국의 시문 학습에 열정을 보이었는데 이들 학파가 한시와 한문, 중국의 문화를 익히기 위한 필독서로 선택한 서적들이 바로 『당시선』・『세설신어보』・『창명척독집』 등이었다. 이에 이들 서적의 출판과 유포에 소라이 학파 문인들의 활동이 두드러졌다. 이들 문인들은 각각의 서적을 출판하는데 스승의 학설을 주석으로 적고 그 강의 내용을 담은 형태의 책들을 출판하여 자신들의 학파의 학설을 정립하고 전파하고자 노력하기도 하였다.[54]

이렇게 중국시문집의 원문본 이외로 주석서와 해설서, 강의록 등의 형태로까지 간행되고 있는 점은 조선문단의 『세설신어(보)』 간행과 비교할 때 크게 대조되는 점이다. 특히 이러한 책들의 간행이 가능했던 것은 이 책들을 향유하는 독자층이 있었고, 그 정도의 책까지 간행할 수준으로 출판업이 발전하는 등 사회문화적 기반이 갖추어졌기 때문이었다. 이는 중국시문집의 향유가 한문을 잘 모르는 중간 계급까지 이루어졌음을 의미하는 것이며, 이 점이 조선의 상황과 가장

---

54) 이 중 『당시선』의 사례에 대해서는 노경희, 「조선과 에도문단의 중국 시문집 출판형태와 향유층 비교」, 『명청사연구』 42, 명청사학회, 2014, 24~28쪽 참조.

대비되는 점일 것이다. 즉 일본문단의 경우 학파 문인들의 적극적인 학설 유포 과정에서 『세설신어(보)』 또한 다양한 형태로 출판되고 그 출판이 상업 서점과 연계가 되어 일반 서민들도 이 책을 읽을 수 있는 통로를 마련하였던 것이다.

　이상에서 조선과 에도문단의 『세설신어(보)』 수용에서 가장 두드러지는 차이점을 꼽자면, 조선의 경우 중국과의 외교와 출판 시스템을 장악한 상층의 문인들 중심으로 수용되고 향유되었다면, 에도문단의 경우 상업 자본과의 연계 속에서 한문을 모르는 이들까지 향유층이 확대되었다는 점이다. 특히 그 과정에서 조선문인들의 경우 개별적이고 독자적인 형태의 독서와 감상을 통한 수용이 이루어졌다면, 일본의 경우 저명한 유학자를 중심으로 형성된 학파를 통해 스승의 학설을 제자에게 전달하는 과정에서 이루어지고 있는 점이 두드러진다.

참 고 문 헌

강경훈, 「潛谷 金堉家의 활자주조와 문헌생산」, 『문헌과해석』 18, 2002.

김두종, 『한국고인쇄기술사』, 탐구당, 1974.

김영진, 「교서관인서체자본 한문소설 4종에 대하여」, 『포럼·그림과 책 2011 논문집(1)』, 포럼·그림과 책, 2011.

김영진, 「조선 간 『전등신화구해』 제본 연구(1)」, 『어문논집』 65, 2012.

김장환 역, 『세설신어보』, 지식을만드는지식, 2010.

김장환, 「『世說新語』 續書 硏究:『世說新語補』」, 『중국어문학논집』 16, 2001.

김장환, 「한국 고활자본 『世說新語姓彙韻分』 연구」, 『중국어문학논집』 13, 2000.

김장환, 「『世說新語』의 國內 流轉狀況과 硏究槪況」, 『동방학지』 104, 1999.

김장환, 「『世說新語』의 韓國 傳來 時期에 대하여」, 『중국어문학논집』 9, 1997.

남권희, 「조선후기 금속활자의 주조와 조판에 관한 연구-인력자, 현종실록자, 교서관인서체자, 정리자의 복원」, 『조선후기 한국의 금속활자』, 청주고인쇄박물관, 2010.

大木康 著·노경희 옮김, 『명말 강남의 출판문화』, 소명출판, 2007.

노경희, 「17세기 明代文學의 流入과 漢文散文의 朝鮮的 展開에 대한 一考」, 『한국고전문학연구』 27, 2005.

노경희, 「'세설신어보'의 조선과 에도 문단의 출판과 향유층 비교」, 『한국문화』 72, 2015.

노경희, 「조선과 에도문단의 중국 시문집 출판형태와 향유층 비교」, 『명청사연구』 42, 2014.

노경희, 「조선후기 『세설신어』 간행과 유전의 문화사적 의미」, 『동아시아의 문헌 교류: 16-8세기 한중일 서적의 전파와 수용』, 소명출판, 2014.

노경희, 「현종실록자본 『世說新語補』 간행과 流傳의 문화사적 의미」, 『한국

　　　　한문학연구』 52집, 2013.

노경희, 「에도시대 목판과 한학서 출판」, 『목판의 행간에서 조선의 지식문
　　　　화를 읽다』, 글항아리, 2013.

민관동 외, 『韓國 所藏 中國文言小說의 版本目錄과 解題』, 학고방, 2013.

민관동·유희준, 「중국 세설체 소설의 국내 유입과 수용」, 『중국소설논총』
　　　　54호, 2018.

민관동·정영호, 『中國古典小說의 國內 出版本 整理 및 解題』, 학고방, 2012.

박철상, 「조선후기 상업출판의 전개과정」, 연세대 동방학연구소 발표문, 2013.

서울대 규장각한국학연구원, 「숙종초 '현종대왕실록'의 편찬과 '현종대왕실
　　　　록찬수청의궤'」, 『규장각소장의궤해제집』 1, 2003.

옥영정, 「17세기 출판문화의 변화와 서적간행의 양상」, 『다산과 현대』 03,
　　　　2010.

윤세순, 「17세기, 간행본 서사류의 존재양상에 대하여」, 『민족문학사연구』
　　　　38, 2008.

이재정, 「낙동계자를 통해 본 조선시대 문인들의 지적 교류」, 『민족문화연
　　　　구』 60, 2013.

정형우·윤형태 편저, 『한국의 책판목록』, 연세대 국학연구원, 1995.

「일본고전적종합목록데이터베이스」; 『에도한학서목』, 이송학사대학 21세기
　　　　COE 프로그램, 2006.

高山大毅, 「『滄溟先生尺牘』の時代－古文辭派と漢文書簡」, 『日本漢文學研究』 6,
　　　　二松學舍大學21世紀COEプログラム「日本漢文學研究の世界的據點点
　　　　の構築」, 2011.

稲田篤信, 「中井履軒『世說新語補』雕題本考」, 『日本漢學研究』 9, 二松學舍大學, 2014.

稲田篤信, 「和刻本『世說新語補』の書り三種」, 『日本漢學研究』 8, 二松學舍大學,

2013.

余嘉錫 箋疏,「凡例」,『世說新語箋疏』, 上海古籍出版社, 1993.

王能憲,『世說新語研究』, 江蘇古籍出版社, 1992.

表野和江,「「鼓吹」考」,『藝文研究』80, 慶應義塾大學, 2001.

表野和江,「明末吳興凌氏刻書活動考」,『日本中國學會報』50, 1998.

表野和江,「吳興凌氏刻『世說新語』四種について」,『日本中國學會報』52, 2000.

興膳宏・川合康三,『隋書經籍志詳攷』, 汲古書院, 1995.

제2부 한·중·일 문헌 유통의 양상과 지식 확산 사례

『수호전』과 〈수호전물〉의 일본문학사적 의의

: '문학을 통한 지식의 확산'이라는 관점에서

홍성준

1. 머리말

일본은 일찍부터 사회·문화의 전반적인 분야에서 중국의 영향을 받아왔으며, 특히 문학 분야에서 그 영향이 두드러져 일본 문학이 형성되는 데 큰 역할을 하였다. 동아시아에서 가장 발전된 국가로서 중국의 문학 수준은 독보적이었으며 그들의 문학 작품은 주변 국가로 전파되어 그 나라의 문학에 직·간접적인 영향을 미쳤다. 일본에서도 고대부터 중국 문학의 영향을 찾아볼 수 있는데 특히 근세인 에도시대에 이르러서는 출판 산업과 서적 유통의 비약적인 발달로 인하여 중국의 문학 작품이 일본 각지로 퍼져나갔다. 일본에 유입된 중국의 작품은 처음에는 원본이었기 때문에 한문으로 쓰인 경우가 많았으나 번역 또는 번안(翻案) 작업을 거쳐 일본 독자들이 읽기 편한 형태로 바뀌어 갔다.

간혹 '번역'과 '번안'을 혼동하는 경우가 있는데, 본론에 들어가기 전에 '번안이란 무엇인가'에 대해 먼저 확인하고자 한다. 일반적으로 외국 소설을 자국 소설로 다시 쓰는 것을 번안이라고 하며, 그 사전적인 의미는 다음과 같다.

  (1) 소설·희곡 등의 원작을 살리고 줄거리는 바꾸지 않은 채로 개작(改作)하는 일.[1]
  (2) 자국의 고전이나 외국의 소설, 희곡 등의 대략적인 줄거리와 내용을 빌려 인정(人情), 풍속(風俗), 지명(地名), 인명(人名) 등에 사의(私意)를 첨가하여 개작하는 일.[2]
  (3) 문학 작품으로 짜임새나 줄거리를 다른 데서 빌려 다소 변화를 주어 개작하는 일.[3]

위의 세 가지 사전적인 의미 모두 원작의 줄거리를 살린 채로 개작한다는 공통적인 내용을 바탕으로 하고 있다. 즉, 외국 소설의 중심이 되는 줄거리는 그대로 두고 배경이나 인물 등을 각색하여 새로운 작품으로 만들어내는 것이다. 이렇게 해서 완성된 작품을 번안 소설이라고 한다.

중국의 『수호전』이 일본에 들어오고 그것이 정착되는 과정에서 작품이 번역되어 독자들에게 읽히고 나아가서는 번안되어 새로운 작품

---

1) 「小說·戱曲などの、原作を生かし、大筋は変えずに改作すること」(松村明『大辭林』)
2) 「自國の古典や外國の小說、戱曲などの大体の筋·內容を借り人情、風俗、地名、人名などに私意を加えて改作すること」(『日本國語大辭典』)
3) 「文學作品で、仕組や筋を他に借り、多少の変化を加えて改作すること」(吉田精一『世界大百科辭典』)

으로 재탄생되기도 하였다. 이러한 일본의 번안 소설에 대한 연구를 국내에서는 찾아보기가 쉽지 않다. 일본 고전문학에 대한 연구가 많이 진행되고는 있지만 〈수호전물〉의 작품 연구에까지 미치지 못하고 있는 실정이다. 에도시대뿐만 아니라 일본의 고전문학이 중국 문학의 영향을 크게 받았음은 주지의 사실이기 때문에 문학 연구를 하는 데 있어 연구 대상을 일본 내에 국한시키지 말고 중국도 그 범위에 포함시켜 시야를 넓혀가야 할 필요가 있다.

한편, 문학 작품 속에 담겨 있는 다양한 지식을 수용하고 확산시키는 과정을 면밀히 분석해야 할 것이다. 여기에서 말하는 다양한 지식이란, 어휘와 같이 표면적으로 드러나는 요소를 비롯하여 사상과 같이 작품 내용에 스며들어 있는 요소까지 여러 가지 형태의 지식을 말한다. 이러한 지식이 문학을 통해서 수용되고 또 확산되는 양상을 살펴보고, 그것이 일본문학사에서 어떠한 의의를 지니는지를 파악해 보고자 한다.

본고에서는 에도시대 때 가장 유행했던 번안 소설류라고 할 수 있는 〈수호전물〉을 통하여 당시 중국 고전작품인 『수호전』의 개작(改作) 양상이 어떠했는지를 살펴보고, 『수호전』과 〈수호전물〉의 등장과 그 속에 담겨있는 지식의 확산이 일본문학사에서 어떠한 의의를 지니는지를 고찰해 본다.

2. 중국 고대소설의 유입과 『수호전』

2.1. 중국 고대소설과 그 유입

중국 고대소설이란 위진 지괴소설(魏晉志怪小說), 당대 전기소설(唐

代傳奇小說), 송원 의화본소설(宋元擬話本小說), 명청 소설(明清小說)과 같은 소설군을 총칭하는 말이다. 이러한 여러 소설군에 속한 소설 중 몇몇 작품이 일본에 유입되어 일본 문학에 크고 작은 영향을 미쳤다.

지괴소설은 내용상 (1)지리박물(地理博物)에 관한 것, (2)역사전문(歷史傳聞)에 관한 것, (3)괴기귀신(怪奇鬼神)에 관한 것으로 분류할 수 있다. 이 중 세 번째인 괴기귀신에 관한 소설은 『수신기(搜神記)』, 『원혼기(冤魂記)』, 『열이전(列異傳)』, 『수신후기(搜神後記)』 등이 있는데 특히 영이(靈異)한 일들을 수록한 『수신기』가 일본에서 큰 영향을 미쳤다. 에도시대에 들어와 괴담소설이 인기를 끌게 되었는데 그 요인으로 이 작품의 유입도 무관하지 않을 것이다. 다음으로 전기소설은 기이한 것을 전한다는 것을 기본 주제로 하여 비현실적인 것을 주된 내용으로 삼는다. 지괴소설에서 발전한 형태인 전기소설은 일본 최고(最古)의 와카집(和歌集)인 『만요슈(万葉集)』나 헤이안시대(平安時代)의 사전인 『와묘루이주쇼(和名類聚抄)』의 문장에 영향을 미친 것으로 알려져 있다. 그리고 의화본소설은 화본(話本) 형식을 모방했다고 해서 붙여진 이름으로 속어를 많이 사용한다는 특징을 지니고 있다. 마지막으로 명청 소설 중에서는 명나라의 대표 단편소설집인 삼언이박(三言二拍)이 대표적인데 이는 화본소설과 의화본소설 다섯 작품을 모은 것이다. 주지하다시피 삼언(三言)은 『유세명언(喩世明言)』, 『경세통언(警世通言)』, 『성세항언(醒世恒言)』, 이박(二拍)은 『박안경기(拍案驚奇)』, 『이각박안경기(二刻拍案驚奇)』의 다섯 작품을 가리키며, 총 198편의 구어체 단편소설이 수록되어 있다. 삼언은 화본(話本)을 정리한 것이기 때문에 전형적인 구어체 소설이라고 할 수 있으며, 에도시대의 많은 작품이 이들의 직접적인 영향을 받았다.

이러한 중국의 고대소설 중에서도 특별히 뛰어난 네 작품을 '사대기서(四代奇書)'라고 부른다. 사대기서란 원나라와 명나라 때 완성된 소설인 『수호전(水滸伝)』, 『삼국지연의(三國志演義)』, 『서유기(西遊記)』, 『금병매(金甁梅)』를 가리키는 말로 『금병매』 대신 『홍루몽(紅樓夢)』을 포함시키기도 한다. 언급한 다섯 작품 모두 에도시대의 소설 작품에 주요 장면이 차용되어 널리 알려졌다. 일본에서 사대기서가 적극적으로 수용된 이유는 패관소설과 통속 문화에 대해 혁신적인 에도시대의 문화적 경향에 따른 개방 풍조 때문이며, 이는 정통 유교 사상을 고수하는 조선 문단의 보수적인 문학관과는 서로 다르다는 견해가 있다.[4] 이러한 개방적인 풍조가 보다 유연한 문학 교류를 가능하게 했을 것으로 이해되는 대목이다. 이밖에도 『수신기(搜神記)』, 『여선외사(女仙外史)』, 『평요전(平妖伝)』, 『전등신화(剪燈新話)』 등 많은 중국 작품이 수용되어 다양한 형태로 일본 내에 알려지게 되었다.

2.2. 소설 수용의 네 가지 형태

일반적으로 중국의 소설이 일본으로 수용되어 독자들에게 읽히기까지 총 네 가지 형태(또는 '과정'이라고 해도 무방하다)가 존재한다. 그것은 바로 '원서(原書)', '화각(和刻)', '번역(翻譯)', '번안(翻案)'이다.[5]

첫째로 원서는 중국에서 간행된 책을 그대로 도입해서 읽는 경우를 말한다. 원서는 모두 한문으로 쓰여 있기 때문에 일부 계층의 사람들만이 즐길 수 있었다.

둘째로 화각은 중국 소설을 일본에서 목판을 제작하여 인쇄하는

---

4) 최용철, 『사대기서와 중국문화』, 고려대학교 출판문화원, 2018, 377쪽.
5) 髙島俊男, 『水滸伝と日本人』, 大修館書店, 1991, 42-48쪽 참조.

경우를 말한다. 이렇게 만들어진 서적을 화각본(和刻本)이라고 하며 에도시대에는 많은 중국 소설이 일본 내에서 새롭게 만들어져 유통되었다. 그 이유로 크게 두 가지를 들 수 있는데, 첫 번째 이유는 갈수록 늘어가는 일본 내 중국 소설의 수요를 충족시키기 위함이고, 두 번째 이유는 한문을 이해하기 위한 보조 성분을 인쇄하기 위함이다.[6] 이 보조 성분으로 인해 한문을 모르는 독자들도 한문을 손쉽게 읽을 수 있게 되었다.

셋째로 번역은 중국어를 일본어로 옮긴 경우를 말한다. 중국의 한자어가 일본에서도 사용되는 어휘일 경우에는 그대로 활용하면 되고, 그렇지 않은 경우라고 하더라도 그 어휘를 그대로 표기한 후 어휘의 뜻을 설명하는 방식으로 번역을 하였다. 에도시대에는 번역을 '통속(通俗)'이라고 칭하였는데, 이는 '배우지 않아도 읽고 이해할 수 있도록 일본어로 고쳤다'는 뜻을 포함하고 있다.

넷째로 번안은 중국 소설을 일본 소설로 재탄생시키는 경우를 말한다. 번역과 번안의 가장 큰 차이점을 간단하게 말하자면, 중국 소설을 직역하여 읽기 쉽게 만든 것이 번역이고, 중국 소설의 줄거리는 그대로 도입하되 배경을 일본으로 설정하고 인물도 일본인을 등장시킨 것이 번안이다. 에도시대에는 이렇게 중국 소설을 번안한 소설 작품이 큰 인기를 끌었다.

위의 네 가지 형태는 중국 소설이 일본에서 정착하기까지의 순서를 나타낸 것이기도 하다. 즉, 중국의 소설은 처음에 원서로 들어와

---

6) 일본 한문의 보조 성분은 크게 다음 세 가지로 구분된다.
　①가에리텐(返り点)과 오쿠리가나(送り仮名) : 해당 어구를 제대로 읽기 위해 기호를 달거나 문자를 첨가
　②후리가나(フリガナ) : 해당 어구의 오른쪽에 읽는 법을 표기
　③사쿤(左訓) : 해당 어구의 왼쪽에 뜻을 표기

유통이 되고, 인기를 끌게 되면 화각본으로 간행되어 유통이 되었다. 그리고 일본어로 번역되어 한문을 모르는 독자들이 읽을 수 있게 되었으며, 여러 작가들에 의해 일본의 실정에 맞게 번안되어 유통되었다. 이러한 일련의 과정(원서-화각-번역-번안)은 중국 문학이 일본 문학에 유입되어 정착이 되는 순서를 말해준다.

위의 네 가지 형태 중 문학적 영역에 속하는 형태는 네 번째 번안이다. 원서, 화각, 번역은 문학 작가가 아니라도 행할 수 있지만, 번안은 중국 소설을 일본풍으로 다시 써야 하는 것이기 때문에 작가가 아니면 행하기 어려웠다. 에도시대에 번안된 중국 소설은 다양하게 존재하지만 그 중에서도『수호전』을 번안한 〈수호전물〉이 가장 크게 인기를 끌었고 많은 후속 작품을 탄생시켰다.

2.3.『수호전』의 전래와 학습 교재로서의 활용
: 오규 소라이의 독서법과 번역

『수호전』은 에도시대에 일본에 전래되었지만 그 정확한 시기는 확인할 수가 없다. 다만, 도쿠가와 막부 직속 관할 서고인 모미지야마문고(紅葉山文庫)의『어문고목록(御文庫目錄)』을 보면 1639년 소장도서 목록에서『수호전전(水滸全伝)』, 1646년 목록에서『삼국수호전전(三國水滸全伝)』이라는 작품명을 각각 확인할 수 있는 것으로 보아, 적어도 이 시기에는『수호전』이 일본에 전래되어 있었다고 추정할 수 있다. 한편 김성탄본(金聖歎本)『제오재자서 수호전(第五才子書水滸伝)』은 겐로쿠 연간(元祿年間, 1688-1704)에 전래되었다. 김성탄본『수호전』은 본래의 100회본, 120회본의 내용을 대폭 삭제하여 70회본으로 완성시킨 것으로 일본에서는 이 70회본이 더 큰 인기를 끌었다. 에도시대 후기에 등장한 많은 〈수호전물〉은 김성탄본『수호전』을 모태로 하고 있다고 볼 수 있다.

일본에 수용된 중국 소설 작품 중에서도『수호전』은 70회에 이르는 장편 소설임에도 당시의 독자들은 무수한 영웅호걸의 등장과 탁월한 인물 묘사, 거칠고 풍부한 언어 표현에 매료되어 소설책을 구매하거나 대여하여 앞 다투어 읽었다. 일반 독자들에게 인기를 끈 것과 마찬가지로 작가들 사이에서도『수호전』은 반드시 읽어야 할 매력적인 작품이었다.『수호전』이 일본에서 인기를 끈 요인 중 하나로 들 수 있는 것은 일반 서민들에게 친숙한 내용이라는 점이다. 이전까지의 일본 문학은『겐지 모노가타리(源氏物語)』나『이세 모노가타리(伊勢物語)』,『헤이케 모노가타리(平家物語)』등과 같은 궁중 문학이나 군기 모노가타리(軍記物語)였는데, 이러한 모노가타리류는 일반 독자들의 삶과는 거리가 있는 내용으로 구성되어 있어 공감을 불러일으키기에 부족하였다. 그런 데 반해『수호전』은 108명의 호걸이 등장하여 잘못된 세상을 바로잡아 보고자 조정에 반기를 드는 내용으로 구성되어 있다. 즉, 지배 계층과 피지배 계층을 어떻게 그려내는지의 차이가『수호전』의 인기를 이끌어낸 것이라 할 수 있다.

이러한『수호전』이 중국어 어휘 및 표현의 학습 교재로 활용되었다는 사실을 간과해서는 안 된다. 사실『수호전』을 학습 교재로 활용한 사례는 에도시대 이전인 무로마치시대로 거슬러 올라가 보면, 중국으로 건너간 승려들이 그곳 사정을 파악하기 위한 참고서로『수호전』을 보았다는 사실이 알려져 있다. 무로마치시대와 에도시대는 독서를 하는 목적이 서로 달랐다는 점을 염두에 두고 '독서'가 무엇을 의미하는지를 생각해 보아야 할 것이다.

에도시대 초기에는 '독서'란 곧 중국 서적을 읽는 것을 의미했다.

여기서 말하는 중국 서적은 문언으로 쓰여진 서적을 말하며 일본인들은 독자적인 한문훈독법을 개발하여 중국어를 읽었다. 그런데 에도시대 중기에 이르러 유학자인 오규 소라이(荻生徂徠, 1666-1728)의 '한문은 중국어 원음 그대로 읽어야 한다.'는 주장이 세상 사람들에게 받아들여지게 되자 당시 중국어를 가리키는 당화(唐話) 학습이 유행하게 되었다. 하지만 이를 배울 수 있는 학습서가 많지 않았기 때문에 시중에 많이 유통되던 백화소설, 그 중에서도 『수호전』을 소리 내어 읽으며 중국의 구어체를 학습하였다.

소라이는 1711년에 자신의 집에서 번역을 위한 모임인 '역사(譯社)'를 결성하고 오카지마 간잔(岡島冠山, 1674-1728)을 번역 선생(譯師)으로 두었다. 당시 간잔은 나가사키(長崎)의 당통사(唐通事, 중국어 통역관)로 활약 중이었는데 역사에 들어와 중국 서적의 번역을 담당하고 중국어 사전을 편찬하였다. 『수호전』의 번역도 이 때에 이루어졌으며, 간잔은 이후 『통속충의수호전(通俗忠義水滸伝)』이라는 번안물을 완성시켰다.

에도시대에는 세 가지 독서 및 학습 방법이 있었다. 첫째로 '소독(素讀)'은 한문의 의미를 파악하지 않고 소리를 내어 읽고 암송하는 방법이다. 둘째로 '강석(講釋)'은 선생이 학생 앞에서 서적에 나오는 문장을 하나씩 강해(講解)하는 방법이다. 셋째로 '회독(會讀)'은 공동연구 또는 공동학습에 적합한 형태로 문장에 의문 사항이나 문제점이 있을 시에 바로 논의를 하는 방법이다. 이 중 소라이가 택한 학습 형태는 회독이었다. 독서 모임에 참석한 사람들이 자유롭게 질문을 던지고 의견을 교환하는 방식인 회독을 통해서 학문적인 견해를 넓혀갔고 그와 더불어 중국 서적의 번역 작업 또한 진행시켰다.

앞서 기술했듯이 소라이는 '한문은 중국어 원음 그대로 읽어야 한다.'라고 주장하며 중국 서적을 중국어 원음 그대로 읽을 줄 아는 능력을 중시하였다. 여기에서 말하는 중국어 원음이란 바로 구어(口語)를 의미한다. 중국에서 문어(文語)는 '문언(文言)', 구어(口語)는 '백화(白話)'라고 한다. 백화는 문언과 달리 시간과 공간에 따라 변화하기 때문에 그 당시 사용되는 어휘를 실시간으로 이해하는 것이 매우 중요했다. 당시 일본에서 한문을 읽기 위해 사용하던 보조 성분은 문언을 읽는 데에는 도움을 줄지 모르지만 백화를 읽는 데에는 그다지 소용이 없었다. 백화는 변화하기 때문에 정형화된 문언과는 달랐기 때문이다. 소라이의 주장은 현재 사용되고 있는 중국의 백화를 원음 그대로 읽을 줄 알아야 한다는 소리이고 그 의미를 이해해야 한다는 것이다. 당시 인기를 끌던 『수호전』을 비롯한 백화소설은 구어체인 백화로 쓰여 있었기 때문에 중국 서적을 한문훈독법으로 읽던 독자들로서는 그 내용을 쉽게 이해할 수 없었다. 특히 문언에 등장하지 않는 어휘는 생소할 수밖에 없었고 이를 학습할 교재를 찾기도 쉽지 않았다. 따라서 이러한 중국 소설의 의미를 이해하기 위해서는 번역 작업이 필수적이었다.

이렇게 『수호전』이 사람들의 관심을 더욱 끌기 시작하면서 작가들이 창작 활동을 할 때에 참고하는 대표적인 중국 고전작품으로서 기능하게 되었다. 중국 문학의 영향을 받은 근세 문학 작품은 원소설을 일본어로 번역한 경우도 많았지만, 나아가 일본의 실정에 맞게 창작하려는 작가의 의도 하에 번안되어 새로운 작품으로 완성된 경우가 많았다. 기계적인 번역을 넘어 교훈적인 내용을 가미하거나 일본적인 요소를 추가하는 등 다양하게 각색함으로서 번안의 묘미를 충분히 살려 〈수호전물〉 작품을 완성시켰다.

2.4. 요미혼과 『수호전』

요미혼(讀本)은 글이 중심이 된 '읽는 책'을 말한다. 앞서 기술했듯이 에도시대의 소설 장르 중에는 삽화와 문장이 공존하는 장르인 기뵤시(黃表紙)와 고칸(合卷)이 있다. 보다 많은 사람들이 독서를 할 수 있도록 하는 데 그림이 기여한 바는 크다. 어려운 어휘나 한자를 모르는 일반 독자들도 독서를 즐길 수 있도록 그림의 비중을 대폭 늘리고 문장도 히라가나를 사용하여 평이하게 작성한 것이다. 이에 비해 요미혼은 문장이 주가 되는 소설 장르이다. 삽화는 한 권당 두 장 정도가 들어가며 작품을 이해하고 즐기기 위한 최소한의 그림이 수록되었다. 나머지는 모두 문장인데, 히라가나와 한자가 혼용되어 있고 일반 독자가 이해하기에 어려운 어휘도 많이 사용되었다. 또한 요미혼은 내용면에 있어서 권선징악(勸善懲惡)이 주제인 경우가 많으며, 인과응보(因果応報)의 이법(理法)을 따르는 구성으로 창작되었다.

기존의 일본문학사에서는 『수호전』이 요미혼(讀本)의 성립에 필수불가결한 존재였음이 강조되었지만, 현재는 근세 요미혼 성립사(成立史)의 한 축에 불과하다는 의견이 지배적이다. 〈수호전물〉의 등장 및 인기도 요미혼의 역사 전체를 놓고 보았을 때 일부에 지나지 않는다. 물론 요미혼의 역사에서 〈수호전물〉이 갖는 의미는 상당하지만, 요미혼은 『수호전』뿐만 아니라 괴담, 기담, 역사적 사실 등 다양한 소재를 바탕으로 만들어진 작품이기 때문에 하나의 작품이 장르 전체를 통괄하는 존재라는 주장은 그 작품에 지나치게 큰 의미를 부여한 것이 아닌지 생각하게 만든다. 문체를 보더라도 『니시야마 모노가타리(西山物語)』(1768년 간행)와 같은 화문체(和文体) 요미혼도 있었기 때문에 에도시대에 『수호전』의 속문체(俗文体) 문장으로 쓰인 작품만이 존재했던 것은 아니었다. 『수호전』의 영향력을 빼놓고 요미혼을 논할 수는 없지만 이 한 작품만이 지대한 영향을 주었다고 하기에 요미혼이라는 장르는 그 구성과 표현 양식이 매우 복잡하다. 따라서 본고에서도 〈수호전물〉은 요미혼의 역사를 이루는 한 축이라는 정도로 다루고자 한다.

에도시대의 소설 장르 중에서 기뵤시(黃表紙), 고칸(合卷), 요미혼(讀本)은 특히 중국 문학의 영향을 많이 받았으며,[7] 하나의 작품에 여러 중국 문학이 다양한 형태로 반영되어 있다는 점을 그 특징으로 삼을 수 있다. 여기서 말하는 다양한 형태란 소설 구성이나 인물 조형, 크고 작은 에피소드 등 소설을 형성하는 데 필요한 요소들을 비롯하여 문체나 어휘와 같은 표기상의 문제를 포함한다. 즉, 소설의 중요한 구성 요소들이 중국 문학의 영향을 받았다는 사실은 일본 문학사에서 중국 문학이 차지하는 비중이 매우 크다는 것을 의미한다. 그것이 중국어 원문이든 번역물이든 번안물이든 일본 소설의 구성 요소가 정립되고 발전되는 데 큰 기여를 하였다.

중국 백화소설인 『금고기관(今古奇觀)』(17세기 편찬)을 번안한 『고금기담 하나부사조시(古今奇談英草紙)(1749년 간행)가 간행되어 새로운 형태의 소설인 요미혼(讀本)이 탄생하였다. 이렇게 중국문학의 영향을 받은 소설 장르가 발생하여 전기성(伝奇性)과 괴이성(怪異性)을 띤 작품이 속속 등장하였다. 요미혼의 발생과 중국 문학과의 관계에

---

7) 기뵤시(黃表紙)는 한 페이지에 삽화와 문장이 공존하는 형식을 띤 소설 장르로 작품이 짧으며 내용도 그리 어렵지 않기 때문에 게사쿠(戱作) 중에서도 가장 대중적인 소설이라고 할 수 있다. 고칸(合卷)은 기뵤시와 마찬가지로 삽화와 문장이 공존하지만 그에 비해 작품이 길고 내용도 다소 어려운 것이 특징이다. 요미혼(讀本)은 기뵤시나 고칸과 같이 삽화 위주의 소설 장르와 전혀 다른 형식을 띠고 있는데, 삽화는 최소한으로 삽입되고 지면(紙面)의 대부분이 문장으로 채워져 있는 소설 장르이다.

대한 아소 이소지(麻生磯次)의 상세한 논고에 의하면, 『본조수호전』은 〈수호전물〉 유행의 선구자적인 작품이며, 단순히 『수호전』을 번역한 것이 아니라 작품의 기본 틀에 일본의 역사적 사실이나 전설을 적절히 활용한 번안소설이다.[8] 요코야마 구니하루(横山邦治)는 전기(前期) 요미혼을 기담물(奇談もの), 권화물(勸化もの), 실록물(實錄もの), 수호전물(水滸伝もの)의 네 가지로 분류하였다. 전기라 함은 요미혼 발생기를 말하는 것인데, 요코야마는 이 시기의 요미혼 전체를 놓고 보았을 때 기담물이 과반수를 차지하고 나머지 세 분류에 속하는 작품은 전체의 3분의 1에 미치지 못했다고 한다.[9] 그 이유로 생각할 수 있는 것은 현재 장편소설로 인식되고 있는 요미혼이 발생기에는 단편소설집과 같은 성격을 띤 소설 장르였다는 점이다. 〈수호전물〉은 작품의 길이가 길었고, 주로 장편소설이 중심이 된 후기(後期) 요미혼의 성립에 직접적인 영향을 미쳤다고 할 수 있다.

3. 〈수호전물〉의 유행과 지식의 확산

3.1. 〈수호전물〉의 종류와 특징

에도시대 문학작품 중 『수호전』의 영향을 받은 작품은 많다. 소설 양식이나 사용 어휘가 영향을 받은 경우, 이야기의 전체 구성이나 인물 구성의 영향을 받은 경우, 인물이나 사건의 특성을 부각시키기 위

---

8) 麻生磯次, 『江戸文學と中國文學』, 三省堂, 1946, 61쪽 참조.
9) 横山邦治, 『讀本の硏究』, 風間書房, 1974, 101쪽.

한 장면 또는 에피소드의 묘사가 영향을 받은 경우 등 여러 면에서 『수호전』이 미친 영향을 확인할 수 있다. 예를 들어, 무송(武松)이 호랑이를 때려 잡는 장면은 다수의 작품에서 등장인물의 강인하고 호탕한 성격을 나타내는 데 활용되었다. 교쿠테이 바킨(曲亭馬琴, 1767-1848)의 『다카오 센지몬(高尾船字文)』(1796년 간행)과 『시텐노 쇼토이로쿠(四天王剿盜異錄)』(1805년 간행)는 『수호전』의 호랑이 퇴치담을 모방하여 이를 늑대 퇴치담으로 변화시켜 그려내었고, 『난소 사토미 핫켄덴(南總里見八犬伝)』(1814-1842년 간행)에서는 팔견사 중 한 명인 이누타 고분고(犬田小文吾)가 멧돼지를 맨손으로 때려잡는 장면으로 그려졌다. 바킨말고도 많은 작가가 자신의 작품 속에 『수호전』의 특정 장면을 그려 넣는 수법을 사용하였다.

하지만 이렇게 특정 장면을 받아들인 것만으로 그 작품을 〈수호전물〉이라고 보기는 어렵다. 사실 중국 고대소설의 영향을 받았다고 하는 작품을 면밀히 분석해보면 어느 한 작품의 영향만 받아서 쓰여졌다고 말할 수는 없고, 여러 작품의 요소요소가 모여서 하나의 작품을 이루었다고 보는 편이 더 나을 것이다. 〈수호전물〉이란 『수호전』의 번역물과 번안물을 가리키는 말이기 때문에 어느 한 장면을 차용하였다기보다 소설 구성이나 인물 구성과 같은 작품의 전체적인 구성이 『수호전』을 바탕으로 하고 있어야 한다. 번안물의 경우 일본의 상황에 맞게 적절히 창작되어 있는 작품이어야 한다. 위에서 예로 든 『다카오 센지몬』과 『시텐노 쇼토이로쿠』의 경우, 전자는 작품의 전체 구성이 『수호전』을 모방하고 있어 〈수호전물〉이라고 할 수 있으나, 후자는 일부 장면을 차용한 것이기 때문에 〈수호전물〉이라고 하기 어렵다. 당시 『수호전』의 인기를 등에 업고 탄생한 작품들을 모두 〈수호전물〉이라고 하지 않는다는 개념을 잘 이해하고 있어야 한다.

[표] 대표적인 〈수호전물〉

제목	작가	간행년
『通俗忠義水滸伝』	岡島冠山	1757-1790
『湘中八雄伝』	北壺游	1768
『本朝水滸伝』	建部綾足	1773
『坂東忠義伝』	三木成爲	1775
『女水滸伝』	伊丹椿園	1783
『通氣粹語伝』	山東京伝	1789
『梁山一步談』	山東京伝	1792
『天剛垂楊柳』	山東京伝	1792
『いろは醉故伝』	振鷺亭	1794
『高尾船字文』	曲亭馬琴	1796
『忠臣水滸伝』	山東京伝	1799-1801
『日本水滸伝』	仇鼎散人	1801
『新編水滸畵伝』	初編：曲亭馬琴 2-9編：高井蘭山	初編：1805, 1807 2-9編：1828-1838
『南總里見八犬伝』	曲亭馬琴	1814-1842
『傾城水滸伝』	曲亭馬琴	1825-1835
『俊傑神稻水滸伝』	岳亭定岡・知足館松旭	1828-1881
『水滸太平記』	岳亭丘山	初編：1830序 2編：1845序

　　본고에서는 위 표에 제시된 작품 중 15개 작품을 소개하고자 한다. 『반도충의전(坂東忠義伝)』과 『일본수호전(日本水滸伝)』은 최근의 연구 동향에서 『수호전』과의 관련성에 대해 재고하는 방향으로 논의되고 있기 때문에 일단 여기에서는 제외하도록 하겠다. 이에 대해 짧게 기술하자면, 두 작품은 형제 관계에 놓인 작품이라고 불리울 정도로 줄거리가 서로 유사한데, 『수호전』의 영향을 받았음에도 작품 전체를 놓고 보았을 때 〈수호전물〉이라고 부르기에는 다른 작품에 비해 그 영향 관계가 다소 밀접하지 못한 부분이 있다. 따라서 두 작품은 생략하고 15개 작품을 아래에 소개하도록 하겠다.

3.1.1. 『통속 충의수호전(通俗忠義水滸伝)』(1757-1790년 간행)

일본 최초의 『수호전』 번역 작품은 오카지마 간잔의 『통속 충의수호전(通俗忠義水滸伝)』이다. 이 작품은 『충의수호전(忠義水滸伝)』의 번안물이며, 일본에 『수호전』이라는 작품의 존재와 그 내용을 실질적으로 알렸으며, 장편소설의 작법 형성에 큰 기여를 한 의의가 있다. 이후에 〈수호전물〉이 하나둘 등장하고 큰 인기를 끌게 되는 계기를 마련해준 작품으로 평가받고 있다.

산토 교덴(山東京伝)은 이 작품을 이용하여 자신의 〈수호전물〉 작품인 『충신수호전(忠臣水滸伝)』을 집필하였다. 다만, 〈수호전물〉의 효시라고 불리는 작품인만큼 에도시대 후기와 같이 일반 독자를 위한 배려는 찾아보기가 어려운데, 그 한 예로 한문과 가타카나가 혼용되어 있는 문체가 사용되었고 삽화가 없다는 점을 들 수 있다.

3.1.2. 『쇼추 하치유덴(湘中八雄伝)』(1768년 간행)

기타 고유(北壺游)의 『쇼추 하치유덴(湘中八雄伝)』은 에도에서 출간되었으며 최초의 『수호전』 번안 작품이다. 『수호전』을 활용하여 작품 전체를 구성하였는데 등장인물의 설정이나 작품의 취향(趣向)의 활용이 대표적이다.

가마쿠라시대(鎌倉時代) 초기의 무장인 아사이나 요시히데(朝比奈義秀, 1176-?)와 그 일당 주변에서 벌어지는 일을 소재로 삼아 『수호전』의 구성에 맞추어 창작된 작품이다. 여덟 명의 용사(勇士)가 등장하는데, 이는 훗날 교쿠테이 바킨(曲亭馬琴, 1767-1848)의 『난소 사토미 핫켄덴(南總里見八犬伝)』의 모티프가 되었다.

3.1.3. 『본조수호전(本朝水滸伝)』(1773년 간행)

다케베 아야타리(建部綾足, 1719-1774)의 『본조수호전(本朝水滸伝)』
은 〈수호전물〉 유행의 선구자적인 작품이라 평할 수 있는데, 단순히
『수호전』을 번안한 것에 그치지 않고 일본의 역사적 사실이나 전설
을 내용에 포함시켜서 요미혼(讀本)이라는 소설 장르의 특징을 잘 나
타내었다. 다만, 『본조수호전』의 서문에 이 작품의 원제목이 『요시노
모노가타리(吉野物語)』이었다는 사실이 기록되어 있는데 당시 출판업
자의 요청에 의해 '수호전'을 제목에 포함시켰다고 한다. 따라서 작가
인 다케베 아야타리(建部綾足)가 얼마만큼 『수호전』을 의식해서 집필
했는지는 아직까지 논쟁이 이어지고 있다. 당시 『수호전』의 인기로
인하여 출판업자가 판매고를 올리기 위해 제목 변경을 요청했을 가능
성도 충분히 있기 때문이다.

『본조수호전』의 서문에는 다음과 같은 글이 쓰여 있다.

> 또한 이를 수호전이라고 부르는 것은 만들어지는 정취(분위기-필자
> 주)가 그 문장(문체-필자 주)과 서로 비슷하기 때문이고, 요시노의 강변
> 에 전해지는 고사를 의식하여 서점에서 의도한 것이라 할 수 있다.[10]

『수호전』의 문체와 비슷하다고 언급하고 있는데, 본 작품은 옛 한
문 문체 중 하나인 의고문체(擬古文体)로 쓰여 있어 일반 독자가 읽기

---

10) 「又是を水滸伝(すいこでん)と号(なづ)けし事は、作れるおもむきのよく其ふみに似
かよへばとて、よしのゝ川辺(かはべ)の事によせて、書(ふみ)屋がわざにしつるとい
ふなる」(『本朝水滸伝』序). 高田衛校注, 『本朝水滸伝』, 新日本古典文學大系79, 岩
波書店, 1992, 3쪽.

에 매우 난해하다고 할 수 있다. 〈수호전물〉의 초창기에는 중국 소설의 번안물이라고 할지라도 한문 문체를 사용하여 『수호전』의 정취(분위기)를 충분히 살렸다는 점이 특징적이다.

역사상의 사건과 등장인물은 사실과 허구가 혼재되어 있으며 작품이 간행된 당시에 유행하던 우키요조시(浮世草子)나 조루리(淨瑠璃)의 장면을 활용하기도 하였다. 작품의 시대배경은 나라시대(奈良時代)이며 요시노(吉野) 지역을 중심으로 이야기가 전개되는데 아이누의 승려나 양귀비와 같은 인물까지 등장시키는 등 매우 스케일이 큰 작품으로 평가받고 있다. 하지만 작품은 전편과 후편까지만 간행되고 미완으로 끝났다. 이후의 목록이 「本朝水滸伝續編目錄」에 70조(條)까지 나와 있는 것으로 보아 아야타리는 속편까지 작품 구상을 마친 것으로 추정할 수 있다.

3.1.4. 『여수호전(女水滸伝)』(1783년 간행)

이타미 진엔(伊丹椿園, ?-1781)의 요미혼 작품인 『여수호전』은 『수호전』의 번안물로 무로마치시대(室町時代)를 배경으로 한 여성 호걸의 활약상을 그린 작품이다. 『본조수호전』의 영향을 크게 받은 작품으로 알려져 있으며 여성을 주인공으로 설정한 점이 매우 특징적이다. 하지만 작품 구성이 치밀하지 못하여 다른 〈수호전물〉에 비해 상대적으로 주목받지 못한 작품이다.

3.1.5. 『쓰키 스이고덴(通気粋語伝)』(1789년 간행)

산토 교덴의 『쓰키 스이고덴』은 『충의수호전』을 모방한 것으로

〈수호전물〉로서는 보기 드문 샤레본(洒落本) 작품이다. 샤레본이란 에도시대 유곽의 풍습, 유녀의 언행 등을 소재로 한 소설 장르를 말한다. 이 시기의 일본 문학계에서는 샤레본이라고 할지라도 유곽의 사실적인 묘사로부터 벗어나려는 움직임이 일어났는데, 교덴이 이 흐름에 맞추어 『수호전』의 인물 설정이나 취향을 따와서 기존의 샤레본과는 확연히 다른 내용의 작품을 만들어냈다. 이야기의 무대는 요시와라(吉原)이고, 에도시대를 대표하는 통인(通人, 사물에 통달한 사람)인 '십팔대통(十八大通)'11)이 『수호전』의 108명의 호걸을 대신해서 등장한다.

3.1.6. 『료잔 잇포단(梁山一步談)』(1792년 간행)

산토 교덴의 『료잔 잇포단』은 에도시대 소설 장르 중에서 그림의 비중이 매우 높은 기뵤시(黃表紙) 작품으로 『수호전』을 어린 아이도 쉽게 읽을 수 있게 하기 위한 작가의 의도가 담겨 있는 작품이다. 사실 기뵤시라고 하는 장르 특성상 『수호전』과 같은 전기적(伝奇的)인 내용을 소재로 하기는 매우 어려운데, 이 작품은 그림으로 보는 『수호전』을 〈수호전물〉 중 최초로 시도한 작품이라는 의의를 지니고 있다.

---

11) '십팔대통(十八大通)'이란 18세기 후반에 에도의 유곽에서 화려하고 호탕하게 금전을 소비하며 통인(通人)과 같이 행세하던 사람들을 가리킨다. 이들의 직업은 조닌(町人, 부유한 상인), 국학자, 의사 등 다양했는데, 그 중에서도 에도에 거주하던 조닌의 비중이 가장 컸다.

3.1.7. 『덴고 스이요류(天剛垂楊柳)』(1792년 간행)

산토 교덴의 기뵤시 작품인『덴고 스이요류』도 역시『료잔 잇포단』
과 마찬가지로 그림으로 보는『수호전』을 간행하기 위한 시도 하에 창
작된 작품이다.

3.1.8. 『이로하 스이코덴(いろは醉故伝)』(1794년 간행)

『이로하 스이코덴(いろは醉故伝)』은 신로테이(振鷺亭, ?-1815)에 의
해 쓰여진 〈수호전물〉로 원작인『수호전』의 줄거리 순서나 인물 구
성을 그대로 따르지 않는 새로운 시도를 하였다는 데 의의가 있는 작
품이다. 특히『수호전』의 여러 인물의 특성과 그를 둘러싼 사건을 한
인물에게 대입시킨 인물의 교차적 반영(交錯的反映)을 확인할 수 있는
작품이다. 본 작품의 면지(面紙)를 보면『수호전』을 따르면서도 일본
고전작품의 줄거리를 섞어 '서민 생활을 소재로 한 희극(世話狂言)'과
같은 내용으로 창작하려고 시도했다는 기술을 볼 수 있다. 이 작품은
그 후에 간행된 바킨의『다카오 센지몬』이나 교덴의『충신수호전』의
구성에 영향을 미친 것으로 알려져 있다.[12)]

3.1.9. 『다카오 센지몬(高尾船字文)』(1796년 간행)

『다카오 센지몬』은 교쿠테이 바킨(曲亭馬琴, 1767-1848)의 요미혼
첫 작품으로『통속충의수호전』에 조루리 작품인『다테쿠라베 오쿠니

---

12) 麻生磯次, 『江戶文學と中國文學』, 三省堂, 1946, 75쪽.

카부키(伊達競阿國戯場)』(1779년 초연)와 『메이보쿠센다이하기(伽羅先代萩)』(1785년 초연)의 다테 소동(伊達騒動)의 세계를 반영하려고 시도된 작품이다.[13)]

본 작품의 범례는 다음과 같은 문장으로 시작된다.

이 책은 무대 뒤편은 중국의 이야기를 모방하고, 무대는 일본의 기다유(義太夫)를 따른다. 고로 문장에 통속적인 부분이 있다.[14)]

무대 뒤편이라 함은 작품의 배경을 말하는 것으로 중국의 이야기, 즉 『수호전』을 배경에 두었고, 무대라 함은 이야기가 전개되는 본문을 말하는 것으로 조루리의 일종인 기다유부시(義太夫節)의 성격을 띤 문장으로 쓰여 있다는 것을 나타내고 있다.[15)] 일반 민중이 즐기는 전통 인형극의 한 형태를 따랐다는 것은 일반 독자를 의식하여 통속적인 부분을 포함시켰음을 의미한다.

또한 바킨은 『다카오 센지몬』에 대해 다음과 같은 평을 남겼다.

간세이(寬政) 7년 을묘(乙卯)년 여름, 서점 고쇼도(耕書堂)[쓰타주(蔦重)]의 요청에 의해 『다카오 센지몬(高尾文字文)』 5권을 썼다[대반지(大半紙) 반절 크기의 중본(中本)으로 삽화는 조키(長喜)가 그렸다]. 이것은 요미혼 첫 작품이다[이듬해 병진(丙辰)년 봄 발행]. 당시 미숙하고 허점이 많은

---

13) 國文學硏究資料館·八戶市立図書館, 『讀本事典』, 笠間書院, 2008, 47쪽.

14) 「此書(このしよ)や。戯房(がくや)ハ唐士(から)の稗說(ものがたり)に倣(なら)ひ。戯廂(ぶたい)ハ日本の演史(ぎだゆう)を引く。故(かるがゆへ)に文中(ぶんちう)通俗(つうぞく)めいたる有」『高尾船字文』凡例

15) 조루리는 일본 전통의 인형극 예술이며 기다유부시는 17세기 말에 성립된 호쾌하고 화려한 조루리의 한 형태를 말한다.

문장이지만 이 작품의 가이슈 기누가와 다니조(開手絹川谷藏)가 이카즈치 쓰루노스케(霹靂鶴之助)를 스승으로 삼고 스모(相撲)를 배우는 장면은 『수호전』의 왕진(王進)·사진(史進) 사도의 모습을 모방한 것이다. 이밖에도 『분초록(焚椒錄)』, 『금고기관(今古奇觀)』 등으로부터 번안한 장면이 많다. 그렇지만 당시는 골계물(滑稽物)의 취지로 행한 것이니 특별한 것은 없다.16)

바킨은 이 작품의 문장을 '미숙하고 허점이 많은 문장'이라고 표현하였다. 자신의 요미혼 첫 작품이기 때문에 문장이 미숙하다는 생각을 드러냄과 동시에 본 작품 속에서 스모(相撲)를 배우는 장면이 『수호전』의 사진(史進) 사도의 모습을 모방한 것이라고 밝히고 있다. 〈수호전물〉의 한 작품으로 인정받고 있지만 그 외에 『분초록』이나 『금고기관』의 장면을 번안한 부분도 있어 『수호전』 한 작품만을 바탕으로 하고 있지는 않은 것으로 볼 수 있다.

3.1.10. 『충신수호전(忠臣水滸伝)』(1799-1801년 간행)

산토 교덴(山東京伝, 1761-1816)의 『충신수호전(忠臣水滸伝)』은 조루리조를 버리고 반지본 요미혼으로 되돌아가서 중국 백화소설의 번

---

16) 「寛政七年乙卯(きのとう)の夏、書賈耕書堂(こうしょどう)[蔦重]の需(もとめ)に応じて『高尾文字文(たかおせんじもん)』五卷を綴る[大半紙(おおはんし)半枚の中本(ちゅうほん)にて、さし畵(え)は長喜(ちょうき)畵(えが)けり。是よみ本の初筆(しょひつ)也]明年(みょうねん)丙辰(ひのえたつ)の春發行。当時未熟の疎文(そぶん)なれども、この冊子の開手(かいしゅ)絹川谷藏(きぬがわにぞう)が、霹靂鶴之助(いかずちつるのすけ)を師とし相撲をまなぶ段は、『水滸伝』なる王進(おうしん)·史進(しん)師徒(しと)のおもむけを模擬したり。 この余(よ)の段も『焚椒錄(ふんしょうろく)』、『今古奇觀(きんこきかん)』などより翻案したるすぢ多かり。なれども当時は滑稽物の旨(むね)と行(おこな)はれたれば、させる評判なし」德田武校注, 『近世物之本江戶作者部類』, 岩波書店, 2014, 209쪽.

역체로 쓰여졌다. 하지만 작품에 쓰인 백화 어휘가 일반 독자들에게는 너무 어려웠기 때문에 『충신수호전』 후편에서는 가나(仮名) 문체의 비중을 높여 여성과 아이 독자도 평이하게 읽을 수 있도록 배려했다. 이러한 작가의 배려로 인하여 『충신수호전』의 인기가 높아짐과 동시에 〈수호전물〉의 유행도 점점 더 가속화되었다.17)

바킨은 『충신수호전』에 대해 다음과 같은 글을 남겼다.

분카(文化) 초 무렵, 『충신수호전(忠臣水滸伝)』이라는 작품이 있었다[전후10권, 그림은 기타오 시게마사(北尾重政)]. 이 책자는 『가나데혼 주신구라(仮名手本忠臣藏)』의 세계에 『수호전』을 끌어들여 재미있게 만든 것이다. 이는 교덴(京伝)이 국자(國字)를 이용해 패사(稗史)를 엮은 첫 집필이다. 한편 『수호전』을 표절, 모의(模擬)한 것으로 이보다 먼저 교쿠테이(曲亭)의 『다카오 센지몬(高尾船字文)』이 있다고 하지만 그것은 중본(中本)이다. 또한 신로테이(振鷺亭)의 『이로하 스이코덴(伊呂波水滸伝)』과 같은 것은 제목에 「스이코(醉語)」라고 하여 같지 않은 것이다. 그렇기 때문에 아야타리(綾足)의 『본조수호전(本朝水滸伝)』 이래로 그와 같은 신기(新奇)한 작품을 본 적이 없다고 하는 세평(世評)이 특히 높았기에 많이 팔렸다. 이 즈음부터 요미혼이 점점 유행하여 결국엔 대단해져서 교덴의 고본(稿本)을 바라는 서점이 적지 않았다.18)

---

17) 佐藤至子, 『山東京伝』, ミネルヴァ書房, 2009, 156-159쪽 참조.
18) 「文化の初(はじめ)の比(ころ)、『忠臣水滸伝』の作あり[前後十卷、畫は北尾重政也]。この冊子(そうし)は、『仮名手本(かなでほん)忠臣藏』の世界に『水滸伝』を撮合(さつごう)して、おかしう作り設けたり。是(これ)京伝が國字の稗史(はいし)を綴る初筆也。且(かつ)『水滸伝』を剽竊(ひょうせつ)模擬(もぎ)せしもの、是より先に曲亭が『高尾船字文(たかおせんじもん)』ありといへども、そは中本(ちゅうほん)也。又振鷺亭(しんろてい)が『伊呂波(いろは)水滸伝』のごときは、「醉語(すいこ)」と題して、相似(あひに)ざるもの也。かゝれば綾足(あやたり)が『本朝(ほんちょう)水滸伝』有りてより以來、かゝる新奇の物を見ずといふ世評特に高かりしかば多く賣れたり。この比よりし

『이로하 스이코덴』과 『다카오 센지몬』은 요미혼의 기본 판형인 반지본(半紙本)[19]보다 작은 중본(中本)[20]을 판형으로 제작된 요미혼 작품이었다. 중본 요미혼은 작품의 길이를 비롯한 전체적인 체재가 반지본 요미혼에 비해 짧은 것이 특징이며, 문체도 조루리조(淨瑠璃調)를 사용하고 있기 때문에 다른 〈수호전물〉과는 차별화되어 있었다. 또한 중본은 문장이 알기 쉽고 명료하게 쓰여 있으며 세태를 반영한 내용을 연극색이 뚜렷하게 그려내는 등과 같은 특색을 찾아볼 수 있어 실록(實錄)을 제재로 삼은 작품이 많다.[21]

『충신수호전』은 교텐이 요미혼 작가로서 첫 번째로 간행한 작품으로 『가나데혼 주신구라(仮名手本忠臣藏)』의 세계(世界)[22]에 『수호전』의 인물 구성과 장면 묘사를 접목시켜 완성시켰다. 『가나데혼 주신구라』는 가부키(歌舞伎), 조루리(淨瑠璃)의 극문학 작품 중 하나이며 1701년에 실제로 있었던 아코 사건(赤穂事件)을 제재로 한 작품이다. 나미키 소스케(並木宗輔, 1695-1751) 외 2명이 합작하여 완성시켰으며, 1748년 8월에 오사카(大坂) 다케모토좌(竹本座)에서 첫 상연이 이

て、よみ本漸々(ぜんぜん)流行して、遂(つい)に甚(はなはだ)しくなる隨(マ丶)に、京伝が稿本を乞(こい)て板せんと欲(ほり)する書賈尠(すくな)からず」德田武校注, 『近世物之本江戶作者部類』, 岩波書店, 2014, 178-179쪽.

19) 서지학 용어로서 반지(半紙)를 반으로 접은 크기의 책자를 말한다. 가로 15cm, 세로 22cm 정도의 크기이며, 요미혼의 기본 판형으로 잘 알려져 있다.

20) 서지학 용어로서 미노판(美濃判)을 가로와 세로로 각각 반으로 접은 크기의 책자를 말한다. 가로 13cm, 세로 18cm 정도의 크기이며, 구사조시(草双紙)가 주로 이 판형을 사용하였다. 또한 중본(中本)이라는 용어를 골계본(滑稽本)과 닌조본(人情本)을 가리킬 때 사용하기도 하였기 때문에 일반적으로 요미혼과 중본형 요미혼은 작가의 창작 의도와 작품 내용에 있어 차이를 나타내고 있다.

21) 國文學硏究資料館·八戶市立図書館, 『讀本事典』, 笠間書院, 2008, 43쪽.

22) 가부키와 조루리에서 말하는 '세계(世界)'란, 작품의 배경이 되는 특정 시대나 장소, 인물군의 유형을 의미한다.

루어졌다. 에도에서는 1749년 1월에 처음으로 상연되었으며, 초연부터 큰 인기를 끌기 시작하여 이후 다케모토좌, 도요타케좌(豊竹座) 등을 거쳐 현재에도 가장 인기있는 극문하 작품으로 인정받고 있다. 교덴의 『충신수호전』은 1799년부터 1801년까지 간행되었으니 그가 『가나데혼 주신구라』를 보고 그 세계에 『수호전』의 구성과 묘사를 도입하여 적용시키는 수법으로 작품을 창작했다고 말할 수 있다.

3.1.11. 『신편 수호화전(新編水滸画伝)』
   (초편:1805, 1807년 간행, 2-9편:1828-1838년 간행)

『신편 수호화전』은 초편은 교쿠테이 바킨이, 2-9편은 다카이 란잔(高井蘭山, 1762-1839)이 집필한 요미혼 작품이다. 『충의수호전』의 번역물인 오카지마 간잔의 『통속충의수호전』을 참고하였고, 삽화를 늘려 장편 요미혼 형식으로 완성시켰다. 특히 본문은 『통속충의수호전』을 거의 그대로 받아들였지만, 각 회별 내용의 범주에서 약간씩 차이를 보이고 있다는 점이 다르다.

근세 후기의 닌조본(人情本) 작가인 다메나가 슌스이(爲永春水, 1790-1844)의 『증보 게다이 가가미(增補外題鑑)』(1838년 간행)에는 바킨이 집필한 초편에 대해서 다음과 같이 소개되어 있다.

　대저 수호전은 소설 중 제 1의 작품이라는 사실은 말하지 않아도 알 수 있는 훌륭한 작품이다. 그것을 다시 바킨 선생이 필삭한 것이기 때문에 수호전의 주해와 일본어 해석 중에서 이 그림책을 제 1이라고 해야 할 것이다.[23]

바킨이 문장을 다듬었기 때문에 본 작품이 『수호전』 주해 및 번역본 중에서 제 1이라는 것이다. 당대 최고의 작가인 바킨이 집필했다는 것만으로 이와 같은 소개글이 나올 수 있었고, 현재 본 작품은 문학사에 있어서도 〈수호전물〉의 대표 작품 중 하나로 평가받고 있다. 본 작품의 가장 큰 특징은 다른 〈수호전물〉과는 달리 삽화 중심인 그림책으로 만들어졌다는 점이며, 여성과 어린 아이를 포함한 다양한 독자층을 겨냥한 작품으로 볼 수 있다.

3.1.12. 『난소 사토미 핫켄덴(南総里見八犬伝)』(1814-1842년 간행)

교쿠테이 바킨의 『난소 사토미 핫켄덴』은 28년에 걸쳐 완성된 바킨 일생의 대작이며 권선징악과 인과응보가 중심이 되어 이야기가 전개되는 바킨 문학의 집대성으로 평가받고 있다. 『수호전』과 구상(構想) 면에서 매우 유사한 점을 찾아볼 수 있지만, 작품이 궁극적으로 지향하는 덕목이 『수호전』은 '의(義)'인 데 반해 『핫켄덴』은 '충(忠)'이라는 점에서 서로 다르다. 하지만 전체적인 구상이 유사한 탓에 『핫켄덴』을 읽다 보면 『수호전』이 떠오른다는 점에서 특징적이다.

본 작품에서는 사토미 가문의 딸인 후세히메(伏姫)의 뱃속에서 개의 기운이 뿜어져 나와 염주와 함께 사방으로 흩어지는 장면이 그려지는데, 이는 『수호전』의 홍신(洪信)이 복마지전(伏魔之殿)에서 108명의 마왕을 풀어주는 장면을 모티프로 한 것이다. 작품 초반부에 이

---

23) 「そも／＼水滸伝(すいこでん)は小說(しやうせつ)中(ちう)第一(だいゝち)の書(しよ)なることはいはでもしるき妙作(めうさく)なり。そをまた馬琴(ばきん)先生(せんせい)の筆削(ひつさく)せられたれば、水滸伝(すいこでん)注解(ちうかい)和釋(わしやく)の中(うち)なして、この畵本(ゑほん)を第一(だいゝち)とすべし」横山邦治編, 『増補外題鑑』. 和泉書院, 1985, 131쪽.

장면이 그려지고 『핫켄덴』에서는 8명의 팔견사(八犬士)가, 『수호전』에서는 108명의 호걸이 서로의 존재를 알아가고 각자의 목적 및 공통의 목적을 달성하기 위한 이야기가 각각 펼쳐진다.

또한 등장인물의 이름을 설정하는 데 있어서도 『수호전』의 영향을 빼놓을 수 없다. 가장 대표적인 것으로 후세히메(伏姬)의 이름을 붙일 때 두 가지 사항을 접목시킨 것으로 볼 수 있다. 첫째는 사람(人)과 개(犬)가 만났기 때문에 '복(伏)'을 사용하였다는 것이고,24) 둘째는 모티프가 된 『수호전』의 복마지전(伏魔之殿)의 '복(伏)'자를 따와서 사용하였다는 것이다. 이렇듯 바킨은 등장인물의 이름을 짓는 데 있어서도 중국의 설화나 소설을 참고하는 태도를 지니고 있었다.

바킨이 『핫켄덴』을 집필할 때 『수호전』을 의식해서 그에 버금가는 대작을 완성시키고자 목표로 삼았고, 『수호전』의 내용 전개나 인물 설정에 있어 많은 부분을 모티프로 삼았다는 사실은 이미 널리 알려진 사실이다. 『핫켄덴』은 『수호전』의 번역물이나 번안물은 아니지만 전체적인 구상을 따르고 있다는 점에서 이 작품 역시 〈수호전물〉의 일종이라고 볼 수 있다.

3.1.13. 『게이세이 수호전(傾城水滸伝)』(1825-1835년 간행)

교쿠테이 바킨의 장편 고칸 작품인 『게이세이 수호전』은 『수호전』의 등장인물 성별을 뒤바꾸는 설정이 특징인 번안물이다. 본 작품은 본래

---

24) 후세히메는 충견(忠犬)인 야쓰후사(八房)가 적장의 목을 베어 오자 아버지의 약속대로 야쓰후사와 혼인을 맺기로 한다. 둘은 동굴로 들어가 같이 생활을 하게 되고 머지않아 후세히메는 잉태하여 팔견사(八犬士)를 낳게 된다. 이는 중국의 반호설화(槃瓠說話)에서 모티프를 따온 것이다.

인쇄를 맡았던 쓰루야 기에몬(鶴屋喜右衛門)이 세상을 떠나고 뒤를 이은 인쇄업자와 갈등이 생긴 이유로 제 13편 상질(上帙)까지만 간행되었으나, 바킨이 세상을 떠난 후에 류테이 센카(笠亭仙果, 1804-1868)가 『여수호전 (女水滸伝)』이라고 제목을 붙여서 제 13편 하질(下帙)부터 제 15편까지 완결지어 간행하였다(1850-1855년).

『충의수호전』 제57회까지를 번안한 이 작품은 『본조수호전』의 전체 구상을 따랐으며 『수호전』의 등장인물 모두와 1대 1로 대응하고 있으며, 무엇보다도 남성은 여성으로, 여성은 남성으로 등장인물의 성별을 뒤바꾸는 설정이 당시 독자들에게 큰 인기를 끌었다. 대부분의 바킨 작품이 그러하듯이 이 작품에도 권선징악적인 태도를 지닌 작가의 의도가 많이 반영되어 있다.

3.1.14. 『슌케쓰신토 수호전(俊傑神稻水滸伝)』(1828-1881년 간행)

가쿠테이 데이코(岳亭定岡)·지소쿠칸 쇼쿄쿠(知足館松旭)의 요미혼 작품인 『슌케쓰신토 수호전』은 많이 알려진 작품은 아니지만 〈수호 전물〉의 일종으로 볼 수 있다고 생각되어 목록에 포함시켰다.

『증보 게다이 가가미』에는 본 작품이 다음과 같이 소개되어 있다.

> 이것도 도적의 이름을 빌려 수호전의 작풍(분위기)을 옮긴 재미있는 작품이다.[25]

『수호전』에 등장하는 도적의 이름을 사용하고 '수호전의 작풍(분

---

25) 「これも盜賊(とうぞく)の名(な)をかりて水滸伝(すいこでん)の風(ふう)をうつしたる おもしろき作(さく)なり」 橫山邦治編, 『增補外題鑑』. 和泉書院, 1985, 62쪽.

위기)'을 그대로 이어받은 점이 바로 본 작품을 〈수호전물〉의 일종으로 볼 수 있는 근거라고 할 수 있다.

3.1.15. 『스이코 다이헤이키(水滸太平記)』
(초편 : 1830년 서문, 2편 : 1845년 서문)

가쿠테이 데이코의 요미혼 작품인 『스이코 다이헤이키』도 역시 표에 소개된 다른 작품에 비해 비교적 덜 알려진 작품이지만 〈수호전물〉의 하나로 받아들일 수 있을 것으로 판단되어 목록에 포함시켰다. 본 작품은 『증보 게다이 가가미』에 다음과 같이 소개되어 있다.

　다이헤이키 중에서 수호전을 본뜰 수 있는 줄거리를 소재로 하여 36명의 용사를 등장시켜 모두 수호전의 정취를 다이헤이키에 옮긴 단세이의 작품이라 할 수 있다.[26]

작품명과 위 인용문을 통하여 본 작품이 『수호전』과 『다이헤이키』를 접목시킨 작품이라는 것을 알 수 있으며 이 또한 『수호전』의 번안물인 〈수호전물〉의 일종이라고 생각할 수 있다.

이렇게 『수호전』이 〈수호전물〉로 재탄생되면서 그 소설 구성과 양식이 크게 유행하게 되어 에도시대 후기 요미혼을 비롯한 여러 소설 장르의 등장과 발전에 영향을 미쳤다.

〈수호전물〉의 가장 기본적인 구성은 『수호전』을 그대로 '일본'이

---

26) 「太平記(たいへいき)の中(うち)にして水滸伝(すいこでん)になぞらふべきすぢを種(たね)となし、三十六人の勇士(ゆうし)を出(いだ)し、すべて水滸伝(すいこでん)のおもむきを太平記(たいへいき)にうつしたる丹誠(たんせい)の作(さく)といふべし」橫山邦治編, 『增補外題鑑』. 和泉書院, 1985, 62쪽.

라는 나라에 대입시켜 이야기를 전개해 나가는 것이다. 『본조수호전』이 바로 그 예 중 하나이다. 물론 번안소설은 작가의 각색이 다소 반영되기는 하지만 전체적인 구성이 유사하다는 점은 간과할 수 없는 특징이다. 번안하는 방법에는 여러 가지가 있어 『게이세이 수호전』과 같이 『수호전』의 등장인물을 모두 여성으로 설정한 작품도 쓰였다.

3.2. 문학 비평의 등장

〈수호전물〉의 탄생과 인기는 일본 문학계에 있어 중국 고대소설을 번안한 작품의 등장뿐만 아니라 문학 비평이라고 하는 문학 활동의 활성화도 이끌어냈다. 바킨은 『본조수호전을 읽다, 그리고 비평(本朝水滸伝を讀む并批評)』(1833년 성립)이라는 비평문에서 『본조수호전』이 『수호전』을 번안하면서 각색한 부분이 보이는데 원전의 내용에 더 충실해야 한다고 주장하였다. 예를 들어, 기존의 108명의 호걸을 100명으로 줄인 것에 대해 비판을 가하고 있다. 또한 고언(古言)과 아언(雅言)이 주로 사용된 문체의 면에 있어서도 바킨은 속어(俗語)를 사용해야 한다는 견해를 밝히고 있다. 그밖에도 각 조(條)마다 나름의 상세한 비평을 수록하여 이 작품이 요미혼의 선구자적인 작품으로서의 의의를 지니고 있음을 나타내고 있다. 중국소설의 번안물이라는 점에서 『본조수호전』을 높게 평가한 바킨으로서는 이러한 발전적인 문학 비평을 추구하고자 작품 구성과 내용에 대한 비평문을 작성하였던 것이다.

앞서 언급했듯이 『본조수호전』은 『요시노 모노가타리』라고 하는 원제목을 가지고 있었는데 『수호전』의 인기를 등에 업고 출판업자의 요청에 의해 제목이 변경된 것으로 알려져 있다. 최근에는 이 비평이

『본조수호전』에 관한 상세한 분석과 호평으로 이루어져 있으며 『본조수호전』을 〈수호전물〉의 효시로 자리매김시키려는 바킨의 의도 하에 작성되었다는 연구가 보고된 바 있다.[27] 제목만 보았을 때 『요시노 모노가타리』라고 하면 아문(雅文)과 같은 일본 고전 문체로 쓰인 소설이라고 인식되는데, 『본조수호전』이라고 하면 한어(漢語)가 중심인 소설로 인식된다는 점도 간과할 수 없다. 이처럼 바킨의 『본조수호전』 비평은 작품의 문학사적인 위치도 재고할 수 있는 가능성을 열어주었다.

한편, 『본조수호전』의 작가인 다케베 아야타리가 『수호전』이라고 하는 작품에 대해 어떻게 생각하고 있었는지를 언급한 선행 연구가 있다.

하지만 아야타리가 『수호전』을 얼마만큼 읽었는지는 사실 알려진 바 없으며, 교류가 있었던 서점을 통하여 줄거리를 파악한 정도일 가능성도 있다. 또한 서문에서 제목에 대해 『요시노 모노가타리』가 원래 제목이었는데 서점의 권유로 『본조수호전』으로 간행하였다고 기술하고 있어 『수호전』을 그다지 크게 의식하지 않았던 것으로도 보여, 적어도 『수호전』을 비평하는 수준에서 『본조수호전』이 쓰였다고는 생각되지 않기 때문에 이 점도 바킨의 비판은 요점에서 벗어난 인상이다.[28]

---

27) 紅林健志, 「『本朝水滸伝』改題考」, 『近世文芸』95, 日本近世文學會, 2012에 상세히 설명되어 있다.

28) 「しかし綾足が『水滸伝』をどの程度讀みこんでいたのかは、實のところ不明で、交流のあった書肆を介してあらすじ的なものを知っていた程度、という可能性もある。また序文でタイトルについて、『吉野物語』がもともとのタイトルだったのだが、書肆の勸めで『本朝水滸伝』として刊行したと述べており、『水滸伝』をそれほど強く意識したものではないようにも思われ、少なくとも『水滸伝』を批評するレベルで『本朝水滸伝』が書かれたとは考えられないので、このあたりも、馬琴の批判は的はずれな印象が強い。」風間誠史, 『近世小説を批評する』, 森話社, 2018, 275쪽.

바킨은 『본조수호전』이 〈수호전물〉임에도 불구하고 『수호전』을 제대로 번안하지 않았다고 하여 비판적인 태도를 보였다. 『수호전』의 본질적인 권선징악 사상을 배제하고 표면적으로 드러난 '악(惡)'의 활약상만을 받아들였다는 것이다. 그렇지만 사실 아야타리가 『본조수호전』을 집필하는 과정에서 『수호전』을 얼마나 깊이 있게 이해했는지는 확인된 바가 없다. 이 작품을 집필하게 된 계기가 서점의 권유라는 점은 아야타리가 『수호전』을 제대로 읽지 않았을 가능성도 있음을 말해준다.

이렇듯 하나의 작품에 대한 비평이 본격적으로 행해지게 된 것은 〈수호전물〉이 등장하면서부터였다. 『수호전』과 〈수호전물〉의 인기가 문학 비평이라는 하나의 문학 활동을 이끌어냈고, 이를 시발점으로 에도시대 후기부터 메이지시대에 이르기까지 많은 문학 비평이 탄생하게 되었다.

3.3. 〈수호전물〉과 지식의 확산

『수호전』은 중국의 고전문학 작품으로 중국의 어휘나 사상 등 많은 지식 요소를 지니고 있다. 또한 이를 번역 또는 번안한 〈수호전물〉은 일본의 사정에 맞게 재탄생된 『수호전』이기 때문에 일본의 어휘, 사상 등의 지식 요소를 찾아볼 수 있다. 본 절에서는 어휘, 사상의 두 가지 측면에서 〈수호전물〉이 어떠한 지식을 전달해 주는지를 개략적으로 살펴보기로 한다.

첫째, 『수호전』을 통하여 어휘의 측면에서 확산되는 지식은 중국 백화소설에서 사용되는 중국어 구어체를 들 수 있다. 백화소설이 들어오기 전의 소설 문체는 궁중에서 사용되는 우아한 문체 또는 실제

회화에서는 사용하지 않는 문어체가 일반적이었다. 그런데 백화소설이 들어오면서 중국의 구어체가 독자들에게 알려지게 되었고, 그것이 중국에서 널리 사용되는 회화체라는 사실을 알게 된 당시 일본 사람들은 실제로 사용되는 중국어에 대해 학습하고자 하는 의욕을 지니게 되었다. 이렇게 하여 중국어 구어체에 대한 지식이 확산되었고 점차 당화(唐話) 학습이 유행하게 되었다.

〈수호전물〉의 어휘적인 측면에서 확산되는 지식을 살펴보면 일반독자들에게는 생소한 중국어 어휘의 소개와 설명을 들 수 있다. 『본조수호전』에는 양귀비에게 일본어를 교육하는 장면이 나온다.

"이제부터 둘이서 말투를 고치고 일본어를 가르쳐 드리겠다'라며 곁을 떠나지 않고 딱 붙어서 '나호라이(那火來)'라고 하면 "'불을 가지고 와'라거나 '불을 가지고 오너라'라고 말해라'라고 한번 가르치면 바로 이해하여 다시는 중국어로 말하지 않았다. 하지만 마음에 들지 않는 일이 있어 곁에 두고 있는 자를 꾸짖을 때에는 '가이쓰(呆子)'라고 말할 때에 "그런 일은 이 나라에서는 아랫사람에게 '바보'라며 사람을 비웃는 말이다. 그렇지만 일본에서는 당신들이 입에 담을 말이 아니다."라고 가르치기 때문에 부끄러워 다시는 말하지 않는다.[29]

---

29) 「「是より二人して御言風俗(おんことぶり)をなほし、大倭言におしへたてんず」と、かたはらさらずつき添(そひ)參らせて、「那火來(ナホライ)」とのたまふときには、「「火をもて來(コ)」とも、「火をもて參れ」とものたまへ」と、一度おしへ奉れば、たちまちしらして、かさねては唐言(からこと)にのたまはず。されど御心にそまぬ事の有(あり)て、かたはらをしかり給ふなどには、「呆子(ガイツウ)」とのたまふを、「さる事は、此國にては、下々には「馬鹿(バカ)」と申(まうし)て、人をあざける言(こと)にてさむらへ。しかれども、倭にてはよき君たちののたまふ御詞にあらず」などをしへたまへば、はぢらひたまひて、かさねてはのたまはず。」高田衛校注、『本朝水滸伝』、新日本古典文學大系79, 岩波書店, 1992, 284쪽.

양귀비가 일본어를 배운다고 하는 설정 자체만 놓고 보았을 때 골계미가 있는 재미있는 장면이다.[30] 중국어로 '바보'를 '呆子'라고 한다는 사실을 독자는 이 대목을 통해서 접하게 되는데, 이런 식으로 중국에서 사용되는 구어체 어휘에 관한 지식이 일본의 독자에게 전달되는 것이다.

엄밀하게 말하면, 중국어 구어체에 대한 지식의 확산은 〈수호전물〉보다 『수호전』 그 자체로부터의 영향이 훨씬 크다고 할 수 있지만, 〈수호전물〉이 간행되면서 『수호전』에 사용된 중국어 어휘도 함께 확산되었다고 생각할 수 있다.

둘째, 사상의 측면에서 확산되는 지식은 대표적으로 유교 덕목을 들 수 있다. 일본에서는 '인의예지충신효제(仁義礼智忠信孝悌)'의 인의팔행(仁義八行)이 유교의 중심 덕목으로 자리잡았다. 중국 고전에서는 명대의 수필집인 『오잡조(五雜俎)』에 '忘八'의 여덟 가지 덕목으로 '孝弟忠信礼義廉恥'이 제시되어 있어 일본에서 말하는 인의팔행과는 상이한 덕목으로 구성되어 있음을 알 수 있다. 다만, 『맹자』에는 인의팔행의 여덟 가지 덕목을 다음과 같이 찾아볼 수 있다.

王如施仁政於民、省刑罰、薄稅斂、深耕易耨、壯者以暇日修其孝悌忠信、入以事其父兄、出以事其長上、可使制梃以撻秦楚之堅甲利兵矣。(梁惠王章句上)

惻隱之心仁也。羞惡之心義也。恭敬之心礼也。是非之心智也。仁義礼智非由外鑠我也。我固有之也。弗思耳矣。(告子章句上)

君子所性仁義礼智根於心其生色也。(盡心章句上)

公孫丑曰、詩曰、不素餐兮。孟子曰、君子居是國也、其君用之、則安富尊榮。其子弟從之、則孝弟忠信。不素餐兮、孰大於是。(盡心章句上)[31]

---

30) 長島弘明編, 『〈奇〉と〈妙〉の江戶文學事典』, 文學通信, 2019, 264쪽.

밑줄 부분을 보면 '인의예지'와 '효제충신'이 함께 등장하고 있다. 따로 언급되어 있지만 '인의예지충신효제'의 여덟 가지 덕목이 함께 나오는 가장 이른 사례라고 할 수 있다.[32]

『수호전』에서 이 덕목이 직접적으로 등장하지는 않지만 108명의 호걸이 제각기 나름의 덕목을 행동 기반으로 삼고 있음을 어렵지 않게 찾아볼 수 있다. 송강은 '인(仁)', 노지심은 '의(義)', 무송은 '제(悌)'와 같이 성격과 행동을 규정하는 덕목이 하나씩 주어져 있다. 이에 대해서는 더 면밀한 고찰을 필요로 하기 때문에 각 인물별 연구가 요구되지만, 이렇게 유교적인 덕목을 기반으로 인물을 조형하는 방식은 〈수호전물〉에서도 활용되었으며,[33] 이후의 기타 일본 문학 작품의 인물 설정에 있어서도 작가들이 선호하는 조형 방법으로 자리잡았다.

『수호전』은 작품 전체를 아우르는 '의(義)'의 덕목뿐만 아니라 각 인물별로 주어진 기타 유교 덕목 또한 주요한 사상적 기반으로 작용하여 인물이 조형되어 있다. 〈수호전물〉 역시 이를 이어받아 유교 덕목을 행동 기반으로 하는 인물을 만들어냈으며 이들의 스토리를 읽는 독자들은 각 덕목을 염두에 두고 등장인물의 행적을 쫓는 것으로 독서를 즐긴 것이다.

〈수호전물〉이 오락적인 성격이 짙은 서적이지만 이러한 사상적인 측면을 놓고 보면 교훈적인 면모도 지니고 있음을 알 수 있다. 〈수호전물〉을 통한 지식의 전달을 논할 때에는 본고에서 언급했듯이 어휘

---

31) 朱熹集註, 『孟子』, 東京大學總合図書館 소장본.
32) 홍성준, 「馬琴讀本の死の場面と仁義八行 - 『俊寛僧都嶋物語』と『賴豪阿闍梨怪鼠伝』を中心に -」, 『일본학연구』47집, 단국대학교 일본연구소, 2016, 참조.
33) 교쿠테이 바킨(曲亭馬琴)이 특히 이 방법을 활용해서 인물을 창조해 냈다. 『난소 사토미 핫켄덴(南總里見八犬伝)』의 팔견사(八犬士)의 인물 조형이 대표적이다.

와 사상을 중심으로 독자에게 미치는 영향력을 살펴보는 것이 중요하다고 생각된다.

4. 맺음말

인쇄술의 발달에 따른 서적 간행과 유통의 증가라고 하는 출판 산업의 비약적인 발전이 독서 문화의 기반을 마련하였고, 중국 백화소설의 수용과 『수호전』의 인기, 그리고 〈수호전물〉의 유행이 출판 산업과 독서 문화를 더욱 융성하게 만들었다. 요미혼이라고 하는 새로운 형태의 소설 장르가 생겨난 데에 가장 큰 영향을 미친 것은 바로 중국 백화소설이 일본으로 전래된 일이라 할 수 있다. 뒤이어 〈수호전물〉이라는 번역물과 번안소설이 요미혼을 중심으로 고칸, 기뵤시 등 여러 소설 장르에서 시도되어 일본 문학은 점차 『수호전』의 작풍과 정취를 지닌 작품을 중심으로 발전하게 되었다. 이러한 중국 문학 수용의 성공이 근대에 이르러 서양 문학의 수용과 서양 소설을 기반으로 하는 번안소설의 등장으로 이어졌다고 볼 수 있다.

중국 고대소설인 『수호전』의 전래는 요미혼을 중심으로 한 후속 작품이 나아가야 할 방향을 크게 바꾸었으며, 이 작품의 번역물과 번안물을 가리키는 〈수호전물〉의 등장과 인기는 일본 출판 산업의 활성화를 이끌었다. 〈수호전물〉의 오락적인 특성뿐만 아니라 중국어 어휘나 유교적 사상을 중심으로 한 교육적이고 교훈적인 특성 또한 간과되어서는 안된다. 에도시대의 출판 산업의 발달은 다양한 서적의 간행과 밀접한 관련을 맺고 있으며, 독자를 통하여 그 속에 수록된 지식이 사회화되었다고 생각할 수 있다.

본고에서는 〈수호전물〉 중에서도 아주 대표적인 작품들을 언급하였는데, 향후 더욱 세밀한 조사와 분석을 통하여 〈수호전물〉의 전체 작품 목록과 특성을 정리한다면 일본문학사에 있어『수호전』과 〈수호전물〉이 갖는 의의를 파악할 수 있을 것으로 생각된다. 또한 〈수호전물〉 간행의 흐름을 통하여 에도시대의 서점의 서적 간행의 양상과 독자의 수요가 어떠했는지를 더불어 이해할 수 있을 것이다. 이렇게 〈수호전물〉에 수록된 지식이 어떻게 확산되고 어떻게 활용되어 결과적으로 일본을 어떻게 변화시켰는지에 대해 넓은 시야를 지니고 다각적으로 접근하여 고찰할 필요가 있다.『수호전』과 〈수호전물〉의 일본문학사적 의의를 재정립하는 연구가 병행되어야 지식의 사회화라는 거대 담론을 구축하는 데 한걸음 다가갈 수 있는 것이다.

참고문헌

朱熹集註, 『孟子』, 東京大學總合図書館 소장본.

최용철, 『사대기서와 중국문화』, 고려대학교 출판문화원, 2018.

홍성준, 「馬琴讀本の死の場面と仁義八行 - 『俊寛僧都嶋物語』と『賴豪阿闍梨怪鼠伝』を中心に -」, 『일본학연구』47집, 단국대학교 일본연구소, 2016.

麻生磯次, 『江戸文學と中國文學』, 三省堂, 1946.

風間誠史, 『近世小說を批評する』, 森話社, 2018.

紅林健志, 「『本朝水滸伝』改題考」, 『近世文芸』95, 日本近世文學會, 2012.

國文學研究資料館·八戸市立図書館, 『讀本事典』, 笠間書院, 2008.

佐藤至子, 『山東京伝』, ミネルヴァ書房, 2009.

高島俊男, 『水滸伝と日本人』, 大修館書店, 1991.

高田衛校注, 『本朝水滸伝』, 新日本古典文學大系79, 岩波書店, 1992.

德田武校注, 『近世物之本江戸作者部類』, 岩波書店, 2014.

長島弘明編, 『<奇>と<妙>の江戸文學事典』, 文學通信, 2019.

横山邦治編, 『増補外題鑑』. 和泉書院, 1985.

横山邦治, 『讀本の研究』, 風間書房, 1974.

당시선집(唐詩選集)의 유통과 정전화된 '당시(唐詩)'

최석원

1. 지식의 사회화, 그리고 당시선집(唐詩選集) 연구의 필요성

일찍이 노르베르트 엘리아스(Norbert Elias)는 『문명화과정』을 통해 문명화의 과정을 상류층 자신들의 신분질서를 유지하기 위한 전략에서 비롯되었다고 설파한 바 있다.[1] 이는 곧 지금 우리가 믿어 의심치 않는 문명화된 행동의 시작에는 '권력'의 작동이 존재하고 있음을 인지하게 된 것인데, 그렇다면 지금껏 보편적 가치를 지니고 있다고 여겨지는 '지식'은 과연 어떠한가? 칼 만하임(Karl Mannheim)이 주창한 바 있는 지식 사회학은 엘리아스와 마찬가지로 "지식이 특정 시대와 장소에 묶여 있다"[2]는 언급을 통해 지식과 사회와의 관계 그리고 그것으로 말미암는 상대성을 강조하고 있다. 본고에서는 이렇듯 시간

---

1) 노르베르트 엘리아스, 박미애 옮김, 『문명화과정 Ⅰ』, 한길사, 2003, 38~39쪽.
2) 피터 버크 지음, 이상원 옮김, 『지식은 어떻게 탄생하고 진화하는가』, 생각의 날개, 2015, 65-68쪽.

과 공간을 달리하여 동일한 지식이 어떻게 활용되고 수용되는지에 대한 문제를 탐색하기 위하여, 문학 영역 내 '당시(唐詩)'라는 문학적 전범이 선집이라는 특수한 '출판형태'로 '재가공'됨으로써 발생하는 지식의 사회화 과정을 고찰하고자 한다.

지식 사회학을 주창한 칼 만하임은 "오로지 개인이 사유한다는 것은 잘못된 언명이다. 오히려 사유하는 개인은 단지 그 이전에 사람들이 생각했던 것을 사고하는 데에 참여하고 있다는 편이 옳다"[3]고 한 바 있는데, 이는 곧 '인식'이 지닌 개별성을 지양하고 인식의 집단성과 사회성을 강조한 것이라고 하겠다.[4] 이러한 논의는 본고에서 연구의 대상으로 삼고 있는 시선집과 관련하여서도 비껴갈 수 없을 것이다. 주지하듯이 지금까지 대다수의 시선집 관련 연구 성과에서는 선시의 과정을 선시자의 문학적 기준과 문학적 취향이라는 지극히 개인적 수준의 선별 과정으로 규정해왔다. 『시경(詩經)』이래 지속된 선시집의 간행은 이렇듯 선시자의 뚜렷한 문학적 기준에 의해 산출된 것이라는 설명은 이미 수많은 연구자들에 의해 제기된 바 있다.[5] 그

---

3) 송호근, 『지식사회학』, 나남, 1992, 39쪽에서 재인용.

4) 위의 책, 39쪽.

5) 이에 대한 기존 연구 성과는 아래와 같다.
금지아, 「조선시대 唐詩選集의 편찬양상 연구-연세대 소장 4종 唐詩選集의 유형, 특징 및 문헌 가치를 중심으로」,『중국어문학논집』제 84집, 2014.
금지아, 「朝鮮 申緯의 全唐近體選 연구」,『중국어문학논집』제 42집, 2007.
노경희, 「17,8세기 조선과 에도 문단의 唐詩選集 수용과 간행 양상 비교 연구」,『다산과 현대』3권, 2010.
류화정, 「조선 전기『精選唐宋千家聯珠詩格』의 수용과 활용」, 『대동한문학』제 44집, 2015.
성범중, 「朝鮮 後期의 漢詩選集」,『정신문화연구』20집, 1997.
심경호, 「中國詩選集 및 詩註釋書의 受容과 朝鮮前期 漢詩의 變化」, 한국어문학국 제학술포럼 학술대회, 2007.
조융희, 「17세기 초 시론가들의 중국시선집 수용 양상」,『한국고전연구』7집, 2001.

중 최은주는 "선집을 축적된 문학 성과와 풍부한 독서경험이 전제되는 일종의 비평 활동"[6]으로 규정한 바 있으며, 노경희 역시 자신들의 시론을 전개하는 기반을 마련하기 위한 과정으로 선집 편찬 과정을 설명하고 있다.[7] 물론 이러한 일련의 연구 성과들은 선시집의 편찬은 선집자의 문학적 발로였음을 지적하며 선집이 지닌 문학적 가치를 강조하고 있다는 점에서는 유의미할 수 있지만, 선집의 과정에서 발생한 다양한 사회·문화적 현상들에 대한 이해가 결여되어 있다는 비판에서는 자유롭지 못하다. 이러한 문제의식 속에서 필자는 명대(明代) 시선집 그리고 조선의 시선집에 대한 연구를 통해 선시집은 비단편찬자의 문학적 발로이기도 하거니와 소비화된 지식, 사유화된 지식이라는 시대적 흐름과 맞물려 도출된 결과임을 지적한 바 있다.[8] 이와 관련하여 강성위 역시 시선집의 출현은 독서인의 증가, 출판 시장의 발전과 같은 역사적 맥락과 맞닿아 있으며, 인류의 지적 증가와도

황위주, 「韓國本中國詩選集의 編纂에 대한 研究」, 『동아인문학』 제 3집, 2003.
황위주, 「朝鮮 前期의 漢詩選集」, 『정신문화연구』 20집, 1997.
金生奎, 「李攀龍唐詩選本考論」, 『國文學報』, 2014.
金生奎, 「明代唐詩選本編選中的辨體意識」, 『淮南師範學院學報』 2010年第1期.
王世立, 「唐詩選本與唐詩經典建構」, 『語文學刊』 2013年第3期.
李定廣, 「唐詩選學論綱」, 『學術界』 總第219期, 2016, 8.
朱易安, 「明人選唐三部曲-從唐詩品彙, 唐詩選, 唐詩歸看明人的崇唐文化心態」, 『上海師範大學學報』 1990年第2期.

6) 최은주, 「17세기 시선집 편찬에 대한 연구」, 경북대학교 박사학위논문, 2006, 187쪽.
7) 노경희, 「17, 8세기 조선과 에도 문단의 당시선집唐詩選集 수용과 간행 양상 비교 연구」, 『다산과 현대』 3권, 2010, 146쪽.
8) 이에 대해서는 아래 연구 성과를 참고할 것.
최석원, 「明代 詩選集을 통해 본 唐詩에 대한 지식의 창출과 수용」, 『중국문학』 제96집, 2018
_____, 「문학적 전범으로서 '唐詩'에 대한 지식의 유통과 확산-朝鮮의 唐詩選集 간행과 수용의 역사를 중심으로」, 『중국어문논총』 제93집, 2019

밀접한 연관을 맺고 있다고 설명한 바 있는데,[9] 이러한 일련의 연구 성과들을 통해 시선집의 편찬이 다양한 사회·문화적 현상들의 간섭에 의해 이루어지고 있음을 확인할 수 있다고 할 것이다. 이에 본고는 한자문화권 내 시문학 전범으로 인식되는 '당시(唐詩)'의 명편들이 어떠한 과정을 통해 그 권위를 인정받게 되었는지에 대한 문제의식에서 출발하고자 한다. 이를 위하여 당대(唐代) 이후 그리고 조선에서 출판된 당시선집(唐詩選集)들에 대한 문헌 상황을 종합하고, 선집에 나타나는 선시 양상에 대한 분석을 통해 선집을 형성케 하는 중요한 기제는 과연 무엇인지에 대한 고찰을 진행하고자 한다. 이는 문학적 전범으로서 자리하고 있는 '당시(唐詩)'의 구축 과정을 통해 인식의 사회적 피제약성을 주장한 칼 만하임의 논의를 다시 한 번 확인할 수 있는 기회가 될 수 있으리라 판단된다. 다만, 필자는 논의의 편의를 위해 명(明)과 청(淸) 그리고 이들의 영향력 속에서 이루어진 조선에서 간행된 당시선집만을 연구의 대상으로 삼았음을 밝힌다.

2. 唐詩選集의 간행과 확산

일찍이 천뽀하이(陳伯海)는 당시학의 발전 과정을 태동기[당(唐)·오대(五代)]-성장기[송(宋)·금(金)·원(元)]-흥성기[명(明)]-총결기[청(淸)·민초(民初)]로 도식화하여 설명하였다.[10] 당시선집의 간행 상황도 이에 크게 벗어나지 않는데, 흥미로운 것은 당대(唐代)에 이미 당시선집의 간행이

---

9) 강성위, 「宋 이후 詩選集의 성행 배경과 그 특징에 관한 일고찰」, 『중국문학』 제86집, 2000
10) 陳伯海 主編, 『唐詩學史稿』, 上海古籍出版社, 2016.

이루어졌다는 사실이다. 현존하는 당인선당시집(唐人選唐詩集)은 원결(元結)의 『협중집(篋中集)』과 은번(殷璠)의 『단양집(丹陽集)』, 요합(姚合)의 『극현집(極玄集)』 등을 비롯한 9종이다. 다만, 현존하는 판본이 완전치 않다는 점과 선록 작품의 작자와 선시자의 지역적 연고 등에 기대어 작품이 선별되고 있다는 점에서는 분명한 한계를 지니고 있다고 하겠다.[11] 이에 반해 송대 이후 출현한 당시선집들은 '당시(唐詩)'에 대한 나름대로의 뚜렷한 인식에 기초하고 있음을 살펴볼 수 있는데, 왕안석(王安石)은 『당백가시선(唐百家詩選)』[12]을 통해 시대 순서에 따라 104인의 1200여수를 수록하면서 서문을 통해 당시 가운데 훌륭한 작품들을 선별하였다고 한 바 있음은[13] 『사고전서총목제요(四庫全書總目提要)』에서는 선집을 "번잡하고 거친 것을 깎아내고 걸러, 자질구레한 것들은 모두 빼고, 정화만 내보이게 한다(刪汰繁蕪, 使莠稗咸除, 菁華畢出.)"[14]고 한 설명과 부합됨을 보여준다고 할 수 있겠다. 그 중에서도 특히 원대(元代)

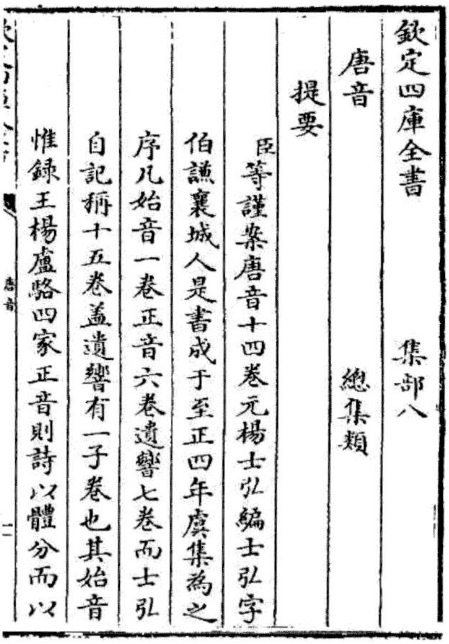
欽定四庫全書　集部八
唐音　總集類
提要
臣等謹案唐音十四卷元楊士弘編士弘字
伯謙襄城人是書成于至正四年虞集爲之
序凡始音一卷正音六卷遺響七卷而士弘
自記稱十五卷蓋遺響有一子卷也其始音
惟錄王楊盧駱四家正音則詩以體分而以

〈그림 1〉 양사홍의 『당음(唐音)』
(사고전서본四庫全書本)

11) 陳尙君, 『唐代文學叢考』, 中國社會科學出版社, 1996, 319쪽.
12) 이는 『백가시선(百家詩選)』, 『왕형공당백가시선(王荊公唐百家詩選)』으로 된 판본도 있다.
13) 「唐百家詩選序」: "委余擇其佳者." 陳伯海, 李定廣 編著, 『唐詩總集纂要』, 上海古籍出版社, 2016, 126쪽.
14) 『四庫全書總目提要』

문인 양사홍(楊士弘)에 의해 편찬된『당음(唐音)』은 남송(南宋) 엄우(嚴羽)
가『창랑시화(滄浪詩話)』를 통해 당초(唐初), 성당(盛唐), 대력(大曆), 원화
(元和), 만당(晩唐)이라는 당시(唐詩)의 5단계 시기 구분[15]에 기초하여
시음(始音), 정음(正音), 유향(遺響)으로 당시(唐詩)를 선별하고 있으니,[16]
이는 곧 당시(唐詩)에 대한 뚜렷한 인식 속에서 당시(唐詩)의 선별이
이루어졌음을 보여주는 것이라 할 만 하다.

양사홍(楊士弘)은『당음(唐音)』의 서문을 통해 그간 간행된 대부분
의 당시선집들이 만당(晩唐)에 속하는 작품들에 치중되어 있는 반면
성당시(盛唐詩)에 대해서는 소략하였음을 지적한 바 있는데, 이와 같
이 4당 분기설에 기초하여 당시(唐詩)를 구분 짓고 선록하는 경향은
명과 청대에 접어들면서 보편화된다고 할 수 있다. 특히 명대에 접어
들면서 등장한 전후칠자(前後七子)의 복고주의적 문학관과 청대 '종당
(宗唐)'이라는 문학적 흐름의 형성은 당시(唐詩)에 대해 보다 적극적이
고 분명한 인식을 드러내게 되는데, 이러한 경향은 당시선집의 양적
증가와 선집의 다양화라는 결과를 가져오게 되었다. 아래「표-1」을 통
해서 이와 같은 사실을 확인할 수 있는데, 이는 명·청대에 이루어진
당시선집 간행의 대략을 정리한 것이다.

---

15) "以時而論, 則有 …(中略)… 唐初體, 盛唐體, 大曆體, 元和體, 晩唐體." [宋] 嚴羽,
   郭紹虞 校釋,『滄浪詩話校釋』, 東昇出版社, 1980, 48쪽.
16)『당음』의 서문에 의하면 "음율의 바름과 변화를 살펴 그 정수를 가렸으니, 시음, 정
   음, 유향으로 나누고, 합하여『당음』이라고 하였다.(于是審其音律之正變而擇其精粹,
   分爲始音, 正音, 遺響, 總名曰唐音.)"고 하였다.

명대 간행된 당시선집		청대 간행된 당시선집	
서명	편찬자	서명	편찬자
光岳英華	許中麓	唐風定	邢昉
律詩類編	王瑩	唐詩英華	顧有孝
七言集句詩	孫貴	唐詩懷	張揚
唐人絶句精華	宋棠	貫華堂選批唐才子詩	金人瑞
唐詩詠史絶句	楊廉	唐人詠物詩	聶先, 庄同生, 黨纘武
唐詩品彙	高棅	唐詩評選	王夫之
唐詩分類精選	呂炯	唐詩正	兪南史, 汪文桂, 汪森
唐詩正聲	高棅	唐詩快	黃周星
唐律詩選	王行	唐詩摘鈔	黃生
盛唐詩選	吳復	唐詩善鳴集	陸次雲
盛唐遺音	尙冕	唐賢三昧集	王士禎
唐賢永嘉雜咏	미상	唐詩援	李沂
唐賢昆山雜詠	미상	唐四家詩	汪立名
唐賢金精山詩	미상	唐律消夏錄	顧安
唐賢君山詩	미상	山滿樓箋注唐詩七言律	趙臣瑗
唐賢岳陽樓詩	미상	唐人試帖	毛奇齡
唐律類鈔	蔡雲程	唐七律選	毛奇齡, 王錫
唐雅	胡纘宗	放胆詩	吳震方
唐詩類苑	張之象	唐詩百名家全集	席啓宇
唐詩選	李攀龍	唐宮閨詩	劉雲份
唐詩紀	黃德水, 吳琯 等	晩唐詩鈔	査克强, 凌紹乾
彙編唐詩十集	唐汝詢	中晩唐詩叩彈集	杜詔, 杜庭珠
唐詩解	唐汝詢	全唐詩錄	徐倬
唐詩十二家類選	張居仁	御選唐詩	陳延敬 等
唐樂府	吳勉學	唐詩貫珠	胡以梅
唐詩七言律選	劉生龢	唐詩玉臺新詠	朱存孝
增定評注唐詩正聲	郭濬	唐詩別裁集	沈德潛
唐詩合選	趙完璧	唐詩成法	屈復
全唐風雅	韋一鳳	唐人小律花雨集	薛雪
唐詩廣選	凌宏憲	唐人五言長律淸麗集	徐曰璉, 沈士駿
詳注百家唐詩會選	徐克	唐詩三百首	孫洙
唐詩分類繩尺	徐用吾	唐八家詩鈔	陳明善
唐詩艶逸品	楊肇祉	聞鶴軒初盛唐詩近體讀本	盧麰, 王溥
唐詩歸	鍾惺, 譚元春	唐詩眞趣編	劉宏煦, 李德學

17) 이는 최석원의 「明代 詩選集을 통해 본 唐詩에 대한 지식의 창출과 수용」(『중국문학』 제96집, 2018)에서 제시한 명대(明代) 당시선집(唐詩選集) 문헌 상황에 陳伯海와 李定廣이 편저한 『唐詩總集纂要』(上海古籍出版社, 2016)의 목록을 기준으로 청내(淸代) 당시선집(唐詩選集) 문헌 상황을 첨가한 것임을 밝힌다.

唐詩鏡	陸時雍	讀雪山房唐詩	管世銘
唐詩選脈會通評林	周珽	唐詩正聲	馬允剛
		讀全唐詩鈔	金世綏
		唐詩品	鮑桂星
		求志居唐詩選	陳世鎔
		唐詩析類集訓	曹錫彤
		唐人五十家小集	江標
		唐詩選	王闓運
		貴池唐人集	劉世珩
총 36종		총 43종	

위의 표 가운데 명대 문인인 이반룡(李攀龍)이나 종성(鍾惺), 담원춘(譚元春) 그리고 청대 문인 가운데 왕부지(王夫之), 왕사진(王士禎), 심덕잠(沈德潛)과 같은 이들은 당시(唐詩)의 문학적 가치를 높게 평가하고 있었음을 상기한다면, 당시 당시선집 편찬의 목적을 쉬이 짐작할 수 있을 것이다. 그 중에서도 고병(高棅)은 『당시품휘(唐詩品彙)』에서 620명의 5769수 작품을 초당(初唐), 성당(盛唐), 중당(中唐), 만당(晚唐)으로 시대 구분하고 다시 각각 정시(正始), 정종(正宗), 대가(大家), 명가(名家), 우익(羽翼), 접무(接武), 정변(正變), 여향(餘響), 방류(旁流)의 9개 품목으로 분류하고 있는데, 이는 뚜렷한 선별 기준에 의거하여 선집 편찬이 이루어졌음을 보여준다. 더불어 초당(初唐)부터 만당(晚唐)까지 이어지는 당시(唐詩)의 사적 흐름을 제시하고 있다는 점에서 당시(唐詩) 학습의 표본으로 인식되었을 뿐만 아니라 이후 편찬된 당시선집에도 큰 영향을 미쳤다. 『당시품휘』의 영향력은 국경을 넘어 조선에까지 이르렀으니, 조선 중기 문인인 이수광(李晬光)은 「당시휘선서(唐詩彙選序)」에서 "오직 당시품휘의 선시만이 취한 것이 자못 폭넓고 분류한 것이 매우 정밀하니, 여러 선집 중에 가장 낫다고 여겨진다.(而唯品彙之選, 所取頗廣, 分門甚精, 視諸家爲勝.)"라고 한 바 있다.[18] 뿐만 아니라 명대 당시선집 가운데 종성(鍾惺)과 담원춘(譚元春)

138

이 편한 『당시귀(唐詩歸)』는 시기별 당시 분류에 따른 선록에 더하여 개별 작품들에 대한 선시자의 평어를 함께 수록하고 있다는 특징을 보인다.19) 이는 앞서 언급한 고병의 『당시품휘』와 마찬가지로 선시자의 선록 기준과 당시 인식을 분명하게 보여주고 있다는 점에서 비단 훌륭한 작품만을 선록한 이전 당시선집과는 다름을 보여주고 있는 셈이다.

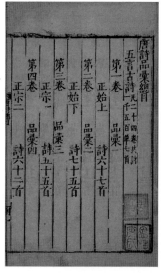 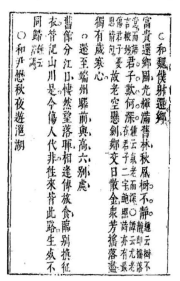

〈그림 2〉 『당시품휘(唐詩品彙)』(四庫全書本)　〈그림 3〉 『당시귀(唐詩歸)』(四庫全書本)

---

18) 한국고전종합 DB.

19) 필자는 선집이 입문자를 위한 당시 학습서라는 역할을 담당했던 만큼 종성鍾惺과 담원춘譚元春의 『당시귀唐詩歸』에 보이는 작품에 대한 평점은 그들의 세운 문학적 기준에 맞는 작품들을 선록하여 제시함으로써 기존 당시唐詩에 대한 관점과 이해의 병폐를 시정하고, 이를 통해 자신들의 문학적 색채를 더해 입문자들에게 방향을 제시하는 또 하나의 독자 위주의 과정이라고도 할 수 있음을 밝힌 바 있다. 이에 대해서는 최석원, 「明代 詩選集을 통해 본 唐詩에 대한 지식의 창출과 수용」(『중국문학』 제96집, 2018)을 참고할 것.

위의 「표-1」에서 제시하고 있듯 청대에 간행된 당시선집은 그 간
행 서적의 양적 증가는 물론이고 다양한 선시 기준에 의해 작품이 수
록되어 있음을 확인할 수 있다. 『당시총집찬요(唐詩總集纂要)』에 의하
면, 송(宋)·금(金)·원대(元代)에 간행된 당시선집은 모두 10종으로, 청
대 간행된 당시선집의 수와 큰 차이를 보인다.[20] 뿐만 아니라 청대에
간행된 당시선집은 그 선시의 기준이 다양화되는 경향을 살펴볼 수
있는데, 당대(唐代) 과거시험 용으로 창작된 작품들을 수록한 모기령
(毛奇齡)의 『당인시첩(唐人試帖)』이 그 대표적인 예라고 할 수 있
다.[21] 또한 황주성(黃周星)은 『당시쾌(唐詩快)』의 '약례(略例)'에서 "당
시는 예전부터 초, 성, 중, 만당으로 나누는데, 선시자들은 좋아하는
작품들이 다르고, 혹은 선시된 작품들이 많고 적은 다름이 있었다.
나는 이 선집을 '쾌'로 명명하였으니, 시대 선후를 막론하고, 다만 '쾌'
만을 위주로 하였다"[22]라고 한 것에서 알 수 있듯 전통적인 4당 분기
설을 거부하고 오로지 자신만의 선시 기준을 적용시키고 있는 모습

---

20) 송·금·원대에 간행된 당시선집唐詩選集을 표로 정리하면 아래와 같다.

서명	선시자	서명	선시자
唐百家詩選	王安石	分門纂類唐歌詩	趙孟奎
萬首唐人絶句	洪邁	王孟詩評	劉辰翁
注解章泉澗泉二先生選唐詩	趙蕃, 韓淲, 謝枋得	唐詩含弘	戴表元
箋注唐賢三體詩法	周弼, 釋圓之	唐人五言排律選	李存
唐僧弘秀集	李龏	唐音	楊士弘
唐詩鼓吹	元好問	총 11종	

위의 표는 陳伯海, 李定廣 편저의 『唐詩總集纂要』에 제시된 판본 사항 및 해제를
검토하여 제시한 것이다.

21) 「唐人詩帖序」: "康熙庚辰, 士子下第後相矜爲詩, 曰, 吾獨不得於試事已矣, 安見外此
之無足以見吾志者, 必欲就聲律諮詢可否. 不得已, 出向所携唐試帖一本, 汰去其半,
餘同學相訂, 而間以示人."

22) "唐詩從來分初盛中晩, 選者好尙不同, 或有多寡之觭. 余玆選以快爲名, 則無論世代
先後, 但一以快爲主."

140

또한 살펴볼 수 있다. 더불어 청대 당시선본 가운데에는 『당시귀』와
마찬가지로 작품에 대한 평점이 부기되어 있는 경우를 살펴볼 수 있
는데, 아래 〈그림 4〉23)와 〈그림 5〉24)에서 제시한 김성탄(金聖嘆)의
『관화당선비당재자시(貫華堂選批唐才子詩)』와 호이매(胡以梅)의 『당시
관주(唐詩貫珠)』가 그 대표적인 예라고 하겠다.

〈그림 4〉 『貫華堂選批唐才子詩』
(국립중앙도서관소장본)

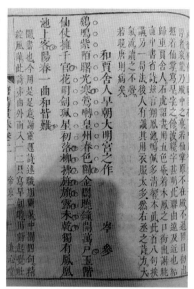

〈그림 5〉 『唐詩貫珠』(서울대학교소장본)

---

23) 〈그림 4〉는 국립중앙도서관 소장본으로, 그 상세사항은 아래와 같다.
   鉛印版本(中國); 上海 : 有正書局, [刊寫年未詳]
24) 〈그림 5〉는 서울대학교 고문헌자료실 소장본으로, 그 상세사항은 아래와 같다.
   木板本(中國); 素心堂; [刊寫年未詳]; 60卷24冊 : 上下單邊 左右雙邊 半郭 19.7 x
   13.2cm, 半葉 9行23字 註雙行, 下花口, 上下向黑魚尾 ; 25.0 x 15.9cm

이렇듯 청대에 접어들면서 당시선집은 선시의 기준이 다양화되었을 뿐만 아니라 평점이 첨가된 선본들이 등장하는데, 이는 명대 중반 이후 형성된 문인 사회의 변화와 밀접한 관련을 맺고 있다. 일찍이 나선희가 지적하고 있듯 명대 중반 이후에는 입사하지 못한 생원, 감생, 거인들의 양적 증가와 상인층의 대두 등을 통해 소위 '중간층'의 대두가 명 중엽 이후 출판문화에 상당한 영향력을 끼친 바 있는데,[25] 이러한 중간층의 대두는 전통적인 4당 분기설을 부정한다든가 과거에 불합격한 이들을 위한 재교육 수단의 시선집이 완성되는 등 당시선집의 다양화를 견인하였다고 할 수 있을 테다.

이 가운데에서도 특히 명대 주요 당시선집은 조선 시대 문인들은 물론 일본의 문인들에게 널리 읽혔음은 주지의 사실이다. 일찍이 허균(許筠)은 양사홍(楊士弘)의 『당음(唐音)』, 고병의 『당시품휘』, 이반룡의 『당시선』을 언급하며 "세 권의 책이 나오자 세상의 당시를 뽑은 서책들이 모두 사라져 유통되지 못하였다.(此三書者出, 而天下之選唐詩者, 皆廢而不行.)"[26]고 한 바 있는데, 이와 같이 중국에서 유입된 당시선집의 복간은 조선 문인들이 당시(唐詩)를 학습하는 주요 교재로 활용되고 있었음을 짐작할 수 있다. 조선시대 중국의 당시선집 복간 상황을 정리하면 아래 「표-2」와 같다.

---

25) 나선희, 「명대 인쇄출판의 성황과 문학담당층의 증가의 양상」, 『중국의 지식장과 글쓰기』, 소명출판, 2011, 335~373쪽.

26) 許筠, 『惺所覆瓿稿』 卷之四. 한국고전종합 DB.

「표-2」27)

서명	원 편찬자	간행시기
唐賢七言律詩三體詩家法	周弼(宋)	世宗18年(1436)
唐詩正音輯註	楊士弘(元)	世宗21年(1439)
唐詩品彙	高棅(明)	1469~1494
唐詩鼓吹	元好問(元)	1470~1494
雅音會編	康麟(明)	1540
唐詩絶句28)	趙蕃, 韓淲(宋)	1567~1608
唐百家詩選	王安石(宋)	1570
唐詩彙選	劉履(元)	1600~1608
唐律集英	劉履(元)	1810
五言唐音	劉履(元)	1870

이 밖에도 『백가선(百家選)』[명·서충(徐充) 編], 『당시기(唐詩紀)』
[명·황덕수(黃德水), 오관(吳琯) 編], 『광십이가당시(廣十二家唐詩)』[명·
장효(張孝) 編], 『당시유원(唐詩類苑)』[명·장지상(張之象) 編] 등의 문헌
들이 한반도에 유입되었음이 밝혀졌으며,29) 이덕무(李德懋)의 『청장
관전서(靑莊館全書)』에 종성(鍾惺), 담원춘(譚元春)의 『당시귀』가 인용
되고 있는 것으로 미루어 복간 시기를 특정할 수는 없지만 이 역시
조선 문인들에게 유통되고 있었음을 확인할 수 있다.30)

이미 필자가 지적한 바 있듯이 조선시대 복간된 중국본 당시선집
들은 대다수가 분류식 편차의 선집이라는 점은 당시 문인들이 당시선

---

27) 이는 심경호의 「중국시선집 및 시주석서의 수용과 조선전기 한시의 변화」(『한국어
문학국제학술포럼 학술대회』, 2007)와 김학주의 『조선시대 간행 중국문학 관계서 연
구』(서울: 서울대학교 출판부, 2000)를 바탕으로 한국고전적종합목록과 대조하여 작
성된 것으로, 이미 최석원의 「문학적 전범으로서 '唐詩'에 대한 지식의 유통과 확산-
朝鮮의 唐詩選集 간행과 수용의 역사를 중심으로」(『중국어문논총』 제93집, 2019)에
기재한 것이기도 하다.

28) 김학주는 이를 선조조에 초간된 것이라고 설명하고 있으나, 한국고전적종합목록에서
는 확인할 수 없었다.

29) 최은주, 「17世紀 詩選集 編纂에 대한 硏究」, 경북대학교 박사학위논문, 2006, 18쪽.

30) 최석원, 「문학적 전범으로서 '당시'에 대한 지식의 유통과 확산-조선의 당시선집唐詩
選集 간행과 수용의 역사를 중심으로」, 『중국어문논총』 제93집, 2019, 187~188쪽.

집을 어떻게 활용하고자 했는지를 규명할 수 있는 중요한 단서로 작용한다. 위의 「표-2」에서 열거한 당시선집 가운데 『당시정음(唐詩正音)』, 『당시고취(唐詩鼓吹)』, 『아음회편(雅音會編)』, 『당백가시선(唐百家詩選)』은 각각 시체 또는 운목, 문류별 형식을 취하고 있다. 일찍이 류화정과 임도헌의 논의에 기대어보자면,[31] 당시 조선 문인들에게 있어 당시선집은 당시 학습은 물론이고 실제 창작 과정에서 참고 또는 활용하기 위한 목적으로 활용된 것이라 판단된다.[32]

이 밖에도 조선 문인들에 의해 편찬된 당시선집 총 19종은 시가 창작의 참고서로 활용되는 등 실용성이 강조되고 있다거나 지극히 개인적인 문학적 취향에 의해 말미암은 것이라는 특징을 보여주고 있다.[33] 특히 현재까지 전해지는 당시선집 가운데에는 필사본 혹은 잔질인 경우가 대부분인데, 이는 곧 당시 조선 사회의 출판 상황을 보여주는 것이기도 하거니와 당시선집(唐詩選集)이 자신의 시론 혹은 문학 활동을 제시하는 목적이라기보다 지극히 사적이고 실용적 목적에서 비롯된 것임을 확인할 수 있다.[34]

---

31) 류화정은 「조선 전기 『精選唐宋千家聯珠詩格』의 수용과 활용」(『대동한문학』 제44집, 2015)을 통해 『정선당송천가연주시격』이 실제 시 창작에 참고하기 위한 수단으로 활용되었음을 밝혔고, 임도헌은 「조선의 두보 시 학습서의 특징」(『한국문화』 제72권, 2015)에서 조선에 수입된 두보 작품집이 분류본인 이유를 시 창작 기법 향상을 위한 참고의 목적 때문임을 설명한 바 있다.

32) 이는 최석원의 「문학적 전범으로서 '당시'에 대한 지식의 유통과 확산-조선의 당시선집唐詩選集 간행과 수용의 역사를 중심으로」(『중국어문논총』 제93집, 2019) 가운데 "2장 조선의 중국본 당시선집唐詩選集 복간"의 내용 중 일부를 정리한 것임을 밝힌다.

33) 현재까지 확인된 조선 문인 편찬 당시선집唐詩選集본은 아래와 같다. 아래의 표는 금지아의 「조선시대 唐詩選集의 편찬양상 연구-연세대 소장 4종 唐詩選集의 유형, 특징 및 문헌 가치를 중심으로」(『중국어문학논집』 제84집, 2014, 269쪽)에서 정리되어 있는 것을 인용한 것인데, 이 중 朴瀰의 『手編』은 필자의 조사에 의해 추가된 것임을 밝힌다. 서명 옆의 (*)는 현재 해당 판본이 확인 가능함을 표시한 것이다.

144

3. '당시(唐詩)' 만들기: 선집을 통한 '당시(唐詩)'의 정전화

당시선집의 간행과 유통은 '복고(復古)'나 '종당(宗唐)'과 같은 문단의 지배적 문학론과 깊은 연관을 맺고 있음은 앞서 지적한 바 있다. 그런데 일찍이 선시(選詩)를 '영합' 그리고 '타협'의 과정이라 규정한 첸중수(錢鍾書)의 언급은 시사하는 바가 크다.[35] 이와 관련하여 강영미 역시 특정 시대 혹은 시문학 상 명작을 선별하는 선시집의 목록은 인과성이나 근거를 찾을 수 없지만 나름의 합리적 기준이 내재되어 있는 듯한 착각 속에서 이루어진 것이라고 설명하고 있는데,[36] 이는

서명	편자	서명	편자
唐詩彙選(*)	李睟光(1563~1628)	歌行六選	任堕
唐詩選	許筠(1569~1618)	唐詩五言	任堕
唐絶選删(*)	許筠	千首唐絶	安鼎福(1712~1791)
四體盛唐	許筠	百選詩	安鼎福
唐律廣選(*)	李敏求(1589~1670)	三唐律選	吳載純(1727~1792)
手編	朴瀰(1592~1645)	唐律集英(*)	張混(1758~1828)
唐詩類選(*)	閔晉亮(1602~1671)	全唐近體選(*)	申緯(1769~1845)
唐百家詩删	金錫冑(1634~1684)	唐詩畵意(*)	申緯
唐律輯選	任堕(1640~1724)	唐律彙髓(*)	李祥奎(?~?)
手書唐五言古詩	任堕		

34) 명대 간행된 이반룡(李攀龍)의 『당시선(唐詩選)』은 17세기 이후 조선 문단에서 복고주의적 경향과 맞물려 당시唐詩 학습의 주요 자료로 활용되었을 뿐만 아니라 18세기 에도시기 문단에서도 오규소라이(荻生徂徠)나 핫토리 난카쿠(服部南郭) 등 복고주의 문학론을 제기한 문인들에 의해 주해 형태의 『당시선』이 간행되기도 하였다. 일본에서 간행된 이반룡의 『당시선』 가운데에는 몇몇 판본들은 국내에 소장되어 있는데, "한국고전적종합목록시스템"에 의거하면 현재까지 8종 24본이 존재한다. 이렇듯 조선 문인들에게 뿐만 아니라 일본에서도 당시선집의 복간이나 편찬이 활발하게 이루어진 것으로 짐작되는데, 본고에서는 논의의 편의를 위하여 일본에서의 당시선집 간행 및 특징들에 대해서는 추후 연구 과제로 남겨두기로 한다.

35) 錢鍾書, 『宋詩選注』, 人民文學出版社, 2000, 267쪽.

36) 강영미, 「정전과 기억-남북한 시선집의 김소월 시 등재 양상을 중심으로」, 『정신문화연구』 제39권 제3호, 2016, 268쪽.

첸중수의 설명과 크게 다름이 없는 셈이다. 그렇다면, 선집이라는 출판물의 형태로 동아시아 내 시문학의 전범으로 여겨지는 '당시唐詩'는 어떠한 과정을 통해 '정전화'되었는지를 구체적으로 살펴볼 필요가 있을 것이다.

본고에서 사용하고자 하는 '정전(canon)'이라 함은 '훌륭하다고 간주되는 작품들의 총합'이라고 정의할 수 있겠다. 그렇다면 훌륭함의 기준은 과연 무엇이라고 할 수 있을까? 이와 관련하여 노스럽 프라이(Northrop Frye)나 헤럴드 블룸(Harold Bloom)은 작품에 내재하는 불변하는 미학적 가치가 판단의 근거가 되어야 함을 주장하였고, 자크 데리다(Jacques Derrida), 테리 이글턴(Terry Eagleton) 등은 사회적, 역사적 변화에 따라 텍스트의 가치가 결정된다는 구성주의적 입장을 주장한 바 있다. 물론 정전의 형성은 김준연의 설명대로 문학의 내적 요소와 외적 요소 모두의 상호 작용에 의한 것임을 상기한다면,[37] 정전화(canonization)는 문학과 사회문화가 만들어내는 지적 형성의 과정이라고도 할 수 있을 테다. 이에 본 장에서는 '당시(唐詩)'에서 명편으로 인식되어지는 작품들이 그 권위를 획득하고 상실하는지에 대한 과정을 명·청대 주요 당시선집들을 중심으로 탐구해보고자 한다.

아래에 제시된 「표-2」는 시가 문학의 전범으로 평가되어진 두보(杜甫)의 작품 가운데 5언 절구와 7언 절구의 역대 당시선집 수록 상황을 정리한 것이다. 논의의 편의를 위해 명과 청대에 출판된 주요 당시선집인 고병의 『당시품휘』, 이반룡의 『당시선』 그리고 심덕잠(沈德潛)의 『당시별재집(唐詩別裁集)』와 손수(孫洙)의 『당시삼백수(唐詩三

---

37) 김준연, 「당시 명편의 정전화 과정에 대한 비판적 고찰」, 『중국문학』 제85집, 2015, 3~4쪽.

百首)』을 중심으로 그 수록 양상을 살펴보았다.

〈표-3〉

선집명	唐詩品彙	唐詩選	唐詩別裁集	唐詩三百首
5언 절구	武侯廟			
	八陣圖		八陣圖	八陣圖
	復愁	復愁	復愁	
	歸雁		歸雁	
	答鄭十七郎一絶			
	絶句三首(江碧~)	絶句三首 其一		
7언 절구	漫興	漫興		
	贈花卿	贈花卿	贈花卿	
	贈鄭鍊赴襄陽			
	奉和嚴國公軍城 早秋			
	解悶			
	宮池春雁			
	書堂飮卽夜復邀 李尙書下馬月下 賦絶句		書堂飮卽夜復邀 李尙書下馬月下 賦絶句	
			江南逢李龜年	江南逢李龜年

위의 표를 통해 보면 몇 가지 특징들을 귀납할 수 있는데, 그 첫
번째가 작품의 출입은 있을지언정 『당시품휘』에 수록된 작품들에게
크게 벗어나지 않는다는 점이다. 앞서 잠시 언급한 바 있듯 고병의
『당시품휘』는 남송(南宋) 엄우(嚴羽)가 당초(唐初), 성당(盛唐), 대력
(大曆), 원화(元和), 만당(晚唐)의 5당 분기설을 제기한 이래 방회(方
回)의 『영규율수(瀛奎律髓)』와 양사홍의 『당음』에서 제기한 당시(唐
詩)의 4단계 분기설을 채택하고 있다. 다만, 초당(初唐), 성당(盛唐),
중당(中唐), 만당(晚唐)으로 구분하는 4단계 분기설은 그 이론적 근거
가 상세하지 않다가 고병에 의해 그 이론적 근거가 상세하게 마련되
었다고 평가받는 만큼[38] 『당시품휘』는 당시선집의 전범으로 자리매

김하고 있었다고 하겠다. 조선 문인인 이수광(李睟光)은 그가 편찬한 『당시휘선』은 『당시품휘』를 본받은 것이라고 밝히면서 다음과 같이 언급한 바 있다.

> 오직 『당시품휘』의 선집만이 취한 것이 자못 광범위하고, 분류한 것이 심히 정교하니, 다른 이들의 것과 비교해 보면 낫다. 권질이 매우 많아 배우는 이들이 이를 병통으로 여겼으니, 나는 일찍이 그 중 더욱 뛰어난 것을 가려 8권으로 만들어서, 『당시휘선』이라 하였다.[39]

이와 함께 허균(許筠) 역시 "고병이 모은 것을 가져다 먼저 그 잡다한 것을 베어 절반을 남기고, 양사홍의 것을 참고하고 이반룡의 것으로 이어, 앞서 뽑아 놓은 것과 합하여 한 책을 만들었다."[40]며 『당시선』의 편찬 과정을 설명하고 있는 것으로 보아, 중국 문인들에게 뿐만 아니라 조선 문인들에게도 역시 고병의 『당시품휘』는 당시선집의 전범으로 인식되고 있었음을 확인할 수 있다. 실제 고병의 『당시품휘』는 조선시대 중국본 당시선집 가운데 가장 많은 수가 복간되었는데, 이로 미루어 보아 당시 가장 널리 읽힌 당시선집이었다고 할 만 하다.[41] 박지원(朴趾源)의 「양반전(兩班傳)」에서 "『고문진보』, 『당

---

38) 陳伯海 主編, 『唐詩學文獻集粹』, 上海古籍出版社, 2016, 178쪽.

39) "而唯品彙之選, 所取頗廣, 分門甚精, 視諸家爲勝. 第編峽似夥, 學者病之, 余嘗擇其中尤焦永者爲八卷, 命曰唐詩彙選. 私竊味之而已, 不敢以示人."이는 한국고전번역에서 제공하는 "한국고전종합DB-한국문집총간"을 활용한 것임.

40) 『惺所覆瓿藁』 卷4 「唐詩選序」: "遂取高氏所彙, 先芟其蕪, 存十之五, 而參之以楊氏, 繼之以李氏, 所淑拔者合爲一書." 이는 한국고전번역에서 제공하는 "한국고전종합DB-고전번역서"를 참고한 것임.

41) 김학주의 설명에 의하면 『당시품휘』는 명종(明宗)과 선조(宣祖) 연간 그리고 영조(英祖) 때에 걸쳐 2차례 복간된 바 있고, 『당시고취(唐詩鼓吹)』는 성종(成宗) 때에 1차례 복간된 바 있다. 김학주, 『조선시대 간행 중국문학 관계서 연구』, 서울대학교

시품휘』를 깨알같이 베껴 쓰되 한 줄에 백 글자씩 쓴다"[42]라며 양반들의 모습을 묘사하고 있음 역시『당시품휘』가『고문진보(古文眞寶)』와 더불어 당시를 접하는 대표적 선시집이었음을 간접적으로 확인할 수 있는 셈이다.

　이렇듯 고병의『당시품휘』가 중국 문인들에게는 물론이고 조선 문인들에게까지 널리 환영받을 수 있었던 이유로는 크게 두 가지를 들 수 있겠다. 그 첫 번째는 앞서 허균의 언급에서도 알 수 있듯이 여느 선집에 비해 수록된 작품의 수가 방대하다는 점이다.『당시품휘』에는 당대(唐代) 문인 620명의 5796수가 수록되어 있는데,[43] 이는 당시 유통되던 당시선집들 가운데 가장 많은 작품들이 수록되어 있는 것으로 당시(唐詩)에 대한 종합적 이해의 수단으로 활용되었음을 짐작할 수 있다.[44] 두 번째로는 당시(唐詩)에 대한 체계적 이해를 들 수 있다. 앞서 언급한 바와 같이 고병은『당시품휘』를 통해 당시(唐詩)를 9개 품목으로 나누어 세분화한 바 있는데, 이러한 당시(唐詩) 분류는 작품의 완성도에 따른 것이 아니라 시대의 흐름에 따라 분류한 것이라서 당시(唐詩)에 대한 통시적 이해가 가능하다는 선본이었다는 점에서 널리 환영받은 것이라 짐작된다.

　　출판부, 2000, 7~9쪽.

42) 朴趾源,「放璃閣外傳」: "古文眞寶, 唐詩品彙, 鈔寫如茬, 一行百字." 朴趾源,『燕巖集』第八卷, 한국고전종합 DB.

43) 최석원,「明代 詩選集을 통해 본 唐詩에 대한 지식의 창출과 수용」,『중국문학』제 96집, 2018, 113쪽.

44) 필자의 조사에 따르면 1720년 중국을 다녀온 이의현(李宜顯)의『경자연행잡저(庚子燕行雜識)』에『전당시(全唐詩)』120권을 구입했다는 기록이 남겨져 있는데, 1705년 강희제에 명에 의해 시작된『전당시』편찬 작업은 1745년 완성되었다는 사실로 미루어 보아 이의현이 구입한 것은『전당시』의 일부분이거나 다른 문헌일 가능성도 존재한다. 따라서 조선 시대 문인들에게 당시(唐詩)를 전면적으로 이해하는데 선집이 일정부분의 역할을 담당했던 것으로 보인다.

위의 표에서 주요 당시선집에 선록되어 있는 두보의 작품들이 대부분 고병의 『당시품휘』에 수록된 작품들에서 벗어나지 않음은 이렇듯 『당시품휘』가 당시선집의 전범으로서 자리매김하고 있었기 때문이라고 할 수 있겠다. 사실 이 뿐만 아니라 두보의 작품 중 고시와 율시 그리고 배율의 선록 경향 역시 위와 크게 다르지 않은데, 이와 관련하여 역대로 당시(唐詩) 명편으로 간주되는 작품이 나름의 권위를 인정받은 데에는 단지 문학적 성취뿐만 아니라 다양한 사회문화적 맥락 속에서 권위를 획득한 것이라는 김준연의 논의는 참고할 만하다.45) 즉 위에서 살펴본 바 있는 역대 당시선집의 작품 목록에서 나타나는 유사함은 비단 개별 작품들이 지니고 있는 문학적 완성도에 의지하고 있기도 하겠지만, 고병의 『당시품휘』가 지니고 있는 문단에서의 영향력과 권위에서 쉬이 벗어날 수 없었던 데에도 그 원인을 찾아볼 수 있는 것이다.

이러한 경향은 당대(唐代)에 출현한 당시선집에서도 쉬이 확인할 수 있다. 앞서 언급한 바 있듯 현재까지 전해지고 있는 당대(唐代) 간행 당시선집은 모두 9종인데, 그 중 원결(元結)의 『협중집(篋中集)』과 은번(殷璠)의 『단양집(丹陽集)』, 요합(姚合)의 『극현집(極玄集)』 등은 모두 편찬자와 관련된 인물이나 지역적 연고에 의한 작품 선별이 이루어지고 있음이 확인된다.46) 물론 당대(唐代) 간행된 당시선집의 작품 선별 기준이 지니는 한계가 비교적 명확함에도 불구하고, 송대 이후 시선집 간행에 상당한 영향력을 행사하였다는 연구 성과에 의지한다면 전통 시기 간행된 당시선집을 통해 형성된 전범으로서의 '당시

---

45) 김준연, 「당시 명편의 정전화 과정에 대한 비판적 고찰」, 『중국문학』 제85집, 2015.
46) 陳尙君, 『唐代文學叢考』, 中國社會科學出版社, 1996, 319쪽.

(唐詩)'는 단지 그것이 내재하고 있는 문학적 완결성 이외에 다양한 사회문화적 배경에 영향을 받을 수밖에 없음을 보여준다. 결국 당시 선집은 편찬자의 문학적 권위 혹은 이외의 다양한 사회문화적 맥락 속에 기대어 상상적 총체인 '당시(唐詩)'라는 문학 정전을 형성케하는 동인으로 활용된 것이라고 하겠다.

또 한 가지 눈여겨보아야 할 것은 개별 작품들이 선집에 수록되지 않음으로써 명편으로서의 지위를 상실하게 되는 경우라고 하겠다. 위의 〈표-3〉에서 두보의 「화경에게 주다贈花卿」가 그 대표적인 사례라고 할 수 있다. 우선 작품을 살펴보도록 한다.

> 贈花卿 화경에게 주다
> 錦城絲管日紛紛, 금관성에 음악 소리 날마다 어지러운데
> 半入江風半入雲. 반은 강바람에 들고 반은 구름에 든다.
> 此曲祇應天上有, 이 노래는 응당 하늘에 있어야 할지니
> 人間能得幾回聞. 사람들 사이에서 몇 번이나 들을 수 있을까.

위의 작품은 상원(上元) 2년에 지어진 작품으로, 시제에서 제시한 화경(花卿)이 누구를 가리키는지에 대해서는 두 가지 설이 존재한다. 숙종 상원(上元) 초 촉(蜀)에서 단자장(段子璋)이 반란을 일으키자 이를 토벌하여 공을 이루었으나 후에 백성들을 노략질한 화경정(花驚定)을 지시한다는 설과 성도에 거주했던 가기(歌妓)를 지시한다는 설이 바로 그것이다.[47] 다만, 후대 주석가들은 대부분 이를 풍자의 내용을

---

47) [淸] 浦起龍『讀杜心解』: "서천의 아장 화경정은 손수 재주에서 반란을 일으킨 자사 단자장을 죽이고서 그 공을 믿고 크게 노략질하였다. 두보에게 「희작화경가」가 있다. …… 혹자는 화경은 가기라고 한다.(西川牙將花驚定, 手誅梓州叛刺史段子璋, 恃功大掠. 公有戲作花卿歌, ……. 或曰, 花卿, 歌妓也.)"

담고 있는 것이라고 설명하고 있으니, 화경은 화경정을 보는 것이 조금 더 일반적인 것이라고 할 수 있겠다. 청대 문인인 구조오(仇兆鰲) 역시 다음과 같이 「화경에게 주다贈花卿」를 해석하고 있다.

"강바람"은 소리가 맑음을 말한 것이고, "구름에 든다"는 것은 소리가 높음을 말한다. "천상"은 노래와 춤의 묘함을 형용한다. 『두억』에서 "호원서는 이군옥이 가기에게 준 시와 같으니, 화경은 가기라고 여겼다. 내 생각하건대 이 시는 가기가 감당할 수 있는 것이 아니니 화경은 화경정임에 틀림없다. 그 사람됨이 공을 믿고 교만하였으므로 시어에 풍자가 담겨 있다. '사람들 사이에서 몇 번이나 들을 수 있을까'라고 한 것은 그가 반드시 오래 가지 못할 것임을 말한다'고 하였다.[48]

위와 같이 이 작품을 두보가 화경정(花驚定)을 풍자한 내용으로 읽자면, 3, 4구는 천자의 예악을 참칭한 자는 결국 오래 가지 못함을 뜻하는 것이 된다.[49] 앞서 명과 청대 주요 당시선집 가운데 해당 작품은 『당시삼백수(唐詩三百首)』를 제외하고는 모두 선록되어 있어 나름의 작품성과 권위를 인정받고 있었던 것으로 여겨진다. 그럼에도 불구하고 『당시삼백수』 이후 지금까지 주요 선본에서조차 해당 작품이 선록되지 않은 것은 화경이 지시하는 바가 명확하지 않을뿐더러 화경이 곧 화경정을 지시한다고 하더라도 이에 대한 기본적인 정보가 없

---

48) 『杜詩詳注』: "江風, 言音之淸. 入雲, 言聲之高. 天上, 形容歌舞之妙. 杜臆, 胡元瑞因李群玉有贈歌妓相同, 因以花卿爲歌妓. 竊謂此詩非歌妓所能當, 其爲花驚定無疑. 其人恃功驕恣, 故語含譏刺. 能得幾回聞, 言其必不能久也."

49) 명대 문인인 양신(楊愼) 역시 『승암집(升庵集)』에서 "화경이 촉에 머무를 때 천자의 예악을 참람되게 사용하자 두보가 이 시를 지어 풍자하였으니, 뜻이 언외에 있어 시인의 뜻을 가장 잘 표현하였다.(蓋花卿在蜀頗僭用天子禮樂, 子美作此諷之, 而意在言外, 最得詩人之旨.)"라고 풀이하였다.

다면 작품에 대한 명확한 이해가 모호하기 때문일 것이다. 주지하듯이 손수는 『당시삼백수』의 서문에서 "아이들로 하여금 배우도록 하는 일이라면, 늙어서라도 폐할 수 없다"[50]라고 밝히고 있듯 『당시삼백수』의 편찬 목적을 아이들의 시학 학습을 위한 교재 마련에 두고 있었다. 그에 반해 『당시별재집』을 편찬한 심덕잠이나 『당시품휘』의 고병은 각각 '격조(格調)'와 '복고(復古)'가 선집 편찬의 주된 목적이었던바, 「화경에게 주다(贈花卿)」에서의 풍자와 언외지미(言外之味)의 가치를 소환할 필요가 있었던 것이다. 즉 『당시삼백수』 이후 '당시(唐詩)'가 초학자들의 학습 교재로 그 범위를 확대해나가면서 이전까지 명편으로 손꼽히던 작품들에 대한 변화를 추동한 것으로 판단된다.

이처럼 당시선본(唐詩選本)은 문학적 전범으로서의 '당시(唐詩)'라는 공통된 인식 속에서도 문학적 권위 그리고 선본의 활용 등과 같은 다양한 사회문화적 맥락 속에서 '당시'를 새롭게 자리매김하도록 하고 있다. 이와 관련하여 정재찬이 "정전에 관한 어떠한 논의도 교육의 문제로부터 자유로울 수 없다"[51]고 한 언급은 문학 텍스트는 결국 사회문화적 맥락 속에서 그 의미를 구축할 수밖에 없음을 보여주고 있다는 점에서 의미하는 바가 크다. 정재찬의 논의에서 언급한 문학 작품의 교육적 가치가 다시금 문학 정전으로서 자리매김하는 중요한 잣대가 될 수밖에 없음은 위에서 제시한 『당시삼백수』 외에도 현재 중국에서 규정하고 있는 「의무교육어문과정표준(義務敎育語文課程標準)」을 통해서도 확인할 수 있다. 현재 중국에서는 위의 규정에 근거하여 어문 교육을 실시하고 있는데, 해당 규정에는 학습 및 암기를 권장하

---

50) "俾童而習之, 白首亦莫能廢." 邱燮友 註釋, 『唐詩三百首』, 三民書局, 2005, 8쪽, 「衡唐退士原序」.
51) 정재찬, 「문학 정전의 해체와 독서현상」, 『독서연구』 제2호, 1997, 105쪽.

는 115편의 시 목록이 제시되어 있다. 그 중 두보 작품은 모두 7수가 제시되어 있는데, 이를 정리하면 아래의 〈표-4〉와 같다.

〈표-4〉52)

작품명	형식	비고
絕句	7언절구	兩個黃鸝鳴翠柳로 시작
春夜喜雨	5언율시	
絕句	5언절구	遲日江山麗로 시작
江畔獨步尋花	7언절구	
望岳	5언고시	
春望	5언율시	
茅屋秋風所破歌	7언율시	

위의 작품들은 소학교 및 중등학교 학생들이 학습해야 할 작품들을 제시한 것으로, 앞선 〈표-3〉에서는 보이지 않던 「절구(絕句)」나 「강가에서 홀로 걸으며 꽃을 찾다(江畔獨步尋花)」 등이 목록 속에 포함되어 있다. 주지하듯이 해당 작품들은 기존 두시(杜詩)를 설명하는 "침울비장(沈鬱悲壯)" 또는 "충군애민(忠君愛民)"이라는 이데올로기적 경향에는 벗어나 있는 것이 사실이다. 물론 위와 같은 교육 과정 내 필수 학습 작품 선정에 대한 기준이 제시되어 있지 않아 그 의도를 분명하게 이해하기란 어렵겠지만, 초중학생들의 학습 능력에 맞는 내용과 편폭 등이 고려되었기 때문에 비교적 이해가 쉬운 「절구(絕句)」나 「강가에서 홀로 걸으며 꽃을 찾다(江畔獨步尋花)」 등과 같은 작품들이 수록되었을 것이라고 쉬이 짐작할 수 있겠다. 이렇듯 선집이 교육의 용도로 활용됨에 따라 그 속에서 명편으로 꼽히던 작품들은 자연스레 배제와 보충의 과정을 경험하게 되고, 교육적 수요에 따라 결국 선집

---

52) 이는 2011년 중국 교육부에서 발표한 「의무교육어문과정표준(義務敎育語文課程標準)」에 의거한 것이다.

에 수록되는 작품들도 다양하게 변화될 수밖에 없는 것이다.

이상과 같이 역대 당시선집을 통해 당시(唐詩)가 정전으로 확립되어 가는 과정은 두 가지의 키워드로 규정할 수 있을 것이다. '권위'(혹은 '문화권력')와 '교육'이 바로 그것인데, 역대 당시선집에 수록된 개별 작품들의 현황을 통해 명대에 출간된『당시품휘』로부터 아무런 비판 없이 그 문학적 권위에 기대어 작품들을 수록하는 사례와 당시(唐詩)가 교육의 제재로 활용됨에 따라 교육에 적합한 작품들로 명편들이 교체되는 현상들도 확인할 수 있었기 때문이다.

요시카와 고지로(吉川幸次郎)가『송시개설』을 통해 송시(宋詩)의 특징을 당시(唐詩)와의 비교를 통해 설명하고 있듯, 당시(唐詩)는 줄곧 송시(宋詩)와의 비교를 통해 규정되곤 하였다.[53] 사변적이고 설리적인 송시(宋詩)에 비해 당시(唐詩)는 정(情)을 위주로 하고 있다는 설명 등이 바로 그것인데, 이는 당시(唐詩)의 특징을 간단명료하게 설명해 줄 수 있다는 장점에도 불구하고 당시(唐詩)가 지니고 있는 다양함을 묵살시켜버리는 한계를 노정하고 있다. 이에 비하여 천뽀하이(陳伯海)는 당시(唐詩)를 부단히 운동하고 변화하는 하나의 과정이라고 설명한 것은 시사하는 바가 크다.[54] 물론 '당시(唐詩)'가 지금껏 중국 시문학의 전범으로 인식되어 왔음은 부인할 수 없지만, 전범으로서 '당시(唐詩)'는 시대적 요구에 따라 재문맥화될 수밖에 없음을 천뽀하이 역시 지적하고 있는 것이다. 앞서 살펴본 당시선집은 지금껏 문학적 전범으로 인식되어 온 당시(唐詩)가 사회문화적 환경 속 정전화를 보여주는 대표적 사례라고 할 수 있겠다. 더불어 당시선집에서의 정전화

53) 요시카와 고지로, 호승희 옮김,『송시개설』, 동문선, 2007, 41~50쪽.
54) 陳伯海 저, 이종진 옮김,『당시학의 이해』, 사람과 책, 2001, 21쪽.

과정은 지식이 지니고 있는 가변적인 속성 즉, 특정한 사회 조건 속에서 지식이 형성되고 유통되는 양상을 지식의 사회적 피제약성을 보여주는 대표적인 사례라고 할 수 있겠다.

4. 나오며: 당시선집(唐詩選集) 연구의 완결성을 위하여

일찍이 마크 에드워드 루이스(Mark Edward Lewis)는 『고대 중국의 글과 권위』를 통해 유가 텍스트들이 제국의 정전으로 확립되는 과정에 대해 설명한 바 있다. 그에 따르면 한나라 제국에서의 유가 텍스트들이 정전으로 지위를 획득하게 된 것은 무기의 힘으로 이웃 민족들을 협박할 수 있는 황제에게 권력이 집중된 중앙 집권을 이룩하기 위한 프로그램의 일부였다고 한다.55) 『창조된 고전』에서도 메이지 중반까지 널리 알려지지 못한 『만요슈(萬葉集)』가 메이지 24년(1891년) 최초 금속활자본의 간행과 더불어 국민적 시가집으로 자리 잡게 된 것은 근대 국민 국가라는 시대적 요구에 발맞춘 텍스트의 가치 창조, 재생산 등과 같은 담론 조직화의 산물임을 지적하고 있다.56) 이러한 일련의 논의들은 하나의 텍스트가 절대적 가치를 인정받는 것이 아니라 다양한 사회문화적 피제약성에 놓여 있음을 지적하고 있다는 점에서 매우 유의미하다고 할 수 있겠다. 이와 관련하여 김준연의 논의 역시 매우 흥미로운데, 그는 명편으로 인정되고 있는 당시(唐詩) 개별 작품들의 정전화 과정을 고찰하였다. 김준연은 정전

---

55) 마크 에드워드 루이스, 최정섭 옮김, 『고대 중국의 글과 권위』, 미토, 2006, 722쪽.
56) 하루오 시라네, 스즈키 토미 엮음, 왕숙영 옮김, 『창조된 고전』, 소명출판, 2002, 18~19쪽.

화 과정을 1차와 2차로 나누어, 1차에서는 유명한 문인의 칭찬 또는
작품 흠에 대한 지적 등으로 말미암아 주목받지 못한 작품들이 세인
들의 관심을 끌게 된 경우를, 2차 정전화는 교육 혹은 문화콘텐츠 속
에서 작품이 활용되는 경우를 설명하고 있다.[57] 사실 지금까지 당시
(唐詩)를 '정전'의 관점에서 분석하고 시대적 흐름 속에서 당시(唐詩)
에 대한 인식의 변화를 추적한 연구가 전무한 상황에서 김준연의 논
의는 유의미한 연구 성과를 거두었다고 평가할 수 있다. 다만, 그의
연구에서는 전통 시기에 해당하는 선집 텍스트로는 고병의 『당시품
휘』와 『당시삼백수』만을 대상으로 삼았을 뿐이어서 이에 대한 한계
를 노정하고 있다. 본고는 지금까지 시도되지 않은 역대 당시선집들
에 대해 전체적인 자료 조사를 진행하고, 당시선집의 특징과 판본 상
황 등에 대해 검토하였다. 이를 통해 문학사상 선집이 지니는 문화적
가치에 대한 고찰은 물론이고, 지식 사회화의 관점에서 선시와 문학
정전 형성과의 관계를 규명하고자 하였다.

먼저 본고는 당대(唐代)부터 청대에 이르기까지 편찬된 당시선집에
대한 문헌 조사를 진행하였다. 물론 당시선집은 당대 문인들에 의해
처음 시작되긴 하였지만 여러 가지 한계를 노정하고 있기에 당시선집
의 본격적인 시작은 송대로부터 시작되었다고 할 수 있다. 그러나 여
전히 송대에 간행된 당시선집 역시 일정한 선시(選詩) 기준에 의한 것
이라고 할 수 없는바, 명대(明代) 이후 간행된 당시선집에서는 선시
기준의 분명함에 더하여 다양한 기준으로 선록된 선집들을 살펴볼 수
있었다. 더불어 필자는 조선 시대 당시선집 복간과 조선 문인에 의해
편찬된 당시선집에 대한 조사도 함께 진행하였는데, 조선의 당시선집

---

57) 김준연, 「당시 명편의 정전화 과정에 대한 비판적 고찰」, 『중국문학』 제85집, 2015.

들은 대부분 중국선집의 선록된 작품들의 영역 내에서 선시가 이루어졌다는 한계를 지닌다. 다만, 조선에서 간행된 당시선집들은 시체별 또는 소재에 따른 분류본이 다수를 차지하고 있었고, 대다수가 필사본이나 잔질로 유전되고 있음에 비추어 실제 창작 과정에 필요한 참고용 도서로 활용되고 있었음을 확인할 수 있었다.

또한 본고는 당시(唐詩)의 정전화 과정을 규명하기 위하여 명과 청대 주요 당시선본 4종의 두보 작품 선록 상황을 고찰하였다. 특히 5언 절구와 7언 절구의 경우 여타 당시선본들은 당시선집의 규범을 확립시킨 고병의 『당시품휘』에 수록된 작품들의 범위에서 크게 벗어나지 않음을 확인할 수 있었는데, 이는 곧 정전화에 있어 문학적 권위(또는 문화권력)가 큰 부분을 차지하고 있음을 확인시켜 주었다. 또한 『당시삼백수』나 현재 중국 교육부가 제정한 「의무교육어문과정표준」속 시가교육 지침 등과 같은 교육의 목적 역시 당시 정전화의 또 다른 부분을 차지하고 있음 역시 확인할 수 있었다. 결국 선집을 통한 정전화의 과정은 지식에 내재한 사회적 피제약성을 보여주는 지식 사회화와 관련한 중요한 의제일 수밖에 없음을 재확인하는 계기가 될 수 있었다.

본고는 지식의 확산과 유통의 일면을 확인하기 위하여 당시선집의 간행과 이를 통해 정전화되어 가는 '당시(唐詩)'에 대한 고찰을 통해 위에서 열거한 몇 가지의 연구 성과를 거둘 수 있었다. 다만, 보다 완정한 연구를 위해서는 몇 가지 사항들이 보충되어야 할 것인데, 먼저 근대 이후 당시선집에 대한 문헌 조사 및 그 특징에 대한 고찰이 이루어져야 필요가 있다. 2016년 천뽀하이를 비롯한 연구자들이 모여 당시(唐詩) 관련 문헌 자료 조사의 결과를 발표한 바 있는데, 해당 자료에는 근대 이후 당시선집 관련 문헌들이 제시되어 있지 않다. 본고에서 다루고 있는 선집을 통한 당시(唐詩)의 정전화 과정을 보다 면밀하게 살피기 위해서는 근대 당시선집 관련 문헌 조사가 선행되어야만 할 것으로 사료된다. 이를 통해 근대 문인들의 당시(唐詩)에 대한 인식을 규명할 수 있을 뿐만 아니라 당대(唐代)부터 청대 이후 근대와 현대에 이르기까지 보다 분명한 정전화 과정을 추적할 수 있을 것이다. 더불어 일본으로 수입된 당시선집 그리고 일본 전통시대부터 지금까지 간행된 당시선집들에 대한 전면적인 조사도 필요할 것으로 보인다. 앞서 잠시 언급한 바 있듯이 이반룡의 『당시선』의 경우 18세기 에도시기 문단에서 복고를 주장한 오규소라이나 핫토리 난카쿠 등의 문인들에 의해 주해가 덧붙여진 형태의 『당시선』이 간행되기도 하였다. "한국고전적종합목록시스템"에 의거하면 그 가운데에는 8종 24본이 국내에 소장 중인데, 이에 대한 본격적인 문헌 조사가 필요할 것으로 판단된다. 뿐만 아니라 일본 학계에서도 아리키 다이스케(有木大輔) 등에 의해 당시선본에 대한 연구가 왕성하게 이루어지고 있는 것으로 여겨지는바,[58] 일본 내 당시선본에 관련한 종합적인 연구가 선행되어야 할 것이다. 마지막으로 필자는 이미 「문학적 전범으로서 '唐詩'에 대한 지식의 유통과 확산-朝鮮의 唐詩選集 간행과 수용의 역사를 중심으로」(『중국문학』 제93집, 2019)를 통해 조선의 당시선집 복간과 조선 문인에 의해 편찬된 당시선집에 대한 문헌 조사를 진행한 바 있다. 그러나 대부분은 희귀본으로 지정되어 있거나 잔질로 남아 있어 그 전체적인 모습을 확인하는데 일정한 한계를 노정하고 있다. 이렇듯 본고는 동아시아 내 당시선집과 관련하여 문헌 조사가 충분치 않았기에 한자라는 동일한 문자 규범을 공유한 동아시아 문화권

---

58) 有木大輔, 『唐詩選版本研究』, 好文出版, 2013.

내 '당시(唐詩)'의 정전화 과정에 대한 심도 깊은 논의에 도달하지 못했음을 밝힌다. 앞서 지적하였듯 근대 중국 이후 간행된 당시선집 그리고 일본에서 복간되거나 편찬된 선본 등에 대한 조사는 본 연구의 완정성을 더하는데 무엇보다 필요한 과정이라고 하겠다. 이는 모두 추후 연구 과정에서 보태어질 것임을 밝힌다.

참 고 문 헌

[宋] 嚴羽, 郭紹虞 校釋, 『滄浪詩話校釋』, 東昇出版社, 1980.

[明] 高棅, 『唐詩品彙』, 上海古籍出版社, 1993.

[淸] 仇兆鰲, 『杜詩詳注』, 中華書局, 1999.

[淸] 浦起龍, 『讀杜心解』, 中華書局, 2010.

續修四庫全書編纂委員會 編, 『續修四庫全書』, 上海古籍出版社, 2002.

朴趾源, 『燕巖集』, 한국고전종합 DB.

許筠, 『惺所覆瓿稿』 卷之四. 한국고전종합 DB.

張伯偉, 『中國古代文學批評方法硏究』, 中華書局, 2006.

錢鍾書, 『宋詩選注』, 人民文學出版社, 2000.

陳伯海, 李定廣 編, 『唐詩總集纂要』, 上海古籍出版社, 2016.

陳尙君, 『唐代文學叢考』, 中國社會科學出版社, 1996.

有木大輔, 『唐詩選版本硏究』, 好文出版, 2013.

邱燮友 註釋, 『唐詩三百首』, 三民書局, 2005.

김학주, 『조선시대 간행 중국문학 관계서 연구』, 서울대학교 출판부, 2000.

노르베르트 엘리아스, 박미애 옮김, 『문명화과정Ⅰ』, 한길사, 2003.

송호근, 『지식사회학』, 나남, 1992.

마크 에드워드 루이스, 최정섭 옮김, 『고대 중국의 글과 권위』, 미토, 2006.

막스 셸러 지음, 정영도, 이을상 옮김, 『지식의 형태와 사회 1』, 한길사, 2011.

陳伯海 저, 이종진 옮김, 『당시학의 이해』, 사람과 책, 2001.

피터 버크 지음, 이상원 옮김, 『지식은 어떻게 탄생하고 진화하는가』, 생각의 날개, 2015.

하루오 시라네, 스즈키 토미 엮음, 왕숙영 옮김, 『창조된 고전』, 소명출판,

2002.

최은주, 「17世紀 詩選集 編纂에 대한 硏究」, 경북대학교 박사학위논문, 2006.

허현주, 「東州 李敏求의 唐律廣選 연구」, 경북대학교 교육대학원 석사학위논
문, 2006.

강성위, 「宋 이후 詩選集의 성행 배경과 그 특징에 관한 일고찰」, 『중국문학』
제86집, 2000.

강민구, 「조선 3대 유서의 편찬 의식에 대한 연구」, 『다산과 현대』 제 3권,
2010.

강영미, 「정전과 기억-남북한 시선집의 김소월 시 등재 양상을 중심으로」, 『정
신문화연구』제39권 제3호, 2016.

김준연, 「당시 명편의 정전화 과정에 대한 비판적 고찰」, 『중국문학』제85
집, 2015.

금지아, 「조선시대 唐詩選集의 편찬양상 연구-연세대 소장 4종 唐詩選集의
유형, 특징 및 문헌 가치를 중심으로」, 『중국어문학논집』 제 84집,
2014.

금지아, 「朝鮮 申緯의 全唐近體選 연구」, 『중국어문학논집』 제 42집, 2007.

나선희, 「명대 인쇄출판의 성황과 문학담당층의 증가의 양상」, 『중국의 지
식장과 글쓰기』, 소명출판, 2011.

노경희, 「17,8세기 조선과 에도 문단의 唐詩選集 수용과 간행 양상 비교 연
구」, 『다산과 현대』 3권, 2010.

류화정, 「조선 전기 『精選唐宋千家聯珠詩格』의 수용과 활용」, 『대동한문학』
제 44집, 2015.

성범중, 「朝鮮 後期의 漢詩選集」, 『정신문화연구』 20집, 1997.

심경호, 「中國詩選集 및 詩註釋書의 受容과 朝鮮前期 漢詩의 變化」, 한국어문
학국제학술포럼 학술대회, 2007.

임도현, 「조선의 杜甫 시 학습서의 특징」, 『한국문화』 제 72권, 2015.

정우봉, 「버클리대 소장 시문선집의 자료적 가치와 의의」, 『민족문화연구』 54호, 2011.

정재찬, 「문학 정전의 해체와 독서현상」, 『독서연구』 제2호, 1997.

조융희, 「17세기 초 시론가들의 중국시선집 수용 양상」, 『한국고전연구』 7집, 2001.

최석원, 「明代 詩選集을 통해 본 唐詩에 대한 지식의 창출과 수용」, 『중국문학』 제96집, 2018.

최석원, 「문학적 전범으로서 '唐詩'에 대한 지식의 유통과 확산-朝鮮의 唐詩選集 간행과 수용의 역사를 중심으로」, 『중국어문논총』 제93집, 2019.

황위주, 「韓國本中國詩選集의 編纂에 대한 硏究」, 『동아인문학』 제 3집, 2003.

황위주, 「朝鮮 前期의 漢詩選集」, 『정신문화연구』 20집, 1997.

金生奎, 「李攀龍唐詩選本考論」, 『國文學報』, 2014.

金生奎, 「明代唐詩選本編選中的辨體意識」, 『淮南師範學院學報』 2010年第1期.

王世立, 「唐詩選本與唐詩經典建構」, 『語文學刊』 2013年第3期.

李定廣, 「唐詩選學論綱」, 『學術界』 總第219期, 2016, 8.

朱易安, 「明人選唐三部曲-從唐詩品彙, 唐詩選, 唐詩歸看明人的崇唐文化心態」, 『上海師範大學學報』 1990年第2期.

제3부 지식 연구와 서적 분포 및 권력화

목록류 도서를 통해 본 근현대 일본의 한중 관계 연구*

허재영

1. 서론

이 연구는 메이지 유신 이후 제2차 세계대전까지 일본에서의 한국과 중국에 관한 연구 경향을 살피는 데 목적이 있다. 일본에서의 메이지 유신은 학술·사상의 차원에서 본격적인 근대화의 시점이 되며, 일본 제국주의의 팽창 정책에 따라 인접 국가인 한국과 중국에 대한 다양한 연구가 진행되었음은 널리 알려진 사실이다.

근대 일본의 한국과 중국에 대한 관심은 일제의 팽창 정책과 대륙 침탈이라는 시대상황과 밀접한 관련을 맺는다. 달리 말해 근대 일본의 동아시아에 대한 지적 경향은 지식사회학에서 언급하는 '지식의 존재 구속성'과 무관하지 않다는 뜻이다. 곧 메이지 이후 제2차 세계

---

* 이 논문은 단국대학교 일본연구소, 『일본학연구』 제54집(2018.5.)에 '지식사회학의 관점에서 본 근현대 일본 제국주의 팽창정책과 한중 관련 서적 분포'라는 제목으로 발표한 논문을 내용에 맞게 수정·보완하고, 연구에 사용했던 기초 자료를 보완한 것임.

대전까지 일본에서 이루어진 한국과 중국에 대한 연구 경향을 살피는 일은 일본 제국주의의 팽창에 따른 성격 변화를 반영하고 있음을 의미한다. 메이지 이후 일본은 서양 문물을 적극적으로 수용하면서 인접 국가인 한국과 중국에 대해서도 깊은 관심을 갖기 시작했다. 이러한 관심은 전근대의 선린 통상정책과는 다른 차원에서 진행된 것이며, 그것은 동아시아에 대한 일본의 새로운 인식을 반영하는 것이었다.

이러한 차원에서 근대 일본의 동아시아 연구 경향에 대한 다수의 선행 연구가 진행된 바 있다. 특히 역사 분야에서 일본 관학자들의 식민사관과 관련하여 1970년대 전후부터 활발한 연구가 진행된 바 있고, 이와 대립하는 민족사관이나 사회경제사관에 대한 논의도 활발하게 전개되었다. 한국학술정보서비스에서 '식민사관'을 키워드로 검색할 경우 1400여 건의 논저가 나타나는데, 이는 그만큼 일본인의 한국사 연구에 대한 비판이 활발히 전개되었음을 의미한다. 식민사관 연구는 일제 관학자들의 한국사 연구를 대상으로 한 비판적 연구라는 점에서 근현대 일본인의 동아시아 연구를 포괄하는 것은 아니다.

이 점에서 2000년대 이후 근현대 일본의 동아시아 학술 사상 연구 경향과 관련하여 다수의 새로운 접근이 시도되기 시작했다. 예를 들어 성윤아(2016)에서는 문부성 검정 교과서를 대상으로 근대 일본의 아시아 인식을 고찰하였으며, 한상일(2004)에서는 일본과 동아 공동체 담론을 분석하였다. 또한 박소영(2017)의 근대 시기 일본의 대외 인식도 이 범주에 속하는 연구 성과로 볼 수 있는데, 이러한 연구는 근대 일본의 세계관과 동아시아관을 중심으로 한 것들이다. 정종현(2017)의 '조선학(한국학)의 국교정상화'라는 개념이나, 김종준(2013)의 '일제 시기 (일본)국사의 조선사 포섭 논리', 정병설(2005)의 '18-19세기 일본인의 조선 소설 공부와 조선관' 등도 근현대 일본인의 한국 연구와 밀접한 관련을

맺고 있으며, 양일모(2012)의 '사상을 찾아가는 여정-일본의 중국인식과 중국학', 고영희(2013)의 '근대 동아시아 민족성 담론과 유학', 박훈(2010)의 '18세기 후반-막말기 일본인의 「아시아」, 「동양」 개념의 형성과 변용', 김채수(2011)의 '일제의 대륙침략과 알타이 민족의식' 등과 같은 선행 연구도 근현대 일본의 동아시아 연구 경향을 반영한 것이라고 할 수 있다. 이러한 차원에서 근현대 일본인의 한국학(일제 강점기에는 '조선학'이라는 명칭을 사용한 적이 있음)과 중국학(지나학)에 대한 다양한 검토가 이루어진 것은 사실이다. 고인덕(2009)의 중국 시문론에 대한 일본에서의 연구, 윤대석(2015)의 가라시카 다케시(幸島驍)에 대한 논의, 이선이(2012)의 『부녀신문』을 대상으로 한 근대 일본의 중국 표상, 정동연(2017)의 근대 만주로 건너간 일본인의 중국인상, 수도 미즈요(須藤端代, 2002)의 '日本における中國女性史硏究動向', 시게노 스즈코(下野鈴子, 2002)의 '日本における中國隋唐佛敎美術史の硏究動向', 요코야마 스구루(橫山英, 1985)의 '일본에서의 동양사 연구 현황과 과제' 등과 같이 근현대 일본인의 동아시아 관련 연구 경향을 검토한 논문도 비교적 다수에 이른다. 이처럼 일본인의 한국과 중국, 동아시아에 대한 연구 경향을 분석한 성과가 많음에도 실질적으로 근현대 일본의 지식 생산과 유통 상황에 대한 전반적인 고찰은 쉽지 않다. 그 이유는 특정 학문 분야나 제한된 주제를 다룰 경우 그와 관련된 문헌과 조사가 가능하지만, 지식 전반에 관한 연구는 존재하는 문헌의 전수 조사가 어렵고, 일정한 분류 기준에 따라 분류하는 작업도 쉽지 않기 때문이다.

이 점에서 이언 맥닐리·리사 울버턴이 지은 『지식의 재탄생』에서 언급한 '도서관', '수도원', '대학', '서신 공화국', '전문학교', '연구소' 등의 지식 생산 기관에 대한 관심은 특정 시대와 사회의 지적 흐름을 분석하는 데도 유용한 기준을 제공할 수 있다. 특히 도서관과 밀접한 관련을 맺는 도서 수집은 동서양 어느 곳에나 존재했으며, 수집한 도서를 분류하는 기준도 시대와 사회에 따라 다양한 모습을 띠었다. 더욱이 출판과 자본이 긴밀히 결합하고, 근대식 도서관이 탄생한 이후에는 각종 '도서 목록'이 발행되기 시작했는데, 근대 일본에서도 출판사별 다양한 판매 도서 목록이 작성되고 있음을 확인할 수 있다.

이 연구는 도쿄서적상조합(東京書籍商組合)에서 발행한 『도서총목록(圖書總目錄)』(1918년, 제5판, 博文館), 다카이치 요시오(高市慶雄)가 편집한 『메이지문헌목록(明治文獻目錄)』(1934년, 日本評論社), 하바아키오(馬場明男)의 『중국문제 문헌사전(中國問題文獻辭典)』(1980년, 國書刊行會) 속의 '연표(年表)'를 대상으로, 메이지 이후 일제 강점기까지 일본의 동아시아 연구 경향을 기술하는 데 목표를 둔다. 도쿄서적상조합(1918)은 상업용으로 제작된 대표적인 목록류 도서로, 이 책에 수록된 도서명은 대략 2만 종의 도서명이 나타나며, 다카이치 요시오(1934)는 메이지 시기의 문헌만을 조사한 것으로 6521종이 나타난다. 또한 하바아키오(1980)의 연표에는 메이지 초기부터 1940년까지 152종의 중국 관련 연구 문헌 목록이 정리되어 있다. 이 세 문헌을 종합하면 근현대 일본의 동아시아 연구 경향을 분석하는 지표가 될 수 있다.

2. 목록규 도서의 분류 방식과 도서 분포

2.1. 『도서총목록』의 분류 방식과 분포

도쿄서적상조합의 『도서총목록』은 1894년 7월 처음 제작된 것으로 나타난다. 제5판 아오보리 마타지로(赤堀又次郎)의 서문에 따르면,

초판에 수록된 도서명은 9867종이며, 1899년 5월 편찬된 제2판에서 10844종, 1907년 10월 제3판에서 18844종, 1912년 3월 제4판에서 22908종으로 늘어났다. 초판부터 제4판까지의 목록은 일본 도서 시장에서 유통되는 도서를 망라하여 제작한 데 비해 1918년 7월 발행한 제5판에서는 번역되지 않은 상태에서 유통되는 외국문학을 제외한 다른 분야의 도서는 일본어판을 대상으로 한정하여 대략 2만 종을 수록하였다.[1)

『도서총목록』 가운데 제5판은 기존의 유통되는 서적을 단순 정리한 것이 아니라, 일본어로 된 서적을 중심으로 했다는 점에서 메이지 시기부터 1910년대 초까지 일본의 출판문화와 서적 유통 상황을 가장 객관적으로 보여주는 자료라고 할 수 있다. 이 목록은 서적 유통 상황을 정리하는 데 목표를 두었으므로, 서명, 저역자, 출판사를 대상으로 하였으며, 출판 연대는 표시하지 않았다.

제5판은 도쿄제국대학 도서관장 와다 만기치(和田萬吉)와 아오보리 마타지로(赤堀又次郎)의 서문(총 5쪽), 도쿄서적상조합장 오오쿠라 야스고로(大昌保五郎)의 서언(緒言, 2쪽), 범례(凡例, 3쪽), 50음별(617쪽), 발행소별(520쪽) 유별(類別, 목차 40쪽, 본문 610쪽), 저작자별 색인

---

1) 『도서총목록』의 종수를 계량화한 결과 19481종으로 나타나는데, 이 수치는 총서 또는 전집을 1종으로 계산한 결과이다. 총서나 전집은 10~20여 책이 묶여 있는 경우가 많으므로, 이를 개별 종수로 계산할 경우 2만 종이 넘는 것으로 볼 수 있다. 이에 대해 당시 서적상 조합장 오오쿠라 야스고로(大昌保五郎)는 '서문'에서 "本書に收載したる圖書數は約二萬種, 此冊數實に三萬三千有餘冊の多きに上れり, 之を第四版に比較するに, 數種に於ては增減少きも, 冊數に於ては著しく增加を示せり. 是れ要するに, 近時所謂叢書, 全書類激增したるの結果にして, 其實數は前版の約二割を增收することを得たり.(본서에 수록된 도서는 약 2만종으로 실제 책수는 3만 3천 종 이상이다. 이것을 제4판과 비교하면 수종이 늘어나고 감소한 것도 있는데, 책수에서는 저술이 늘어난 것을 보여준다. 이는 최근 이른바 총서, 전서류가 격증한 결과로, 실제로는 전판에 비해 약 2할을 더 수록한 것을 알 수 있다.)"라고 설명한다.

(著作者別索引, 400쪽), 부록(33쪽), 조합원(8쪽), 판권 등 2195쪽에 이르는 방대한 책자이다. 이 책의 '유별(類別)' 편제와 수록 종수를 표로 나타내면 다음과 같다.

「유별(類別) 편제 및 수록 종수[2]」

대분류	중분류	소분류	계
제1류 신서 급 종교(946)		1. 총기(總記) 급 잡서(86), 2. 신도(神道)(32), 3. 불교(佛教)(490), 4. 기독교(基督教)(338)	946
제2류 철학 급 교육(2339)	甲. 철학	1. 총기 급 잡서(166), 2. 논리(14), 3. 심리(103), 4. 윤리(652), 5. 지나철학(319)	1254
	乙. 교육	1. 총기(總記)(270), 2. 교육학(53), 3. 실지교육(344), 4. 보통교육(119), 5. 고등교육(14), 6. 특수교육(5), 7. 학교외 교육(29), 8. 학교외 교육(251)	1085
제3류 문학 급 어학(6449)	甲. 문학	1. 총기 급 잡서(130), 2. 합집(合集)(33), 3. 시(177), 4. 한문(225), 5. 국문(983), 6. 화가(和歌)(347), 7. 배해(俳諧)(168), 8. 광가(狂歌), 광구(狂句), 희문(戲文)(15), 9. 희곡, 속곡(俗曲) 요곡(謠曲)(241), 10. 소설(근체소설, 번역소설, 지나소설)(1587), 11. 논설, 연설(99), 12. 수필(73), 13. 서목(5)	4083
	乙. 어학	1. 총기(總記)(5), 2. 국어(식민지의 언어도 이 항목에 포함)(1136), 3. 외국어(지나어 포함)(1225)	2366
제4류 역사·전기·지지·기행(1764)	甲. 역사	1. 총기 급 세계사(103), 2. 본방사(564), 3. 외국사(214)	881
	乙. 전기	1. 총기(23), 2. 본방인 전기(198), 3. 본방인 언행록(6), 4. 잡서(34), 5. 계보(4), 6. 인명록(7), 7. 외국인 전기(95)	367
	丙. 지지 급 기행	1. 총기 급 세계지지(85), 2. 본방지지(93), 3. 본방 지도(109), 4. 내지 기행(96), 5. 외국지지 급 지도(55), 6. 외국지도(29), 7. 외국 기행(49)	516
제5류 국가·법률·경제·재정·사회·통계학(1058)	甲. 국가학	1. 국가(10), 2. 정치학 급 정체 (附) 정당(23), 3. 국법(29), 4. 행정법 급 행정학(90), 5. 정치에 관한 논설 급 잡서(36)	188
	乙. 법률	1. 총기(51), 2. 법리학(法理學)(1), 3. 고대 법제(8), 4. 형법(46), 5. 민법(89), 6. 상법(65), 7. 민사소송법(26), 8. 판결법(11), 9. 국제법 급 조약(13), 10. 현행 법령(83), 11. 법률에 관한 논설 급 잡서(46)	439
	丙. 경제 급 재정	1. 경제(254), 2. 재정(59)	313
	丁. 사회	1. 사회학(83), 2. 풍속(9)	92
	戊. 통계	1. 통계학(12), 2. 통계표(14)	26

---

2) 괄호 안의 숫자는 종수.

172

제6류 수학·이학 급 잡서(2283)	甲. 수학	1. 총기 급 잡서(수학표)(55), 2. 화산(和算)(42), 3. 산술(197), 4. 대수(122), 5. 기하(123), 6. 삼각법(66), 7. 해석기하, 미분, 적분(29)	634
	乙. 이학(理學)	1. 총기 급 잡서(60), 2. 물리학(159), 3. 화학(136), 4. 천문학(12), 5. 지문학(19), 6. 기상학(6), 7. 박물학(328)	720
	丙. 의학	1. 총기 급 잡서(80), 2. 화한고방(和漢古方)(3), 3. 해부학 급 조직학(23), 4. 생리학(22), 5. 약학·약물학(부) 조제(調劑)(59), 6. 치료법(102), 7. 병리학(3), 8. 진단학(18), 9. 내과학(106), 10. 외과학(20), 11. 피부병 급 미독학(黴毒學)(34), 12. 안과학(19), 13. 이비인후과학(16), 14. 치과학(19), 15. 산과, 부인과학(49), 16. 소아과학(부) 육아법(42), 17. 법의학(7), 18. 위생학(군인위생)(160), 19. 미균학 급 현미경학(32), 20. 수의학(88)	920
제7류 상업, 교통, 공학 급 공예, 농업 급 농예, 병사, 미술, 제예, 가정(4515)	甲. 상업	1. 총기 급 잡서(206), 2. 은행(16), 3. 회사 급 취인소(取引所)(24), 4. 무역(13), 5. 도량형(2), 6. 부기, 상업 산술(97)	358
	乙. 교통	1. 총기 급 잡서(2), 2. 해운(11), 3. 철도(10), 4. 우편, 전신, 전화(15)	38
	丙. 공업 급 공예	1. 총기 급 잡서(용기화법)(115), 2. 토목공학(136), 3. 기계공학(107), 4. 전기공학(78), 5. 조선학(6), 6. 건축학(154), 7. 채광학 급 야금학(43), 8. 측량(22), 9. 항해(18), 10. 공예(173)	852
	丁. 농업 급 농예	1. 총기 급 잡서(162), 2. 농업경제(21), 3. 농구(農具)(7), 4. 농업 이화학(理化學)(105), 5. 농업공사(農業工事)(5), 6. 농산 제조(農產製造)(24), 7. 작물 병해(27), 8. 종묘(種苗)(5), 9. 경종재배(耕種栽培)(150), 10. 차업(茶業)(7), 11. 비황(備荒)(9), 12. 산림(53), 13. 목축 급 양금(養禽)(155), 14. 수산 급 어업(12), 15. 잠상업(蠶桑業) 급 제사(製絲)(370), 16. 원예(154)	1266
	戊. 병사(兵事)	1. 총기 급 잡서(81), 2. 육군(282), 3. 해군(17), 4. 병기(兵器)(14), 5. 고대 병법 급 무예(28)	422
	己. 미술 급 제예(諸藝)	1. 미술(517), 2. 사진 급 인쇄(19), 3. 음악(394), 4. 유희(遊戲)(275)	1205
	庚. 가정(교육의 부 참조)		377
제8류 총서류 외(135)	1. 총서(叢書)(33), 2. 사휘 유서(事彙類書)(18), 3. 잡서(雜書)(15), 4. 잡지(雜誌)(69)		135
계			19,481

　‘유별’ 분류는 제1류부터 제8류까지의 대분류 속에 제1류와 제8류를 제외한 다른 부문에서는 주제별 하위 분류(중분류)를 하고 있으며, 실제 도서 목록을 제시하는 과정에서는 하위 분류에 속하는 세부 항

목을 다시 설정하였다. 이와 같은 분류 체계는 독자가 해당 분야의 도서를 쉽게 확인할 수 있도록 배려한 것으로 볼 수 있는데, 내용상 중복되는 것은 경우에 따라 중복 배열하였다.3) 그 결과 일부 도서는 두 분야에 중출되어 분야별 정확성이 지켜지지 않는 경우도 있으나, 목록에서 가장 많은 비중을 차지하는 것은 제3류 '문학 급 어학'(6449종)이며, 그 다음 제7류 '상업, 교통, 공학 급 공예, 농업 급 농예, 병사, 미술, 제예(諸藝), 가정' 등의 실용서류(4515종)임을 확인할 수 있다.

문학에서는 근체소설, 번역소설, 지나소설 등의 소설류(1587종)가 큰 비중을 차지하고 있고, 일본어 문학(983종), 와카(和歌, 347종), 한문(225종) 등도 많은 종수가 유통되고 있음을 보여준다. 어학의 경우 언어학적 연구서와 학습서가 모두 포함되는데, '국어' 항목에서는 일본어뿐만 아니라 아이누어(1종), 오키나와(1종), 대만(3종), 조선어(12종) 등도 이 항목에 분류한 점이 특징이다. 이는 제4류 '역사·전기·지지·기행'도 마찬가지인데, 특히 '지지'의 경우 일본이 식민 지배하고 있는 지역은 '본방(本邦)'에 포함한다. 외국어의 경우 영어(1052종), 독일어(161종)가 다수를 차지하나 지나어(86종), 불란서어(42종), 러시아어(29종) 등과 같이 각국 언어의 영향력에 따라 발행 도서의 종수가 달라짐을 확인할 수 있다. 유별 분류에서 '경제(254종), 박물학(328종), 위생학(160종), 토목공학(136종), 건축학(154종), 공예(173종), 농업·이화학(105종), 경종재배(150종), 목축 급 양금(155종), 잠상업 급 제사업(370종)' 등과 같은 항목에 비교적 많은 도서가 발행되

---

3) 목록 작성의 의도가 독자와 출판, 서적업자에게 편의를 제공하는 데 있음은 오오쿠라 야스고로의 서문에서 언급한 바 있다. 또한 배열 원칙은 '범례(凡例)'에서, "類別は其書名に基き種類を別ち, 五十音順に排列したるものなれば, 中に或は種別に差異なきを保し難し.", "類別に於ては 『法制經濟槪論』の如きは, 「法制」の部へ揭出し, 更に「經濟」の部へも重出した."라고 설명하였다.

었음은 메이지 이후 1910년대까지 일본의 학술 연구 경향을 나타내는 자료로 볼 수 있다. 예를 들어 '박물학'의 경우 생물학이나 동식물학을 포함하며, 근대화 과정에서 위생이나 토목, 건축 등이 중시되었음을 의미한다. 특히 농업, 잠상·제사(製絲) 등은 근대화 과정에서 실업 발달 경향을 보여주는 자료가 될 수 있다.

분류 항목에서 메이지 이후 1910년대까지 일본의 동아시아에 대한 관심을 나타내는 지표는 철학의 일부와 문학, 어학의 종수를 통해 추론할 수 있다. 전체 총 도서 종수 가운데 한국과 관련을 맺는 도서는 어학의 12종, 지지 11종, 지도 2종 등 극히 적은 수이며, 이 또한 '본방지지, 본방지도'에 포함되어 있다. 물론 다른 분류항에서는 식민지 조선을 별도의 항목으로 설정하지 않았기 때문에, 메이지 이후 1910년대까지 이루어진 조선 연구의 전모를 파악하기는 어렵다.[4] 그럼에도 중국의 경우 철학(지나 철학 319종), 문학·어학(지나 각본, 한문, 지나어학 등 300여종), 역사·지지(지나사 189종, 전기 7종, 아세아지지 11종, 아세아제국 지도 19종, 기행 9종), 지나 관련 시사(10종), 지나 고대 법제(3종) 등과 같이 중국 관련 도서가 900여 종에 이른다는 점에서, 중국에 대한 일본의 관심이 적지 않았음을 알 수 있다.

2.2. 『메이지문헌목록』의 분류 방식과 도서 분포

『메이지문헌목록(明治文獻目錄)』은 메이지 원년부터 23년 국회 개

---

4) 예를 들어 일본인을 대상으로 한 한국어 학습서의 경우, 1904년 간행된 것만 12종에 이른다. 야마다 간토(山田寬人, 2004)에 따르면 1880년부터 1904년까지 일본인을 대상으로 한 한국어 학습서는 대략 72종이 간행되었으며, 이 가운데 상당수는 일본에서 간행되었음을 확인할 수 있다. 허재영, 근대 계몽기 외국어 교육 실태와 일본어 권력 형성 과정 연구, 『동북아역사논총』44, 동북아역사재단, 2014, 315-353쪽.

설까지의 문헌을 집중적으로 조사하기 위한 목적에서 출발한 것으로 알려져 있다. 다카이치 요시오(高市慶雄)가 편집한 이 책은 1933년 일본평론사(日本評論社)에서 간행된 것으로, 편집자 '자서(自序)'에 따르면, 메이지 초기 문헌 수집의 대가 요시노 사쿠조(吉野作造)의 '메이지 문고 소장본'을 기준으로, 내각문고, 육군사관학교 서고, 메이지문화 연구회 등의 장서를 참조하여 분류·편집한 책이다.5) '자서'에서 문화사적 분류를 천명했듯이, 편자는 이 목록이 메이지 5~6년의 문명개화 전성기 '궁리사밀(窮理舍密)6)' 서적의 유통 경향과 메이지 20년(1888) 전후의 정론이 비등하던 시대 '정치소설', 생사(生糸) 무역 융성기 양잠서의 족출(簇出), 속기술 전파 등과 같은 사회 상황과 도서의 관계를 이해하는 데 중요한 자료가 될 수 있다고 하였다. 이 목록은 '총기 (總記), 철학, 문학, 교육, 정치, 경제, 법률, 역사, 지리, 종교, 사회, 과학, 서양 문물의 수입' 등 13 항목으로 분류하고, 각 항목에 주제별 소분류 항목을 설정하였다. 서지 목록 제시를 목표로 했기 때문에, 서명과 저역자, 출판 연대를 대상으로 하였으며, 출판사에 대한 정보는 담지 않았다. 이 목록의 분류 항목과 수록 도서 종수는 다음과 같다.

---

5) 高市慶雄, 自序, 『明治文獻目錄』, 日本評論社, 1923. 本書は主として明治元年から同二十三年國會開設迄の間に現はれた文獻を網羅するものてある. 此の種の文獻は市中の圖書館に藏せらるへもの尠く, 各大學の圖書館にも多くを期待し得ず, 勢ひ特志蒐集家に赴くの他はない. 卽ち本書は明治初期文獻の最も權威ある組織的蒐集家とし著聞する吉野作造博士の明治文庫を基準とし, 內閣文庫, 陸軍士官學校書庫, 明治文化硏究會同人諸家の藏書等を涉獵し, 文化史的見地より分類編纂せるものてある.

6) '궁리학(窮理學)'은 물리학을 의미하며(생리학은 인신궁리학이라고 번역하였음), '사밀학(舍密學)'은 '화학'을 의미한다.

「분류 항목과 수록 종수」

대분류(장)	소분류(절)	분야별 총수	비율(%)
총기(總記)	1. 사서·총서·유서·잡서(16), 2. 서지, 서목, 제목록(43), 3. 연표, 연감(12)	71	1.08
철학(哲學)	1. 사상일반(74), 2. 철학, 심리학, 윤리학, 논리학, 미학(128), 3. 동양사상(49)	251	3.85
문학(文學)	1. 평론수상(29), 2. 번역문학(259), 3. 정치소설(240), 4. 창자(극, 소설)(68), 5. 시가문집(47), 6. 희작록(戲作)(702), 7. 미술, 음악(25), 8. 어학(문장론, 문법, 사서=사전)(76)	1446	22.17
교육(教育)	1. 교육일반, 교육사(81), 2. 교육행정(73)	154	2.36
정치(政治)	1. 정치학(부) 각국 정형(312), 2. 정치논책(285): 정치논책 일반(116), 일본정치 논책(169), 3. 외교논책(75): 외교론 일반(43), 조약개정과 내지잡거(32)	672	10.31
경제(經濟)	1. 경제학, 경제사(119), 2. 재정학, 재정사(71), 3. 부기, 통계학(18), 4. 경제정책(40), 5. 산업, 교통(201)	449	6.89
법률(法律)	1. 법률학 일반(94), 2. 법제사(72), 3. 헌법(116), 4. 행정법(117), 5. 형사법 및 감사옥법(110), 6. 민법 및 상법(108), 7. 소송법(27), 8. 국제법(32)	676	10.37
역사(歷史)	1. 일반 사학(국사, 동양사, 서양사, 만국사)(164), 2. 사전(단 해외)(78), 3. 유신사(153): 유신사 일반(47), 해외교통(19), 외박내항(7), 지나에서의 외난(8), 막부 말기의 외교(15), 내분(32), 개항(7), 무진전역(7), 잡서(11), 4. 메이지사(明治史)(506): 메이지사 일반(32), 정치사(118), 외교사(43), 전기(313)	943	14.46
지리(地理)	1. 지리학 일반,지지(27), 2. 일본지지(72): 일반(8), 도쿄(17), 지방(18), 조선 등(29), 3. 만국지지(82): 메이지 이전(34), 메이지 이후(48), 4. 기행 유기(66): 메이지 이전(10), 메이지 이후(36), 표류물(20)	247	3.79
종교(宗教)	1. 통기평론(부) 종교사 일반(62), 2. 선유불(禪儒佛)(181), 3. 양교(洋教)(255): 일반(146), 일본에서의 양교 발달(21), 배야론집(排耶論集)(88)	498	7.64
사회(社會)	1. 사회학, 사회지(116), 2. 사회 평론(76), 3. 부인문제(62), 4. 사회 개조론, 사회주의(43), 5. 풍속 습관(93)	390	5.98
과학(科學)	1. 자연과학 일반(61), 2. 수학, 천문, 지문(43), 3. 물리, 화학(20), 4. 동물학, 식물학, 광물학(31), 5. 의학(41), 6. 농학(112), 7. 병학(兵學)(74), 8. 건축(3), 9. 잡서(30)	415	6.36
서양 문물 수입	1. 통기(通記)(46), 2. 의식주, 오락(50), 3. 어학, 사상(51), 4. 연설, 속기(45), 5. 계몽서류(81): 학문(43), 수신(30), 치도(8), 6. 잡서(36)	309	4.74
계		6521	100

총6521종의 도서 가운데 가장 많은 비중을 차지하는 분야는 문학 (1446종)이며, 그 다음은 역사(943종), 법률(676종), 정치(672종)의 순으로 나타난다. 문학의 경우 '희작물(戲作物)(702종), 번역문학(259종), 정치소설(240종)'의 분포에서 알 수 있듯이, 메이지 시대 일본의 번역문학과 정치소설이 발달했음을 추론할 수 있다. 또한 역사 분야는 메이지 유신사(153종)와 메이지 시대사(506종)에 대한 연구가 활발했음을 알 수 있는데, 이 또한 일본 제국주의의 국가 정체성과 밀접한 관련을 맺고 있음을 의미한다.

이러한 흐름에서 『메이지문헌목록』에 등장하는 한국과 중국 관련 연구서목은 근현대 일본에서의 동아시아 연구 경향을 이해하는 데 좋은 자료가 된다. 이 목록에 등장하는 동아시아 관련 서목은 90종 정도로 추산되며, 해당 국가별 분포는 다음과 같다.

「동아시아 관련 서목 분포」

분야 대상국	I. 철학	IV. 정치	VII. 역사	VIII. 지리	X. 社會	XII. 서양문물수입	계
동양	2	5		1	1		9
러시아				2			2
세계와 동아시아				3			3
중국		4	23	18	1	1	47
한국		4	12	13			29
계	2	13	36	36	2	1	90

이 표에 나타난 바와 같이, 메이지 시기 동아시아에 대한 일본의 관심은 중국(47종), 한국(29종)을 중심으로 분포되며, 동양 담론이나 동양과 세계와의 관계를 다룬 것도 12종이 있다. 분야별로 볼 때 일본에서의 한중 관련 연구는 역사(36종), 지리(36종)의 분포를 보인다. 특히 한중 관련 연구는 연대별 차이를 보이는데, 목록에 제시한 한중

관련 연구서 발행 연대를 계량화하면 다음과 같다.

「연대별 한중 관련 연구서 분포」

연대 \ 국가	중국	한국	계
1850년대까지	11		11
1860년대	4		4
1870년대	10	7	17
1880년대	14	10	24
1890년대	9	5	14
1900년대		4	4
1910년대		2	2
계	48	28	76

이 분포에서 알 수 있듯이, 일본에서의 한국 관련 연구는 1870년 대부터 본격적으로 등장한다. 1870년대 한국 관련 서적에서는 『정한론(征韓論)』, 『사선일기(使鮮日記)』, 『조선견문록(朝鮮見聞錄)』, 『조선신론(朝鮮新論)』, 『조선사정(朝鮮事情)』 등과 같이, 조선에 대한 일본 제국주의의 정치·경제적 침탈 의도를 반영한 서적이 저술되기 시작하며, 1880년대에는 지리·외교 분야의 저서가 다수 등장한다. 중국과 관련한 서목은 1850년대 중국과 서양과의 통상, 아편전쟁, 청국과 영국의 교섭 등 중국의 대외 침탈 과정에 대한 관심으로부터 청일전쟁 직전까지 역사, 지리, 정치 분야의 다수 저서가 등장한다. 이와 같이 서목 분포를 통해 메이지 이후 일본에서의 동아시아 연구가 국가별, 시대별, 분야별 차이를 보이고 있음을 확인할 수 있다.

2.3. 하바아키오(馬場明男)의 『중국문제문헌사전』

이 사전은 메이세이 대학(明星大學) 사회학 연구실의 하바아키오가

30년간 수집하여 정리한 1920~1940년대 일본에서 연구한 중국 관련 자료 사전이다. 이 사전은 본문 제1부 사회, 제2부 경제, 제3부 정치, 부록 연표로 구성되었으며, 본문에서는 해당 주제와 관련한 저서와 논문을 모두 수록하고, 연표에서는 서목만 제시하였다. 본문에서는 해당 주제와 관련한 논문(잡지 등에 발표된 것)과 개인 저서에서의 해당 부분(장이나 절)을 요약하여 설명하였는데,7) 이에 따라 같은 저서가 여러 곳에 소개된 경우도 있다. 본문의 주제별 논저의 종수는 다음과 같다.

「본문 주제별 논저의 종수」

장별	주제별 종수	총수
제1부 사회	사회 구성(6), 사회 특성(1), 계급(11), 인구(18), 가족(18), 종족=종법(7), 민족(3), 아시아적 생산양식(15), 지나 사회의 정체성(停滯性, 5), 촌락과 자치(8), 치수·관개 문제(18)	110종
제2부 경제(1)	길드(15), 수공업=가내공업(7), 매뉴팩처(10), 상업자본주의(9), 지나 자본주의화와 근대기업의 발전 과정(17), 열강의 경제 지배(14), 현대 지나 국민경제-공업(32), 교통(30)	104종
제2부 경제(2)	농촌사회(6), 농촌의 궁핍(15), 토지문제(15), 소작관계(12), 농업금융(고리자본)(21), 고용노동(5), 농업경영(5), 농촌에서의 조세(8), 농민이촌(離村)(6), 농촌 계급관계(5), 농산물 상품화(5), 합작사(산업조합)(8), 생산방법(2), 농업과 제국주의(7), 농촌에서의 은행 침입(7)	127종
제3부 정치	데스포데이스무스(專制)(5), 서구 자본주의의 침입(11), 태평천국의 난(21), 지나 혁명(5), 국민당(13), 삼민주의(13), 비밀결사(4), 민족운동(1), 노동자 농민운동(13), 지나와 열강의 정치 지배(5), 동아 신질서(6)	97종
계		438종

주제별 분류에서 '아시아적 생산양식'이나 '지나 사회의 정체성',

---

7) 논문 제목, 저자, 출판사, 발표 연대를 밝히고 해당 논문의 주요 내용과 성격을 간략히 설명하였다. 예를 들어 '支那の民族性と社會'는 川合貞吉(第二國民會出版部, 昭和十二年十二月)의 논문으로, 중국사회의 성질을 생산관계를 중심으로 고찰하고, 중국 농촌경제사회의 근저와 국내 자본가 경제, 열국 자본주의경제 등에서 반봉건적 식민지적 사회로 결론지었다고 설명한다.

'열강의 경제 지배', '농촌에서의 조세', '농민 이촌', '농업과 제국주의', '농촌에서의 은행 침입', '서구 자본주의의 침입', '태평천국의 난', '지나와 열강의 정치 지배', '동아 신질서' 등과 같은 연구 논저가 상당수에 이름을 확인할 수 있는데, 이러한 주제의 연구가 활발했던 것은 일제의 대륙 침략이라는 시대상황과 긴밀한 관련을 맺는 것으로 보인다. 이와 같은 주제별 자료 설명 뒤에 단행본 중심의 연표를 두었는데, 이 표에 정리된 단행본은 152종이다.

「연표 수록 저서의 연도별 분포」

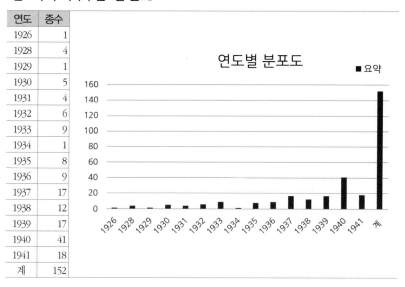

연도	종수
1926	1
1928	4
1929	1
1930	5
1931	4
1932	6
1933	9
1934	1
1935	8
1936	9
1937	17
1938	12
1939	17
1940	41
1941	18
계	152

이 표에서는 일본에서의 중국 사회, 경제, 정치 분야 연구는 1930년대 초로부터 1937년 이후에 급증하고 있음을 확인할 수 있는데, 이는 1930년대 만주 침략과 1937년 중일전쟁이라는 역사적 사건과도 밀접한 관련이 있을 것으로 추정된다. 이러한 흐름은 이 사전에 포함

되지 않은 다른 분야의 연구 경향도 비슷한데, 1930년대 이후 중국 문제와 관련한 총서를 발행하는 출판사도 많아졌다. 예를 들어 대동출판사(大東出版社)의 경우 1941년부터 '지나문화사대계' 12책을 발행하였는데, 『지나경제사』(馬乘風 著·田中齊 譯), 『지나 여성생활사』(陳東原 著·村田巧郞 譯), 『지나 화학공업사』(李喬平 著·實藤惠秀 譯), 『지나 민족사』(宋文炳 著·外務省 情報部 小口五郞 譯), 『지나 정치사상사』(楊幼烱 著·村田孜郞 譯), 『지나 염정사(鹽政史)』(曾仰豊 著·吉村正 譯), 『지나 상업사』(王孝通 著·關末代策 譯), 『지나 수리사(水利史)』(鄭肇經 著·田邊泰 譯), 『지나 남양 교통사(支那南洋交通史)』(馮承鈞 著·井東憲 譯), 『지나 의학사』(陳邦賢 著·山本成之助 譯), 『지나 윤리학사』(蔡元培 著·中島太郞 譯), 『지나 혼인사(婚姻史)』(陳顧遠 著·藤澤衛彦 譯), 『지나 풍물지(支那 風物誌(上下)』(後藤朝太郞) 등과 같이 번역물이 주를 이루었다. 또한 생활사(生活社)에서는 '동아총서'라는 이름 아래 중국 연구서를 발행하였는데, 『지나 기독교사(支那基督敎史)』(比屋根安定 著), 『지나 무역개요(支那貿易槪要)』(米谷榮一 著), 『중지 농촌경제연구(中支 農村經濟の研究)』(福武 直 譯), 『지나 철도사(支那 鐵道史)』(吾孫子 豊 著), 『산업자본과 지나 농민(産業資本と支那農民)』(水田 博 譯), 『지나 합작사 정책의 제문제(支那合作社政策の諸問題)』(岸本英太郞·上松一光 譯), 『지나의 지방재정(支那の地方財政)』(長野敏一 著), 『중국 봉건사회(中國封建社會)』(瞿同祖 著·小竹武夫 譯) 등이 있다. 서명에서 알 수 있듯이, 1940년대 이후 중국 침략이 가속화되면서 중국에 대한 연구가 더 활발해지고 있는 셈이다.

3. 문헌 목록을 통해 본 일본에서의 동아시아 연구 경향

3.1. 일본의 근대화와 대외 연구

1868년 메이지 유신을 전후로 일본 제국주의의 팽창 정책에 따라 일본에서의 한국과 중국에 대한 관심은 지속적으로 높아졌다. 이러한 현상은 문헌 목록뿐만 아니라 중국이나 한국에서 발행된 각종 문헌 자료에서도 확인할 수 있는데, 『만국공보』 제374권(1876.2.12.)~제375권(1876.3.4.)에 연재된 '일본재필(日本載筆)'은 1870년대 일본의 출판문화를 보여주는 적절한 자료이다. 이 기사는 영국 선교사 윌리엄슨(중국명 韋廉臣)이 중국 18성과 만주, 일본 등을 유람하고 적은 글로 4회에 걸쳐 연재되었다. 그 가운데 메이지 유신과 관련한 기록을 살펴보면 다음과 같다.

■「일본재필(日本載筆)」

(前略) 宋光宗紹熙二年 日本有一大臣稱太官代其王 君臨日本居於野渡其皇帝亦居一都城 卽今之西京 皇帝隱其王宮深居不出 (中略) 至中華同治六年 日本一國二王 是歲日本羣臣起 而聚議欲廢此太官代王者 與之搆禍代王者 因去其位不聞國事 羣臣乃迎其皇帝 登位野渡改名東京 國號明治於今七年. 自明治復位以來以至於今 日本國悉西洋言語文字 格物火輪 舟車鐵路 電報以及諸凡便宜機器等日精一日 前明治四年 余曾經其地 見其於諸事 意見尙未有成. (中略) 自太官去位 皇帝復位以來 其創首事爲建一國學類 如中華都城之同文館 顔曰開成學校 延英國法國俄國德國名儒 敎國之諸生 以各國語言 外復延有格物先生 敎以格物化學筭學等 執業者約以千數 其館至今分爲半於舊館專習語言 半於往年初建學宮肄格物等學 內有書室貯書 如許亦有凡各機器式 入學之日王親視學 (中略) 日本皇帝具有智慧於諸學外 設有大學屬於工部 已延英國宿學六人 及製機器者三人

蓋欲國人咸明於火輪舟車 以及紡織諸技藝機器 欲務於此 必先習英語 故別有學
以習英之語言文字 亦延英國爲師者三人 欲務明於機器 必先明於機器之理 故亦
延師教之以其理其遞次. 課學之條例不一 試備擧之. (下略)

(번역) 송 소희2년 일본에는 '태관'이라고 칭하는 한 대신이 그 임금을
대신하였다. 군왕은 에도에 거주하고 그 황제 또한 한 도성에 거주하였
는데 지금의 서경이 그곳이며, 황제는 왕궁 깊은 곳에 거주하고 나오지
않았다. (중략) 동치6년(1868)에 일본은 한 나라에 두 왕이 있어, 이에 일
본 군신이 들고 일어나 왕을 대신하고 더불어 화를 부르는 태관을 폐지
하고자 모여 의논하고, 이로 인해 그 자리에서 국사를 듣지 않는 것을
제거하여 황제를 맞이하여 위에 올리며 에도(野渡)를 개명하여 동경(東
京)으로 하고 국가의 연호를 메이지(明治)로 불러 지금 7년이 되었다. 메
이지 복위 이래 지금에 이르러 일본국은 서양 언어 문자로 격물, 화륜,
주거, 철로, 전보 및 제반 편리한 기구 등을 다하여 날로 정교해졌다. 이
전 메이지 4년 나는 일찍이 그 지역을 경과하여 여러 가지 일들을 견문
했으나 아직까지 의견을 다 이루지 못했다. (중략) 태관이 자리를 버리고
황제가 복위한 이래 가장 먼저 한 일은 국가의 학교를 건설하는 일이었
다. 중국에서 수도에 동문관을 둔 것과 같이 개성학교라 불리는 학교를
세우고, 영국, 프랑스, 러시아, 독일 각국의 명사를 초빙하여 국가의 여러
학생들에게 각국 언어로 가르치게 했다. 또한 격물 선생을 초빙하여 격
물, 화학, 산학 등을 가르치게 했는데 일을 담당하는 사람이 약 천 명에
이르렀다. 그 학교를 둘로 나누어 반은 구관에서 언어를 전문으로 익히
게 했으며, 반은 왕년 초에 학궁을 건설하고 격물 등의 학문을 익히게
하였다. 학교 내에 서실을 두어 책을 보관하게 하고, 또한 각 기기식을
두게 하였다. 입학일에 왕이 친히 시학하였다. (중략) 일본 황제는 지혜
가 갖추어져 여러 학궁(學宮) 외에도 대학을 설치하여 공부(工部)에 소속
시키고 이미 영국의 숙학(宿學) 6명을 초빙하고 기계(機器) 만드는 자 3명
을 초빙하였으니 대체로 국민에게 모두 화륜, 주거(舟車)와 그 밖의 방직

기에 기기(機器)에 밝게 하려고 하며 이것에 힘을 쓰려면 반드시 먼저 영어에 익숙하여야 하므로 별도의 학궁(學宮)을 두어 영국의 언어문자를 익히게 하고, 역시 영국의 선생 3명을 초빙하였으며 기기(機器)를 힘써 밝히려면 반드시 먼저 기기의 이치에 밝아야 하므로 역시 교사를 초빙하였다. 차례로 배우는 과목은 일률적일 수는 없으나 예를 들어본다.

'일본재필(日本載筆)'은 메이지 이후 일본에서의 서양 학문 수용 과정을 약술한 글이다. 인용문에 나타나듯이, 메이지 유신 직후 일본에서는 학교를 세우고 서양인을 고빙하여 각 전공 분야의 학문을 가르치게 했으며, 그들로부터 기기·기예를 습득하도록 하였다. 이 자료에 등장하는 각 전문 학문 분야의 교과목은 '도화', '수술초업(數術初業)', '고등수술(數術)', '이학(理學)', '화학(化學)', '측량평준법(測量平準法)' 등과 같이, 주로 기예에 관한 것들이었다.[8]

이와 같이 메이지 초기 일본에서의 지적 풍토는 서구 지식의 번역 소개에 중점을 두었으며, 인접 국가인 한국과 중국에 대한 관심은 제국주의의 기틀이 확립되면서 정치적인 면에서 대두되기 시작하였다. 메이지 초기의 문헌 목록은 이를 잘 보여준다. 앞의 『메이지 문헌목록』에 등장하는 한국 관련 서목은 『조선사정』(1874), 『『정한평론(征韓評論)』(1875), 『조선견문록』(1875), 『조선신론』(1876) 등과 같이 개항 이전의 조선에 대한 제국주의적 관심을 보이는 것들이 주를 이루

---

8) 『만국공보』에 연재된 '일본재필'은 총4회 분량으로, 그 가운데 제2회 '일본재필'은 1884년 6월 13일자 『한성순보』에 전재되기도 하였으며, 『만국공보』를 요약하여 만든 단행본 『공보초략』에도 수록되어 있다. 『만국공보』에 소개한 학과(學課)는 총 19과이며, 모든 학과는 격치·이학·공업·기술과 관련되어 있다. 1881년 조사시찰단으로 파견된 조준영의 보고서인 『문부성소할목록』에서는 '대학법리문삼학부(大學法理文三學部)', '대학예비문(大學豫備門)', '대학의학부(大學醫學部)' 등을 나누어 좀 더 구체적인 보고서를 작성한 바 있다.

고 있으며, 중국 관련 서목에서도 '지나에서의 외난(外難)'에 속해 있
는『아편시말』(1844), 『해외신화』(1849), 『지나사정』(1874), 『일청호
환조약』(1874), 『지나사정』(1874) 등과 같이 중국과 서양의 교섭 과
정에서 서구의 침탈에 주목하는 서적이 주를 이루고 있다.

3.2. 동양 담론과 조선학 및 지나학

근대 일본에서 서적 유통이 활발했음은 각종 문헌에서 쉽게 확인
할 수 있는데, 1898년 재일본 중국 유학생들의 잡지인『청의보』나
1902년 이후의『신민총보』에 중국어로 번역 수록된 학술 담론 가운
데 일본인 저술을 대상으로 한 것이 매우 많은 점에서도 확인된다.
이러한 상황은『제국신문』1902년 10월 27일자 '일본이 식로 청국을
침범홈'이라는 논설을 통해서도 확인할 수 있다.

■「일본이 식로 청국을 침범홈」
엇던 서양 월보에 긔록흔 것을 보건디 일본이 식로히 청국을 침범흐
는 디 이 침범흐는 것인즉 군수로 홈이 아니오 계칙으로 홈이라. 힘으
로써 승부를 겨르는 디신에 롱락흐는 직조와 지혜로써 군수를 디신흐
며 학문의 스업 경영으로써 군긔를 삼아 완고흐고 쇠미흐여 들어가는
청국을 제어흐고 일본이 동양에 데일 권리를 잡으려 흐나니 근릭 형편
으로 스업상 권리의 도라가는 것을 볼진디, 일은 몃히 전에 쟝지동이 우
창 디방에 농업학교를 설시흐엿는디 미국 교스를 고빙흐여 쥬쟝흐게
흐더니 지금은 전혀 일본인의게 돌녀보닉엿스며, 이는 항쥬에 잇는 무관
학교를 전혀 일본 스관이 교련식히는 바 ㅣ 오, 삼은 각쇠 식학문 서칙
번역흐는 거시 틱반이나 일본 사람들에 흐는 바오, 스는 근릭에 쟝지동
이 유학흐는 싱도들을 만히 쏸바 일본에 보닉여 각쇠 전문학을 공부흐

186

게 ᄒ엿스며, 오는 청국에 나는 신문 월보 등류가 거의 틱반이나 일인의 쥬장이 아니면 혹 일인의 긔ᄌᄒ는 바인ᄃᆡ 기즁 하나흔 량국 교제상에 데일 권력 잇는 신문이오, 류은 거의 일빅명 가량에 <u>일본 싱도들이 상ᄒᆡ 학교에셔 영어와 청어를 공부ᄒ며 졍형과 ᄂᆡ졍을 빅화 쟝ᄎ 청국에</u>셔 졍치와 교육과 농업과 상업과 광산 털도 등 모든 긴요ᄒ고 권력 잇는 자리를 도모ᄒ야 맛흘 목적으로 쥬의ᄒ는 바이오, 칠은 <u>각식 신학문 번역ᄒ는 회</u>를 셜시ᄒ야 상ᄒᆡ에셔 ᄉ무를 확쟝ᄒ는 즁인ᄃᆡ 쥬의인즉 문명에 유조ᄒᆯ 셔칙을 만히 번역ᄒ야 젼국에 젼하ᄒ야 인민의 식견을 열 터인ᄃᆡ 셔양글로 번역ᄒ는 이보다 일어로 ᄒ는 거시 더 쳡경이 된다 ᄒ여 왈 일본이 긔왕에 셔양 졍치 학술의 가장 졍긴흔 거슬 쏀바다가 만들어 시힝ᄒ야 긔왕 경력을 지닌 거시니 더욱 긴쳡ᄒ다 흠이라. 졍치상 경졔술과 보통학과와 롱리학과 소학론흔 독본들이며 만국의 고금 ᄉ긔를 번역ᄒ여 ᄂᆡ인 칙을 청국 각 착젼에셔 만히 파ᄂᆞᆫᄃᆡ 흔히 광고ᄒ기를 일본셔 만들엇다던지 혹 일본인이 번역흔 거시라 ᄒ는지라 일로 볼진ᄃᆡ 청국에셔 새로히 일보 권리 안에 들어 그 슝상흔 ᄯᅳᆺ슬 가히 보깃더라.(하략)

1881년 조사시찰단 파견과 재일 한국 유학생의 등장이나 청일전쟁 직후 1896년부터 본격화된 재일본 중국 유학생의 증가[9]는 일본을 통한 한중 지식 교류가 급증하는 계기가 되었다. 『제국신문』의 기사에서 알 수 있듯이, 이 시기 일본에서는 서양 각국의 학술서를 번역하고, 상해에서도 이 책들을 다시 간행하는 경우도 많았다. 그 과정에서 점차 한국과 일본의 역사, 문학, 정치 등과 관련한 저술이 늘어났다.

1880~1900년대 일본에서의 한중 관계 연구는 제국주의적 관점에

---

9) 재일 한국인 유학생과 관련한 연구로는 이광린(1979), 김기주(1993) 등의 연구를 참고할 수 있다. 또한 중국인 유학생사는 사네토 게이슈(1960)을 참고하였다.

서 정치사, 외교사, 한국과 중국의 사정 등에 대한 관심이 높았으며, 지리 분야의 저서도 비교적 많이 나타난다. 『도서총목록』에 소개된 중국사 관련 저서에서도 『지나문명사』, 『지나외교사』, 『지나고금연혁도』, 『지나 분할론』이나 다수의 교과서명이 나타나듯이, 일본을 중심으로 한 중국관이 등장하며, 한국과 관련한 저서에서도 『조선통사』, 『역사조사 보고 제2 조선역사지리』, 『만주발달사』, 『만주역사지리』 등과 같이, 식민 지배의 대상으로 한국을 바라보거나 만선사관의 입장에서 연구를 진행한 서적이 다수 출현한다. 이러한 흐름에서 나타난 이데올로기의 하나가 '동양 담론'이다.

동양 담론은 본질적으로 서구 제국주의의 침략에 맞서 동양의 세력을 형성해야 한다는 논리이다. 이 논리는 일제의 한국 강제 병합 당시, 이른바 '합방조약'에서 "호상(互相) 행복을 증진(增進)하며 동양평화(東洋平和)를 영구히 확보하기 위하여 이 목적을 달(達)하고자 하면 한국을 일본국에 병합(倂合)함에 불여(不如)할 자(者)"라고 주장한 데서도 확인할 수 있다. '동양'은 지리적으로 서양에 대립하는 용어이지만, 일본 제국주의의 침략 정책을 은폐하는 이데올로기의 하나였다. 이 점은 『대한매일신보』 1909년 8월 8일~9일자 논설 '동양주의에 대한 비평'에서도 잘 나타난다.

　■「東洋主義에 對흔 批評」
　東洋主義者는 何오 東洋諸國이 壹致團結ᄒᆞ야 西力의 東漸흠을 禦흔다 흠이니라 此主義를 唱흔 者는 誰오 壹曰誤國者니 彼等이 四千載祖國을 擧ᄒᆞ야 鳩居에 讓ᄒᆞ며 二千萬兄弟를 驅하야 奴籍에 注ᄒᆞ민 此世上에 忍立흘 面目이 無흔 故로 此等語로 强히 장撰ᄒᆞ야 上으로 天을 欺ᄒᆞ며 下으로 人을 欺ᄒᆞ야 曰 現今은 東西 黃白 兩種의 競爭時대라. 東洋이 興則 서洋이 亡

ㅎ고 西洋이 興則 東洋이 亡ㅎ야 其勢가 兩立ㅎ지 못홀지니 今日 東양에 生ㅎ 者는 國과 國이 相合ㅎ며 人과 人이 相結ㅎ야 서양을 抗홀 日이니 然則吾輩가 國을 賣ㅎ야 서人에 與ㅎ얏스면 是罪어니와 수에 不然ㅎ야 賣 ㅎ 者도 東양人이오 買혼 者도 東양人이니 譬컨디 楚弓을 楚得홈이라 吾 輩가 何罪리오 ㅎ야 此義로 自解說ㅎ며 此義로 自辨護홈이니 所謂東洋主 義가 第壹 此輩의 口에 出ㅎ 者오. 二曰 媚外者이니 國勢가 旣此境에 到ㅎ 야 全國各權利가 皆外人의 手中에 墮入ㅎ미 前日 旁蹊曲逕 蠅營狗苟의 輩 가 壹窠官爵을 渴想ㅎ며 幾圓月俸을 苦夢ㅎ는디 此를 求得ㅎ는 方法은 惟 外人에게 納媚홀 뿐이라. (중략) 於是乎彼奴輩가 其魔心을 竭ㅎ야 東양主 義라 云ㅎ는 魔說을 做出ㅎ야 我가 日本의 批頰홈을 怒하거던 彼가 我를 誘ㅎ야 曰 東양은 壹家니 爾가 無怒하라 하며 我가 日本의 吮血홈을 痛ㅎ 거던 彼가 我를 欺ㅎ야 曰黃人은 同種이니 爾가 無痛ㅎ라 ㅎ야 明明히 國 民을 驅ㅎ야 國家主義를 忘ㅎ고 東洋主義에 醉케 ㅎ나니 東洋主義가 此輩 에서 固ㅎ며 三曰運沌無識者이니 此等人은 元來獨立主見이 無ㅎ고 只是隨 波逐浪의 生涯를 嗜ㅎ는 者라 擧世가 青眼鏡을 帶ㅎ면 我도 青眼鏡을 帶 ㅎ며 擧世가 黃眼鏡을 帶ㅎ면 我도 黃眼鏡을 帶ㅎ야 起坐에 人腕을 依ㅎ 고 是非에 人舌을 效하야 人이 守舊ㅎ면 我도 守舊ㅎ며 人이 開化ㅎ면 我 도 開化ㅎ야 時世와 推移ㅎ던 者로 偶然今日을 遇ㅎ야 政府黨과 壹進會及 遊說團의 誘弄과 日人의 籠絡中에서 東양主義說을 習聞ㅎ미 信口로 傳唱ㅎ 는 者라.(하략)

(번역) 동양주의란 무엇인가? 동양 모든 나라가 일치단결하여 서양 세력의 동진을 방어한다 함이다. 이 주의를 부르짖은 자는 누구인가. 하나는 나라를 잘못 이해하는 자들이니 4천년 조국을 들어 남의 집(鳩居)에 양도하며, 2천만 형제를 몰아 노예의 호적에 들게 하니, 이 세상에 참고 설 면목이 없는 까닭에 이러한 말로 강력히 주장하여 위로 하늘을 속이고 아래로 사람을 속여 말하기를, "지금은 동서 황백 두 인종의 경쟁 시대이다. 동양이 흥하면 곧 서양이 망하고, 서양이 흥하면 곧 동양이 망해

그 세력이 양립하지 못할 것이니, 금일 동양에서 태어난 자는 나라와 나라가 서로 합치고, 사람과 사람이 결합하여 서양에 저항할 날이니, 그러므로 우리가 국가를 팔아 사람에게 주면 그것은 죄이지만 그렇지 않고 판 자도 동양인이고 산 자도 동양인이니 비유하면 초궁초득(楚弓楚得, 초나라 왕이 잃어버린 활을 초나라 사람이 주움)이거늘 우리가 무슨 죄인가.”라고 주장하여 이 주의로 스스로 해명하고 이 주의로 스스로 변호하니 소위 동양주의가 가장 먼저 이런 무리들로부터 나온 것이다. 둘은 아첨하는 무리들이니 국세가 이미 이 지경으로 기울어 전국 각 권리가 모두 외인의 수중에 떨어지니, 전날 방혜곡경(旁蹊曲逕, 바른 길을 밟지 않고 굽은 길로 감, 정당한 방법으로 일을 하지 않고 그릇된 방법으로 억지로 일함)과 승영구구(蠅營狗苟, 파리가 분주히 날아다니고 개가 구차하게 구하는 모양. 작은 이익에 악착스럽게 덤빔)하는 무리가 관작을 목마르게 구하고 몇 원의 월급을 꿈꾸는데 이를 얻는 방법은 오직 외인에게 아첨하는 것뿐이다.(중략) 이에 저 노예배들이 부패한 마음을 다하여 동양주의라고 일컫는 마귀 같은 주장을 만들어 우리가 일본이 뺨을 때리는 것에 노하면 저들이 우리를 유인하여 말하기를 동양은 한 집안이니 너희가 노하지 말라 하며, 일본이 피를 빨아 아프면 저들은 우리를 속여 황인종은 같은 종족이니 너희가 아파하지 말하 하여, 명백히 국민을 몰아 국가주의를 잊고 동양주의에 취하게 하니 동양주의가 이 무리에서 굳어지며, (중략) 삼은 혼돈 무식자이니 이들은 원래 독립 주견이 없고, 단지 물결 따라 생애를 즐기는 자이다. 세상이 푸른 안경을 쓰면 이들도 푸른 안경을 쓰고 세상이 누런 안경을 쓰면 이들도 누런 안경을 써서 앉고 서는 것을 다른 사람의 팔에 의지하고, 시비에도 다른 사람의 혀를 모방하여 타인이 수구하면 나도 수구하고 타인이 개화하면 나도 개화하여 시세에 따르던 자로 우연히 금일을 만나 정부당과 일진회 및 유세단의 유혹과 희롱, 일본인의 농락 중에서 동양주의설을 익혀 들은 것을 입으로 부르짖는 자들이다.(하략)

이 논설에 나타난 바와 같이, 강제 병합 직전부터 '동양주의'는 일본 제국주의의 침략 이데올로기를 은폐하는 정치적 논리로 만연되어 있었으며, 일본에서의 한중 연구 경향도 이러한 정치 이데올로기와 깊은 관련을 맺는다. 구보텐즈이(久保天隨, 1910)의 『동양통사』(박문관), 고다이게토모(幸田成友, 1910)의 『동양역사』(박문관) 등의 서명에서 '동양'이 등장하는 것도 이와 밀접한 관련이 있으며, 아리가나카오(有賀長雄, 1907)의 『보호국론』(박문관) 등과 같은 식민 정책과 관련한 연구서가 본격적으로 등장하는 것도 이 시점이다.

1910년 한국 강제 병합 이후 일본에서의 한중 연구는 다소 다양한 모습을 띤다. 특히 1920년대 가와카미하지메(河上肇)와 같은 사회경제사가를 중심으로 한 마르크스주의 역사서가 많아지고, 식민지 조선에 대한 다양한 조사가 진행된 결과 수많은 보고서가 작성되었으며, 그와 관련한 연구서도 각 학문 분야마다 전모를 파악하기 힘들 정도로 많아졌다. 그럼에도 일제 강점기 한국과 관련된 연구서나 군국주의화한 일본의 대륙 침탈과 관련한 연구 경향은 본질상 큰 변화가 없다. 이는 1920년대 중반 이후 식민정책 관련 연구서가 급증하거나 '동아' 담론이 강화되는 것도 이러한 흐름을 반영한다. 『도서총목록』이나 『메이지문헌목록』에서는 이 흐름을 파악할 수 없으나, 『중국문헌사전』의 경우 1926년부터 1941년까지 중국의 사회조직, 근세 산업 발달사, 봉건사회사, 고대사회사 등과 같은 사회학, 역사학 분야의 연구서가 급증하고 있음을 확인할 수 있고, 그 내용도 전문화되고 있음을 알 수 있다. 더욱이 한국 강제 병합 초기의 지리적 관심사가 식민지 조선에 더 많은 비중을 두었음에 비해, 1930년대에는 만주와 관련한 연구가 급증하는 경향을 보이며, 이른바 '동양' 또는 '동아(東亞) 담론'이 강화되는 것도 이 시점부터이다. 1930년대 나카야마구치시로(中山口四郎, 1934)의 『동양사연구법·새회

서역흥망사』(일본문학사), 야키자와슈조(秋澤修三, 1937)의 『동양철학
사』(백양서관) 등이나, 1940년대 하마다세이류(濱田靑陵, 1942)의 『동아
문명의 여명』(창원사), 이시하마순타로(石濱純太郎, 1943)의 『동양학의
이야기』(창원사) 등의 서명에서 '동양', '동아'를 사용한 것도 이러한 시
대적 분위기를 반영한 것으로 볼 수 있다.

4. 결론

이 연구는 일본에서 발행된 도서 목록 자료를 대상으로 메이지 이
후 일제 강점기까지 일본에서의 동아시아 연구 경향을 기술하는 데
목적을 두었다. 문헌목록이나 사전은 사실을 단순 나열한 형태의 자
료이지만, 도서 목록을 계량화하면 시대별 연구 경향을 기술하는 좋
은 자료가 된다. 이와 같은 계량화는 지식의 이데올로기성을 극복하
고 시대상황을 객관적으로 추출하는 적절한 방법이 될 수 있다. 일본
에서 인접 국가에 대한 관심은 메이지 유신 이후 일본 제국주의의 팽
창 정책에 따라 양적인 증가와 함께 내용 면에서도 큰 변화를 보이고
있음을 확인할 수 있는데, 도쿄서적상조합의 『도서총목록』이나 『메
이지문헌목록』 등은 메이지 시대의 어떤 한중 관계 관련 연구서가 있
는지를 보여준다. 또한 『중국문제문헌사전』은 1920년대 이후 일본의
중국 관계 연구 경향을 나타낸다. 이 글에서 논의한 바를 요약하면
다음과 같다.

첫째, 『문헌총목록』은 서명을 50음, 발행소별, 유별, 저작자별로
정리한 책자이다. 그 가운데 '유별'에서는 주제별 또는 학문 분야별로
도서를 분류하였는데, 그 결과 '문학·어학', '실용서'의 비중이 매우

높았으며, 한국 관련 서적은 많지 않으나 중국 관련 서적은 900여 종이 등장한다. 분류 방식에서 한국 관련 서적은 자국 항목의 일부 지방으로 처리하고, 중국 관련 서적은 외국으로 처리하는 방식을 취했으므로, 자국 관련 서적 가운데 한국이 포함된 것은 매우 많았을 것으로 추론한다.

둘째, 『메이지문헌목록』은 메이지 이전부터 1910년 초까지 문헌을 정리한 것으로, 총 6521종이 들어 있다. 이 목록은 출판사를 제시하지 않은 대신, 저작 연도를 밝히고 있으므로, 연대별 문헌 분포를 확인할 수 있다. 그 가운데 한중 관련 서적의 분포를 계량화하면 90종 정도나 나타나는데, 1880년대의 문헌이 많은 점도 특징이다. 분야별 분포에서는 '문학〉역사〉법률〉정치' 등의 순서로 나타난다.

셋째, 『중국문제문헌사전』은 1920~40년대 중국 관련 문헌을 정리한 사전으로, 그 가운데 연표에 수록된 도서가 152종이다. 일제 강점기의 중국 관련 연구 경향을 보여주는 이 자료에서는 1930년대 만주 침략과 1937년 중일전쟁을 전후로 관련 서적이 급증함을 보여준다.

넷째, 문헌 목록을 통해 본 일본의 동아시아 연구 경향에서는, 일본의 근대화가 대외 연구를 촉진시킨 계기가 되었으며, 일본 제국주의의 팽창 정책과 맞물려 동양 담론이나 조선학, 지나학이 발달하고 있음을 확인하였다. 특히 인접 국가에 대한 연구가 제국주의적 관점에서 이루어진 경향이 두드러졌음을 서명(書名)을 통해 확인하고자 하였다.

목록규 도서의 서목 분석은 본질적으로 일반적인 경향을 파악하는 데 유용하다. 또한 세 종의 서목이 메이지 이후 일본에서 산출된 모든 문헌을 대변하는 것은 아니다. 이 점에서 메이지 이후 일제 강점기까지 일본에서 이루어진 한중 관련 연구의 전모는 서목에 대한 추가 발굴 및 해당 서적에 대한 비판적 분석 작업이 뒷받침되어야 할 것이다. 이 작업은 지속적인 연구 과제로 남겨둔다.

참 고 문 헌

갈도(葛濤)·유현정 번역, 「일본 국립국회도서관 상하이 관련 일어 도서 목록
　　　　상황」, 『중국근현대연구』56, 중국근현대사학회, 2012, pp.207-222.

고영희, 「근대 동아시아 민족성 담론과 유학 -「무사도」와 「중국인의 정신」을
　　　　중심으로-」, 『유학연구』28, 충남대학교 유학연구소, 2013, pp.371-393.

고인덕, 「일본의 중국 고전문학이론 연구 개황-시문론을 중심으로-」, 『중국
　　　　어문학논집』58, 중국어문학연구회, 2009, pp.567-586.

김기주, 『한말 재일한국 유학생의 민족운동』, 느티나무, 1993.

김종준, 「일제 시기 (일본)국사의 조선사 포섭 논리」, 『한국학연구』29, 인하
　　　　대 한국학연구소, 2013, pp.385-423.

김채수, 「일제의 대륙침략과 알타이 민족의식」, 『일본근대학연구』33, 한국
　　　　일본근대학회, 2011, pp.299-322.

김현철, 「근대 일본의 아시아주의와 민간단체의 한반도 진출 구상」, 『한국
　　　　동양정치사상사연구』14, 한국동양정치사상사학회, 2015, pp.67-96.

박소영, 「근대 시기 일본의 대외 인식」, 『일본문화연구』64, 동아시아일본학
　　　　회, 2017, pp.69-96.

박훈, 「18세기 후반-막말기 일본인의 '아시아', '동양' 개념의 형성과 변용」,
　　　　『한국동양정치사상사연구』9-2, 2010, pp.83-101.

성윤아, 「근대 일본의 아시아 인식에 대한 고찰-문부성 검정교과서 고등소학
　　　　독본을 중심으로-」, 『일본학보』108, 한국일본학회, 2016, pp.219-236.

손승희, 「20세기 초 중국 동북의 대두 거래 관행과 일본 교역소의 설립」, 『중
　　　　국근현대사연구』62, 중국근현대사학회, 2014, pp.1-41.

수도미즈요(須藤瑞代), 「日本における中國女性史研究動向」, 『중국사연구』18,
　　　　중국사학회, 2002, pp.323-360.

스기야마 마사아키, 「일본에서의 요금원 시대사 연구」, 『중국사연구』3, 중
　　국사학회, 1998, pp.175-190.

양일모, 「사상을 찾아가는 여정-일본의 중국인식과 중국학」, 『일본비평』6,
　　서울대 일본연구소, 2012, pp.24-49.

오카야마(岡山善一郞), 「일본에서의 한국 고전문학 연구 현황과 전망」, 『동아
　　시아고대학』35, 동아시아고대학회, 2014, pp.279-297.

유준문·윤재석, 「일본의 중국사연구」, 『복현사림』16, 경북사학회, 1993,
　　pp.121-210.

윤대석, 「가라시카 다케시(幸島驍)의 중국 현대문학 연구와 조선」, 『구보학
　　회』13, 구보학회, 2015, pp. 307-334.

이선이, 「부녀신문을 통해서 본 근대 일본의 중국 표상과 젠더」, 『중국사연
　　구』81, 중국사학회, 2012, pp.227-262.

이준희, 「근대 일본인의 산동 진출」, 『중국학보』51, 한국중국학회, 2005,
　　pp.323-345.

정동연, 「근대 도만(渡滿) 일본인의 중국인상」, 『중국근현대사연구』74, 중국
　　근현대사학회, 2017, pp.161-189.

정병설, 「18-19세기 일본인의 조선 소설 공부와 조선관-최중전과 임경업전
　　을 중심으로」, 『한국문화』35, 서울대 규장각한국문화연구소, 2005,
　　pp.27-55.

정종현, 「조선학(한국학)의 국교정상화」, 『상허학보』49, 상허학회, 2017,
　　pp.269-305.

최혜주, 「개항 이후 일본인의 조선사정 조사와 안내서 간행」, 『한국민족운
　　동사연구』73, 한국민족운동사학회, 2012, pp.5-50.

최혜주, 「일본 동방협회의 조선사정 조사활동과 조선인식」, 『한국독립운동
　　사연구』43, 독립기념관 한국독립운동사 연구소, 2012, pp.281-330.

하다다 다카시(旗田巍), 「동아시아 근대화에 대한 일본인의 인식-한국에 대한 인식을 중심으로-」, 『대동문화연구』18, 성균관대학교 대동문화연구원, 1984, pp.213-221.

하세가와 레이, 「근대 일본의 만주 수학여행과 만주인식-가쿠슈인(學習院)의 사례를 중심으로-」, 『만주연구』16, 만주학회, 2013, pp.141-169.

한상일, 「일본과 동아공동체 담론」, 『사회과학연구』17, 국민대 사회과학연구소, 2004, pp.495-513.

下野鈴子, 「日本における中國隋唐佛教美術史の研究動向」, 『중국근현대사연구』74, 중국근현대사학회, 2002, pp.303-322.

橫山英, 「일본에서의 동양사 연구 현황과 과제」, 『인문과학』1, 경북대 인문과학연구소, 1985, pp.35-39.

さねとう·けいしゅう, 『中國人 日本留學生史』, くろしお出版, 1960, 東京, 日本.

東京書籍商組合, 『圖書總目錄』, 博問館, 1918, 東京, 日本.

高市慶雄, 『明治文獻目錄』, 日本評論社, 1933, 東京, 日本.

馬場明男, 『中國問題 文獻辭典』, 國書刊行會, 1980, 東京, 日本.

참 고 자 료

근현대(1860~1945) 일본의 한중 관계 연구서 분포 기초 자료

1. 도쿄 서적상 조합 『도서총목록』(1918)의 분류 및 서적 분포 수

대분류	중분류	소분류	계	비고 (한중관계)
제1류 신서 급 종교		1. 총기(總記) 급 잡서(86), 2. 신도(神道)(32), 3. 불교(佛教)(490), 4. 기독교(基督教)(338)	946	
제2류 철학 급 교육	甲. 철학	1. 총기 급 잡서(166), 2. 논리(14), 3. 심리(103), 4. 윤리(652), 5. 지나철학(319)	1254	총기(18)+지나 철학사(6)+경서(126)+유서(儒書)(16)+제자(36)+술수(117)
	乙. 교육	1. 총기(總記)(270), 2. 교육학(53), 3. 실지교육(344), 4. 보통교육(119), 5. 고등교육(14), 6. 특수교육(5), 7. 학교외 교육(29), 8. 학교외 교육(251)	1085	
제3류 문학 급 어학	甲. 문학	1. 총기 급 잡서(130), 2. 합집(合集)(33), 3. 시(177), 4. 한문(225), 5. 국문(983), 6. 화가(和歌)(347), 7. 배해(俳諧)(168), 8. 광가(狂歌), 광구(狂句), 희문(戱文)(15), 9. 희곡, 속곡(俗曲), 요곡(謠曲)(241), 10. 소설(근체소설, 번역소설, 지나소설)(1587), 11. 논설, 연설(99), 12. 수필(73), 13. 서목(5)	4083	지나 각본(1), 지나소설(11)
	乙. 어학	1. 총기(總記)(5), 2. 국어(식민지의 언어도 이 항목에 포함)(1136), 3. 외국어(지나어 포함)(1225)	2366	* 아이누어(1), 오키나와 어(1), 대만어(3), 조선어(12)는 국어항에, 지나어(86). 인도어(1), 로서아어(29)는 외국어 항에 분류함
제4류 역사· 전기· 지지· 기행	甲. 역사	1. 총기 급 세계사(103), 2. 본방사(564), 3. 외국사(214)	881	조선사는 지방사의 하나로 취급(5종), 지나사(189)+인도사(2)
	乙. 전기	1. 총기(23), 2. 본방인 전기(198), 3. 본방인 언행록(6), 4. 잡서(34), 5. 계보(4), 6. 인명록(7), 7. 외국인 전기(95)	367	
	丙. 지지 급 기행	1. 총기 급 세계지지(85), 2. 본방지지(93), 3. 본방지도(109), 4. 내지 기행(96), 5. 외국지지 급 지도(55), 6. 외국 지도(29), 7. 외국 기행(49)	516	* 동아 급 일청합도(8) * 총기 급 잡서(59)+북해도 급 각부현(20)+화태(3)+조선(11) * 북해도 급 각부현(37)+대만

				(1)+화태(1)+조선(2)+만주(1)+교과용(20) * 아세아제국(11) * 아세아제국 지도 (19) * 아세아제국 기행(9)
제5류 국가·법률·경제·재정·사회·통계학	甲. 국가학	1. 국가(10), 2. 정치학 급 정체 (附) 정당(23), 3. 국법(29), 4. 행정법 급 행정학(90), 5. 정치에 관한 논설 급 잡서(36)	188	
	乙. 법률	1. 총기(51), 2. 법리학(法理學)(1), 3. 고대 법제(8), 4. 형법(46), 5. 민법(89), 6. 상법(65), 7. 민사소송법(26), 8. 판결법(11), 9. 국제법 급 조약(13), 10. 현행 법령(83), 11. 법률에 관한 논설 급 잡서(46)	439	* 지나 고대 법제(3)
	丙. 경제 급 재정	1. 경제(254), 2. 재정(59)	313	
	丁. 사회	1. 사회학(83), 2. 풍속(9)	92	
	戊. 통계	1. 통계학(12), 2. 통계표(14)	26	
제6류 수학·이학 급 잡서	甲. 수학	1. 총기 급 잡서(수학표)(55), 2. 화산(和算)(42), 3. 산술(197), 4. 대수(122), 5. 기하(123), 6. 삼각법(66), 7. 해석 기하, 미분, 적분(29)	634	
	乙. 이학 (理學)	1. 총기 급 잡서(60), 2. 물리학(159), 3. 화학(136), 4. 천문학(12), 5. 지문학(19), 6. 기상학(6), 7. 박물학(328)	720	
	丙. 의학	1. 총기 급 잡서(80), 2. 화한고방(和漢古方)(3), 3. 해부학 급 조직학(23), 4. 생리학(22), 5. 약학·약물학(부) 조제(調劑)(59), 6. 치료법(102), 7. 병리학(3), 8. 진단학(18), 9. 내과학(106), 10. 외과학(20), 11. 피부병 급 미독학(黴毒學)(34), 12. 안과학(19), 13. 이비인후과학(16), 14. 치과학(19), 15. 산과, 부인과학(49), 16. 소아과학(부) 육아법(42), 17. 법의학(7), 18. 위생학(군인위생)(160), 19. 미균학 급 현미경학(32), 20. 수의학(88)	920	
제7류 상업, 교통, 공학 급 공예, 농업 급 농예, 병사, 미술, 제예, 가정	甲. 상업	1. 총기 급 잡서(206), 2. 은행(16), 3. 회사 급 취인소(取引所)(24), 4. 무역(13), 5. 도량형(2), 6. 부기, 상업 산술(97)	358	
	乙. 교통	1. 총기 급 잡서(2), 2. 해운(11), 3. 철도(10), 4. 우편, 전신, 전화(15)	38	
	丙. 공업 급 공예	1. 총기 급 잡서(용기화법)(115), 2. 토목공학(136), 3. 기계공학(107), 4. 전기공학(78), 5. 조선학(6), 6. 건축학(154), 7. 채광 급 야금학(43), 8. 측량(22), 9. 항해(18), 10. 공예(173)	852	
	丁. 농업 급 농예	1. 총기 급 잡서(162), 2. 농업경제(21), 3. 농구(農具)(7), 4. 농업 이화학(理化學)(105), 5. 농업공사(農業工事)(5), 6. 농산 제조(農產製造)(24), 7. 작물 병해	1266	* 양잠 관련 서적이 매우 많음

		(27), 8. 종묘(種苗)(5), 9. 경종재배(耕種栽培)(150), 10. 차업(茶業)(7), 11. 비황(備荒)(9), 12. 산림(53), 13. 목축 급 양금(養禽)(155), 14. 수산 급 어업(12), 15. 잠상업(蠶桑業) 급 제사(製絲)(370), 16. 원예(154)		
	戊. 병사 (兵事)	1. 총기 급 잡서(81), 2. 육군(282), 3. 해군(17), 4. 병기(兵器)(14), 5. 고대 병법 급 무예(28)	422	
	己. 미술 급 제예 (諸藝)	1. 미술(517), 2. 사진 급 인쇄(19), 3. 음악(394), 4. 유희(遊戲)(275)	1205	
	庚. 가정(교육의 부 참조)		377	
제8류 총서류 외	1. 총서(叢書)(33), 2. 사휘 유서(事彙類書)(18), 3. 잡서(雜書)(15), 4. 잡지(雜誌)(69)		135	
계			19,483	

2. 다카이치 요시오(高市慶雄, 1933)의 『메이지문헌목록(明治文獻目錄)』의 도서 분포

대분류(장)	소분류(절)	항	종수	분야별 총수	비율(%)
총기 (總記)	1. 사서·총서·유서·잡서		16	71	1.08
	2. 서지, 서목, 제목록		43		
	3. 연표, 연감		12		
철학 (哲學)	1. 사상일반		74	251	3.85
	2. 철학, 심리학, 윤리학, 논리학, 미학		128		
	3. 동양사상		49		
문학 (文學)	1. 평론수상		29	1446	22.17
	2. 번역문학		259		
	3. 정치소설		240		
	4. 창자(극, 소설)		68		
	5. 시가문집		47		
	6. 희작물(戲作)		702		
	7. 미술, 음악		25		
	8. 어학(문장론, 문법, 사서=사전)		76		
교육 (敎育)	1. 교육일반, 교육사		81	154	2.36
	2. 교육행정		73		
정치 (政治)	1. 정치학(부) 각국 정형		312	672	10.31
	2. 정치론책	정치론책 일반	116		
	2. 정치론책	일본정치론책	169		
	3. 외교론책	외교론 일반	43		
	3. 외교론책	조약개정과 내지잡거	32		
경제 (經濟)	1. 경제학, 경제사		119	449	6.89
	2. 재정학, 재정사		71		
	3. 부기, 통계학		18		

	4. 경제정책		40	
	5. 산업, 교통		201	
법률 (法律)	1. 법률학 일반		94	
	2. 법제사		72	
	3. 헌법		116	
	4. 행정법		117	676	10.37
	5. 형사법 및 감사옥법		110	
	6. 민법 및 상법		108	
	7. 소송법		27	
	8. 국제법		32	
역사 (歷史)	1. 일반 사학(국사, 동양사, 서양사, 만국사)		164	
	2. 사전(단 해외)		78	
	3. 유신사	유신사 일반	47	
	3. 유신사	해외교통, 화란·나가사키	19	
	3. 유신사	외박래항	7	
	3. 유신사	국방론, 양이론(攘夷論), 북지경영	26	
	3. 유신사	지나에서의 외난(外難)	8	
	3. 유신사	막부 말기 외교	15	943	14.46
	3. 유신사	내분(內紛)	32	
	3. 유신사	개항(橫濱, 兵庫, 函館)	7	
	3. 유신사	무진전역(戊辰戰役)	23	
	3. 유신사	잡서	11	
	4. 명치사(明治史)	명치사 일반	32	
	4. 명치사(明治史)	정치사	118	
	4. 명치사(明治史)	외교사	43	
	4. 명치사(明治史)	전기(傳記)	313	
지리 (地理)	1. 지리학 일반, 지지		27	
	2. 일본 지지	일본지지 일반	8	
	2. 일본 지지	도쿄	17	
	2. 일본 지지	지방	18	
	2. 일본 지지	조선, 대만, 유구, 화태	29	
	3. 만국지지	명치 이전	34	247	3.79
	3. 만국지지	명치 이후	48	
	4. 기행 유기	명치 이전	10	
	4. 기행 유기	명치 이후	36	
	4. 기행 유기	표류물	20	
종교 (宗敎)	1. 통기평론(부) 종교사 일반		62	
	2. 선유불(禪儒佛)		181	
	3. 양교(洋敎)	양교 일반	146	498	7.64
	3. 양교(洋敎)	일본에서의 양교 발달	21	
	3. 양교(洋敎)	배야론집(排耶論集)	88	
사회	1. 사회학, 사회지		116	390	5.98

(社會)	2. 사회 평론		76		
	3. 부인문제		62		
	4. 사회 개조론, 사회주의		43		
	5. 풍속 습관		93		
과학 (科學)	1. 자연과학 일반		61	415	6.36
	2. 수학, 천문, 지문		43		
	3. 물리, 화학		20		
	4. 동물학, 식물학, 광물학		31		
	5. 의학		41		
	6. 농학		112		
	7. 병학(兵學)		74		
	8. 건축		3		
	9. 잡서		30		
서양 문물 수입	1. 통기(通記)		46	309	4.74
	2. 의식주, 오락		50		
	3. 어학, 사상		51		
	4. 연설, 속기		45		
	5. 계몽서류	학문	43		
	5. 계몽서류	수신	30		
	5. 계몽서류	치도	8		
	6. 잡서		36		
계			6,521	6,521	100

3. 하바아키오(馬場明男, 1980)의 『중국문제 문헌사전』 부록 서목

연도	책명		저자 및 번역자	발행소
1926	支那の社會組織	지나의 사회조직		東亞經濟調查局
1928	支那革命の現段階	중국 혁명의 현단계	부하린·스탈린, 藏原惟人 譯	希望閣
1928	支那の家族と村落の研究	지나의 가족과 촌락 연구	淸水泰次	文明協會
1928	現代支那社會硏究	현대 지나 사회 연구	伊藤武雄	同人社
1928	支那の勞動運動	지나의 노동운동	長野郎	行地社
1929	支那は眼覺め行く	지나는 눈을 뜨고 행하라	ウイットフオーゲル (우이츠토후어 계루) 著·二木猛 譯	白揚社
1930	支那の産業革命と新經濟政策	지나의 산업혁명과 신경제 정책	岡野一郞	東亞硏究會
1930	支那に於ける 最近の農民運動と農民問題	지나에서 최근의 농민운동과 농민문제	産業勞働講査所 編譯	叢文閣
1930	孫文と支那革命	손문과 지나혁명	ラインバーガー 著·賴貴富 譯	平凡社
1930	孫逸仙と支那革命	손일선과 지나혁명	ウイットフオーゲル	永田書店

202

			著·筒井英一 譯		
1930	三民主義	삼민주의	孫中山 著·金井寬三 譯	중국인	改造社
1931	革命支那農村の實證的研究	혁명 지나 농촌의 실증적 연구	田中忠夫		衆人社
1931	支那土地制度研究	지나 토지제도 연구	長野郎		刀江書院
1931	支那革命の階級對立	지나 혁명의 계급 대립	鈴江言一		大鳳閣
1931	支那の眞相	지나의 진상	長野郎		千倉書院
1932	中國 農村經濟研究(上)	중국 농촌경제연구(상)	マヂヤール 著·プロ科學中國問題研究所		希望閣
1932	孫文傳	손문전	王樞之		改造社
1932	支那近世産業發達史	지나 근세산업발달사	青柳篤恒		東亞研究會
1932	支那古代社會史論	지나고대사회사론	郭沫若 著·藤枝丈夫 譯	중국인	內外社
1932	支那封建社會史	지나 봉건사회사	陶希聖 著·野原四郎	중국인	四海書房
1932	支那革命と孫文主義	지나혁명과 손문주의	武田熙		大同館
1933	支那キルトの研究	지나 킬트 연구	恨岸佶		斯文書院
1933	支那は何處へ	지나는 어느 곳에	ニアリンゲ著·秋月民一 譯		同人社
1933	極東に於ける帝國主義	극동에서의 제국주의	猪俣津南雄		改造社
1933	支那の社會組織と家族制度	지나의 사회조직과 가족제도	青柳篤恒		東亞研究會
1933	日本と支那	일본과 지나	前芝確三		一元社
1933	中國大革命史	중국 대혁명사	瞿秋白 著·中國問題研究所 譯	중국인	프로레타리아 科學研究所
1933	支那經濟論	지나 경제론	潘東周 等 著·田中忠夫 譯	중국인	中央公論社
1933	現代支那社會運動研究	현대 지나 사회운동 연구	宮脇賢之助		平凡社
1933	支那政治經濟年史	지나 정치경제연사	東亞經濟調查局		先進社
1934	アジア的生產樣式に就て	아시아적 생산양식에 대하여	소비에토 마르크스 注意 東洋學者 協會編 早川二郎 譯		白揚社
1935	支那經濟と社會(上下)	지나 경제와 사회(상하)	ウイットフォーゲル 著·平野義太郎 譯		中央公論社
1935	新 支那讀本	신 지나독본	中山耕太郎		讀書社
1935	支那社會經濟史	지나사회경제사	森谷克己		章華社
1935	支那滿洲風土記	지나 만주 풍토기	クレッシイ著·高坦勳次朗 譯		日本外事協會
1935	支那問題概論	지나문제 개론	マヂヤール著·前中/安藤 共譯		文化集團社
1935	支那社會史	지나 사회사	サフアロフ著·早川二郎 譯		白揚社
1935	列國の對支投資	열국의 대지(지나)투자	リーマ-著·東亞經濟調查局 譯		東亞經濟調查局

1935	支那租界論	지나 조계론	植田捷雄		嚴松堂
1936	支那近代 農民經濟史研究	지나 근대 농민경제사 연구	薛農山·李一塵 著, 東亞經濟調査局 譯	중국인	東亞經濟調査局
1936	支那經濟現勢講話	지나경제 현세 강화	孫會仁 等 著, 支那經濟研究會 譯		學藝社
1936	支那の農業と工業	지나의 농업과 공업	トーネイ著·浦松·牛場 共譯		岩波書店
1936	支那農業經濟の諸問題	지나 농업경제의 제문제	田中忠夫		學藝社
1936	支那經濟史研究	지나 경제사 연구	ウイットフォーゲル 著·橫川次郎 譯		叢文閣
1936	支那貨幣論	지나 화폐론	有本邦造		森山書店
1936	支那外債史論	지나 외채사론	田村幸策		外交時報社
1936	支那經濟年報	지나 경제연보	支那經濟事情研究會		改造社
1936	最新支那年鑑	최신 지나연감	東亞同文會 編		東亞同文會
1937	支那の農業經濟	지나의 농업경제	マヂヤール著·早川二郎 譯		白揚社
1937	支那金融資本論	지나 금융자본론	王承志 著·小林幾次郎 譯	중국인	森山書店
1937	支那に於ける列强の工作とその經濟勢力	지나에서 열강의 공작과 그 경제세력	原勝		學藝社
1937	支那工業論	지나 공업론	方顯廷 等 著·有澤廣己 編	중국인	改造社
1937	支那社會研究	지나 사회 연구	橘樸		日本評論社
1937	南支那に於ける農村問題	남지나에서의 농촌문제	陳翰笙 著·佐渡愛三 譯	중국인	叢文閣
1937	支那財政經濟一斑	지나 재정경제 일반	吉田虎雄		學藝社
1937	現代支那の根本問題	현대 지나의 근본문제	藤枝丈夫		泰山房
1937	支那經濟の崩壞過程と方法論	지나 경제의 붕괴 과정과 방법론	田中忠夫		學藝社
1937	現代支那の基本認識	현대 지나의 기본 인식	田中忠夫		學藝社
1937	支那社會の測量	지나 사회의 측량	圓谷弘		有斐閣
1937	現代支那批判	현대 지나 비판	尾崎秀實		中央公論社
1937	前資本主義 社會經濟史論	전자본주의 사회경제사론	ライハルト 著·永住道雄 譯		叢文閣
1937	支那貨幣金融發達史	지나 화폐금융 발달사	廣畑茂		叢文閣
1937	現代支那の政治機構とその構成分子	현대 지나의 정치기구와 그 구성 요인	濱田峰太郎		學藝社
1937	支那 地名集成	지나 지명 집성	外務省 情報部 編		日本外事協會
1937	最新 支那要覽	최신 지나 요람	東亞研究會編		東亞研究會
1938	支那·機構と人物	지나·기구와 인물	齋藤 剛		太陽閣
1938	唯物史觀支那史	유물사관 지나사	ソ聯 大百科辭典版·大橋哲哉 譯		白揚社
1938	嵐に立つ支那	우뚝 솟은 지나	尾崎秀實		亞里書店

1938	支那銀行論	지나 은행론	吳承禧 著·玉木英夫 譯	중국인	叢文閣
1938	支那 經濟恐慌論	지나 경제공황론	木村增太郎		改造社
1938	支那農村經濟槪論	지나 농촌경제개론	薛暮橋 著·米澤秀夫 譯	중국인	叢文閣
1938	支那の性格	지나의 성격	原勝		泰山房
1938	支那經濟讀本	지나 경제 독본	王漁邨(왕어촌) 著·田中忠夫 譯	중국인	學藝社
1938	支那歷史讀本	지나 역사 독본	佐野袈裟美		白揚社
1938	アジア生產樣式論	아시아 생산양식론	森谷克己		育成社
1938	解體期 支那の政治と經濟	해체기 지나의 정치와 경제	原勝		泰山房
1938	支那の民族性と社會	지나의 민족성과 사회	川合貞吉		第二國民會出版部
1939	支那財政經濟論	지나 재정경제론	小林幾次郎		叢文閣
1939	全貌支那	지나의 전모	ソ聯 大百科辭典版·大橋哲哉 譯		白揚社
1939	現代 支那の土地問題	현대 지나의 토지문제	中國農村經濟研究會 編·堀江邑一 譯		生活社
1939	支那 人口問題 硏究	지나 인구문제 연구	飯田茂三郎		富勘書院
1939	支那の農業	지나의 농업	バック 著·鹽谷·仙波·安藤 譯		改造社
1939	支那經濟讀本	지나 경제 독본	小島精一		千倉書房
1939	我國土 我國民	우리 국토 우리 국민	林語堂 著·新居格 譯	중국인	豊文書院
1939	支那 及 支那人	지나 및 지나인	村上知行		中央公論社
1939	支那貨幣制度論	지나 화폐 제도론	宮下忠雄		寶文館
1939	支那工業論	지나 공업론	劉大鈞 著·倉持 譯	중국인	生活社
1939	支那殖民史	지나 식민사	李長傳 著·半谷高雄 譯	중국인	生活社
1939	現代 支那の變革過程	현대 지나의 변혁과정	田中香苗		時潮社
1939	支那農業論(上下)	지나 농업론(상하)	バック 著·三輪孝·加藤健 譯		生活社
1939	支那制霸戰と太平洋(上下)	지나 제패전과 태평양(상하)	カントロウイチ著·廣島定吉·堀江邑一 譯		生活社
1939	北支經濟綜觀	북지 경제종관	滿鐵 産業部		日本評論社
1939	戰時下 支那の貿易·金融	전시하 지나의 무역·금융	エドワート·カーン 著·森澤昌輝 譯		慶應書房
1940	支那の工業機構	지나의 공업 기구	尾崎五郎		白揚社
1940	近代支那經濟史	근대 지나 경제사	錢亦石 著· 及川朝雄 譯		慶應書房
1940	三民主義解說(上下)	삼민주의 해설(상하)	周佛海 著·犬養健 譯	중국인	岩波書店
1940	支那ギルド論	지나 길드론	HBモース 著·增井經夫 譯		生活社
1940	支那の農民生活	지나의 농민생활	費孝通 著·市木亮 譯		敎材社
1940	支那 基本經濟と灌漑	지나 기본경제와 관개	冀朝鼎 著·佐渡愛三 譯	중국인	白揚社
1940	支那に於ける婚姻及家族史	지나에서의 혼인 및 가족사	陶希聖 著·天野元之助 譯	중국인	生活社

1940	中國土地問題之史的發達	중국 토지문제의 사적 발달	晶國靑 著·勝谷在登 譯	중국인	慶應書房
1940	支那社會構造	지나 사회구조	秋澤修二		白揚社
1940	支那社會の硏究	지나 사회의 연구	淸水盛光		岩波書店
1940	支那社會の科學的硏究	지나 사회의 과학적 연구	ウイットフォ-ゲル 著·平野·宇佐美 譯		岩波書店
1940	現代支那論	현대 지나론	尾崎秀實		岩波書店
1940	三民主義 槪說	삼민주의 개설	高橋勇治		東亞硏究會
1940	東洋社會の理論	동양사회의 이론	ウイットフォ-ゲル 著·森谷·平野 譯編		日本評論社
1940	支那の經濟と資源	지나의 경제와 자원	小林幾次郎		時潮社
1940	古き支那 新き支那	옛날의 지나 새로운 지나	村上知行		改造社
1940	北支の農業經濟	북지의 농업경제	梨木祐平		白揚社
1940	南支那の産業と經濟	남지나의 산업과 경제	井出季和太		大阪 屋號書店
1940	支那恐慌史	지나 공황사	費孝通 著·仙波·塩谷 譯	중국인	生活社
1940	孫文主義の哲學的基礎	손문주의의 철학적 기초	戴季陶 著·中山志郎 譯	중국인	生活社
1940	支那近代百年史	지나 근대 100년사	佐野袈裟美		白揚社
1940	支那地方自治問題	지나 지방자치 문제	董修甲 著·岡木武彦 譯	중국인	生活社
1940	支那協同組合論	지나 협동조합론	陳殷公 著·高山洋吉 譯	중국인	生活社
1940	支那經濟硏究	지나 경제 연구	方顯廷 著·梨木祐平 譯	중국인	改造社
1940	支那社會經濟硏究	지나 사회경제 연구	井村重雄		東亞同文會
1940	支那交通史論	지나 교통사론	白壽 著·牛島俊作 譯	중국인	生活社
1940	支那商業史	지나 상업사	王孝通 著·平田泰吉 譯	중국인	生活社
1940	支那民族史(上下)	지나 민족사(상하)	林惠祥 著·大石·中村 譯	중국인	生活社
1940	支那 民族論	지나 민족론	A·フオルケ著·高山洋吉 譯		生活社
1940	支那食糧政策史	지나 식량정책사	馬柳堂 著·金阪博 譯	중국인	生活社
1940	アシア問題講座(全十二冊)	아시아문제 강좌(전12책)			創元社
1940	日本の對支 投資硏究	일본의 대 지 투자 연구	樋口弘		生活社
1940	現代 華僑問題	현대 화교문제	丘漢平 著·山崎靑三 譯	중국인	生活社
1940	南支那の資源と經濟的價値	남지나의 자원과 경제적 가치	福田要		千倉書房
1940	華中現勢(十五年度)	화중현세(15년도)			上海 每日新聞
1940	南支五省の現勢	남지 5성의 현세	馬場秋太郎·村上計二郎		三省堂
1940	支那協同組合論	지나 협동조합론	陳殷公 著·協會 譯	중국인	日本靑年外交協會

1940	華僑ノ研究	화교의 연구	企劃院		松山房
1940	現代 支那講座(六冊)	현대 지나강좌(6책)	東亞同文書院 支那 研究部 編		東亞同文書院 支那 研究部 刊
1940	變革期 支那の認識	변혁기 지나의 인식	高橋良三		人文書院
1940	支那勞働視察記	지나 노동 시찰기	アンダソーン 著・高山 洋吉 譯		生活社
1941	太平天國	태평천국	中國現代史研究委 員會 編・山本一郎 譯	중국인	生活社
1941	近代 支那 貨幣史	근대 지나 화폐사	エドワート・カン 著・ 谷口啓次 譯		慶應書房
1941	支那農村機構論	지나 농촌기구론(단체론)	ウイルマンス 著・勝 谷在登 譯		慶應書房
1941	支那のコ-イモア	지나의 게이머	林語堂 著・吉村正一 郎 譯	중국인	岩波書店
1941	支那民族論	지나 민족론	須山卓		慶應書房
1941	支那幣制の性格的研究	지나 폐제의 성격 연구	リヨウ・バオ・ゼイン 著・勝谷在登譯		白揚社
1941	現代 支那の財政研究	현대 지나의 재정 연구	木村增太郎・大川彰		生活社
1941	支那 紡績業	지나 방적업	王子建・王鎭中 編・國 松文雄 譯	중국인	生活社
1941	現代 支那 思想史	현대 지나 사상사	郭湛波 著・神谷正男 譯	중국인	生活社
1941	支那的 性格	지나적 성격	スミス 著・白神徹 譯		中央公論社
1941	支那の製造工業	지나의 제조 공업	揚大金 著・星忠太郎 譯	중국인	商工行政社
1941	支那 民族 構成史	지나 민족 구성사	宋文炳 著・草野文男 譯	중국인	人文閣
1941	西南支那の社會と經濟	서남지나의 사회와 경제	中國銀行版・本田忠 雄 譯	중국인	商工行政社
1941	最近支那共產黨	최근 지나 공산당	中保興作		東亞同文會
1941	新支那現勢要覽	신 지나 현세 요람			東亞同文會
1941	中國 農村問題	중국 농촌문제	太平洋問題調查會・ 杉本俊郎 譯		岩波書店
1941	支那經濟年報	지나경제 연보	山口高商 東亞經濟 研究會 編		改造社
1939	支那學の起源	지나학의 기원	後藤末雄		第一書房
1941	支那民族發展史	지나민족 발전사	旗田巍		博文館
1932	魏晉南北朝通史	위진남북조 통사	岡崎文夫		弘文堂 (하다다)
1914	淸朝全史	청조 전사	稻葉岩吉		早大 出版部(하다다)
1930	近世支那外交史	근세 지나 외교사	矢野仁一		弘文堂(하다다)
1920	支那哲學の研究	지나철학의 연구	宇野哲人		大同館(하다다)
1927	支那經學史論	지나 경학사론	本田成之		弘文堂(하다다)
1924	支那哲學史槪論	지나 철학사 개론	渡邊秀方		早大 出版部(하다다)

1921	支那 佛教史の硏究	지나 불교사 연구	山內晉鄕		佛大 出版部(하다다)
1923	支那 佛教 正史	지나 불교 정사	佐景好郞		東方文化學院(하다다)
1932	歐人の支那硏究	서구인의 지나 연구	石田幹之助		共立社(하다다)
1938	支那學術文藝史	지나 학술 문예사	長澤規矩		三省堂(하다다)
1943	中國封建社會(上下)	중국봉건사회(상하)	瞿同祖 著·小竹武夫 譯		生活社(동아총서)
1943	支那基督教史	지나 기독교사	比屋根安定 著		生活社(동아총서)
1943	支那合作社政策の諸 問題	지나 합작사 정책의 제문제	岸本英太郞·上松一 光 譯		生活社(동아총서)
1943	產業資本と支那農民	산업자본과 지나 농민	水田 博 譯		生活社(동아총서)
1943	中支 農村經濟の硏究	중지 농촌경제의 연구	福武 直 譯		生活社(동아총서)
1943	支那貿易槪要	지나 무역 개요	米谷榮一 著		生活社(동아총서)
1943	支那 鐵道史	지나 철도사	吾孫子 豊 著		生活社(동아총서)
1943	支那の地方財政	지나의 지방 재정	長野敏一 著		生活社(동아총서)
1941	支那民族史	지나 민족사	宋文炳 著·外務省 情 報部 小口五郞 譯	중국인	大東出版社(지나문 화사대계 12책)
1941	支那政治思想史	지나 정치사상사	楊幼烱 著·村田孜郞 譯	중국인	大東出版社(지나문 화사대계 12책)
1941	支那 經濟史	지나 경제사	馬乘風 著·田中齊 譯	중국인	大東出版社(지나문 화사대계 12책)
1941	支那 鹽政史	지나 염정사	曾仰豊 著·吉村正 譯	중국인	大東出版社(지나문 화사대계 12책)
1941	支那 商業史	지나 상업사	王孝通 著·關末代策 譯	중국인	大東出版社(지나문 화사대계 12책)
1941	支那 水利史	지나 수리사	鄭肇經 著·田邊泰 譯	중국인	大東出版社(지나문 화사대계 12책)
1941	支那 南洋交通史	지나 남양 교통사	馮承鈞 著·井東憲 譯	중국인	大東出版社(지나문 화사대계 12책)
1941	支那 醫學史	지나 의학사	陳邦賢 著·山本成之 助 譯	중국인	大東出版社(지나문 화사대계 12책)
1941	支那 倫理學史	지나 윤리학사	蔡元培 著·中島太郞 譯	중국인	大東出版社(지나문 화사대계 12책)
1941	支那 婚姻史	지나 혼인사	陳顧遠 著·藤澤衛彦 譯	중국인	大東出版社(지나문 화사대계 12책)
1941	支那 女性生活史	지나 여성 생활사	陳東原 著·村田孜郞 譯	중국인	大東出版社(지나문 화사대계 12책)
1941	支那 化學工業史	지나 화학공업사	李喬苹 著·實藤惠秀 譯	중국인	大東出版社(지나문 화사대계 12책)
1942	支那 風物誌(上下)	지나 풍물지	後藤朝太郞(고토아 사타로)		大東出版社
1937	支那 幣制 改革の批判	지나 폐제 개혁의 비판	林維英 著·東京銀行 集會所 譯	중국인	東京銀行集會所
1944	支那の自然科學	지나의 자연과학	雄勢岩吉(노세유와		聯合出版社

연도	원제	번역제목	저자	비고	출판사
			기치)		
1936	支那の抗日記錄	지나의 항일기록	姬野德一		未詳
1940	支那の家族制	지나의 가족제	諸橋轍次		大修館書店
1933	支那古代社會史論	지나 고대 사회사론	郭末若 著·藤枝丈夫 譯	중국인	成光館 書店
1941	支那の原始文化	지나의 원시문화	アンダ-ソン 著·三森定男(미츠모리기타오) 譯		四海書房
1945	支那文學槪說	지나문학개설	靑木正兒		弘文堂
1944	支那文學思想史	지나문학사상사	靑木正兒		岩波書店
1929	滿蒙の産業	만몽의 산업	南滿洲鐵道株式會社		東亞印刷所
1944	支那 神話傳說の硏究	지나 신화 전설의 연구	出石誠彦(이츠시 요시히코) 著		中央公論社

새로운 매체, 오래된 전통

: 『점석재화보(點石齋畫報)』의 거상(巨像) 이미지를 중심으로*

이성현

1. 『점석재화보(點石齋畫報)』와 역사적 "가정(假晶)"

1884년 5월 8일 상해에서 창간된 『점석재화보(點石齋畫報)』는 중국 최초의 본격적인 화보(Illustrated News)[1]이다. 1898년 8월 중순[2] 종간호 제528호를 내기까지 15년간 총 4,662편[3]의 글과 그림을 하나의

---

  * 이 글은 「기이한 근대-『점석재화보』의 거상 도상을 중심으로」라는 제목으로 『중국현대문학』 74집(한국중국현대문학학회, 2015. 9)에 발표된 바 있으며, 본 총서의 기획에 맞추어 일부 수정하였다.

  1) 서구의 "illustrated news"를 번역한 "畫報"라는 한자조합이 지면에 최초로 등장한 것은 1877년 5월 12일자 『신보』 6면 광고(「寰瀛畫圖待售」)의 본문에 언급된 『寰瀛畫報』의 발간예고를 통해서이다.

  2) 여러 자료를 종합한 결과 종간호의 발행일은 1898년 8월 13일로 추론하는 것이 합당하다. 이성현, 「『점석재화보』 연구」(서울대 박사학위논문, 2019).

  3) 전체 목록은 4,666편이다. 그중, 동일 주제를 묶은 시리즈의 표제와 후기(「朝鮮亂略」 서/발, 「緬亂述略」, 「吳大中丞勘災紀事詩圖」) 등 문자로만 이루어진 4편을 제외하

화면 프레임 안에 구성한 뉴스를 열흘에 한 번 전국 단위로 유통시켰다. 그 내용은 정치, 사회, 외교, 대중문화, 신문물, 일상생활, 민간신앙, 민속, 세태풍자, 기담 등 다양한 범위를 포괄하고 있다.

발간 직후 『점석재화보』는 중국 각지의 독자들로부터 즉각적인 환영을 받았으며, 그 후 오랫동안 이미지를 사용하는 여러 매체에 직간접적인 영향을 미쳤다. 적어도 19세기 말 20세기 초에 유통된 정기간행물의 삽화, 광고, 영화 등에서 『점석재화보』의 매체적 특성이나 그림 양식의 영향을 쉽게 확인할 수 있다. 그러나 정통 문단과 예술계에서 『점석재화보』의 글과 그림을 전문적으로 연구하거나 관련기록을 남겼던 흔적은 확인할 수 없다. 이 매체에 대한 당시 독자들의 반응을 확인할 수 있는 정보는 굉장히 빈약하다. 상황은 발간 주체인 『신보(申報)』 쪽도 마찬가지여서, 창간사와 광고 등을 통해 사주인 어니스트 메이저(Ernest Major)와 알려지지 않은 초기 편집인의 발간 의도를 간접적으로 확인할 수 있을 뿐, 실제 『점석재화보』의 제작에 참여한 사람들의 창작의도, 글과 그림 각각의 저자 분포, 시기별 잡지의 주편 등에 대해서는 거의 알려져 있지 않다. 이러한 정보의 부재는 『점석재화보』의 매체적 특성과 그 내용에 대한 당시의 가치평가가 어떠했는지를 보여주는 간접적 증거이다. 20세기 후반에 이르러 학술분야에서 이미지에 대한 가치평가가 달라지고 연구영역이 확대되기 전까지 『점석재화보』는 소수의 애호자들의 수집대상이거나, 기본적인 고증의 차원에서 제한적인 연구분야로 남아 있었다.

20세기 후반에 이르러 『점석재화보』에 대한 본격적이고 종합적인 연구가 시작되었을 때 이 잡지를 어떻게 규정할 것인가를 둘러싼 여

면, 글과 그림으로 구성된 『점석재화보』 본편은 총 4,662편이다.

러 접근법이 나타난 이유도 이러한 상황에서 기인한 바가 크다. 방대한 분량의 잡지 전편이 거의 그대로 남아 있어4) 텍스트의 내용을 개별적으로 분석하거나, 그림 한두 장을 골라 기존 역사서술의 시각적 근거로 활용하는 정도는 큰 문제가 없다. 『점석재화보』가 재현한 신문물이나 당시 도시의 일상풍경은 문자가 전하지 못하는 직접성을 가지고 있기 때문이다. 즉 지금까지 『점석재화보』는 주로 기존 역사서술을 보완하거나 시각적으로 입증하는 역할을 담당해 왔다. 이 경우 『점석재화보』의 그림이 실제모습을 어느 정도 사실적으로 재현하고 있다는 전제가 필요하다. 여기서 조금 더 확장하여, 『점석재화보』의 성격을 시사 뉴스를 주로 그리는 시사 화보로 규정하고, 이를 통해 중국근대사와 상해의 역사를 재구성할 수 있는 자료로 판단하는 연구도 있다. 다시 말해, 소재의 측면에서 『점석재화보』를 이용하는 연구는 풍부하지만 『점석재화보』 자체에 대한 연구는 여전히 미진한 부분이 있다.

1990년대 이후 본격적으로 시작된 『점석재화보』 연구는 (방법론이 아니라) 그 추구하는 방향에 있어 크게 근대적 경향과 전통적 경향으로 나눌 수 있다. 『점석재화보』 연구에 있어 근대적 경향의 연구는 현대적 시각에서 "기이한" 요소를 분석대상에서 제외하고 서구 및 근대와 관련된 부분을 부각하는 방식으로 이뤄져 왔다.5) 반면에 전통

---

4) 1897년 점석재서국의 중인본을 근거로 『점석재화보』(廣東人民出版社, 1983年(5函 44集 528号)에서 영인한 이후부터 텍스트 전편을 활용할 수 있었다. 다만 표지와 광고 등이 빠져 있으므로, 잡지의 원모를 연구하기 위해서는 전세계 도서관에 흩어져 보관중인 초간본을 확인해야 한다.

5) 陳平原, 王爾敏 등의 학자가 대표적이다. 陳平原 이후 대륙의 『점석재화보』 연구는 기본적으로 이 관점을 전제하고 있다. 중국 근대를 규정하는 "충격-반응" 도식은 이론 측면에서는 많은 비판을 받아왔고 여러 수정된 의견이 제기된 바 있다. 그러나 실제 개별연구에서는 충격-반응, 서구-중국, 근대-전통 등의 이분법이 별도의 설명이

적 경향의 연구에서는 『점석재화보』의 근대적 성격을 다소 인정한 상태에서 그럼에도 불구하고 기사의 상당수를 차지하는 "기이한" 내용의 성격을 논의하기 위한 다양한 접근을 하고 있다.[6] 연구방향에서의 이러한 경향성은 분석대상의 선택에서 이 매체의 성격규정에까지 영향을 미친다.[7] 여러 화가에 의해 다년간 독자에게 흥미를 끌 수 있고 소개할 만한 가치가 있는 온갖 소재가 다뤄지고 있다는 점을 고려할 때, 특정 소재를 통해 『점석재화보』의 성격을 규정하는 것은 무리이다.

소재의 잡다함은 이 잡지의 특징이다. 잡다하게 펼쳐진 글과 그림 속에 그 시기를 관통하는 다양한 일상적 경험이 녹아 있다. 전통적인 외양 아래 변화된 근대적 일상이 잠복되어 있고, 새로운 지식을 수용하는 과정에서 그것에 익숙한 형태를 부여하는 옛 형식이 여전히 작용하고 있다. 오래된 강력한 문화인 중국의 근대 경험에서 쉽게 발견할 수 있는 이러한 "역사적 가정(Pseudomorphosis)"[8] 현상은 『점석

필요하지 않은 하나의 출발점으로 기능하고 있는 것도 사실이다. 서구라는 공간은 근대라는 시간 개념으로 등치되며, 중국적인 것의 함의는 전근대적이고 극복되어야 할 대상이 된다. 『점석재화보』가 90년대 이후 연구대상으로 호명되었을 때 가장 먼저 필요한 일은 연구할 가치가 있는 텍스트로 격상시키는 작업이었고, 그에 따라 "서구 문물과 신지식을 소개하는 근대적인 시사잡지"라는 성격규정이 일반화되었다.
6) 전통문화의 요소와 지괴식의 토착적 이미지에 주목한 李孝悌와 weird, strange 등의 개념을 통해 매체 자체의 성격을 고찰한 Rania Huntington 등이 대표적이다.
7) 근대적 연구경향을 지닌 학자들도 『점석재화보』가 지닌 전통적 경향을 완전히 부정하지는 않는다. "나는 화보가 다루는 내용 중 특히 '시사'와 '신지식'에 주목하며, 마찬가지로 많은 분량을 차지하는 '인과응보'와 '기담'은 다루지 않겠다."(陳平原) 다만 그들이 규정한 이 매체의 특성에서 벗어난 소재에서 어떤 학술적 가치를 발견하기 어려워 제처둔 것이다. 이에 반해 전통적 경향을 지닌 일부의 학자들은 전통적 요소의 중요성을 강조하는 와중에 그러한 요소에까지 스며있는 서구적이고 근대적 면모에 대해 충분히 분석하지 못한다.
8) 슈펭글러가 처음 고안한 이 개념은 "오래된 외래문화가 어떤 지역에서 아주 강력해

재화보』의 매체적 특성이자, 각 화보의 기저를 관통하고 있다. '언어'를 옛 '형식'의 대표로 봤을 때 "역사적 가정(假晶)"이란 "오래된 강력한 문화의 영향권 안에서 탄생한 새로운 문화가 자신의 고유한 분투와 비전을 오래된 문화의 언어로 표현하게 되는 현상, 다시 말해 오래된 문화의 언어가 가지는 의미들이 새로운 문화의 언어가 가지는 의미들에 그림자를 드리우게 되는 현상이다."9) "새 술을 헌 부대에"라는 격언을 문명적 층위로 구조화한 것이라고 할 수 있으며, 실질적 내용에서 차이가 나지만 기본발상은 "중체서용(中體西用)"과 크게 다르지 않다고 볼 수 있다.10) 번역에서 가정(假晶)의 형성과정을 구체적으로 경험할 수 있는데, 어떤 면에서는 번역의 결과 얻게 되는 물

서 젊은 문화가 숨을 쉴 수 없게 눌러, 순수하고 독특한 표현 형태를 형성할 수 없을 뿐 아니라 자신의 자의식을 충분히 발전시킬 수도 없는 경우"를 지칭한다. 假晶이란 원래 한 광물이 다른 광물의 결정형을 가지게 되는 경우를 지칭하는 광물학 용어인데, 광물a의 결정이 용해되어 없어진 후 광물b가 광물a의 틀에 충전되어 "내부 구조와 외부 형상이 모순되는 결정을 형성하여, 다른 종류의 돌 모양을 한 어떤 돌"이 되는 현상이다. 오스발트 슈펭글러, 박광순 옮김, 『서구의 몰락』, 범우사, 1995, 5-6쪽, (일부 수정된 번역). "'가정(假晶)'이란 개념을 지성사에 소개함으로써, 슈펭글러는 새로 조직되는 원칙과 강력한 오랜 형식 …… 사이의 비극적 관계를 파악할 수 있게 해 주었다."(Michael Waldstein, "Hans Jonas' Construct "Gnosticism": Analysis and Critique", *Journal of Early Christian Studies* 8:3 (2000), p. 354.) 중요한 것은 틀의 역할을 하는 오랜 형식과 그 틀의 형상으로만 대지에 뿌리내릴 수 있는 새로운 문화의 관계에 대한 설정이므로, 중국에 적용하면 "오래된 외래문화"라는 말을 "오래된 중국의 고유문화"로 바꿔야 할 것이다. 중국문화라는 (빈?) 틀은 어떠한 새로운 문화도 다른 결정형을 가지게 할 정도로 강력했다. 대표적인 것이 불교와 서구 근대이다.
 9) 지그프리트 크라카우어, 김정아 옮김, 『역사, 끝에서 두번째 세계』, 문학동네, 2012, 58쪽.
10) 중학(中學)과 서학(西學)의 내용 및 체용(體用)의 철학적 함의에 대한 해석에 따라 달라질 수 있지만, 중체서용을 "이질적 문화를 받아 그것을 수용해야 하는 상황에서 거의 보편적으로 일어날 수 있는 하나의 논리구조"로 봤을 때 역사적 가정(假晶)과 그 출발점을 같이 한다고 할 수 있다. 민두기, 「중체서용론고」, 『중국근대개혁운동의 연구』, 일조각, 1985, 52-3쪽.

질적 형식은 기본적으로 "가정(假晶)"이라고 볼 수 있다.[11] 선장본(線裝本) 책의 외양, 전통회화, 글과 그림의 공존 등 『점석재화보』가 채택한 옛 형식은 서구의 illustrated news라는 새로운 매체를 당시 중국 독자에게 익숙한 형태로 변용시켰다. 익숙한 형태 속에 깃든 이질적 실질을 대면할 때 받게 되는 뒤틀림은 기이함을 불러온다. 이런 면에서 "기이함"이란 단순히 소재의 차원이 아니라 형식적 차원에서 받게 되는 효과이다.

"그로테스크는 미지의 '무엇'을 구체화한 것이다."[12] 이 '무엇'의 존재가 세력을 떨친 시기들은 "기존의 세계관에 대한 믿음, 이전 시대의 안전한 세계 질서에 대한 믿음이 흔들리던 때"였다.[13] 본문에서는 구체적인 실제 이미지를 떠올리기 힘든 새로운 정보를 받아들였을 때 어떠한 오래된 옛 형식들이 작동하는지 살펴보겠다.

2. 해외 뉴스와 재현의 문제: "동인과해(銅人跨海)"

1887년 10월 2일(127호) 『점석재화보』에 게재된 "바다를 가로질러 서 있는 동상"(銅人跨海)이란 제목의 이 화보는 형태적으로 기괴한 이미지를 재현하고 있다. 陳平原이 『도상만청』에서 분류한 "中外紀聞",

---

11) 번역은 출판언어의 기의를 도착언어의 기표와 결합시키는 행위이다. 이때 도착언어의 기표가 원래 갖고 있던 기의의 간섭을 받게 되므로, 학술, 패션 등 전문용어에서는 출판언어의 기표까지 그대로 사용하는 것을 선호한다.

12) 볼프강 카이저, 이지혜 옮김, 『미술과 문학에 나타난 그로테스크』, 아모르문디, 2011, 304쪽. 미학용어로서의 '그로테스크'와 '기이함'을 직접 연결시키려는 것은 아니며, 그로테스크가 발현되는 구조적 측면, 생경해진 세계를 통해 느끼는 낯섦과 당혹스러움이라는 본질적 특성에 주목한다.

13) 볼프강 카이저, 위의 책, 309쪽.

"官場現形", "格致彙編", "海上繁華"의 4대 주제 중 이 화보는 과학을 기반으로 한 신지식을 소개하는 "格致彙編"에 포함된다.[14] 그런데 여기서 어떠한 과학이나 신지식을 떠올릴 수 있을지 그림만으로 쉽지 않아 보인다.

〈그림1〉 "바다를 가로질러 서 있는 동상"(銅人跨海),
『점석재화보』 1887년 10월 2일(127호)

해외에서 전해들은 소식을 그림으로 재구성한 것인데, 그림이 소재로 삼은 대상이 어느 지역의 어떤 동상인지 유추하기가 쉽지 않다. 강 혹은 바다를 가로질러 서 있는 동상의 거대한 규모는 가랑이 사이

---

14) 陳平原·夏曉虹, 『圖像晩淸』, 百花文藝出版社, 2006, 245쪽.

를 지나고 있는 범선과의 비교를 통해 시각적으로 제시된다. 바다를 항해하는 범선은 동상의 규모를 드러내기 위한 장치로 기능하며, 배경은 특정한 지리적 정보를 거의 담고 있지 않다. 손에는 가스등처럼 생긴 등불을 들고 있으며, 남성 형상이다. 『점석재화보』에서 오랑캐나 요괴 같은 타자를 묘사할 때의 전형에서 크게 벗어나지 않지만[15] 일반적인 기념물이 지녀야 할 신성함과는 거리가 멀다. 현재 지구상에 이러한 동상은 존재하지 않기에 직접 목격한 경험담을 그대로 재현했다고 보기는 힘들다.

　　『점석재화보』의 그림은 대부분 자족적이지 않다. 그림만으로 특정한 사건을 재구성하거나 그 의미를 재구성할 수 있는 화보는 제한적이다. 현장의 사실적 재현은 상해의 길거리 풍경은 사진 이미지에 근접하지만, 중국, 해외, 변방의 순서로 점점 상상 너머로 멀어진다. 이에 반해 여백에 기입된 기사는 글만 떼어놓아도 단독적으로 이야기가 완결되고 있다. 그림은 글과의 조응을 통해서 의미를 파악할 수 있게 고안되어 있으며, 일부는 의도적으로 기사의 내용과 다른 이미지를 재현하기도 했다.[16] 이 화보의 경우 그림만으로 지시대상을 파악하기 힘들기 때문에 기사를 통해 그림이 전하고 있는 내용과 이러한 소재를 선택하게 된 이유를 살펴보자.

　　한무제 때 동으로 신선을 주조함에 그 높이가 달에 가닿을 듯 구름 위

---

15) 민정기, 「근대 중국의 '타자'들」, 『중국 근대의 풍경』, 그린비, 2008.
16) 대갓집 자제가 직접 마차를 몰다 인력거와 부딪쳐 낭패를 당한다는 기사의 내용과 달리 그림은 위세당당하게 마차에 앉은 귀공자에게 인력거꾼이 용서를 구하는 것으로 묘사된 "拉繮受苦"(1887년 8월 24일)이 대표적이다. 『중국 근대의 풍경』, 168-9쪽. 그림만 볼 수 있는 독자와 글까지 읽을 수 있는 독자를 구분하고 있음을 보여준 대표적인 사례로 볼 수 있다.

까지 치솟아 올랐다고 전하는데, 역사책을 기록하면서 지나치게 과장한 게 아닌가 의심하곤 했다. 최근에 해외에서 돌아온 어떤 사람의 말에 따르면, '러더 섬(樂德海島)'의 항구에 동상 하나가 바다를 가로질러 서 있는데, 그 가랑이 아래로 범선이 지나갈 수 있을 정도로 크다고 한다. 왼손에는 등을 들고 있어 불을 피우면 수십 리 밖으로 빛을 비춰 야간운행하는 선박들이 항구를 알아보고 배를 정박할 수 있게 하였다. 또 다음과 같이 전했다. 이 동상을 만들 때 매일 천 여 명이 달려들어 12년 만에 완공했다. 등불을 밝히는 법은 특히나 신기한데 동상의 중간을 비우고 나선식의 계단을 만들어 내부를 통해 올라가면 (동상의) 손까지 한 계단씩 오를 수 있다. 그 말을 들은 이가 웃으며 다음과 같이 말했다. "당신 말대로라면 용모는 정말로 당당한 것 같은데, 속 빈 강정이란 게 안타까울 뿐이구려."[17]

일반적으로 그림의 여백에 위치한 『점석재화보』의 텍스트 부분은 제목, 기사(도입부, 본론, 결론), 그리고 본문에 대한 평어를 새긴 인장으로 구성된다. 문언으로 작성된 이 텍스트 부분은 화보에서 주도적인 위치를 차지하지 못하는 것으로 생각될 수도 있다. 문체를 통해 봤을 때 독창적인 기교를 부리기보다는 관습적인 표현 위주로 되어 있어 사서오경 정도만 읽은 사람이면 누구나 쉽게 이해할 수 있었다.[18] 이 글이 『신보(申報)』의 기사였다면 서두의 한무제 관련 고사

---

17) 漢武帝范銅爲仙人, 以玉盤承露, 高出雲表. 或疑史冊所書未免鋪張過分. 近有客自海外歸, 言樂德海島之港口, 有銅人一具, 跨海而立, 其胯下能容大舶經過 ; 左手執燈, 燃之, 光照數十里, 俾夜行者得認識港口, 以便靠泊. 據云, 創造之時, 每日鳩工千餘人, 凡十二年而後成. 至點燈之法, 尤爲奇巧 : 空其中, 爲旋螺式之暗梯, 自內而登, 由是至手, 可拾級趨焉. 聞者笑曰 : "如子言, 固堂堂一表也, 但惜其爲空心貨耳.

18) 王爾敏, 「中國近代知識普及化傳播之圖說形式—點石齋畫報例」, 『中央研究院近代史研究所集刊』 1990년 제19기(台北: 中央研究院近代史研究所), 166쪽.

와 마지막 평어 없이 최근 해외 동정에 대한 객관적인 진술만 전했을 것이다. 『점석재화보』는 사건에 대한 정보만 전하는 것이 아니라 어느 정도 완성된 하나의 이야기 구조를 지향한다.[19] 먼저 인용으로 시작되는 도입부이다. 이 부분은 전고(典故)의 활용 등을 통해 이미 알고 있는 지식체계에 근거하여 새로운 것을 이해하게 하는 관문의 역할을 하며, 일회적인 사건보다 보편적인 현상임을 환기한다. 사건에 대한 진술은 『신보(申報)』와 유사하지만 문장은 보다 정돈되는 편이다. 그리고 이어지는 것은 본론에서 제시된 사건에 대한 가치 평가를 담은 결론 부분인데, 이는 『요재지이』에서 "異史氏曰"로 간단한 평어를 붙이는 것과 유사한 형식이다. 이러한 구성을 통해 알 수 있는 것은 『점석재화보』가 그 소재의 선별 뿐 아니라 기사 작성에서도 『신보(申報)』와는 다른 방식을 채택하고 있다는 점이다. 그 결과 뉴스는 사라지고 이야기가 등장한다. 일회적 사건에 대한 정보의 제공이라는 목적에서 벗어나 도덕적이고 교훈적인 내용을 지닌 보편적인 서사로 재탄생하는 것이다.

이러한 지괴식 서사가 전하는 핵심정보는 등대 역할을 겸한 거대한 동상에 대한 간략한 전언이다. 같은 날 『신보(申報)』에 게재된 해당호 광고에서도 여기서 제시된 이상의 추가정보는 확인할 수 없다.[20] 등대에

---

19) 『신보(申報)』를 출처로 하는 기사는, 1. 『신보(申報)』의 기사를 거의 그대로 가져오는 방식, 2. 기사 중 본론에 해당하는 부분을 주로 취하여 화보에 맞게 재구성하는 방식, 3. 『신보(申報)』에 여러 날짜에 걸쳐 소개된 기사를 조합하여 재구성하는 방식 등으로 『점석재화보』에 활용된다. 『신보(申報)』의 기사를 그대로 가져오는 경우는 그 자체로 서사구조가 충족되어 있기 때문이라고 할 수 있다.

20) 『申報』, 1887년 10월 2일, 「一百二七號畫報並新增遊遊隨錄圖記出售」: 西人長於製造, 每創一物不惜工本, 不計時日爲一勞永逸之計. 樂德島海島港口爲輪船往來要道, 每當夜色朦朧, 行船往往失事, 乃鳩工千人經營十二年之久, 鑄成銅人一具. 手持明燈, 高擎遠照. 西人利之, 屬繪圖登報以誌善擧.

〈그림 2〉 *Frank Leslie's Illustrated Newspaper*, June 13, 1885

관한 항목은 10여 년 전부터 여러 매체에 소개되고 있었다. 예를 들어 1878년 『소해월보(小孩月報)』의 「등탑」[21]에서 삽도와 함께 등대에 대한 일반적인 설명을 싣고 있다. 또한 1882년 『화도신보(畵圖新報)』의 「건축등탑」[22]에서도 삽도와 함께 영국 등지의 등대에 대해 소개하고 있으며, 당시 중국에 설치된 등대들도 나열하고 있다. 따라서 기사의 초점은 등대의 효용에 대한 소개보다 거대한 동상의 규모에 있다.

기사 제작 당시 상술한 내용과 가장 부합하는 거대 규모의 기념물 중 실존하는 것은 뉴욕의 리버티섬(Liberty Island)에 세워진 "자유의 여신상(Statue of Liberty)"[23]이다. 러더 섬(樂德海島)이란 지역 표기가 완전히 부합하지는 않고, (왼손이 아닌) 오른손에 횃불을, 왼손에는 독립선언서를 들고 있고 여신이며 다리를 모으고 서 있다는 점 등에서 형태적인 차이가 있지만, 12년 만에 완공되었으며(1875년 제작, 1886년 헌정식), 횃불까지 나선형의 비좁은 계단이[24] 있다는 점 등의

---

21) 「燈塔」, 『小孩月報』 第三卷 第10期 (1878), 2쪽. 동일한 내용이 「燈塔」, 『畵圖新報』 第2卷 第1期 (1881), 259쪽에도 소개되고 있다.

22) 建築燈塔(附圖)『畵圖新報』 第3卷 第8期 (1882), 91-92쪽.

23) 정식명칭은 "Liberty Enlightening the World"이다.

24) 1916년 1차 대전의 와중에 독일의 테러로 주로 오른손 횃불 부위에 손상이 있었으며, 수리 후에도 안전상의 이유로 횃불로 통하는 12m의 가파른 사다리 통로는 지금

정보는 일치한다. 횃불의 빛이 밝지 않아 처음부터 등대로서의 기능은 유명무실했지만, 1901년까지 미국등대국에서 관리했으며 등대 역할을 수행했던 것은 사실이다.[25] 또한 바로 1년 전에 완공되었으므로 "최근에 해외에서 돌아온 어떤 사람"이 관련정보를 접하기에 시기적으로도 적당하다. 따라서 형태적인 차이에도 불구하고 『점석재화보』에서 묘사하려고 했던 동상이 "자유의 여신상"과 연관되어 있음을 추정할 수 있다.[26] 동상의 높이는 46m인데 받침대를 포함하면 횃불까지 93m에 이르러 그 아래로 거대한 범선이 지나다닐 수 있다.

옷주름까지 비슷하게 묘사했지만, 『점석재화보』가 "자유의 여신상"과 가장 다른 점은 두 다리를 벌리고 서 있다는 점이다. 그게 아니라면 이 기사는 딱히 기이하지 않으며, 陳平原처럼 등대 기능을 하는 서구의 거대한 동상을 소개한 해외동정 정도로 분류할 수 있을 것이다. 뉴욕임을 명시적으로 밝히고 있는 1891년『격치휘편(格致匯編)』의 등대에 관한 소개와 정보의 측면에서는 크게 다르지 않다.[27] 뭔가

까지 폐쇄되어 있다.

25) http://en.wikipedia.org/wiki/Statue_of_Liberty ; http://zh.wikipedia.org/wiki/自由女神像

26) 기사의 관점이나 그림의 핍진성을 통해 봤을 때 영국인 사주 메이저는 창립 초기와는 달리 적어도 이 시기에는 『점석재화보』의 제작과정에 직접적인 관여하지 않은 것으로 보인다. 紐約口岸總圖(1886), 長橋(1893) 등에서 알 수 있듯 초기에는 서양 화보를 그대로 모사한 사실적인 묘사와 정확한 정보를 담은 화보가 중국인 화가에 의해 그려졌다.

27) "각국의 해변에 등대를 설치하여 왕래하는 선박들이 멀리서 보고 위험을 피할 수 있게 했다.……미국 뉴욕 항에는 바다 가운데 큰 동상이 서 있는데, 높이가 백 척이나 되어 낮에 보면 장관이다. 밤이 되면 동상의 손에 들고 있는 전기등의 빛이 매우 밝아 항구의 사방에서 그것을 볼 수 있으므로, 야간항해 선박들의 왕래에 크게 도움이 되었다."(前各國海邊設有燈塔, 以便往來之船望而避險, 全賴動植物油燈映以精良回光鏡. 後改用上等火油燈, 其光更亮. 如塔甚高, 光能遠及百里. 近來燈塔則用電氣燈, 光亮更能遠射. 美國紐約大埠, 海中立大人像, 高數百尺. 日觀爲勝景；入夜, 人像手

기괴하다고 느껴지는 것은 범선을 초라하게 만들 정도의 거대한 규모와 바다를 가로 질러 다리를 벌리고 서 있는 엉거주춤한 자세에서 기인한다. 이는 직접 목격하지 못했거나 시각적 참조물이 없는 상태에서 해외에서 돌아온 사람이 전하는 말을 이미지로 전환하는 과정에서 생긴 왜곡인가, 아니면 그것을 이야기로 만들고 시각적으로 재현하는 데 참고했을 다른 문화적 기반이 있었을까? 그에 대한 해답의 단초를 청초 『곤여도설(坤輿圖說)』의 한 그림에서 확인할 수 있다.

3. 「칠기도설(七奇圖說)」 : 지도와 세계의 경이

3.1. 「칠기도설(七奇圖說)」의 "동인거상(銅人巨像)" 형상

아래 그림은 페르비스트(Ferdinand Verbiest; 南懷仁, 1623-1688)[28]의 『곤여도설(坤輿圖說)』에 포함된 "세계 7대 불가사의"(Seven Wonders of the World)[29]를 설명하는 "칠기도설(七奇圖說)" 중 두 번째 그림인데, "동인거상(銅人巨像)"이란 제하에 "로도스의 거상"(Colossus of Rhodes)을

中擊電氣燈, 光亮甚大, 海口四周均能見之, 夜船往來大得其便). 서양의 여러 조명등에 대해 설명하고 있는 이 글은 곧 이어서 중국 해변에 새로이 설치된 등대와 영국의 스케리보어 등대(skerryvore lighthouse)에 대한 간단한 설명과 삽화를 싣고 있다. 「西燈略說」(附圖), 『格致彙編』 第6卷 秋(1891), 26쪽.

28) 페르비스트: 벨기에 출신 예수회 선교사로, 1658년에 중국에 첫 발을 디딘 후 1660년부터 아담 샬(湯若望)을 도와 흠천감(欽天監)에서 천문과 역법 관련 일을 했다. 1674년 「곤여전도(坤輿全圖)」와 『곤여도설(坤輿圖說)』을 간행했다.

29) 이른바 "고대의 세계 7대 불가사의"에는 "이집트 기자의 피라미드, 바빌론의 공중정원, 알렉산드리아의 파로스 등대, 에페소스의 아르테미스 신전, 마우솔로스의 영묘, 올림피아의 제우스 상, 로도스의 거상"이 포함된다.

표현하였다. 관련 문자 설명은 다음과 같다.

〈그림 3〉 "銅人巨像", 『坤輿圖說』, 「七奇圖說」

　　로도스 섬에서는 높이 30장(약 100m)의 사람을 주조하여 항구에 세웠
는데, 그 손가락은 한 사람이 껴안기 힘들 정도로 컸다. 두 발은 돌 받침
대를 딛고 서 있는데, 가랑이 아래는 큰 선박이 지나다닐 수 있을 정도
로 높았다. 오른손에 등을 쥐고서 야간에 빛을 비추어 선박이 항구를 알
아차리고 정박할 수 있게 이끈다. 동상의 내부는 비어 있는데, 발에서 손
까지 이어진 나선형의 계단으로 올라가 등을 켤 수 있다. 동상을 제작하
기 위해 매일 천여 명이 투입되어 12년 만에 완성되었다.[30]

---

30) "樂德海島鑄一人, 高三十丈, 安置於海口, 其手指一人難以圍抱, 兩足踏兩石臺, 跨下
　　高壙能容大舶經過, 右手持燈, 夜間點照, 引海舶認識港口叢舶. 銅人內空通, 從足至

이 삽화는 한 눈에 『점석재화보』의 「동인과해(銅人跨海)」와 유사한 면이 많다. 문자로 제공된 관련 정보 또한 일치한다. 우선 "樂德海島"라는 지명에서 시작하여 여러 관련 정보가 일치하며, 돌로 된 기단 위에 양다리를 벌리고 서 있고 그 아래로 범선이 지나간다는 점도 동일하다. 거상에 대한 문자 정보는 크게 차이가 없지만 이 삽화는 『점석재화보』와 다른 특징을 지니고 있다. 오른손에 활을 쥐고 있으며, (문자설명과는 달리, 그러나 『점석재화보』와 마찬가지로) 왼손에 등을 들고 있다. 등에서는 연기가 피어오르는데(『점석재화보』는 이미 가스등의 시대이다.), 연기의 묘사에 중국의 전통적인 구름, 안개 등을 묘사할 때의 문양이 나타난다. 소년의 얼굴이며 복장도 다르다. 이러한 몇 가지 차이에도 불구하고, 이 삽화와 문자 설명이 『점석재화보』의 도상과 기사에 영향을 준 것은 분명하다. 공학적으로 실현 불가능할 것 같은31) 쩍 벌린 두 다리의 연원을 밝히기 위해 『곤여도설』과 "세계 7대 불가사의"를 나눠서 살펴볼 필요가 있다.

3.2. 확장된 세계와 박물: 『곤여도설坤輿圖說』과 「곤여전도坤輿全圖」

당시 중국에는 이미 마테오 리치(Matteo Ricci; 利瑪竇, 1552-1610),

手有螺旋梯升上點燈. 造工者, 每日千餘人, 作十二年乃成.", 南懷仁, 『坤輿圖說』 2 卷, 叢書集成初編. 商務印書館, 1937, 219-220쪽.

31) Neville F. Rieger, "Engineering Aspects of the Collapse of the Colossus of Rhodes Statue," In, *International Symposium on History of Machines and Mechanisms : Proceedings HMM2004* Dordrecht: Kluwer Academic Publishers, 2004, 69-85쪽. 고대문헌에 묘사된 다리를 벌린 거대한 동상의 공학적 문제점에 대한 세부적인 자세한 분석을 확인할 수 있다.

알레니(Giulio Aleni; 艾儒略, 1582-1649), 삼비아시(Francesco Sambiasi; 畢方濟, 1582-1649) 등 예수회 선교사들에 의해 세계지도와 지리지가 간행되고 있었다. 이들은 서구의 지리학적 성과를 중국으로 옮겨오는 한편 서구에 중국의 지리학적 지식을 유럽에 소개하였다. 중국에 관한 지리 지식을 확장하고 중국 인쇄술로 출판하는 것은 장기적으로 예수회의 선교 활동에도 부합하는 것이었다.

「곤여만국전도(坤輿萬國全圖)」(1602)를 제작한 마테오 리치는 당시 대서양 중심의 오르텔리우스(Abraham Ortelius, 1527-1598) 지도 (*Theatrum Orbis Terrarum*, "세계의 극장"; 즉 중국이 지도 동쪽 끝에 위치하고 비율이 왜곡되어 실제보다 작게 그려진 방식)에 대한 중국인의 충격을 상쇄하기 위해 태평양을 기준으로 하여 중국이 좀 더 크고 중심에 위치할 수 있게 그렸다.[32] 그럼에도 확장된 세계의 규모에 상대적으로 작아진 중국의 크기, 중국이 천하 자체가 아니라 萬國 중 하나에 불과하다는 사실에 당시 중국인들은 시각적 충격을 받았을 것이다.[33]

마테오 리치 이후 서구의 지리적 발견의 성과를 반영한 세계지도가 중화적 지리 관념을 시각적으로 흔들었다면, 서구의 지리학적 관점으로 쓴 최초의 중국어 세계지리 서적인 『직방외기(職方外紀)』(1623)는 "직방(職方)"으로 대표되는 중국의 전통적인 지리범주를 넘

---

32) John Gillies, *Shakespeare and the Geography of Difference* (Cambridge University Press, 1994), 51쪽.

33) Hui-Hung Chen, "The Human Body as a Universe Understanding Heaven by Visualization and Sensibility in Jesuit Cartography in China," *The Catholic Historical Review*, vol. 93, no. 3, 2007, 524-5쪽, 529쪽. 그러나 마테오 리치 등 선교사의 지도와 지리지식은 제한된 범위에서만 영향을 주었을 뿐, 19세기까지 대부분의 지도는 전통방식으로 제작되었다.

어선 외부세계의 정보를 제공함으로써 중화적 세계인식의 외연을 확대하는 역할을 했다. 알레니가 소개한 "직방" 바깥 세계의 묘사는 명말의 기이함을 추구하는 문화예술계의 취향과 맞물려, 많은 중국 문인들이 이국적 기이함에 매혹되기도 하였다.[34]

17세기 후반 예수회 지도제작의 가장 중요한 성과로 평가되는 페르비스트의 「곤여전도(坤輿全圖)」(1674)는 선배 선교사들이 채용한 지명 표기를 상당 부분 참고했고,[35] 마찬가지로 대양의 넓은 공간에 배와 동물들로 장식되어 있으며, 지도의 여백 곳곳에 텍스트 설명을 삽입하는 등[36] 여러 면에서 이전의 전통을 잇고 있다. 그러나 「곤여전도(坤輿全圖)」는 앞선 중국판 세계지도의 단순한 수정으로 보기 힘든 다른 면모를 갖추고 있다. 형식적으로는 중국 최초의 두 개의 반구로 구성된 세계지도이며, 메르카토르 도법을 최초로 적용한 중국 지도라는 점이 특기할 만하다. 다른 선교사의 지도에 포함된 동물은 소수였으며 바다 괴물에 한정되었지만, 「곤여전도(坤輿全圖)」는 훨씬 다양한 이국적이거나 상상의 동물을 싣고 있다. 이 23종의 동물 삽화는 『곤여도설』에도 수록되어 있는데, 이를 포함한 『곤여도설』의 삽화와 설명은 상당 기간 중국에 많은 영향을 끼쳤다. 그 결과 『곤여도설』은 「고금도서집성(古今圖書集成)」에 수록되었으며 많은 음역 명칭

---

34) 鄒振環, 「『職方外紀』: 世界圖像與海外獵奇」, 『復旦學報(社會科學版)』 4, 2009, 53 - 62쪽.

35) 앞선 시기의 표기를 반영하되 일부 수정된 부분에 대해서는 다음 논문이 잘 고증하고 있다. Hartmut Walravens, "Father Verbiest's Chinese World Map (1674)," *Imago Mundi* 43, no. 1, 1991, 31-47쪽.

36) 서구 지도에는 대부분 지명을 제외한 텍스트 설명이 상당히 제한적으로만 활용된다. 서구회화에 비해 그림 속에 문자가 포함되는 것이 자연스러운 중국회화의 전통을 잘 이용한 것이라 할 수 있다. 페르비스트는 한 걸음 더 나아가, 좌우 양쪽 두 폭의 화면을 통째로 지리학과 기상학을 설명하는 텍스트들로 배치하였다.

들이 중국어와 만주어 사전에 포함되었다.37)

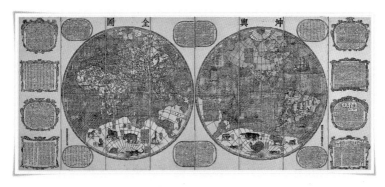

<그림 4>「坤與全圖」(1674년) 173.3×405.0cm

　「곤여전도(坤與全圖)」와 같은 해 간행된 『곤여도설(坤與圖說)』은 이
「곤여전도(坤與全圖)」의 지도 내용을 해설하기 위해 제작되었다는 해석
이 일반적이다.38) 그러나 鄒振環은 『곤여도설(坤與圖說)』이 1674년 판각
이전에 존재하였을 『곤여격치약설(坤與格致略說)』의 수정판이며, 「곤여
전도(坤與全圖)」의 제작과 『곤여도설』의 편찬은 동시에 진행되었을 것
으로 본다. 오히려 <곤여전도(坤與全圖)>가 Nicolaus a Wassenaer의
1661년 지도를 포함하는 등 더 최신 성과를 참고하여 제작하였다고 판단
한다.39) 즉 『곤여도설』은 『곤여격치약설(坤與格致略說)』을 기초로 인문

---

37) Hartmut Walravens, "Father Verbiest's Chinese World Map", 1674, 34쪽.
38) 樊洪業, 『耶穌會士與中國科學』, 中國人民大學出版社, 1992, 151쪽. 한편 「坤與全圖」
　　보다 『곤여도설』이 먼저 편찬되었다는 설도 있다. 王省吾, "澳大利亞國家圖書館所藏
　　彩繪本 ― 南懷仁 「坤與全圖」." 『歷史地理』 (第十四輯) (1998). 그러나 『곤여도설』과
　　「坤與全圖」이 상호보완적 역할을 하는 것은 분명해 보인다.
39) 鄒振環, 「『坤與圖說』及其「七奇圖說」與淸人視野中的"天下七奇"」, 『基督宗敎與近代
　　中國』, 社會科學文獻出版社, 2011, 505쪽. ; 鄒振環, 「南懷仁 『坤與格致略說』硏究」,
　　『中外關係史 : 新史料與新問題』, 科學出版社, 2004, 289-303쪽.

지리 방면의 지식을 추가하고, 『직방외기(職方外紀)』의 내용을 보충하는 식으로 이뤄졌다는 것이다. 그런데 『곤여도설』의 내용은 유럽의 새로운 성과를 반영하기보다는 알레니의 『직방외기』를 상당 부분 그대로 수용하고 있다. 吳莉葦는 이에 대해 유럽의 최신 성과를 참고할 수 없는 여건이었을 수도 있겠지만, 이미 중국인에게 수용되기 적절한 수준의 텍스트로 입증된 알레니의 자료를 소개하는 것에 만족했을 것으로 판단했다고 설명한다.[40] "그들이 중국인들에게 지구설과 오대주설을 소개한 것은 단지 우월한 우주론과 근대적 지리정보를 제시하려는 것만은 아니었다."[41] 사실 페르비스트는 황제를 즐겁게 하고 역법 제작과 선교 등 여러 업무로 바빠 지도제작을 위한 조사를 할 시간이 충분하지 않았다. 따라서 그는 당시 지도제작 분야에서 뛰어난 성과를 보이던 네덜란드의 지도를 참고하여 중국인의 기호와 필요에 맞춰 수정하는 방식으로 지도를 제작한 것으로 보인다.[42] 새로운 지리정보나 지식의 전파보다는 선교가 주목적이었기 때문에 중국 외부의 문명과 경이로움의 소개를 통해 중화적 세계관을 뒤흔드는 것으로 충분했다. 마테오리치의 『곤여만국전도』 이후 서구 선교사들의 세계지도가 서양지도의 일반적 구성과 달리 중국을 중심에 둔 것과 마찬가지로 수용에 적절한 수위를 맞추고 있었다.

3.3. 「이물도설(異物圖說)」의 중국적 재현

『곤여도설』이 『곤여격치약설』과 가장 다른 부분은 「이물도설(異物圖說)」과 「칠기도설(七奇圖說)」이다. 「이물도설」은 코뿔소, 카멜레온,

---

40) 吳莉葦, 「明淸傳敎士對『山海經』的解讀」, 『中國歷史地理論叢』 20, 2005, 123-4쪽.
41) 임종태, 『17, 18세기 중국과 조선의 서구 지리학의 이해』, 창비, 2012, 76쪽.
42) Hartmut Walravens, "Father Verbiest's Chinese World Map", 1674, 33쪽.

기린, 사자, 타조 등 중국에서 보기 드문 동물과 터키의 불사조, 인도
의 유니콘 등 상상 속 동물 23종의 그림과 설명을 실었다. 이는 「곤
여전도(坤與全圖)」의 여백에 등장하는 동물들과 구성상 동일하다. 汪
前進은 「곤여만국전도(坤與萬國全圖)」의 여러 판본 중 채색 임모본에
도 같은 동물이 등장한다는 이유로 「곤여전도(坤與全圖)」의 동물 그
림이 『곤여만국전도』에 근원을 두고 있다고 고증했다.[43] 그러나 이
「"繪入"坤與萬國全圖」[44]와 「곤여전도(坤與全圖)」의 동물 그림은 종류
나 형태 등의 면에서 동일하다고 보기 힘들며, 직접적인 연관관계를
증명할 수 없다. 사실 당시 지도에서 육지와 바다의 여백을 이국적인
생물로 채우는 것은 아주 흔한 행위였다. 그러한 이국적인 생물들에
는 면밀한 관찰을 통한 사실적인 묘사도 있지만 완전한 공상의 산물
도 많았다.[45] 대부분의 지도는 중심에 위치한 자기 문명에서 멀어질수
록 지리적 왜곡이 심해지고 괴기스러운 타자의 형상이 빈번히 출몰했
다.[46] 선교사들이 기록한 세계의 경이에도 마찬가지로 "지리적 탐험을
통해 얻은 사실적 정보들과 고대·중세의 박물서, 동물우화집(bestiaries),
신화적 여행기 등에 실린 환상적인 내용이 섞여"[47] 있었다.

---

43) 汪前進, 「南懷仁坤與全圖硏究」, 曹婉如 等編, 『中國古代地圖集: 淸代』, 文物出版
   社, 1997, 104-5쪽.
44) 繪入『坤與萬國全圖』는 남경박물원, 서울대학교 박물관, 일본의 난반문화관(南蠻文
   化館) 등에 소장되어 있다. 현존하고 있는 1708년판의 원도는 1602년에서 1610년 사
   이에 제작된 것으로 추측되고 있다.
45) Phillip Allen, *The Atlas of Atlases: The Map Maker's Vision of the World*, Marshall
   Editions, 1992, 59쪽. 유럽의 세계지도의 여백에 그려진 이러한 도상들은 "단순히 장
   식적인 기능뿐만 아니라 당시의 지배적인 이념을 표현하기도 했다." 또 다른 해석으
   로는, "중국을 넘어선 미지의 세계에 대한 호기심을 자극하려는 의도에서 삽입된 것
   으로 보인다." 오상학, 『조선시대 세계지도와 세계인식』, 창비, 2011, 184쪽.
46) 제리 브로턴, 이창신 옮김, 『욕망하는 지도』, 알에이치코리아, 2014, 145-8쪽.
47) 임종태, 『17,18세기 중국과 조선의 서구 지리학의 이해』, 73쪽.

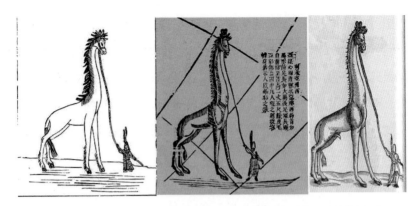

〈그림 5〉 기린 형상비교. 각각 「이물도설」, 「坤與全圖」, 게스너의 『동물의 역사(*Historiae animalium*)』

「이물도설」의 동물 도상은 스위스의 과학자 콘라트 게스너(Konrad Gesner, 1516-1565)가 남긴 *Historiae animalium*(『동물의 역사』, Tiguri, 1551-1558)의 삽화에서 대부분 가져온 것으로 밝혀졌다.[48] 「이물도설」과 「곤여전도」의 동물은 구성상 동일하고 문자 설명도 기본적으로 거의 유사한데, 그림은 미묘한 부분에서 차이를 보인다. 각각의 그림을 게스너의 목판 삽화와 비교해 보면 상호간의 연관관계가 더욱 명확해진다.[49] 「곤여전도」는 (미숙하게나마) 게스너의 그림에서 선 하나까지 동일한 표현을 추구했다면, 「이물도설」의 경우 전체적인 형태는 유사하지만 특히 명암의 대비를 통해 대상에 입체감을 부여하는 선은 생략하거나 제대로 표현하지

---

48) Hartmut Walravens, "Father Verbiest's Chinese World Map", 1674, 34쪽; Walravens, "Konrad Gessner in chinesischem Gewand. Darstellungen fremder Tiere im *K'un-yü t'u-shuo* des P. Verbiest (1623-1688)." *Gesnerus* 30, 1973, 87-98쪽.

49) 인용된 각 그림(그림 4; 그림5)의 출전은 다음과 같다. 南懷仁, 『坤輿圖説』 2卷 (商務印書館, 1937), 195-6쪽, 183-4쪽; 坤輿全図(早稲田大學藏書 http://www.wul.waseda.ac.jp/kotenseki/html/ru11/ru11_00790/ind ex.html); Konrad Gesner, *Curious woodcuts of fanciful and real beasts; a selection of 190 sixteenth-century woodcuts from Gesner's and Topsell's natural histories*, Dover Publications, 1971, 24쪽, 38쪽. 선묘의 특징을 비교하기 위해 채색삽화본보다 *Historiae animalium*의 목판 삽화 선집을 인용했다.

않고 있다. 오히려 명암을 무시함으로써 간결해진 선으로 인해 형태는 더욱 또렷이 드러난다. 단순히 동서양의 목각 기술의 차이가 이러한 변화를 만들어냈다고 보기에는 무리가 있다. 그보다는 회화기법상 선묘를 통한 명암 표현, 즉 명암법(chiaroscuro)을 활용 또는 이해하고 있는지의 여부가 이러한 차이를 불러왔다고 판단된다.

〈그림 6〉 gulon 형상비교. 각각 「이물도설」, 「坤輿全圖」, 게스너의 『동물의 역사(Historiae animalium)』

스칸디나비아 전설의 동물인 굴로(gulon, or glutton; 『곤여도설』에서는 獲落, 「곤여전도」에서는 獲狗로 표기) 그림을 보면 다른 측면에서 도드라진 차이점을 발견할 수 있다. 게스너의 삽화에서 두 그루의 나무와 동물만 추출하여 표현한 것은 「이물도설」과 「곤여전도」가 동일하다. 굴로의 대표적인 특징이 탐식인데, 너무 배가 불러 더 이상 먹지 못하게 되면 두 그루의 나무 사이에 들어가 자기 배를 쥐어짜 고기를 내려 보낸 뒤 다시 먹기를 반복한다. 사냥한 동물 사체와 뼈 등은 부수적인 요소이므로 생략되었다.

그런데 「이물도설」에서는 굴로의 앞뒷발에 원형의 혹 같은 것이 달려 있다. 게스너의 삽화에서 엉덩이 뒤쪽으로 내보내는 배설물로 표현된 부분을 굴로의 신체적 특징으로 오인하여 앞발에까지 혹 장식을 달아놓은 것이다.[50] 「이물도설」이 「곤여전도」를 저본으로 했거나, 두 그림을 같은 사람이 그렸다면 이런 식의 표현은 있을 수가 없다. 대응되는 동물그림을 각각 비교해 봤을 때, 「이물도설」과 「곤여전도」 간의 직접적인 상호참조가 있었다고 보기 힘들다. 오히려 게스너의 삽화를 출전으로 하여 별도의 화가가 서로 다른 방식으로 모사했다고 보는 것이 합당하다. 「곤여전도」의 그림은 서양화의 명암이나 선묘의 특징을 이해하고 있으며 해당동물 이미지를 판별할 수 있는 사람, 혹은 페르비스트 본인이 모사했을 가능성이 높다. 그에 반해 「이물도설」은 별도의 중국인 화가가 게스너의 삽화를 참고하여 중국식 목판 삽화의 저본을 그렸다고 볼 수 있다. 어쨌든 『곤여도설(坤輿圖說)』의 그림들은 기억에 의존하거나 상상력으로 그려진 것이 아니라 구체적인 저본이 있는 것은 분명해 보인다. 「이물도설」과 「칠기도설」이 동일한 제작방식으로 이뤄졌다고 가정했을 때, 『곤여도설(坤輿圖說)』의 「칠기도설」 그림 또한 외견상 중국적 회화 관습을 따른 것이라 해도 특정한 저본을 근거로 하였다고 판단할 수 있다.

4. "동인거상(銅人巨像)"과 중국적 전통

「칠기도설」에서 전하는 내용은 "세계 7대 불가사의"(Seven Wonders of the World; 이하 "七奇")이다.[51] "칠기(七奇)" 관련 기록이 중국에

---

50) 원본에서 명암을 표시하기 위한 나무줄기와 땅바닥의 그림자의 선묘 부분이 나무줄기와 땅바닥의 형태적 특성으로 표현되어 있다.

51) Romer, J., and E. Romer, *The Seven Wonders of the World: A History of the Modern Imagination*, Seven Dials, Cassell & Company, 1995.

처음 소개된 것은 13세기 초 남송 조여적(趙汝適)의 『제번지(諸蕃志)』인데, "칠기(七奇)"라는 범주가 아닌 알렉산드리아의 파로스 등대에 관해 소개하는 내용이다.[52] 중국어 문헌에 최초로 "七奇"이란 개념이 출현한 것은 알레니의 『직방외기(職方外紀)』이다.[53] 1623년 『직방외기』에서는 "七奇" 중 로도스의 거인동상(鉅銅人),[54] 이집트 피라미드(數石臺), 에페소스의 아르테미스 신전(神祠)을 언급했다. 이 중 아르테미스 신전에 대한 설명에서 "西國稱天下有七奇"라고 하여 중국에 처음으로 "칠기(七奇)"이라는 개념을 소개하였다. 그러나 알레니는 "칠기(七奇)"라는 용어를 중국문헌에 등장시켰을 뿐 추가로 자세한 설명을 하거나, 나머지 항목을 소개하지는 않았다. 또한 "七奇" 자체를 소개할 목적으로 별도의 항목을 구성하지 않았으며, 거상은 지중해, 피라미드는 아프리카(利未亞), 신전은 아시아(韃而靼) 등 세계의 각 지역을 설명하는 과정에서 산발적으로 언급되어 있다.

『곤여도설』은 "칠기(七奇)"의 문화적 배경을 소개하고, 그림으로 보여준 중국 최초의 문헌이다.[55] "칠기(七奇)"라는 단일항목에 도(圖)와 설(說)의 구성으로 각 항목들이 연결되고 있다. "바빌론의 공중정원, 로도스의 거상, 이집트 기자의 피라미드, 마우솔로스의 영묘, 에페소스의 아르테미스 신전, 올림피아의 제우스 상, 알렉산드리아의 파로스 등대"를 각각 "亞細亞洲巴必鸞城, 銅人巨像, 利未亞洲厄日多國孟斐府尖形高台, 亞細亞洲嘉略省茅索祿王塋墓, 亞細亞洲厄弗俗府供月祠廟, 歐羅巴洲亞嘉亞省木星人形之

---

52) 鄒振環, 위의 논문, 519-520쪽.

53) 鄒振環, 같은 논문, 520쪽.

54) "地中海諸島: 亞細亞之地中海有島百千, 其大者一日… 羅得島, 天氣常淸明, 終歲見日, 無竟日陰霾者. 其海畔嘗鑄一鉅銅人, 高踦浮屠, 海中築兩臺以盛其足, 風帆直過跨下, 其一指中可容一人直立, 掌托銅盤, 夜燃火於內, 以照行海者. 鑄十二年而成, 後爲地震而崩. 國人運其銅, 以駱駝九百隻往負之."

55) 鄒振環, 위의 논문, 520-1쪽.

像, 法羅海島高台"의 순서로 소개하였으며, 추가로 로마의 "콜로세움"을 "公樂場"이란 제하에 칠기(七奇)의 일부로 포함시키고 있다.[56] 鄒振環은 알레니가 명말의 기이함 추구 경향을 만족시키기 위해 서구의 기이한 사적을 보여주는 자료로 "칠기(七奇)"를 언급하면서도, 그 전체에 대해 자세히 소개하지 않은 것은 종교적인 이유 때문으로 보았다.[57] 칠기(七奇)에 포함된 신은 천주교의 신이 아니기 때문이다. 페르비스트는 七奇 전체를 소개하고 있지만 알레니와 마찬가지의 종교적 고민을 중국어 표제의 번역을 통해 해결하였다. 에페소스의 아르테미스 신전은 "供月祠廟"로, 올림피아의 제우스 상은 "木星人形之像"(제우스=주피터)으로 번역하는 식이다. 로도스의 헬리오스(태양신) 청동상은 원래 "Colossus of Rhodes"라는 이름으로 알려졌기 때문에 "동인거상"이란 제목에 종교적 고민을 추가할 필요는 없었다.

4.1. 「칠기도설(七奇图说)」의 서구 출전

전술하였듯이 「칠기도설」 또한 그림의 근거가 된 저본이 있을 것인데, 이에 대해서는 정확히 고증된 바 없다. 판각기법 및 회화적 관습의 차이에 기인한 중국적 변형으로 인해 완전히 동일한 그림으로 판단할 수 있는 원전을 찾을 수 없으며, 인용에 대한 페르비스트의 직접적인 언급도 없다. 게다가 칠기(七奇)는 당시 서구에서 다양한 방식으로 그려졌다. "동인거상"만 해도 태양신 헬리오스의 인물형상이나 자세, 상징물 등이 제각각이다. 양손에 창과 칼을 들고 있거나, 혹

---

56) "콜로세움"을 "公樂場"으로 옮긴 것은 의미보다 발음의 유사성에 착안했다고 볼 수 있다. 이 항목이 七奇에 포함된 것에 대해서는 후술한다.

57) 鄒振環, 위의 논문, 521쪽.

〈그림 7〉 좌: André Thevet, *Cosmographie de Levant*, 1556년, p.105.
우: 18세기 영국 동판화.(The Granger Collection)

은 등불과 활/화살을 들고 있고 그 손의 위치도 동일하지 않다. 복장
도 각기 다르고, 다리를 모으고 있기도 벌리고 있기도 하는 등 다양
한 이미지가 남겨져 있다. 그렇다 해도 이미지의 형태적 특징과 전체
적인 배치 순서 등을 통해 몇 가지 출처를 검토해 볼 수 있다.

王省吾는 『곤여도설』의 "七奇" 삽화가 얀 얀스(Jan Jansz de Jonge
Stampioen, 1610-1698)와 피테르 판 덴 케이러(Pieter van den Keere,
1571-1646)가 1630년에 제작한 평면투영 세계지도를 참고했을 것이라
는 가설을 제기하였다.[58] 鄒振環은 추가로 七奇의 배치순서의 동일성
을 근거로 블라외의 세계지도가 출처가 되었을 가능성을 언급하며,
그의 1635년, 1645년 등의 판본을 제시했다.[59]

---

58) 王省吾, 「澳大利亞國家圖書館所藏彩繪本 ― 南懷仁.「坤輿全圖」」, 『歷史地理』第14
輯, 1998; 鄒振環, 위의 논문, 518쪽에서 재인용.

59) 鄒振環, 같은 논문, 518쪽. 『곤여도설』과 비교했을 때 〈坤輿全圖〉는 어느 정도 출처가
합의되었는데, 빌럼 블라외의 아들인 요안 블라외(Joan Blaeu, 1596-1673)의 기념비적
세계지도인 1648년판 Nova totius terrarum orbis tabula를 원형으로 하되, 기존 중국지
도를 참고하여 아시아 동부를 수정하였을 것으로 본다. Hartmut Walravens, "Father

이들이 주요 저본으로 언급되는 이유는 지도의 하단에 "칠기(七奇)"의 그림이 그려져 있는데, 그림의 구도나 형태적 특징, 기법, 배치 순서 등이 거의 유사하기 때문이다. 그런데 이런 계열의 지도를 처음 제작한 것은 빌럼 얀스존 블라외(Willem Janszoon Blaeu; Guiljelmo Blaeuw, 1571-1638)[60]의 「새로운 전 세계 지리학과 측량학 지도(Nova totius terrarum orbis geographica ac hydrographica tabula)」[61]로 1606년에 제작되었다. 같은 해 메르카토르 도법으로 제작된 네 장을 이어붙인 세계지도[62]와 지리적인 특성은 동일하면서 보다 작은 판형(folio format; 40cm×53cm)의 동판화로 만들어진 이 지도에는 "장식의 목적"으로 삽화가 포함된 넓은 테두리로 지도 주위를 감쌌다.[63] 크기가 작아지고 장식성이

Verbiest's Chinese world map (1674)" 1991: 35쪽; 李孝聰, 『歐洲收藏部分中文古地圖叙彔』, 國際文化出版公司, 1996, 11쪽.

60) 당시 세계 최고의 지도제작자들의 근거지였던 암스테르담에서도 수장격이었던 빌럼 블라외는 1633년부터 사망까지 네덜란드 동인도회사의 공식 지도제작자로 근무하며, 동인도회사가 수집한 새로운 항로와 지리정보를 정리하고 관리하는 역할을 하였다. 사망 후 아들인 요안 블라외(Joan Blaeu, 1598-1673)가 사업을 승계했다.

61) 표제는 다음과 같다. NOVA TOTIUS TERRARUM ORBIS GEOGRAPHICA AC HYDROGRAPHICA TABULA auct: Gul: Janssonio. 1606년 지도에는 블라외라는 성을 사용하기 전의 이름인 Gul. Janssonio로 서명하였고, 일부 수정이 가해진 1630년 이후 재판본에는 새로운 이름(Guiljelmo Blaeuw)을 따라, Guilj. Blaeuw로 서명하였다.

62) 이 지도는 17세기 지도제작의 가장 중요한 성취로 평가된다. 17세기 일본에서 제작된 병풍으로 된 세계지도(고베 시립박물관 소장) 또한 이에 근거하고 있다. Günter Schilder, "Willem Jansz. Blaeu's Wall Map of the World, on Mercator's Projection, 1606-07 and Its Influence," Imago Mundi, vol. 31, 1979, 44-5쪽. 표제는 다음과 같다. NOVA ORBIS TERRARUM GEOGRAPHICA ac Hydrogra. Tabula, Ex Optimis in hos operea uctorib' desumpta auct. Gul: Ianssonio.(빌럼 얀스존이 최고의 지도 제작자들에게서 입수한 자료를 토대로 제작한 신세계지도). 블라외의 설명에 따르면, 이 지도 또한 "장식 효과와 재미를 위해, 가장자리는 우리 시대에 세계를 호령한 최고 군주 열 명과 세계의 주요 도시 그리고 여러 민족의 다양한 의상을 그려 넣었다." 제리 브로턴, 『욕망하는 지도』, 391쪽.

63) Günter Schilder, "Willem Jansz. Blaeu's Wall Map of the World, on Mercator's Projection, 1606-07 and Its Influence," 50쪽.

증가했다는 점을 고려할 때 이 지도는 실제 항해를 위한 것이 아니라 벽에 걸어놓고 보기 위한 용도로 제작된 것이다.[64] 넓은 범위를 다루면서 그런대로 자세하게 이 세상에 무엇이 있는지, 이 세계는 어떤 형상인지를 표현하고 있다.[65]

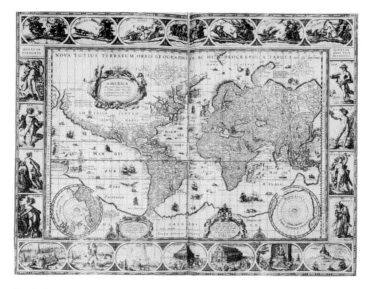

〈그림 8〉 *Nova totius terrarum orbis geographica ac hydrographica tabula auct: Gul: Janssonio.* (1606).

---

64) 세계지도와 항해도의 다른 쓰임에 대해서는 다음을 참고. John Gillies, *Shakespeare and the Geography of Difference.* Cambridge University Press, 1994. 47쪽. "어떤 사람은 자기네 저택, 거실, 방, 갤러리, 서재 또는 도서관을 꾸미려고 지도에 관심을 갖고, 또 어떤 사람은 오스만 제국의 광대한 영토와 모스크바인의 드넓은 제국을 보려고, 또 어떤 사람은 먼 나라로 곧장 나아가는 자기네 여정을 위해, 또는 다른 이의 여행을 이해하려고 지도에 관심을 가진다." 제러미 블랙, 『세계지도의 역사』, 81쪽.

65) Craig Dietrich, "Until Something More Certain Emerges: Van den Keere's Asia," In *Reading the World Map: Interdisciplinary Perspectives on Pieter Van Den Keere's Map,* Nova Totius Terrarum Orbis Geographica Ac Hydrographica Tabula *(Amsterdam, 1608/36),* Osher Library Associates, 2001, 20쪽.

테두리의 삽화는 우주와 세계를 상징하는 그림인데, 윗쪽 테두리에는 일곱 행성, 즉 Luna(달), Mercury(수성), Venus(금성), Sol(해), Mars(화성), Jupiter(목성), Saturnus(토성)이, 왼쪽 테두리에는 Ignis(불), Aer(공기), Aqua(물), Terra(흙)의 4원소가, 오른쪽 테두리에는 Ver(봄), Astas(여름), Autumnus(가을), Hyems(겨울) 사계절의 상징적 인물 형상과 텍스트가 배치되어 있다. 그리고 아래쪽 테두리에는 바로 "세계 7대 불가사의"(SEPTEM MIRABILIA MUNDI)의 그림이 그려져 있다. 가로는 숫자 7 관련 상징이, 세로는 숫자 4 관련 상징이 각각 사용되었다. 17세기 네덜란드 지도에서는 "멀리 떨어진 영토의 가장자리가 더 이상 희미하게 처리되는 일이 없었고, 세계의 변방이 되도록 피해야 하는 괴기한 인종으로 가득한 두렵고 불가사의한 장소도 아니었다."[66] 그러나 지리적 탐사와 측량학에 의해 세계의 경계와 가장자리를 명확히 규정한 "새로운"(Nova) 지도를 감싸고 있는 틀은 이처럼 우주와 이 세계를 구성하는 '저쪽' 지역에 대한 오래된 옛 상징들이었다.

이 판형의 세계지도는 암스테르담의 다른 지도 제작자들에게 직접적인 영향을 주었다. 앞서 王省吾가 출처로 언급한 지도 제작자 중 하나인 판 덴 케이러는 블라외의 1606년 초판본(1 sheet)을 판각하여 1608년에 출판하였다.[67] "솜씨 좋고 유능한 모방자"인 판 덴 케이러

---

66) 제리 브로턴, 『욕망하는 지도』, 383쪽.
67) 판 덴 케이러 판본의 표제는 다음과 같다. *Nova totius terrarum orbis geographica ac hydrographica tabula, a Pet: Kaerio.* (서명은 라틴명 페트루스 카에리우스; Petrus Kaerius); 관련 설명을 하면서 아래 논문은 블라외와 케이러의 지도와 캡션이 뒤섞였다. Günter Schilder, "Willem Jansz. Blaeu's Wall Map of the World, on Mercator's Projection, 1606-07 and Its Influence," *Imago Mundi*, vol. 31, 1979, 48-9쪽. 본문에 인용한 49쪽의 블라외 지도에는 테두리가 잘린 케이러 지도 관련 캡션이 달려 혼란을 준다.

는 블라외의 1606년 세계지도의 테두리 장식 도안까지 정교하게 베꼈다. 지금 기준으로는 표절이지만 실제적인 저작권 개념이 없었기에,[68] 엉터리로 만들지만 않는 한 비난받을 일은 아니었다. 해적판 지도에 대한 탄원을 했던 블라외조차 "풀과 가위로 지도를 제작한다"[69]는 말이 돌 정도로 암스테르담에서는 경쟁업자의 최신지도를 서로 '참조'했다. 그렇게 복제된 블라외 세계지도(4 sheet, 1607)의 다양한 판본을 다음 도표를 통해 알 수 있다.[70]

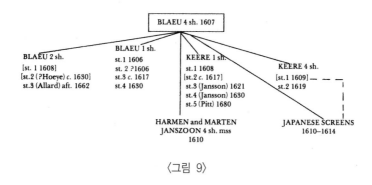

〈그림 9〉

하단 테두리에 "칠기(七奇)" 도안이 배치된 계열의 지도 또한 여러 해에 걸쳐 다양한 판본이 존재한다. 그러나 이들 중 「칠기도설」의 직접적인 참고가 되었을 판본을 확정하는 것은 불가능하며 굳이 그래야 할 필요도 없다. 기본적으로 이 글의 직접적인 관심사인 칠기(七奇)

---

68) 제리 브로턴, 『욕망하는 지도』, 394-9쪽.

69) C. Koeman, "Mr. Blaeu Makes Maps with Glue and Scissors," *Imago Mundi*, vol. 17 1963, 96-7쪽.

70) Rodney W. Shirley(review), "Three World Maps by Francois van den Hoeye of 1661, Willem Janszoon (Blaeu) of 1607, Claes Janszoon Visscher of 1650," *Imago Mundi*, vol. 35 1983, 117쪽.

부분의 도안과 배치순서는 동일하기 때문이다. 게다가 이들 지도는 지도책의 형태가 아니라 낱장으로 출판되었으므로 각각 얼마나 찍었는지 알 수도 없다. 페르비스트는 17세기 중반에 유포된 이 계열의 다양한 판본 중 하나를 입수하여 『곤여도설』의 저본으로 삼았다고 볼 수 있다.

그런데 블라외의 지도 장식도안에는 칠기(七奇) 이외에 콜로세움은 없다. 이는 「칠기도설」의 마지막에 여덟 번째로 포함된 콜로세움의 존재를 설명하지 못한다. 이에 대해 마이클 설리번은 Seven Wonders of the World와 콜로세움 그림이 네덜란드 화가 마르텐 반 헴스케르크(Maarten van Heemskerck, 1498-1574)의 1580년 경 제작된 동판화에서 유래했을 것으로 본다.[71] 헴스케르크는 극적인 명암효과를 사용하여 뛰어난 입체감을 표현했으며, 또한 상업적인 판화 제작을 위해 디자인하는 그림을 그린 최초의 네덜란드 화가 중 하나이다. 그는 1553년 "七奇"를 유화로 그렸고, 그것은 1572년 필립 게일(Philip Galle)에 의해 동판화로 제작되었다. 헴스케르크의 Seven Wonders of the World 시리즈의 특징은 콜로세움이 추가되어 8폭이라는 점이다. 블라외가 당시 참고할 수 있는 수많은 Seven Wonders 그림 중 헴스케르크의 그림의 주요 특징을 기반으로 지도 장식도안을 제작했음에도,[72] 콜로세움을 포함하지 않은 것은 상단의 7행성과 맞추기 위한 이유 때문으로 보인다. 페르비스트의 「칠기도설」은 헴스케르크의 목

---

71) Michael Sullivan, *The Meeting of Eastern and Western Art*, University of California Press, 1989, 53쪽. 물론 미술사학자인 설리반은 서구의 회화전통에서 그 연원을 찾고 있다는 점을 고려할 필요가 있다. 그에게 있어 지도의 장식도안은 검토대상이 아니었다.
72) 헴스케르크의 Seven Wonders 시리즈가 당시 얼마나 대표성을 가졌는지에 대해서는 추가조사가 필요하다.

록과 일치한다. 이러한 점을 고려했을 때, 페르비스트가 헴스케르크의 칠기(七奇) 그림을 직간접적으로 참고했을 가능성이 높다. 물론 지리 지식을 소개하는 책에 칠기(七奇)를 포함시키는 발상에 블라외의 지도가 일정한 역할을 한 것은 분명해 보인다.

4.2. "칠기(七奇)"의 중국 수용과 "로도스의 거상"

『곤여도설』은 청대 전반에 걸쳐 폭넓은 영향을 끼쳤으며, 민간에서는 그 중 「칠기도설」만 별도의 책으로 출판하기도 했다.[73] 대표적인 것이 장조(張潮)의 『오초신지(虞初新志)』이다. 다양한 기문이사(奇聞異事)를 담고 있는 『오초신지(虞初新志)』의 권19에 「칠기도설」을 수록하고 있는데, 이에 대해 장조(張潮)는 "극서의 교묘한 생각이 독특하다(極西巧思獨絶)"라고 평하였다.[74] 『곤여도설』과 문자설명에 차이가 있고 도판도 조악한 일부 『칠기도설』 출판물은 기본적으로 『오초신지(虞初新志)』를 저본으로 하고 있다. 특히 장조張潮의 『오초신지(虞初新志)』는 청말 한방경(韓邦慶)이 출간한 문학잡지 『해상기서(海上奇書)』 중 "칠기(七奇)"를 수록하고 있는 『와유집(臥遊集)』의 직접적인 출처이기도 하다.[75] 그림만 놓고 봤을 때 칠기(七奇) 소재는 중국

---

73) 鄒振環, 위의 논문, 523쪽.

74) 張潮, 『虞初新志』, 河北人民出版社, 1985, 380쪽.

75) 『해상기서(海上奇書)』는 1892년 2월 28일 한방경(韓邦慶)이 상해에서 창간한 문학 잡지로, 『해상화열전(海上花列傳)』, 『태선만고(太仙漫稿)』, 『와유집(臥遊集)』으로 구성되어 있다. 한방경(韓邦慶)은 "尙奇好異"하여 한기(韓奇)라고도 불렸다. 작품의 창작과 잡지 편찬의 기이하고 독창적인 방향 또한 이러한 성향에 의한 것이다. 王燕, 「一次失敗的防火 — 中國第一种小說期刊『海上奇書』論略」, 江蘇行政學院學報 2, 2006, 121-124쪽. 그 중 "銅人巨像" 항목은 「臥游集」, 『海上奇書』 1892年 第7期, 14쪽에 수록되었다.

의 삽화 서적 등에 반복해서 등장했으며, 청초 도자기 장식에도 자주 사용되었다.76) 일례로 워싱턴 국회도서관에 17세기 초의 수묵화 〈로도스의 거상〉이 소장되어 있는데,77) 그림의 구도나 전체적인 특징으로 봤을 때 한 눈에 『곤여도설』의 목판화를 참고하여 붓으로 그린 것임을 알 수 있다.78)

〈그림 10〉 좌: 『坤輿圖說』, 중: 워싱턴 국회도서관 소장판, 우: 『虞初新志』

로도스의 거상은 "칠기(七奇)" 중 청대에 가장 중시된 항목이다.79)

---

76) Michael Sullivan, 위의 책, 53쪽.

77) Michael Sullivan, 같은 책, 53쪽.

78) 중문판 번역에서는 "중국화가들은 아마 이들 동판화에서 유럽의 소묘를 배웠을 것"이라고 잘못 번역하였다. 蘇立文, 陳瑞林(譯), 『東西方美術的交流』, 江蘇美術出版社, 1998, 549쪽. 작가미상의 중국화가가 『곤여도설』을 참고하여 이 그림을 그린 것으로 보인다는 것이 설리번의 설명이다. 그러나 설리번은 각주와 본문에서 『곤여도설』을 페르비스트가 아닌 알레니의 저작으로 잘못 소개하고 있다. Michael Sullivan, 위의 책, 53쪽. 그림 36번 설명.

79) 한편 비슷한 시기 일본에서 "로도스의 거상"은 다음과 같은 그림이 전한다. 司馬江漢, "和蘭通舶 德樂島巨銅人之図", 1805, 神戸市立博物館藏; 歌川國虎, "羅得島湊紅毛船入津之圖", 1830-44, 神戸市立博物館藏; 歌川貞秀, "朝比奈島遊び", 1860, たばこと塩の博物館藏.

알레니가 중국에 처음 七奇라는 개념을 소개할 때 포함되었던 세 항목 중 하나이며, 이후 "거상"만 별도로 인용되는 경우가 많았다. 왕사정(王士禎)의 『지북우담(池北偶談)』「담이(談異)」편에서는 남회인(페르비스트)의 말을 인용하며 로도스의 거상에 대해 거론하였다.[80] 『우초신지(虞初新志)』와 『지북우담(池北偶談)』 등의 서술은 지금 당장 입증할 수는 없지만 기이한 일에 대한 이야기를 기록으로 남기는 志怪의 역사가적 태도와 일맥상통한다. 그에 반해 기윤(紀昀)은 그것이 "반드시 모두가 사실인 것은 아니"라고 평하고 있다. 사고전서에서 紀昀의 『곤여도설』과 관련된 평은 로도스의 거상에 대한 내용을 중심으로 행해졌다. 동방삭의 『신이경』을 인용하며, 『곤여도설』의 "바다를 가로질러 서 있어 큰 배가 그 가랑이 아래로 왕래한다"는 서술은 바로 『신이경』을 따른 것이라고 평했다. "아마도 동으로 건너온 후 중국의 옛 서적을 보고서 그를 모방하는 와중에 원래의 이야기가 변환된 것이지, 모두가 사실은 아닐 것이다." 그러나 다른 한편으로 바로 이어 "여러 책에 기록된 내용과 장삿배에서 전해들은 것을 살펴보면 분명 거짓은 아니다. 비록 다소 꾸몄다고 해서 모두가 허구인 것은 아닌 것이다."고 부연하고 있다. "널리 희귀한 소식을 남기는 것 또한 나쁘지는 않다."라고 하여 지괴류 서사의 효용을 설파하는 말로 평어를 끝내고 있다.[81]

---

80) 王士禎, 『池北偶談』 卷二四, 中華書局, 1982, 588쪽. 내용은 『곤여도설』과 상당히 다른데, "높이가 얼마나 되는지 모르며", 가랑이 아래 뿐 아니라 "옆구리 사이로 나와서 바다로 들어가기도 하고", "어떻게 주조했을지도 모르겠다."고 전하고 있다. "銅人: 聞西洋人欽天監管理監事加工部侍郎南懷仁言, 自大西洋入中國, 凡十萬里. 海舶甚巨, 海口有銅人, 高不知其幾由旬, 舶出其胯下, 或出其脅間乃入海洋, 不知何由鑄造也?"

81) 『四庫全書總目提要』, 史部, 地理類四, 中華書局, 1981, 634쪽.

이러한 회의적 태도는 새로운 지리적 지식을 축적하던 청말에는 부정적인 태도로 나타나기도 했다. 서계여(徐繼畬)는 『영환지략(瀛寰誌略)』(1849년)에서 미국 동해안의 로드아일랜드 주에 대해 기술하면서, 그리스의 로도스 섬과 혼동하여 페르비스트가 동상에 관한 황당한 말을 날조했다고 비판하였다.

"洛哀倫國(律愛倫이라고도 하고, 爾羅曖倫, 羅德島, 羅底島라고 하기도 한다.)은 … 합중국에서 가장 작다. … 哀倫을 번역하면 섬이고, 洛哀倫은 번역하면 섬을 통솔한다[82]는 말이다. 섬에는 10여 장 높이의 건물들이 건축되어 있는데, 꼭대기에 작은 방을 만들어 유리를 두르고 매일 밤 수십 개의 등을 밝혀 선박이 암초를 피할 수 있게 유도하였다. 합중국의 항구가 모두 이를 본받았다. … 남회인의 『우내칠대홍공기』(「칠기도설」의 별칭)에 따르면, 羅德島의 동상은 높이가 30장이고 한 손에 등을 들고, 두 발은 두 산자락을 밟고 서 선박이 그 가랑이 사이로 드나든다, 동상 안에 나선형 계단이 있어 사람이 계단으로 오른손에 올라 등을 밝혀 선박을 이끈다고 했으니, 바로 이 섬을 말하는 것이다. 건물을 지어 등을 밝히는 것은 본래 유별날 것도 없는데, 남회인은 동상에 관한 황당한 말을 만들어냈다. 게다가 높이가 30장이라는데, 그 동상을 어떻게 주조하고 또 어떻게 세웠는지 모르겠다. 역시 황당하기 그지없는 말이라 하겠다."[83]

---

82) 미국의 Rhode Island와 그리스의 Rhodes를 같은 지역으로 혼동하고 있으며, 음이 유사한 Rhode와 lord를 혼동하여 島部로 풀어쓴 것으로 보인다.

83) "洛哀倫國, 一作律愛倫, 又作爾羅曖倫, 又作羅德島, 又作羅底島. … 哀倫譯言島, 洛哀倫譯言島部也. 島上建樓高十餘丈, 樓頂作小屋, 圍以玻璃, 每夜燃燈數十, 以導海舶避礁石, 合衆國港口皆效之. …南懷仁『宇內七大宏工記』有羅德島銅人, 高三十丈, 一手持燈, 兩足踏兩山脚, 海舶出其襠間, 銅人內有旋梯, 人由旋梯至其右手, 燃燈以引海舶, 即此島也. 建樓燃燈, 事本尋常, 乃懷仁造爲銅人之誕說, 而云三十丈, 不知此銅人何由而鑄, 亦何由而立也, 亦可謂荒唐之極矣.", 徐繼畬, 『瀛寰誌略』, 上海書店出版社, 2001, 279쪽.

복건성 순무로 있으며 교유한 서양인들과 다양한 지도 등을 통해 중국 이외 지역의 지리학적 지식을 축적했다 해도 서계여(徐繼畬)가 영문 표기가 같은 두 지역을 혼동하는 것은 충분히 이해가 된다. 로도스의 거상을 중국에 소개하고 유포하는 서술 중에 로도스의 정확한 위치에 대한 설명을 부가한 사람은 없었으며, 樂德海島가 실제 지명인지, 상상 속 공간인지에 대한 질문도 추궁된 적이 없었기 때문이다. 서계여(徐繼畬)가 주목한 부분은 로드아일랜드에 있던 등대였고, 그런 면에서 유사한 역할을 수행한 동상에 관해 의심한 것은 합리적 태도였다. 『곤여도설』 내용의 허구성을 지적하는 논조이지만, 지리와 관련한 지식의 서술에 이 "동인거상" 관련 서술이 끊임없이 환기되고 있다는 점은 주목할 만하다.

5. 두 세계를 가로지르는 다리

『점석재화보』 "동인과해(銅人跨海)" 기사의 글과 그림은 기본적으로 이러한 수용의 전통을 잇고 있다. 특히 주요 문자 설명과 그림의 구조적 특징을 공유하고 있다는 점에서 "동인과해(銅人跨海)"는 『곤여도설』의 "동인거상(銅人巨像)"을 상당 부분 참고하고 있다. 뿐만 아니라 王士禎, 紀昀 등의 관련서술의 영향도 감지할 수 있다. 영향은 글과 그림의 여러 층에 걸쳐 이뤄지고 있다. 10일이라는 짧은 시간 안에 기사의 주제를 선정하고 그에 맞는 글과 그림을 편찬해야 하는 정기간행물 『점석재화보』의 특성상 하나의 주제를 놓고 필생의 역량을 쏟은 예술작품을 매편 만들지는 못한다. 독창적인 기교를 부리기보다는 관습적인 표현 위주로 되어 있다는 특징은 기사의 문체 뿐 아니라 그림의 스타일에서도 적용된다. 화가에 따라 다소간의 개성은 반영되지만, 배경을 구성하는 산, 물, 나무, 구름 등의 문양과 구조는『개자원화보(芥子園畵譜)』등에서 익히 볼 수 있는 전통적이고 관습적인 스타일을 반복적으로 사용한다. 오래된 관습의 틀을 사용하여 새로운 정보를 그려내는 것은『점석재화보』의 가장 기본적인 특징이다.

하나의 특정한 전통을 원형으로 생각하고 원형적 전통에서 벗어난 것을 일탈이나 미숙함으로 보는 태도는 뿌리 깊다. 鄒振環은『점석재화보』와『곤여도설』의 연관성에 대해 다음과 같이 비판적으로 논하고 있다.

"기사('文字')로 볼 때 그림과 설명('圖說')은 기본적으로『곤여도설』을 개편한 것이다. 그런데 앞쪽에 난데없이 한 구절을 추가했고, 게다가 이어서 일찌감치 무너진 동상을 '최근에 해외에서 돌아온 어떤 사람'이 직접 목도한 경관이라고 잘못 말하며 이 화보의 여행기 색채를 강조하려 하였다. 이 그림은 분명 화가가 멋대로 만들어낸 것으로 참고할 서양 화보는 없었다.『곤여도설』의 활을 짊어진 모습을 반라의 중년 남성으로 바꾸어 수호신의 위용을 완전히 잃어버렸고, 배경 또한 졸렬하기 그지없게 변했다."[84]

『곤여도설』과의 연관성을 지적했다는 점에서 鄒振環의 판단은 옳다. 그러나 뒤따르는 평가는『점석재화보』의 그림과 기사가 전하고자 한 대상이『곤여도설』과 마찬가지로 "로도스의 거상"이며,『점석재화보』가『곤여도설』이란 유일한 전통만을 잇고 있을 경우만 가정하는 제한적인 평가이다.『점석재화보』의 기사 구성은『신보』가 전

---

84) 鄒振環, 위의 논문, 527쪽.

하는 정보 위주의 기사의 앞뒤에 서론과 짧은 논평을 덧붙이는 방식이다. 따라서 난데없이 한 구절을 추가한 것이 아니라, 전술한 것처럼 『점석재화보』의 일반적인 기사 형식에 맞춰서 작성된 것이다. '최근에 해외에서 돌아온 어떤 사람'의 전언이 "잘못 말한" 것인지의 여부는 그 사람이 목도한 동상이 무엇인가에 따라 달라진다. 고대 시기에 지진으로 무너진 "로도스의 거상"에 대한 전언이라면 鄒振環의 평가처럼 오류로 봐야 한다. 그러나 『점석재화보』에 묘사된 것이 "자유의 여신상"이라면 문제는 달라진다. 잘못 말한 것이 아니라 "잘못 그린" 것이기 때문이다.

鄒振環은 핵심적인 문자 정보의 동일성에 착안하여 『점석재화보』가 『곤여도설』의 "銅人巨像"의 개정판으로 판단했다. 그림 또한 자체적인 분석을 하기보다 원본에 비해 달라진 점을 예로 들어 비판한다. 소년의 얼굴이 중년으로 바뀜으로써 위용을 잃어버렸고 배경의 변화 또한 졸렬해졌다는 것이다. 즉, 원본에 미치지 못하는 졸렬한 복제품이라는 평가 이상은 아니다. 사실 이러한 권력관계를 설정하면 원본의 아우라를 넘어설 수 있는 개정판은 존재하지 않는다. 그러나 『곤여도설』 자체가 원본이 아닐 뿐 아니라 『점석재화보』 또한 실패한 개정판이 아니다. 어차피 "로도스의 거상" 그림은 고대 문헌 기록의 내용을 상상력을 발휘하여 "멋대로 만들어낸 것"으로 서구에서도 별도의 원본이 없다.

〈그림 11〉

　앞에서 살펴봤듯, 서구 회화 전통에 대한 무지로 인해 표현이 제한되고 다른 선택을 해야 했던 『곤여도설』·「이물도설」과 마찬가지로 「칠기도설」 또한 빛의 방향에 따른 명암의 묘사로 입체를 표시하지는 않고 있다. 「칠기도설」의 경우, 완전히 동의할 수 있을 정도로 충분한 형태적 유사성을 가진 출처를 확정하기 힘들다는 점에서 유보적이지만, 명암 뿐 아니라 도상의 형태 자체가 대체로 단순화되거나 변형되었다. 「이물도설」은 모사에 가까울 정도로 형태적 유사성을 추구했지만, 「칠기도설」의 그림은 보다 더 중국적인 변형이 가해져 있다. 판각과정을 거치지 않아도 되는 『점석재화보』는 원근법, 명암 등의 기법을 일부 수용하였으며 발행 후반으로 갈수록 원숙하게 응용하는 모습도 볼 수 있다. (어떤 강력한 새로운 문화는 오랜 형식의 틀을 깨뜨리거나 비집고 나오기도 한다.)

　구체적인 실제 이미지를 떠올리기 힘든 새로운 정보를 받아들였을 때 작동되는 오래된 옛 형식들에 대해 거상 이미지의 제작 및 유통과정을 통해 살펴보았다. 시각적 정보 없이 전언만 가지고 "자유의 여신상"과 같은 문화적 차이를 동반한 서구의 신문물을 재현해야 할 때, 어떤 방식으로 기존의 형식들을 이용하고 변용하는지 "동인과해(銅人跨海)"는 잘 보여주고 있다. 그런 점에서, 공학적으로 실현불가능한 "거상"의 저 벌린 다리는 이 세계와 다른 세계를 가로지르려는 욕망의 표현이기도 하다. 아프리카 끝까지 뻗어가는 영국과 태평양을 가로지르는 미국의 제국주의적 권력 상징과는 다른 의미에서.[85]

〈그림 12〉 왼쪽은 케이프주 식민지 총독이었던 세실 로즈(Cecil Rhodes)를 거상으로 묘사하여 19세기 말 아프리카에서 영국 제국주의 권력 확장의 전형적 이미지가 된 그림이며, 오른쪽 그림은 이 이미지를 차용하여 태평양을 가로지르는 미국의 엉클 샘의 정복을 풍자하였다.

6. 기이한 근대: 뒤틀린 중체서용(中體西用)

『점석재화보』를 위시한 19세기 말 정기간행물은 지괴를 대신하여

---

85) "The Rhodes Colossus, striding from Cape Town to Cairo," *Punch*, vol. 103 (1892.12.10); "Colossus of the Pacific," *Chicago Tribune*, 1898.08.24.

기이함의 주요한 수집가이자 공급자임을 자임했다.[86] 『수신기(搜神記)』, 『신이경(神異經)』, 『유명록(幽明錄)』, 『술이기(述異記)』, 『녹이전(錄異傳)』, 『열이전(列異傳)』 등의 제목에서 알 수 있듯이, 육조시기 지괴(志怪)는 당시의 지식으로 판단내릴 수 없었던 신(神), 이(異), 괴(怪), 유(幽)의 세계에 대해 역사가의 기록정신으로 수집(搜)하고 기록(記, 錄, 述, 傳)하여 왔고 그 전통은 신문으로까지 부단히 이어졌다.

단순히 기록하고 전한 것을 넘어, 기이함이 하나의 태도로서 새롭고 긍정적인 것을 지시하는 용어로 정착하게 되는 것을 명말의 비평계에서 확인할 수 있다. "엽기(獵奇)" 경향으로 대표되는 명말 비평계는 독창성의 근거를 시간적, 공간적 다름에서 찾았다. 두 가지 주요한 측면을 살펴볼 필요가 있다. 즉 양명좌파의 영향으로 개인의 독창성을 부각시키던 문학적 움직임의 측면과 예수회 선교사들에 의해 전파된 새로운 세계에 대한 지식이 그것이다. 고대와 명말 독자들 사이의 시간적 거리는 옛 이야기와 일화들에서 기이함의 효과를 증대시켰다. 사람들, 풍속, 고대의 유물 등은 더 이상 일상적 경험의 일부가 아니었기 때문에 이상하고 기이한 분위기를 보다 쉽게 만들어낼 수 있었다.[87] 중국과 외국의 엄청난 거리 또한 유사한 기능을 수행했다. 외국 인종, 문화, 물산 등이 명말 사람들의 호기심을 자극시켰다. "외국"이라는 단어도 이상하고, 낯설고, 이국적이고 새로운 것을 암시했다. 이 모든 것이 기이함의 특징이었다.[88] 기이함은 새로운 것을 수

---

86) Rania Huntington, "The Newspaper Zhiguai and the Sorcery Epidemic of 1876," *Dynastic Crisis and Cultural Innovation: From the Late Ming to the Late Qing and Beyond*, Harvard University Asia Center, 2005, 355쪽.

87) 고대의 습속과 사물은 연대가 오래되어 명말에는 폭넓은 학계의 흥미를 끌기 힘들었기 때문에 해외로 눈을 돌려 "기이함"을 추구하게 되었다. 鄒振環, 「『職方外紀』: 世界圖像與海外獵奇」, 『復旦學報: 社會科學版』, no. 4, 2009, 53-62쪽.

용하는 특정한 한 방식이다. 새로운 것이 아니라면 기이할 수 없고, 기이하지 않으면 새롭지 않다. 가까이 이웃에서 벌어진 일에서부터 멀리 해외에서 벌어진 사건까지, 태고의 먼 과거에 벌어진 일에서부터 현재 진행되고 있는 일까지 개인의 경험과 다른 무엇에 주목하는 것은 인간의 자연스러운 행위이다.

이러한 논의를 거쳐 필자가 주장하고 싶은 것은 『점석재화보』가 제시하는 풍경이 현재와 일상에 대해 지극히 무관심하다는 결론이 아니다. 전통시기 필기나 지괴에서 이미 완성된 서사를 『점석재화보』는 적극적으로 활용하고 있는데, 바로 이 지점은 『점석재화보』의 성격을 규정하는 차원에서 뿐만이 아니라 그 시기 지식체계가 놓인 환경을 읽기 위한 예비적 단계로서 기능한다. Nanny Kim이 "낡은 부대에 새 술을"이라고 천명한 것은 『점석재화보』가 단순히 지괴나 필기와 같은 전통적인 형식으로 새로운 소재를 형상화하고 있다고 주장하는 것이 아니다. 그에 따르면 『점석재화보』는 "독자에게 낡은 것을 가장한 부대에 새 것을 가장한 술을 제공"하고 있다.[89] 신기한 사건은 그 울퉁불퉁한 모서리들이 매끈하게 다듬어지면서 더 이상 완전히 새로운 것만은 아니게 되었다. 그런데 수용능력을 넘어서는 완전히 새로운 사유체계의 모서리를 감내할 환경이 이 시기에 갖춰졌을까?

일견 새로운 것으로 보이는 경험을 전통적인 방식으로 포착한다. 그것이 아무리 새로운 변화를 불러올 가능성을 담지한 근대적 경험일

---

88) Bai Qianshen, *Fu Shan's World: The Transformation of Chinese Calligraphy in the Seventeenth Century*, Harvard University Asia Center, 2003, 14쪽.

89) Nanny Kim, "New Wine in Old Bottles? Making and Reading an Illustrated Magazine from Late Nineteenth-Century Shanghai," R. G. Wagner, *Joining the Global Public: Word, Image, and City in Early Chinese Newspapers, 1870-1910*, State University of New York Press, 2007, 195-6쪽.

지라도, 오히려 그렇게 유동적이며 포착될 수 없는 성격 때문에 더더욱 기존의 사유체계 내에서 어떻게든 질서를 부여하려는 노력을 들일 수밖에 없었다. 그것을 단순히 "기이함"이란 개념으로 단순화시킬 수는 없다. 그러나 『점석재화보』 전체를 관통하고 있는 것은 흥미로운 볼거리를 통해 기이함을 포착하고 유통시키고 소비하는 행위이다. 그것은 서구적인 건물과 새로운 물건들로 가득 찬 상해의 남경로에서 생활을 영위하고 있는 중국인의 일상과도 유사하다. 그들은 빠르게 근대화되고 있는 도시에서 여전히 전통적인 일상을 살아가고 있었다.

19세기 말 중국에서 일어난 변화를 설명하기 위해 "근대"라는 개념을 끌어오면서 서구적 근대화를 본원적인 것으로 가정하지 않기란 힘들다. 그러한 전제에 입각하여 "비서구"로서 중국에서 일어난 변화를 살피고 서구의 충격에 반응하는 중국의 모습이 그려지는 것이다. 이는 대안적 근대를 말할 때도 크게 다르지 않아 보인다. 우리는 "인간을 결정하는 것이 역사 속의 커다란 사건들이라는 환상에서 벗어날" 필요가 있다.[90] 『점석재화보』는 과공진(戈公振)이 정확하게 평가했듯이 "애석하게도 그 내용은 『요재지이』와 유사하며, 시국과는 무관"(惜取材有類聊齋, 無關大局)한 기록이다.[91] 이처럼 하찮고 자질구레한 사건의 분석을 통해 국가의 운명을 결정할 거대한 사건과 지식인의 사유에 의해 고착된 그 시기의 경험을 다시 쓸 필요가 있다. 지식인이 서구의 충격에 맞서 근대적 지식을 구성해 가고 있던 바로 그때 평범한 일상을 살아가던 중국의 보통 사람들은 근대에 관하여 어떤 감각을 키워 갔을까? 그것은 일기, 잡문, 필기, 신문 잡지 등에 흩어

---

90) 지그프리트 크라카우어, 『화이트칼라』 (해리 하루투니언, 『역사의 요동』, 158쪽 재인용.)

91) 戈公振, 『中國報學史』, 三聯書店, 1955, 248-9쪽.

져 있는 편린들을 통해 제한적으로 재구성하는 작업이 될 수밖에 없다. 이들은 명시적인 주장의 형태가 아닌 이미 변용을 거친 전통의 외양 속에 감춰져 있다.

참 고 문 헌

「建築燈塔(附圖)」, 『畫圖新報』 第3卷 第8期, 1882.

「銅人跨海」, 『點石齋畫報』(大可堂版), 上海畫報出版社, 2001.

「燈塔」, 『小孩月報』 第三卷 第10期, 1878.

「西燈略說」(附圖), 『格致匯編』 第6卷 秋, 1891.

「臥游集」, 『海上奇書』 1892年 第7期.

「一百二七號畫報並新增漫遊隨錄圖記出售」, 『申報』, 1887.10.02.

"Colossus of the Pacific", Chicago Tribune, 1898.08.24.

"The Rhodes Colossus, striding from Cape Town to Cairo.", Punch, vol.
    103, 1892.12.10.

戈公振, 『中國報學史』, 三聯書店, 1955.

紀昀, 『四庫全書總目提要』, 史部, 地理類四, 中華書局, 1981.

南懷仁, 叢書集成初編, 『坤輿圖說』(2卷), 商務印書館, 1937.

李孝聰, 『歐洲收藏部分中文古地圖叙彔』, 國際文化出版公司, 1996..

민두기, 「중체서용론고」, 『중국근대개혁운동의 연구』, 일조각, 1985.

민정기, 「근대 중국의 '타자'들」, 『중국 근대의 풍경』, 그린비, 2008.

樊洪業, 『耶穌會士與中國科學』, 中國人民大學出版社, 1992.

볼프강 카이저, 이지혜 옮김, 『미술과 문학에 나타난 그로테스크』, 아모르문
    디, 2011.

徐繼畬, 『瀛寰誌略』, 上海書店出版社 , 2001.

吳莉葦, 「明淸傳敎士對『山海經』的解讀」, 『中國歷史地理論叢』 20, 2005.

오상학, 『조선시대 세계지도와 세계인식』, 창비, 2011.

오스발트 슈펭글러, 박광순 옮김, 『서구의 몰락』, 범우사, 1995.

王士禎, 『池北偶談』, 中華書局, 1982.

王燕, 「一次失敗的窃火 — 中國第一种小說期刊『海上奇書』論略」, 『江蘇行政學院學報』, no 2, 2006, 121-124쪽

王爾敏, 「中國近代知識普及化傳播之圖說形式─點石齋畫報例」, 『中央研究院近代史研究所集刊』 1990년 제19기, 台北: 中央研究院近代史研究所.

汪前進, 曹婉如 等編, 「南懷仁坤輿全圖研究」, 『中國古代地圖集: 清代』, 文物出版社, 1997.

임종태, 『17,18세기 중국과 조선의 서구 지리학의 이해』, 창비, 2012.

張潮, 『虞初新志』, 河北人民出版社, 1985.

제러미 블랙, 김요한 옮김, 『세계지도의 역사』, 지식의 숲, 2006.

제리 브로턴, 이창신 옮김, 『욕망하는 지도』, 알에이치코리아, 2014.

지그프리트 크라카우어, 김정아 옮김, 『역사, 끝에서 두번째 세계』, 문학동네, 2012.

陳平原·夏曉虹, 『圖像晚清』, 百花文藝出版社, 2006.

鄒振環, 「『職方外紀』: 世界圖像與海外獵奇」, 『復旦學報』 4, 社會科學版. (2009): 53-62.

鄒振環, 「『坤輿圖說』及其「七奇圖說」與清人視野中的"天下七奇"」, 『基督宗教與近代中國』, 社會科學文獻出版社, 2011.

鄒振環, 「南懷仁『坤輿格致略說』研究」, 『中外關系史: 新史料與新問題』, 科學出版社, 2004.

Allen, Phillip. The Atlas of Atlases: The Map Maker's Vision of the World. Marshall Editions, 1992.

Bai, Qianshen. Fu Shan's World: The Transformation of Chinese Calligraphy in the Seventeenth Century. Harvard University Asia Center, 2003.

Briessen, Fritz van. Shanghai-Bildzeitung 1884-1898: eine Illustrierte aus dem China des ausgehenden 19. Jahrhunderts. Atlantis, 1977.

Chen, Hui-Hung. "The Human Body as a Universe Understanding Heaven by Visualization and Sensibility in Jesuit Cartography in China." The Catholic Historical Review. vol. 93, No. 3 2007, 517-552쪽.

Dietrich, Craig. "Until Something More Certain Emerges: Van den Keere's Asia." In Reading the World Map: Interdisciplinary Perspectives on Pieter Van Den Keere's Map, Nova Totius Terrarum Orbis Geographica Ac Hydrographica Tabula (Amsterdam, 1608/36). edited by Edney, Matthew H. and Irwin D. Novak. 20-25. Osher Library Associates, Occasional Publication No. 1. Portland: University of Southern Maine, 2001.

Gesner, Konrad. Curious woodcuts of fanciful and real beasts; a selection of 190 sixteenth-century woodcuts from Gesner's and Topsell's natural histories. Dover Publications, 1971.

Gillies, John. Shakespeare and the Geography of Difference. Cambridge University Press, 1994.

Huntington, Rania. "The Newspaper Zhiguai and the Sorcery Epidemic of 1876." In Dynastic Crisis and Cultural Innovation: From the Late Ming to the Late Qing and Beyond. edited by Wang, Dewei, and Wei Shang. 355-387. Cambridge, Mass: Harvard University Asia Center, 2005.

Kim, Nanny. "New Wine in Old Bottles? Making and Reading an Illustrated Magazine from Late Nineteenth-Century Shanghai." In Joining the Global Public: Word, Image, and City in Early Chinese

Newspapers, 1870-1910. edited by Wagner, R. G. 175-200. State University of New York Press, 2007.

Koeman, C. "Mr. Blaeu Makes Maps with Glue and Scissors." Imago Mundi, vol. 17 1963, 96-97쪽.

Rieger, Neville F. "Engineering Aspects of the Collapse of the Colossus of Rhodes Statue." In International Symposium on History of Machines and Mechanisms : Proceedings HMM2004, edited by Marco Ceccarelli, 69-85. Dordrecht: Kluwer Academic Publishers, 2004.

Romer, J., and E. Romer. The Seven Wonders of the World: A History of the Modern Imagination. Seven Dials, Cassell & Company, 1995.

Schilder, Günter. "Willem Jansz. Blaeu's Wall Map of the World, on Mercator's Projection, 1606-07 and Its Influence." Imago Mundi. vol. 31 1979, 36-54쪽.

Shirley, Rodney W. "Three World Maps by Francois van den Hoeye of 1661, Willem Janszoon (Blaeu) of 1607, Claes Janszoon Visscher of 1650", Imago Mundi, vol. 35 1983, 116-118쪽.

Sullivan, Michael. The Meeting of Eastern and Western Art. University of California Press, 1989. (蘇立文, 陳瑞林(譯), 『東西方美術的交流』, 江蘇美術出版社, 1998.)

Waldstein, Michael. "Hans Jonas' Construct "Gnosticism": Analysis and Critique." Journal of Early Christian Studies. 8:3, 2000, 341-372쪽.

Walravens, Hartmut. "Father Verbiest's Chinese World Map (1674)." Imago Mundi 3, no. 1 1991, 31-47쪽.

Walravens, Hartmut. "Konrad Gessner in chinesischem Gewand. Darstellungen fremder Tiere im K'un-yü t'u-shuo des P. Verbiest (1623-1688)." Gesnerus

30 1973, 87-98쪽.

http://en.wikipedia.org/wiki/Statue_of_Liberty

http://zh.wikipedia.org/wiki/自由女神像

http://www.wul.waseda.ac.jp/kotenseki/html/ru11/ru11_00790/index.html(坤
興全図: 早稻田大學藏書)

부록

근대 한국에 영향을 준 중국 번역 서학서 발췌 번역

발췌 번역 해제

허재영*

1. 화학감원(化學鑑原)

『화학감원(化學鑑原)』은 강남 제조총국 번역관에서 발행한 대표적인 번역 서학서이다. 이 책은 웨일즈라는 영국 화학자의 저서를 존 프라이어(중국명 傅蘭雅)가 구역(口譯)하고, 서수(徐壽)가 필술(筆述)하였으며, 총6권으로 구성되었다.

권1은 화학 원질(원소)의 명칭, 질량, 화학 변화의 성질, 원질 명칭의 유래, 중국식 원질 명칭 등을 설명하였으며, 권2와 권3은 비금속 원질, 권4~권6은 금속 원질의 특성과 질량, 성분, 추출 방법 등을 설명하였다. 각 권은 연속된 절(節)로 구성되었으며, 6권은 총 410절로 이루어져 있다. 주요 내용을 표로 나타내면 다음과 같다.

---

* 단국대 일본연구소장, HK+사업단 책임자

권수	주요 내용
1	만물분류(萬物分類), 원질지의(原質之義), 원질지수(原質之數), 원질분류(原質分類), 잡질지의(雜質之義), 화합지리(化合之理), 애섭력지리[이하 생략하여 애력으로 부름](愛攝力之理以下省稱愛力), 화합지례(化合之例), 정비례(定比例), 가비례(加比例), 등비례(等比例), 화합상대(化合相代), 화합분제(化合分劑), 체적분제(體積分劑), 질점지리(質點之理), 질점용열정률(質點容熱定率), 체적분제 여경중분제지용(體積分劑與輕重分劑之用), 본질(本質), 배질(配質), 염류(鹽類), 비배비본 지고수위배위본(非配非本 至故水爲配爲本), 동원이물(同原異物), 동질이형(同質異形), 서국명명지시 역존비고(西國命名之始, 譯存備考), 원질명명(原質命名), 잡질명명(雜質命名), 원질입호(原質立號), 잡질립방(雜質立方), 화자명명(華字命名)
2	비금류지질(非金類之質), 비금류 여금류지별(非金類與金類之別), 양기근원(養氣根源), 양기취법(養氣取法), 양기형성(養氣形性), 호흡필유양기(呼吸必有養氣), 양기유호철전기지성(養氣有吸鐵電氣之性), 양기화합유송긴(養氣化合有鬆緊), 양기동정이성(養氣動靜二性), 취양기(臭養氣), 편지만물매일소용양기지수(遍地萬物每日所用養氣之數), 취수양질(取收養質), 장기상(藏氣箱), 경기근원(輕氣根源), 경기취법(輕氣取法), 경기형성(輕氣形性), 경기능소(輕氣能燒), 경양2기상합최능폭렬(輕養二氣相合最能爆烈), 경기등(輕氣燈), 연소경기능출악음(燃燒輕氣能出樂音), 경양취화(輕氣吹火), 경양명등(輕氣明燈), 경기성사금류(輕氣性似金類), 경양2기성잡질(輕養二氣成雜質), 수(水), 경양이기성수(輕養二氣成水), 성수기(成水器), 수지근원(水之根源), 수지형성(水之形性), 순수(純水), 천수(泉水), 토질천수(土質泉水), 함천수(鹹泉水), 열천수(熱泉水), 하수(河水), 해수(海水), 의어일용지수(宜於日用之水), 색활이수(濇滑二水), 수내공기(水內空氣), 수유소화지성(水有消化之性), 수유화합지성(水有化合之性), 경양(輕養), 경양취법(輕養取法), 담기근원(淡氣根源), 담기취법(淡氣取法), 담기형성(淡氣形性), 담기애력심소(淡氣愛力甚小), 공기근원(空氣根源), 공기지원질(空氣之原質), 화분공기고험각기지수(化分空氣考驗各氣之數), 담양2기합성잡질(淡養二氣合成雜質), 담양 즉 초강수(淡養卽硝强水), 초강수법(硝强水取法), 초강수형성(硝强水形性), 초강수변화물질지성(硝强水變化物質之性), 초강수변화금류지성(硝强水變化金類之性), 담양합성염류(淡養合成鹽類), 담양기(淡養氣), 담양기취법(淡養氣取法)(中略)
3	전지근원(碘之根源), 전지취법(碘之取法), 전지형성(碘之形性), 전여별질화합지잡질(碘與別質化合之雜質), 갑전(鉀碘), 추지근원(溴之根源), 추지취법(溴之取法), 추지형성(溴之形性), 불지근원(弗之根源), 불지형성(弗之形性), 경불기(輕弗氣), 유황근원(硫黃根源), 유황취법(硫黃取法), 유황형성(硫黃形性), 유황이형(硫黃異形)(中略)
4	금류근원(金類根源), 금류형성(金類形性), 금류분속(金類分屬), 감속지금(鹻屬之金), 갑지근원(鉀之根源), 갑지취법(鉀之取法), 갑지형성(鉀之形性), 갑양(鉀養), 갑양형성(鉀養形性), 갑양탄양(鉀養炭養), 갑양이탄양(鉀養二炭養), 갑양담양 즉 초(鉀養淡養 卽 硝), 초지형성(硝之形性)(中略)
5	〈上〉 천금(賤金), 철지근원(鐵之根源), 철지(鐵之), 철여양기화합지질(鐵與養氣化合之質), 철양1, 2, 3(鐵養1,2,3), 철류 즉 자연동(鐵硫 卽 自然銅), 철양탄양(鐵養炭養)(中略) 〈하〉 맹지근원(錳之根源), 맹여양기화합지질(錳與養氣化合之質), 낙지근원(鉻之根源), 연양낙양(鉛養鉻養), 낙양(鉻養)(中略)
6	귀금(貴金), 홍지근원(汞之根源), 홍지형성(汞之形性), 홍양(汞養), 홍양 즉 삼선단(汞養[卽三仙丹]), 홍록 즉 경분(汞綠[卽輕粉]), 홍록 즉 악경분(汞綠 [卽惡輕粉])(下略)

이 책은 1902년 장음환(張陰桓)이 편집한 '서학부강총서(西學富强叢書)'의 '화학편(化學編)'에 수록되어 있으며, 그 가운데 일부는 『한성순보』에 전재(轉載)되기도 하였다. 전재된 내용을 표로 나타내면 다음과 같다.

번호	연월일(호수)	제목	출처 및 구성
1	1884.05.25.(제22호)	논양기(論養氣)	『화학감원』권2 제32절 '양기 근원', 제33절 '취법' 요약
2	1884.05.25.(제22호)	논경기(論輕氣)	『박물신편』 '경기', 『화학감원』 권2 제43절 '경기 근원', 제44절 '취법'
3	1884.05.25.(제22호)	논담기(論淡氣)	『박물신편』 '담기', 『화학감원』 권2 제73절 '담기 근원', 제74절 '취법'
4	1884.06.04.(제23호)	논탄기(論炭氣)	『박물신편』 '탄기', 『화학감원』 권3 제169절 '탄', 제177절 '탄양', 『박물신편』 '담기', 『화학감원』 권3 제178절 '취법'의 순으로 발췌 등재
5	1884.06.04.(제23호)	논녹기(論綠氣)	『화학감원』 권2 제94절 '녹기 근원', 제95절 '취법'을 발췌하여 등재

『한성순보』에서는 이 책뿐만 아니라 『박물신편』을 참고하여 해당 항목을 편집한 형태로 기술했는데, 이러한 자료는 1880년대 한·중 근대 지식 교류 및 영향력을 보여주는 좋은 자료라고 할 수 있다. 이에 본 연구소에서는 『화학감원』권1을 발췌 번역하고, 권2와 권3 가운데 『한성순보』와 관련을 맺는 부분을 발췌하여 번역한다.

2. 『박물신편(博物新編)』

『박물신편』은 벤자민 홉슨(Benjamin Hobson, 중국명 合信, 1816~1873)이 저술한 근대 자연과학 입문서이다. 조훈(2004)의 『중국기독교사』에 따르면 벤자민 홉슨은 런던 선교회 소속 의료 선교사였다. 그는 마카오에서

의료 선교를 하다가 1843년 홍콩에서 개최된 성경 번역회의에 참석하고, 잠시 귀국하였다가 다시 홍콩으로 돌아와 의료 활동을 하였으며, 광주(廣州)를 방문한 뒤 병원을 개설하고 의료 활동을 지속하였다.

1880년 존 프라이어(중국명 傅蘭雅)가 저술한 『역서사략(譯書事略)』에 따르면, 벤자민 홉슨이 저술한 책은 '중국에 거주하는 서양인 스스로 번역한 책'[1] 속에 『박물신편(博物新編)』, 『전체신편(全體新編)』, 『내외과신략(內外科新略)』, 『서의약론(西醫略論)』, 『부요신설(婦要新說)』 등이 있었음을 확인할 수 있다.[2]

『박물신편』은 1858년 상해 묵해서관(墨海書舘)에서 발행한 자연과학 입문서이다. 사전적 의미에서 '박물(博物)'이라는 용어는 '여러 사물에 대해 두루 아는 것 또는 그와 관련하여 참고가 될 만한 것'을 뜻하는 말로, 자연과학의 분과 학문이 발달하는 과정에서 '동물학', '식물학', '광물학'을 아우르는 개념으로 사용되었다.[3] 홉슨의 『박물신편』은 3권 2책으로 구성되었으며, 그 내용을 살펴보면 다음과 같다.

---

1) 傅蘭雅, 『譯書事略』, 格致彙編舘, 1880. 寓華西人自譯各書目錄.
2) 이 가운데 『박물신편』, 『서의약론』은 규장각 한국학연구원에 소장되어 있으며, 또 다른 홉슨의 저서인 『전체신론(全體新論)』은 국립중앙도서관 디지털라이브러리에서 원문을 제공하고 있다.
3) 이필선 역술, 『신편 박물학(新編 博物學)』, 보성관(普成館), 1907. 제37장 자연계. "植物, 動物, 鑛物의 三者는 其 發生 代謝가 互相 循環 不止ᄒᆞᄂᆞ니 其 關係가 實로 深遠타 ᄒᆞᆯ지라. 然則 無端히 花를 摘ᄒᆞ고 蟲을 殺치 말고 其 關係를 深究ᄒᆞ야 吾人의게 有益ᄒᆞᆫ 者는 保護ᄒᆞ며 有害ᄒᆞᆫ 者는 除去ᄒᆞᆷ이 可ᄒᆞ니, 其自然界의 形態 構造 性質等을 硏究ᄒᆞᆷ은 博物學이라 ᄒᆞ며 其中에 植物만 專혀 硏究ᄒᆞᄂᆞᆫ 學問을 植物學이라 ᄒᆞ며, 動物만 硏究하는 者를 動物學이라 ᄒᆞ며, 鑛物만 硏究ᄒᆞᄂᆞᆫ 學問을 鑛物學이라 ᄒᆞᄂᆞ라."

책	권	목차
건(乾)	일(一)	지기론(地氣論): 기기편(氣機篇), 풍우침(風雨鍼), 한서침(寒暑鍼), 풍론(風論), 양기(養氣), 경기(輕氣), 담기(淡氣), 탄론(炭論), 탄경2기(炭輕二氣), 황강수(磺强水), 초강수(硝强水), 염강수(鹽强水), 경기구(輕氣球), 물질물성(物質物性) 열론(熱論): 3질체변(三質遞變), 증기(蒸氣), 화륜거(火輪車), 수증(水甑), 기궤(汽櫃), 냉수궤(冷水櫃), 화로(火爐), 지과(脂騍), 윤발(輪撥), 기척(汽尺) 수질론(水質論): 조운(漕運), 잠수구(泳氣鐘), 각수의(却水衣), 해수(海水), 산수(山水) 광론(光論): 공중거인(空中巨人), 공중정상(空中艇像), 해시진루(海市蜃樓), 공교(空橋), 일운월운(日暈月暈), 홍예(虹蜺), 광사지속(光射之速), 광사사직(光射斜直), 광분원근(光分遠近), 함석광(鹹汐光), 인광(燐光), 충광(蟲光) 전기론(電氣論)
곤(坤)	이(二)	도(圖): (中略) 天천문약론(文略論), 지구론(地球論), 주야론(晝夜論), 행성론(行星論), 일리지원근론(日離地遠近論), 일체원전론(日體圓轉論), 방주지구경위론(倣做地球經緯論), 각국토지인물부동론(各國土地人物不同論), 사대주론(四大洲論), 만국인민론(萬國人民論), 지구역행성론(地球亦行星論), 지구환일성사계론(地球圜日成四季論), 월륜원결론(月輪圓缺論), 일륜본체론(月輪本體論), 월식정례론(月蝕定例論), 조범수월론(潮汎隨月論), 수성론(水星論), 금성론(金星論), 화성론(火星論), 소행성론(小行星論), 목성론(木星論), 토성론(土星論), 어니라사성론(唹呢瘰士星論), 혜성론(彗星論), 경성이견론(經星異見論), 경성위원론(經星位遠論), 중성합론(衆星合論)
	삼(三)	주수약론(鳥獸略論): 원류(猿類), 중론(衆論), 서론(犀論) 호류론(虎類論)(이 속에 사자를 등재함[內載獅子]), 표론(豹論), 호론(虎論) 견류(犬類), 웅비론(熊羆論), 마론(馬論), 낙타론(駱駝論), 치수론(齝獸論), 태생어론(胎生魚論)[경어(鯨魚)] 응류론(鷹類論), 무익금론(無翼禽論), 섭수조(涉水鳥)

이 책이 우리나라에 들어온 것은 철종 연간으로 보이는데, 이는 혜강 최한기(惠崗 崔漢綺, 1803~1877)의 『명남루문집』에 '신기통(神氣通)', '추측록(推測錄)', '성기운화(星氣運化)', '지구전요(地球典要)', '신기천험(身機踐驗)' 등의 서명(書名)이 등장하기 때문이다.[4] 『한성순보』에서는 『격물입문』, 『화학감원』과 함께, 이 책의 일부를 전재하기도 했는데, 그 내용은 다음과 같다.

---

4) 이에 대해서는 규장각 한국학연구원의 해제를 검색할 수 있다.

번호	연월일(호수)	제목	출처 및 구성
1	1884.05.05.(제20호)	풍우침(風雨鍼)	『박물신편』풍우침, 『격물입문(格物入門)』(丁韙良)
2	1884.05.05.(제20호)	한서침(寒暑鍼)	『박물신편』한서침, 『격물입문(格物入門)』(丁韙良)
3	1884.05.05.(제20호)	행성론(行星論)	『박물신편』권3 '행성론'
4	1884.05.25.(제22호)	논경기(論輕氣)	『박물신편』경기 『화학감원』권2 제43절 경기 근원, 제44절 취법
5	1884.05.25.(제22호)	논담기(論淡氣)	『박물신편』담기, 『화학감원』권2 제73절 담기 근원, 제74절 취법
6	1884.06.04.(제23호)	논탄기(論炭氣)	『박물신편』탄기, 『화학감원』권3 제169절 탄, 제177절 탄양, 『박물신편』담기, 『화학감원』권3 제178절 취법의 순으로 발췌 등재
7	1884.06.04.(제23호)	논탄경이기(論炭輕二氣)	『박물신편』탄경이기 등재

또한 이 책은 지석영(1890)의 『신학신설』에서도 다수 언급되고 있는데, 이를 통해 이 시기 우리나라에 영향을 주었던 대표적인 번역 서학서임을 알 수 있다.5)

5) 지석영(1891)의 『신학신설』에 언급된 『박물신편』으로는 '공긔'와 관련하여, "큰 쯘 우희 긔운이 잇서서 두르기을 계란 흰 자위가 그 루른 자위를 싼 거 갓틈미 [디면으로 붓터 점점 오을수룩 점점 열버서 일빅오십 니에 이르러 진흔이라.] 명왈 공긔니 비록 형상도 업고 맛도 업스나 기실은 쯘 우희 흔 물건이라. 딕긔 이 공긔 속에 두어가지 눈우엿슨니 왈 양긔 담긔 탄긔 경긔라. [다 가히 법으로 분변허눈니 상견 『박물신편』 헌이라.]", '물'과 관련하여, "물은 경긔 양긔 두 긔운이 상합하야 된 거신이 젼긔을 쓰면 능히 두 가디 긔운을 난워닉눈니 [방물신편에 자세헌이라.]" 등과 같은 경우가 있다.

참 고 문 헌

池錫永, 「신학신설」, 1891년 필사본, 한국학문헌연구원, 『지석영전집』하권, 아세아문화사.

京大人文硏究所, 『東方叢書 西學富强叢書(鴻門書局, 1896)』, 京都, 日本, 1976.

傅蘭雅, 『格致彙編』, 1880, 규장각 소장본(도서번호 3121)

張蔭桓 編輯, 『西學富强叢書』 48冊, 鴻文書局, 1902.

허재영, 「광학회 서목과 태서신사남요를 통해 본 근대 지식 수용과 의미」, 『독서연구』35, 한국독서학회, 2015, 229-252쪽.

허재영, 「근대 중국의 서학 수용과 한국에서의 번역 서양서 수용 양상」, 『어문학』144, 한국언어문학회, 2019.

황종원·허재영·김경남·강미정, 『한국에 영향을 미친 중국 근대 지식과 사상』, 경진, 2019.

허재영, 「근대 한국에서의 번역 서학서 수용과 근대 학술어 사용 양상」, 『인문사회과학연구』20-3, 부경대 인문사회과학연구소, 2019. 63-82쪽.

I. 『화학감원(化學鑑原)』 발췌 번역

英國 韋而司 撰, 英國 傅蘭雅 口譯, 無錫 徐壽 筆述

- **第一節 萬物分類**

  萬物分爲兩大類 一曰 化成類 二曰 生長類 如動植等物

- **제1절 만물 분류**

  만물은 양대 종류로 나뉜다. 하나는 화성류(化成類)이며 둘은 생장류(生長類)이니, 동식물 등과 같다.

- **第二節 原質之義**

  萬物之質 今所不能化分者 名爲原質

- **제2절 원질의 의미**

  만물의 바탕이 지금 더 이상 분해할 수 없는 것을 원질(原質)6)이라고 한다.

- **第三節 原質之數**

  萬物中之原質人所已知 而且憑驗者 其得六十四種 如後人又得別物 竟不能化分者 可增益其數 或現有之物 後人再能化分者卽不爲原質

---

6) 원질(原質): 원소.

■ 제3절 원질의 수

만물 가운데 원질로 사람이 이미 알고 있고 또 증험한 것은 64종이니 후대 사람이 또한 별도의 물건을 깨우쳐 마침내 더 이상 분해할 수 없는 것들이 가히 늘어날 수 있다. 또는 현재의 물질 가운데 후대 사람이 다시 분해하여 원질이 되지 않는 것도 있을 수 있다.

■ 第四節 原質 分類

原質分爲兩類. 一爲金類 一爲非金類. 金類之品. 雖多於非金類. 然萬物以非金類化成者 乃多於金類六十四 原質之內氣質五種 流質二種. 其餘者不甚冷 不甚熱之時俱爲定質 世所常有者止有十四種 地上萬物約多用此十四種化成. 此外所見甚少. 用處亦不多矣. 故萬物內獨成爲原質者無幾. 大半化合於雜質之內. 雜質者數原質所合成也.

■ 제4절 원질의 분류

원질은 두 종류로 나뉜다. 하나는 금류(金類)이며, 다른 하나는 비금류(非金類)이다. 금류는 비록 비금류보다 많으나 만물이 비금류가 화합하여 이룬 것이 금류의 64 원질보다 많으며, 원질 내 기질(氣質: 기체)이 5종이며, 유질(流質: 액체)은 2종이다. 다른 것은 다소 차갑지 않으며 덥지 않을 때 모두 정질(定質: 안정된 상태의 물질)이 되며 일상적으로 안정된 상태의 원질은 14종에 불과하다. 지상의 만물은 대략 이 14종이 화합하여 이루어낸다. 그이외의 것은 매우 적은데 사용하는 곳도 또한 많지 않다. 그러므로 만물 내에 홀로 원질이 되는 것은 몇 안 된다. 대부분은 잡질(雜質)로 화합되며, 잡질은 여러 개의 원질이 합성하여 이루어낸다.

■ 第五節 雜質之義

雜質乃數種原質化合而成盖數原質交互更易可成雜質無窮. 今人以各物相試增多無數新物有大益於人者 有大奇怪者 有甚烈者

■ 제5절 잡질의 의미

잡질(雜質)[7]은 수종의 원질이 화합하여 이룬 것으로, 대개 여러 개의 원질이 서로 교차하여 다시 무궁한 잡질을 이룬다. 지금 사람이 각자 물건을 시험하여 무수히 많은 새로운 물건이 늘어나니 사람에게 큰 이익이 되며 매우 기괴하고 그 기운이 매우 세차다.

■ 第六節 化合之理

古常言各質皆有靈性 使之化合後 又言各質如相錯之意而化合. 其實不然, 今人考知此理. 係質點各自相引至極親極切而化合也. 相引之力 名爲愛攝力. 然此愛攝之理究不能窮其所以然 或言乃類乎 電氣者爲之也.

■ 제6절 화합의 이치

옛날에 이르기를 각 원질은 영성(靈性)을 갖고 있어 화합하게 한다고 하였다. 또한 말하기를 각 원질은 서로 섞이고자 하는 뜻이 있어 화합한다고 하였다. 그러나 사실은 그렇지 않다. 지금 사람들이 그 이치를 고찰하니, 질점(質點: 물체의 질량이 모여 있다고 보는 점)과 관련하여 각자 끌어당겨 지극히 친극(親極)에 이르러 화합이 된다는 사실을 알아냈다. 서로 끌어당기는 힘을 애섭력(愛攝力)[8]이라고 한다.

■ 第七節 愛攝力之理 [以下省稱 愛力]

其一.[9] 物在體界之內 其愛力甚大. 若出體界之外 則愛力全無. 如鐵線一條 雖懸挂重物不斷 若入硫强水內 則消化而變 爲明流質 因鐵與强水化合也. 然流質之內 亦不見鐵之形迹矣. 又設異類二物 雖磨至極細之點而相和難其

---

7) 잡질(雜質): 여러 가지 원질이 화합하여 이룬 물질. 불순물. 이물(異物).
8) 애섭력(愛攝力): 물체가 서로 끌어당기는 힘. 견인력(牽引力). 중력(重力)은 지구가 물체를 끌어당기는 힘.
9) 其一. 이 글에서는 애력의 특징을 9가지로 나누어 설명하였음.

愛力 如白礬與鹻 其置鉢內乳之極久 不見愛力之驗. 若加以水則兩物相親 而化合 且暴發如沸矣. 愛力之驗 有時甚大 人可得其益 如(石＋某)之煙 因(石＋某)內之炭質 與空氣中之養氣化合 而生熱. 熱極生火 火可生汽 汽 可生力 故將好(石＋某)一磅 燒諸精器之內所生之汽 可起一百磅之重 高 至二十里 起一磅之重則 高至二千里也. 準此法 又可較量(石＋某)質與養 氣愛力之數.

其二. 同類之物 不能顯愛力. 鐵二塊 或硫黃二塊 或銅二塊 自相切 並無愛力 若 硫黃與鐵 或硫黃與銅 愛力卽顯 故天地間之物 而祇爲一原質則不能有愛力 且無化學矣.

其三. 大約 物質相異者 愛力大 相似者 愛力小.

其四. 顯愛力而化合之後 物之形成全改. 改變形成極爲奇異 未化合之前 不能知 其化合之後 變何形性. 如硫强水化銅 則得藍色 半明之質. 硫强水化鐵 則 得淺綠色之明質 然化合之後 雖其形性改變視之如毁滅而原質仍存其內. 若 反用其法 卽可復得原質.

其五. 此質與別質之愛力 各有大小不同. 但雖不同而有定率. 硝强水與各金 大半 可化而合之. 如銀汞銅鉛是也. 惟與此四金之愛力大小逈異. 與銀不若與汞 之大 與汞不若與銅之大 與銅 又不若與鉛之大 故以一原質與別質 其愛力 可作一表 以大小爲次第.

其六. 化合之後形性. 雖變原質仍存權 其化後之重 必與未化之時等. 故原質未毁 滅也. 第一圖 玻璃瓶甲 可容二百五十立方寸 口有銅(共／皿)(共／皿)有塞門 內盛棉花火藥十二釐用抽汽箭 抽盡其氣權得重數 將電氣. 乙丙二線引點之 火光閃爍藥化爲氣 而不見權之重數 與前等 可見原質之不毁也.

其七. 自能化合之物. 其置一處 或 可立顯愛力而化合 或待片時 或多時 或待別 力[加熱之力] 相助其愛力而化合. 尋常之物 不能自顯其愛力 如積炭 雖多 久之亦無改變取數枚燃之而還置原處 則空氣中之養氣 與所積之炭 顯出愛

力 而使盡熾矣. 又有物不必再加外力 自能顯出愛力者 如燐少得空氣 卽漸

燃置諸日中卽立燃.

有時二物 自不能化合 再以一物近之 其二物立能化合 其一物與彼無關 並

不改變形質也. 如糖消化於水 加酵少許 則通體變酸發大.

各物纔生發之時 比平時之愛力更大. 如輕氣與淡氣已成之後 其置器內不能

化合 惟於別物中 並發而相遇方能立時化合.

其八. 几作雜質有用原質 並合而成者 或有雜質之內 本具數質再用原質與化合 卽

使一質離開此原質代之而成者.

其九. 各原質之化合 以發熱爲常事 間有發熱之外 又能發光者 其熱與光之數 以

化合之遲速爲比例.

■ 제7절 애섭력의 원리[이하 애력이라고 약칭함]

1. 한 사물이 그 물체 내에서는 애력이 심히 크다. 만약 체계 밖이라면
애력은 전혀 없다. 철선 한 줄은 비록 무거운 물건이 끊임없이 달려
있어도 유강수(硫强水) 안에 들어가면 즉 녹거나 변화하여 맑은 유질
(流質)로 변화하는데, 이는 철과 강수(强水)가 화합한 것이다. 그러므로
유질 안에서는 또한 철의 형적을 발견할 수 없다. 또한 서로 다른 두
물질을 두면 비록 마모하여 극세점에 이르러 그 애력이 서로 화합하
기 어렵다. 백반과 소금기[鹺, 감]을 사발 내의 젖과 함께 오래 두면 애
력을 찾아볼 수 없다. 만약 물을 더하면 두 물질이 서로 친화하여 화
합하며 또한 끓듯이 폭발한다. 애력의 효능은 심대하여 사람이 가히
그 이익을 얻을 수 있는데, 텔루륨(石+某: 뒤의 표 참고. 텔루륨을 표
기하기 위해 만든 한자임)의 연기는 그 안의 탄질과 공기 중의 양기
(산소)가 화합하여 열을 발생시킨다. 열이 지극하면 불이 나며, 불은
기(汽)를 만든다. 기는 힘(力)을 만든다. 그러므로 장차 텔루륨 일 방
(磅)으로 정밀한 그릇 안에서 여러 물질을 태우면 기가 발생하니 가히

일백 방의 무게는 20리까지 이를 수 있다. 일 방의 무게는 2천 리에 이른다.[10] 이 방법을 따르면 또한 가히 텔루륨과 양기(산소)의 애력을 비교할 수 있다.

2. 동류의 물질에서는 애력이 나타나지 않는다. 철 두 덩어리 혹은 유황 두 덩어리 혹은 동(銅) 두 덩어리는 서로 가까우며 아울러 애력이 없다. 만약 유황과 철, 혹은 유황과 동은 즉시 애력이 나타난다. 그러므로 천지간의 사물이 단지 하나의 원질이라면 애력이 없고 또한 화학 반응도 없다.

3. 대체로 물질이 상이하면 애력이 크고, 비슷하면 애력이 작다.

4. 애력을 나타내고 화합된 후에 물질은 모두 바뀐다. 바뀌어 형성되면 화합 이전과 달리 특이해지는데, 그 화합된 이후 변형되어 어떤 성질을 갖게 될지 알기 어렵다. 유강수가 동과 화합하면 남색이 되고 반명질(半明質)이 된다. 유강수가 철과 화합하면 얕은 선색(線色)의 명질(明質)이 된다. 그러므로 화합한 이후 비록 형성된 성질은 사라지나 원질은 그 안에 존재한다. 이와 반대로 하면 가히 원질을 다시 얻을 수 있다.

5. 이 원질과 별질의 애력은 각각 대소가 있어 같지 않다. 그러나 같지는 않더라도 정률이 있다. 초강수(硝强水)와 각각의 금류는 대부분 변화하여 합성될 수 있는데, 은과 수은, 동, 연 등이 그것이다. 오직 이 네 가지 금류의 애력의 대소가 다르다. 은은 수은의 크기와 같지 않고, 수은은 동의 크기와 같지 않으며, 동은 또한 연(鉛)의 크기와 같지 않다. 그러므로 하나의 원질과 별질은 그 애력이 가히 일정한 표를 이루며 이로써 대소가 그 차례를 이룬다.

---

10) 이 부분은 원문 표현이 잘 해석되지 않음. 1백 방이 20리에 이르는 것과 1방이 2천 리에 이르는 것은 그 반대로 해석해야 할 듯한데, 원문 기록대로라면 번역문과 같이 해석되어 중문 번역 과정에서 오류가 있었던 것으로 추정됨.

6. 화합된 후 형성된 성질은 비록 원질이 변화했으나 그 속에 존재하며 변화 이후의 무게는 변화 이전과 같다. 그러므로 원질은 훼손되거나 소멸되지 않는다. <제1도>에서 파려병 갑은 가히 250 입방 마디로 입구에는 동으로 된 마개가 있다. 그 안에 면화로 된 화약 12리를 넣고 기통을 추출하는데, 그 기를 다 추출하여 무게를 얻으면 장차 전기가 발생한다. 을과 병 두 선의 인화점의 화광이 번쩍이며 화약이 뜨거워져 기가 발생하면 권량(權量)의 무게는 전과 같이 발견하기 어려우나, 가히 원질이 훼손되지 않는다.

7. 스스로 화합하는 물질. 그것을 한 곳에 두거나 혹은 애력을 드러내어 화합하거나 혹은 잠시 또는 많은 시간 또는 별도의 애력[가열하는 힘]을 받아 서로 그 애력을 도와 화합한다. 일상의 물질은 스스로 애력을 드러내지 않는다. 탄을 쌓아 놓으면 비록 오래될지라도 스스로 변화하지 않으나 여러 개의 연소물을 두고 다시 원래 있던 곳으로 돌려 놓으면 즉 공기 중의 양기(산소)와 쌓여 있는 탄이 애력을 드러내어 불에 탈 수 있도록 한다. 또한 물질에 다른 외력을 가할 필요가 없다. 스스로 애력을 드러내는 것은 인(燐)과 같이 약간의 공기와 접촉하면 점차 불이 나서 낮이면 즉시 불이 붙는다.

두 물질이 있을 때 스스로 화합하지 못하나 다시 한 물질을 그 근처에 두면 그 두 물질이 화합할 수 있으나 그 하나의 물질과 다른 것은 관련이 없다. 아울러 형질을 바꾸지도 못한다. 당이 물에서 소화될 때 효소를 약간 가미하면 즉 모양이 변화하고 산(酸)이 많이 발생한다.

각 물질은 잠시 발생할 때의 애력이 평시보다 크다. 경기와 담기가 이미 만들어진 후 그것을 그릇 안에 두면 화합하지 못하나 오직 별도의 물질과 서로 만나면 능히 화합하게 된다.

8. 잡질을 만들 때 원질을 이용하거나 합성한다. 혹은 잡질 내 본래 들어

있는 여러 개의 물질이 다시 원질을 이용하여 화합하면 하나의 물질이 떨어져 나와 이 원질을 대신하여 그것을 만들게 한다.

9. 각 원질이 화합하면 열이 발생하는 것이 일반적이다. 간혹 발열 이외에 또한 능히 빛을 발생할 수 있는데, 그 열과 빛의 수는 화합의 더디고 빠름과 비례한다.

■ **第八節 化合之例**

平常配合其權量之多少 本無定限 人因此事 而以爲化合之理 亦同比例則不然矣. 蓋化合之理 其數自有一定之率 若不依此定率 斷不能盡成也. 此率有三 各質化合 必依此三率內之一率 其一正比例 其二加比例 其三等比例.

■ **제8절 화합의 비례**

일상적으로 그 무게의 다소를 배합하는 데는 본래 정해진 것이 없다. 사람들은 이로 인해 화합의 이치를 삼으나 또한 같은 비례로 하면 그렇지 않다. 대개 화합의 이치는 그 수가 일정한 비율로 정해져 있다. 만약 이 비율에 의하지 않는다면 단지 완전한 물질을 만들어내지 못한다. 이 비율은 세 개가 있으니 각 물질이 화합할 때 반드시 이 세 가지 비율 가운데 하나의 비율에 따른다. 첫째는 정비례이며, 둘째는 가비례, 셋째는 등비례이다.

■ **第九節 定比例**

化合而成雜質 其原質之數有定率 自可測而知之 且未無改變 試此定率 自分合二法. 如純水一百分 養氣居八十八分 八九 輕氣居十一分一一 此水無論 在谿在河爲氣爲氷 爲霧爲雲. 若分之爲原質 其兩原質之數 終不改變. 若化合此兩原質餘出 又如火石分爲原質 每百分有五十一分八爲養氣 有四十八分二爲矽. 此定比例之理 雖屬顯易而分合之奧旨 乃由此以生凡一切製造之事 大半與化學相關. 若不審察乎此殊難成事也.

■ 제9절 정비례

화합하여 잡질을 이루면 그 원질의 수는 정률(定率)이 있어 가히 추측하여 알 수 있다. 또한 수은은 변화하지 않으니 이 정률을 시험하는 데 두 가지 분합의 방법이 있다. 순수한 물 일백 분에는 양기(養氣) 88분 89, 경기(輕氣) 11분 11이 들어 있다. 물론 이 물은 계곡에 있는 것이나 하천에 있는 것, 기체가 되거나 얼음이 되거나 안개가 되거나 구름이 된 것 모두 해당한다. 만약 원질을 나누면 그 두 개의 원질의 수는 끝내 변화하지 않으며, 이 두 개의 원질을 화합하면 남은 것이 분출한다. 또한 화석(火石)을 원질로 나누면 매 백분에 51분 8이 양기가 되고 48분 2가 규소(矽)가 된다. 이것이 정비례의 이치이다. 비록 분합의 오묘한 뜻이 드러나기 쉬우나 이로부터 무릇 모든 제조 업무가 대부분 화학과 상관하게 된다. 만약 이것을 살피지 않으면 일을 이루기 어렵게 된다.

■ 第十節 加比例

此原質與彼原質化合 或比例不一. 而有等級. 故所成之各物 性雖大異 而其級數可考 而知設甲乙兩原質之比例 甲用一數 乙用一數 或 乙遞加一數 如二如三如四之類 又設甲用二數乙用三數 乙又遞加二數 如五如七之類.

■ 제10절 가비례

이 두 원질을 화합하거나 혹 비례가 일치하지 않고 등급이 있어, 각각의 물질이 만들어지면 비록 성질이 크게 다르나 급수는 가히 고찰할 수 있다. 갑을 두 원질의 비례는 갑 1수와 을 1수를 사용하는 방식 혹은 을의 1수를 더하거나 2, 3, 4와 같이 더하는 방식을 아는 것이다. 또한 갑 2수를 사용하고 을 3수를 사용하도록 할 때 을은 2수를 더하여 5, 7과 같이 하는 것이다.

■ 第十一節 等比例

設有此原質甲 彼原質乙丙丁 使之化合 其定率則乙丙丁 與甲化合之比例卽乙丙丁 各自化合之比例所以原質 各相化合之定率 卽可用數表 明其比例. 今以養氣 與各原質爲例 若與輕氣化合則成水. 每百分之內 有養氣八十八分 八九 輕氣十一分 一一. 若與鈣化合則成石炭 每百分之內 有養氣二十八分五八 鈣七十一分四二. 若鏻百分則養氣十七分〇二. 鉀八十二分九八 以是知養氣與各化合 其數各不等. 若成此一質之數 則無不等 故其化合之數 自有比例之定率 設用養氣八分爲定率 則各原質之數入算最易 所以西人有養氣爲主者 此數既定則各原質之數無不定矣. 如水有養氣八分 輕氣一分則以八十八分八九 與十一分一一之比 卽八與一之比 又如石灰有養氣八分 鈣二十分 則以二十八五八 與七十一分四二之比 卽八與二十之比. 又如鏻有養氣八分 鉀三十九分 則以十七分〇二 與八十二分九八之比 卽八與三十九之比 其餘各原質 可依此八分養氣之率爲定數. 如養氣八分 與淡氣十四分 如硫黃十六分 與炭六分 與鐵二十八分 與銅三十二分 與汞一百分 與鉛一百四分 與銀一百八分 俱可化合而爲雜質. 此各數不但與養氣化合之數 亦卽各自化合之數 如輕氣一分 與硫黃十六分 爲一質 硫黃十六分與鐵二十八分爲一質 汞一百分與鉀三十九分爲一質.

■ 제11절 등비례

원질 갑과 원질 을, 병, 정을 화합할 경우 정률은 을, 병, 정이 갑과 화합하는 비례이니 즉 을과 병과 정이 각자 화합하는 것은 원질과 비례하여 서로 화합하는 정률이 있기 때문이다. 즉 수표를 이용하여 그 비례를 밝힐 수 있다. 이제 양기와 각 원질을 예로 들어보자. 만약 경기가 화합하여 물을 이룰 경우, 백분 내 양기는 88분 89가 들어 있고, 경기는 11분 11이 들어 있다. 만약 개(鈣, 칼슘)가 화합하여 석탄을 이룰 경우 매 백분 내 양기 28분 58, 칼슘 71분 42가 있다. 감(鏻, 소금) 백분은 양기(養氣) 17분 02, 갑(鉀, 칼륨) 82분 98이 들어 있는데 이는 양기와 각 화합물의 수가 동등하지 않음을 알 수 있다. 만약 이 하나의 원질의 수가 동등하지 않으면 그 화합의 수는 비례

정률이 있어, 양기 8분이 정률이 되면 각 원질의 수를 계산하기 쉬워진다. 서양인이 양기를 중심으로 하는 것은 이 숫자를 정해 놓고 각 원질의 수는 정해 놓지 않기 때문이다. 물은 양기 8분 경기 1분으로 88분 89와 11분 11의 비례를 8 대 1의 비율로 한다. 또한 석회의 양기 8분, 칼슘 20분은 28분 58과 71분 42의 비례를 8 대 20의 비율로 한다. 또한 감(鹻, 소금)에는 양기 8분 칼륨 39분으로, 17분 02 대 82분 98의 비율을 8 대 39의 비율이 되며, 그 밖의 각 원질은 이에 의거하여 8분의 양기를 정수로 삼는다. 양기 8분, 담기(淡氣)는 14분, 유황(硫黃)은 16분, 탄(炭)은 6분, 철(鐵)은 28분, 동(銅)은 32분, 수은(汞)은 100분, 납(鉛)은 104분, 은(銀)은 108분으로 모두 화합하여 잡질을 이루며, 이 각 정수는 다만 양기와 화합하는 수가 아니라 각자 화합하는 수를 말한다. 즉 경기(輕氣) 1분과 유황 16분이 하나의 잡질을 이루며, 유황 16분과 철 28분이 하나의 잡질을 이루는 것과 같다. 수은 100분과 칼륨(鉀) 39분도 하나의 잡질을 이룬다.

■ 第十二節 化合相代

以一原質擠去 他質而自與此質化合也 [如甲與乙合爲一質 愛力不甚大 再用丙與相合其愛力與甲甚大則丙必擠去 乙而自與甲化合] 其數仍與前相同 以貿易之事明之 如洋鐵百校買金六兩 或鉑十二兩 或銀一百兩 或汞一千五百兩 則金六兩 與鉑十二兩 與銀一百兩 其値並相等 在化學亦然 卽如鐵二十八分 與汞一百分 與銀一百八分 與輕氣一分 俱以養氣八分化合 以是知鐵二十八兩 與汞一百兩 與銀一百八兩 輕氣一兩亦相等.

■ 제12절 서로 화합하는 비율

하나의 원질을 제거하면 다른 원질이 스스로 이 원질과 화합한다. [갑과 을이 화합하여 하나의 원질이 되나 애력이 크지 않으면 다시 병을 사용하여 그 애력으로 상합하도록 하면, 갑이 심대하면 병은 반드시 제거되고 일이

저절로 갑과 화합한다.] 그 정수는 앞의 것과 동일하다. 이로서 바꾸는 일이 명료해진다. 양철 백 교(百校)로 금 6량, 혹은 백금(鉑, 플래티늄) 20량, 혹은 은 100량, 혹은 수은 1500량을 살 수 있으니, 금 6량과 백금 108분과 경기 (輕氣) 1분은 모두 양기 8분과 화합한다. 이로써 철 28량과 수은 100량과 은 108량, 경기 1량이 또한 서로 대등함을 알 수 있다.

■ 第十三節 化合分劑 [此論輕重]

各原質化合所用之數 名曰分劑數. 養氣以八分爲一分劑 如言一分劑 卽八分也. 鐵以二十八分 爲分劑 如言一分劑卽二十八分也. 汞以一百分爲一分劑 如言一分劑卽一百分也. 所用分劑之數 不過與他質比較之數 其原質本無此數 所以不拘何數 可立一分劑數 一質之數. 旣定各質之數必依此爲比例矣. 如輕氣爲分劑數之最小者 其數卽一. 可用一百代之 或一千代之而他質之數 亦依此相代 而以本數乘之. 且用〇・一. 亦可或〇・〇一. 亦可. 而他質之數 亦依此相減 如輕氣一百 養氣八百 鐵二千八百. 若輕氣爲〇一 則養氣爲〇八 鐵爲二八.

英國與美國 俱用輕氣爲主 其分劑數卽一. 因此他質之數最小 整數便於推算 如輕氣爲一 養氣卽爲八 歐羅巴之別國 用養氣一百分爲主 則輕氣數爲養氣數八分之一 以八分爲百分卽一爲二十五. 他質俱依此而改矣. 是書仍用輕氣爲主 [表附卷末]

分劑之法 不但各原質有之 而各雜質 亦有之. 其雜質分劑之數 卽各原質相幷之數 如一分劑輕氣爲一. 一分劑養氣爲八 幷之卽水一分劑爲九. 又硫强水之一分劑爲四十. 因其內硫一分劑十六 與養氣三分劑二十四 幷二十四卽爲四十. 又鉀一分劑爲三十九 養氣一分劑爲八 化合之後卽成鹻 故鹻之一分劑爲四十七. 各原質盡此法 化合而各雜質之化合亦依此 如水一分劑爲九 鹻一分劑爲四十七 兩物之比例 卽九與四十七準此 始能化合否則 雖化合而不全矣. 如硫强水與鹻之雜質 名爲元明粉 必用硫强水四十 鹻四十七也 而元明粉之分劑 又爲八十七也. 所以分劑之法 皆宜深考. 西國數十年前 尙未知此 故作雜質 常有屢次相試 而未能全成者 今則一檢分劑之表 而可成各雜質矣.

■ 제13절 화합 분제[경중을 논함]

　각 원질의 화합에 필요한 수를 일컬어 분제수(分劑數)라고 한다. 양기는 8분이 1분제수로 1분제가 8이라는 말과 같다. 철은 28분제수로 1분제가 28이다. 수은은 100분제수로 일 분제는 즉 100이다. 분제수에 필요한 수는 다른 원질과 비교한 수에 불과하다. 그 원질은 본래 이 숫자가 없으나 어떤 수를 가히 1분제수로 한 것은 하나의 원질의 수로 보는 까닭이다. 이미 정해진 각 원질의 수는 반드시 이것에 의거하여 비례를 나타낸다. 경기(輕氣)는 분제수 가운데 가장 작은 것으로 그 수는 1이며, 가히 백이나 혹은 천을 대용하며, 다른 원질은 또한 이에 따라 서로 대신하며 이로써 본래의 수를 곱한다. 또한 ○.一.이나 ○.○一.을 사용하여 다른 원질의 수를 나타낼 수 있고, 이에 따라 서로 감(減)할 수 있다. 경기 100은 양기 800과 같다. 만약 경기를 ○一로 하면 양기는 ○八이며 철은 28이 된다.

　영국과 미국은 경기를 중심으로 하여, 그 분제수가 1이다. 이로 인해 다른 원질의 수를 최소로 하면 추산하는 데 편리하다. 경기가 1이며 양기는 즉 8이 되는 것과 같다. 구리파의 몇 나라는 양기 1백분을 중심으로 하는데 경기의 분제수는 양기의 8분의 1로, 8분이 1백분이 되는 것은 즉 1이 25가 되는 것이다. 다른 원질은 이에 따라 고친 것이다. 이 책에서는 경기를 중심으로 한다. [표는 권말에 붙인다.]

　분제의 법은 각 원질에 그치지 않고 각 잡질에도 또한 적용된다. 그 잡질의 분제수는 즉 각 원질을 서로 합친 수이다. 1분제의 경기는 1이 되며, 1분제의 양기는 8로, 합친 물 1분제는 9이다. 또 유강수 1분제는 40으로 그 안에 유황 1분제 16과 양기 3분제 24로, 그것을 합치면 40이 된다. 또한 칼륨(鉀) 1분제는 39, 양기 1분제는 8로 화합한 이후 감(鹻, 소금)이 된다. 그러므로 소금 1분제는 47이다. 각 원질은 이 방법으로 화합하고 각 잡질의 화합도 또한 이 방법에 따른다. 물 1분제가 9이며, 소금 1분제가 47로 두 밀질의 비례는 즉 9와 47이 이를 준거한다. 화합하지 않으면 비록 화합하더라도 완전하지 않다. 유강수와 소금의 잡질은 원명분(元明粉, 무수황산나트륨)이라고 부르는데 반드시 유강수 40과 소금 47이다. 원명분의 분제는 또한 87이니, 분제의 방법을 모두 심층적으로 고찰할 수 있기 때문이다. 서국은 수십 년 전 이 방법을 알지 못했다. 그러므로 잡질은 항상 누차 시험을 했으나 그 완전한 것을 알 수 없었으나 지금 분제표를 검사하면 가히 각 잡질이 이루어지는 것을 알 수 있다.

■ 第十四節 體積分劑

化合之分劑 固依輕重然 以氣質化合者 亦可以體積爲比例. 設甲乙爲兩種氣質 甲用體積一. 乙用體積一 二三四俱 可化合 或甲用體積二 乙用體積三 亦可化合. 如一氣質稍多所 餘者不能化合. 有時兩氣已合之後 其體減少於未合之時 因兩氣相切緊密也. 然其減少之數 亦有定率 如輕氣三分劑 與淡氣一分劑合爲淡輕氣 其體比未合之時小一半 而輕重仍相等.

■ 제14절 체적 분제

화합한 분제는 마땅히 경중(輕重)에 따른다. 그러므로 기질이 화합한 것은 또한 가히 체적에 비례한다. 갑을 두 종의 기질은 갑에 체적 1, 을에 체적 1을 사용하고 2·3·4 모두 가히 화합하거나 혹 갑이 2를 필요로 하고 을이 3을 필요로 하여 화합할 수도 있다. 하나의 기질이 좀 더 많은 곳에서는 나머지가 화합할 수 없다. 두 기질이 이미 화합한 뒤에는 그 체적이 화합하기 이전보다 감소하며 이로 인해 두 기질이 서로 매우 긴밀해진다. 그러나 그 감소의 수는 또한 정률(定率)이 있다. 경기 3분제와 담기 1분제가 화합하여 담경기를 이루면 그 체적은 화합 이전에 비해 약간 감소하나 무게는 대등하다.

- **第十五節　質點之理**

　原質化合之時　必用分劑之數　不依比較　不能化合細　思其理久而未得　前六十年西人多而敦極精化學思得一理徧傳各國　雖未有全據而考究化學者盡宗　其說名爲質點之理　蓋萬物俱以極細無內之點相切而成　此點不能再分　雖明力極大之　顯微鏡亦難辨察然　其所有之據卽在化合之中. (中略)

- **제15절 질점의 이치**

　원질이 화합할 때 반드시 분제수를 사용하며 비교에 의거하지 않으면 세밀한 화합이 가능하지 않다. 그 이치에 대해 오래 전부터 생각해 왔으나 깨달을 수 없었는데, 60년 전에 서양인이 극히 정밀한 화학을 탐구하여 하나의 이치를 깨우쳐 각국에 전했다. 이에 따라 모든 증거를 대지는 못했으나 화학을 연구하는 근원이 되었다. 그 설은 질점의 이치로 대개 만물은 극히 세밀하고 거리가 없는 점에서 서로 긴밀하게 형성된다. 이 점은 다시 나누기 어렵다. 비록 힘을 극대로 하여 현미경으로 관찰하더라도 변별하기 어려운데 그 증거는 곧 화합하는 속에 들어 있다. (중략)

- **第十六節　質點容熱定率**

　物質各點之容熱　皆有定率　亦與分劑之數　爲比例　如鐵銅汞鉛　四物之分劑數　卽二十八, 三十二, 一百, 一百四. 若將此四物之重　各依其分劑之數　加熱而使其熱度等則所用之熱　必等. (中略)

- **제26절 질점 용열의 정률**

　물질의 각 용열점은 모두 정률과 분제수가 있어 비례를 이룬다. 철, 동, 홍, 연 4물의 분제수는 즉 28, 32, 100, 104이다. 이 4물의 무게는 각각 분제수에 따른다. 가열하여 열도를 높이는데 필요한 열은 반드시 동일하다. (중략)

- **第十七節　滯積分劑 與 輕重分劑之用**

　論化學之理　以體積分劑爲精妙　所以化學家多從此法. 惟化學之用　仍以輕重分劑

爲便也. 如水依輕重分劑爲輕養 若依體積分劑則爲輕養 卽養氣一質點 與輕氣二質點
相切也. 惟其指數 必另加記號 使與輕重分劑之指數有別.

- ### 제17절 체적 분제와 경중 분제의 용도

　화학의 이치를 논하면 체적 분제가 정묘하여 화학가들이 이 방법을 많이
따랐다. 그러나 화학의 효용은 경중 분제가 편하다. 물의 경중 분제는 경양
(輕養)을 따르는데 만약 체적 분제에 의거하면 경양은 즉 양기 1질점과 경기
2질점이 필요하다. 그러나 그 지수는 반드시 기호를 부가하여 경중 분제의
지수를 별도로 표시해야 한다.

- ### 第十八節 本質

　本質者與配質化合 而能減其性者也. 品類繁多而鹼類居其一 鹼類者 能消化於水
按之膩而滑之粹而臭 草木之藍色爲酸所變紅者 此能復之 性正與酸相對常用之鹼 及
淡輕水卽此類也. [鹼類西音 阿格利 言草木燒出之灰 內含鹼質也. 後推此意 凡類乎
此者 俱言阿格利[11]]

- ### 제18절 본질

　본질이라는 것과 배질이 화합하면 능히 그 성질이 사라진다. 모든 물질
에는 많은 감류(鹼類, 알칼리)가 들어 있다. 감류라는 것은 능히 물에 녹고
미끄럽고 부드러우며 냄새가 없다. 초목의 남색이 산이 변하여 붉어지는 것
은 이를 능히 되돌린 것으로 성질이 바른 것과 산(酸)이 대등하게 감류를 상
용한다. 또한 담경수라고 하는 것이 이것이다. [감류는 서양음으로 아격리(阿
格利, 알칼리)라고 하는데 초목을 태워 만들어지는 재를 말하며, 그 속에 감
질(鹼質)을 포함한다. 후대 이 뜻을 추측하여 무릇 이러한 종류를 모두 알칼
리라고 불렀다.]

---

11) 아격리(阿格利): 알칼리.

■ 第十九節 配質

配質者與本質化合 能減其性 使成鹽類者也. 品類亦繁而酸類居其一 酸類者 亦能消化於水 嘗之味酸 能變草木之藍色爲紅 硫强水醋酸等 皆此類也.

■ 제19절 배질

배질은 본질과 화합하여 그 본성을 사라지게 하는데, 염류가 그것이다. 모든 물질에는 또한 많은 산류(酸類)가 들어 있다. 산류(酸類)라는 것은 또한 물에 녹으며 맛이 시다. 능히 초목의 남색을 붉게 변화시킨다. 유강수, 초산 등이 모두 이 종류에 속한다.

■ 第二十節 鹽類

本與配化合之雜質謂之鹽類 若以金類電氣化分之還成本配二物 其配往陽極 故爲陰電質 其本往陰極 故爲陽電質. (中略)

■ 제20절 염류

본질과 배질이 화합한 잡질을 일컬어 염류(鹽類)라고 한다. 만약 금류(金類)의 전기가 화합한 것을 다시 분해하여 본질과 배질로 돌이키면, 그 배질은 양극으로 음전질이 되고 본질은 음극이므로 양전질이 된다. (중략)

■ 第二十一節 非配非本 至故水爲配爲本[12]

非配非本謂之中立 如水是也. 故水或可謂配或可爲本

■ 제21절 배질도 아니고 본질도 아닌 것[물은 배질이 본질이 됨]

배질도 아니고 본질도 아닌 것을 중립이라고 부른다. 물과 같은 것이 그것이다. 그러므로 물은 혹 배질이라고도 하고 혹은 본질이 되기도 한다.

---

[12] 장응환(1902)의 '서학부강총서본'에서는 이 절의 제목이 누락되었음.

■ 第二十二節 同原異物

昔言 兩種雜質之內 所有原質與分劑相同者其二雜質之性 亦必同. 此雜質內之原質 與彼雜質內之原質可交互更易也. 近考 其言謬誤 蓋雜質之內原質 如分劑雖同 而性與形色有大異者 如易化油類之松香油 檸檬油等 皆爲同分劑之炭輕氣合成 而其香其質其功用其沸界 其較水輕重 皆大不同. 又玫瑰花油內凝結之顆粒香 最馥郁而原質與分劑適同(石+某)氣燈之氣, 所以同原異物之故 必考質點之理 以證之論者 以爲各質點之排列不同則形性自異. (中略)

■ 제23절 동원이물(同原異物)

옛 말에 두 종의 잡질 내 원질과 분제가 서로 같은 것은 두 잡질의 성질이 반드시 같다고 하였다. 이 잡질 내의 원질과 저 잡질 내의 원질이 서로 교차하여 바뀌기 때문이다. 근래 고찰하니 이 말을 잘못된 것이다. 대개 잡질 내의 원질은 분제가 비록 같더라도 성질이나 형색은 큰 차이가 있을 수 있다. 유류(油類)에서 송향유(松香油), 영몽유(檸檬油) 등은 대개 같은 분제의 탄경기(炭輕氣)가 합성한 것이나 그 향기와 성질 및 효용과 비등점이 물의 경중(輕重)과 비교할 때 대체로 같지 않다. 또한 매괴화유(玫瑰花油) 내의 응결된 과립향은 가장 향기로우나 원질과 분제는 매기등(煤氣燈)의 기체에 가까운데 이는 같은 원질이나 다른 물질인 까닭이다. 그러므로 반드시 질점의 이치를 고증하여 이를 논해야 하는데 이로써 각 질점의 배열이 같지 않으면 성질도 저절로 달라진다. (중략)

■ 第二十三節 同質異形

有數種原質 或爲二形 或爲多形 其性亦不同. 炭一物也 而爲金剛石 而爲黑炭 而爲筆鉛 爲煙炱是也. 硫矽(石+布)燐養氣等 亦如此. 最可者金剛石燒之甚難 而煙炱著火卽燃燐常爲輭質 而色黃 臭味極烈 少熱卽燃 或爲一黑色硬體無臭無味 雖切身亦無害 此原質之異形異性也. 想亦無外乎質點之排列 如棉花可擠之極密極細 而爲紙

或彈 而爲絮 或紡 而爲紗 或織 而爲布 其形異 其性亦異焉.

■ **제23절 동질이형(同質異形)**

수종의 원질이 혹 두 형태가 되거나 혹은 여러 형태가 되면 그 성질 또한 같지 않다. 탄(炭)은 하나의 물질이나 금강석(金剛石)이 되고, 흑탄(黑炭)이 되고, 필연(筆鉛)이 되며 그을음(煙炱)이 되는 것이 그것이다. 유황, 규소(矽), 텔레늄(石+某), 인(燐), 양기 등도 또한 이와 같다. 가장 가한 것이 금강석을 태우는 것으로 매우 어려우며, 연태(煙炱)의 불은 인을 태워 일상적으로 연질(頓質, 부드러운 질)이 되나 황색이며 냄새와 맛이 극렬하다. 열을 조금 가하면 혹 흑색이 되며 딱딱하게 굳고 냄새도 없고 맛도 없다. 비록 몸에 닿아도 해롭지 않다. 이는 원질이 다른 형태와 다른 성질이기 때문이다. 생각건대 이 또한 질점의 배열 이외에 다른 것이 아니다. 면화에서 극히 정밀하게 제거하면 종이가 되고, 혹은 탄력을 주면 솜(絮)이 되며 혹은 짜아서 깁(紗)을 만들고, 혹 직조하여 베(布)가 되도록 하는 것은 그 형체가 다르고 성질 또한 다르기 때문이다.

■ **第二十四節 西國命名之始 [譯[13]存備考]**

化學之事 今於昔原雜兩質 日增月盛. 若不定名 必致混淆 前九十年習化學者會集 多人於法國大書院內 立意定名 旣定之後 不但視其字可別各物之名 並可知雜質之內 係何等原質所成 且可知原質分劑之數 所以流傳各國遵而不改

■ **제24절 서국에서 명명을 시작함 [번역자가 비고함]**

화학 관련 사실로 보면 지금은 옛날에 비해 원질과 잡질이 날로 증가한다. 만약 이름을 정하지 않으면 반드시 혼잡해질 것이다. 지금부터 90년 전 수많은 화학을 연구하는 사람들이 이름을 정하고자 법국 학술원에 모여 명칭을 정한 뒤, 단지 각각의 물질 이름에 해당하는 명사뿐만 아니라 가히 잡

---

13) 여기서 번역자는 존 프라이어를 지칭함.

질 내에 어떤 원질이 합쳐 이룬 것인지, 또한 원질을 분제한 수 등을 알 수 있는데, 이것이 전해진 이후 각국이 준수하여 고치지 않았다.

- ■ 第二十五節 原質命名

昔時已知原質多 仍俗名間有羅馬方言 如羅馬名鐵曰 勿日阿未, 金曰阿日阿未 銅曰 古部日阿未, 汞曰 海得喏治日阿未 銀曰 阿而件得阿未 鉛曰 部勒末布阿未 錫曰 司歎奴阿未 若近時考得之原質 則命名之意. 卽以表其性 如勿司物而阿司 卽燐 其意發光也. 克羅而因卽綠氣 其意此氣綠色也. 孛羅明卽溴水 其意此物有臭氣也. 考得金類之原質 則於其名之末 添阿未 以別之使 與羅馬舊有金類名之末字相同 如布拉典阿未 以日地阿未下 對斯阿未 素地阿未 皆是.

- ■ 제25절 원질 명명

예전부터 알고 있던 원질은 이로 인해 속명으로 로마 방언이 많다. 로마명 철(鐵)은 물일아말(勿日阿未: Ferrum), 금(金)은 아일아말(阿日阿未: Aurum), 동(銅)은 고부일아말(古部日阿未: Cuprum), 수은(汞)은 해득낙치일아말(海得喏治日阿未: Hydrargryum), 은(銀)은 아이건득아말(阿而件得阿未: Argentum), 납(鉛)은 부륵말포아말(部勒末布阿未: Plumbum), 주석(錫)은 사탄노아말(司歎奴阿未, 스탠넘 Stannum) 등이 그것이다. 만약 최근 고찰하여 알게 된 원질은 그 뜻에 따라 명명할 수 있다. 즉 그 성질을 표현하는데 '물사물이아사(勿司物而阿司: Phosphorous)'는 '인(燐)'인데 그 뜻은 '빛을 발한다'는 것이다. '극라이(克羅而: Chlorine)'는 '녹기(綠氣)'인데 그 뜻은 이 기체가 녹색이라는 것이다. '패라명(孛羅明)'은 '추수(溴水: Bromine)'인데 그 뜻은 이 물질이 취기(臭氣)가 있다는 것이다. 금속류의 원질을 고찰하여 밝히면 즉 그 이름 끝에 '아말(阿未: ium)'을 첨가하여 사용하는데 로마의 옛 금속명 끝의 '말(未: -um)'과 같게 한다. '포납전아말(布拉典阿末)'은 '일지아말(日地阿末)' 아래 붙은 것이고, '대사아말(對斯阿末)', '소지아말

(素地阿末)' 등이 모두 이와 같다.

■ **第二十六節 雜質命名**

二原質化合之雜質名 二合原質 如水[卽養氣輕氣化合], 硫黃[卽 硫强水 乃 硫黃
與養氣化合] 鐵養[卽鐵鏽乃鐵與養氣化合] 二合質與二合質化合之雜質名曰三合質 因
內含三原質也. 又名鹽類尋常地産之石 三合質爲多 鹽類與鹽類化合之雜質名曰四合
質 又曰雙鹽如白礬[卽鉀養硫養與鋁養硫養化合而成是也] 又於名內減一字母 或加一
字母 以表明其原質之分劑數. 若字無更改則爲一分劑 此法雖能表明雜質內之原質 與
分劑數然 雜質往往有多種原質合成者 則字必甚多而不便記憶 所以又思以號易名之法

■ **제26절 잡질 명명**

두 원질이 화합한 잡질의 이름은 합쳐진 두 원질로 부른다. 물 [즉 양기
와 경기의 화합], 유황[즉 유강수에서 유황과 양기의 화합], 철양[녹슨 철에
서 철과 양기의 화합] 등과 같다. 2합질과 2합질이 화합한 잡질의 명칭은 세
개의 원질을 포함하므로 3합질로 부른다. 또한 염류는 일상 산지의 돌과 같
이 3합질이 많은데, 염류와 염류가 화합하여 잡질을 이루면 4합질로 명명한
다. 또한 쌍염(雙鹽)이라는 것은 백반[갑양과 유양과 여양 유양이 화합하여
이룬 것]과 같은 것이다. 또한 한 개의 자모를 줄이거나 더하여 그 원질이
분제(分劑, 나뉨)한 수를 나타낸다. 이처럼 글자를 바꾸지 않은 것은 하나의
분제가 된다. 이와 같은 방법은 비록 잡질 내의 원질과 분제의 수를 능히 표
현할 수 있으나 잡질은 왕왕 여러 종류가 합쳐져 이루어진 것이 많으면 글
자가 많아서 기억하기 불편하다. 그러므로 다시 부호를 붙여 쉬운 이름을
사용하는 방법을 생각하게 되었다.

■ **第二十七節 原質立號**

凡立號用羅馬方言 以原質名之第一字母爲之 設第一字母有相同者 則加第二字母

以別之[羅馬言 各原質之名號表見第二十九節] 再於各號之右旁加指數 以表其分劑數 不加指數者 卽爲一分劑 如O.卽養氣一分劑 若以輕氣爲主者 則養氣之重率爲八 如 H.卽輕氣一分劑 其重率爲一. 如C.卽炭一分劑 其重率爲六. 如Pb卽鉛一分劑 其重 率爲一百四 或有指數在前者 其意並同. 此法亦可爲原點之重數. 如O.爲養氣二點之 重數 如Os爲養氣五點之重數.

■ 제27절 원질 입호(原質立號)

무릇 입호에는 로마 방언으로 원질명의 제1 자모를 삼는다. 제1 자모가 같은 것은 제2 자모를 부가하여 구별한다.[로마어의 원질 명호표는 제29절 을 보라.] 다시 각 입호 오른쪽에 지수를 더하여 그 분제의 수를 표시한다. 지수가 없는 것은 하나의 분제로 이루어진 것이다. 예를 들어 O는 양기 1분 제로 이루어진 것이다. 만약 경기(輕氣)가 중심을 이룬 것은 양기의 중률(重 率)이 8이 된다. H는 즉 경기(輕氣) 1분제로 그 중률은 1이다. C는 탄 1분제 로 그 중률은 6이다. Pb는 즉 연(鉛) 1분제로 그 중률은 104이다. 혹 지수가 앞에 있는 것은 그 의미가 동일하다. 이와 같은 방법은 또한 원점(原點)의 중수(重數)를 나타낸다. O는 양기(養氣) 2점의 중수(重數)이며, Os는 양기 5 점의 중수(重數)이다.

■ 第二十八節 雜質 立方

立方之法 並列各原質之號 而加指數於號之右旁 以表其分劑 不加指數者爲一分 劑 如Ho卽水之方爲輕氣一分劑 養氣一分劑. 又So3卽硫强水之方 爲硫黃一分劑 養 氣三分劑. 又C12H11O11 卽糖之方 乃炭十二分劑 輕氣十一分劑 養氣十一分劑. 凡並列數 原質之號及分劑之指數 謂之雜質方 雜質與雜質化合之方 其法亦同. 惟鹽 類內之本[卽陽電質]必書在左邊 如硫强水方 SO3 與鐵養方 FeO化合所成之雜質其 方爲 FeO+SO3 中間所加之+字 乃相加之意 或有用點者 如FeO·SO3 然用之有 別用點 乃化合之極緊者 用+字 乃鬆者 So1Ho+2Ho方之意爲硫養一分劑 與水三

分劑化合 而三分劑之內 一分劑化合緊二分劑化合稍鬆也. 若欲表明三合質 以上總分劑 若干則於方外左右加括弧外之指數 但乘右方兩括弧內之號 若括弧之右 再有號則不可相乘 如白礬之方爲 Al2O3·3[So3]1Ko·So2+24H11 其3[So3]號 左之3 卽指硫强水三分劑 或不作括弧則號左之指數 祇乘右號至間號而止. 以上各號不但能表各雜質 如何而成 且可以代數左右相等之號 表明各質變化之新質 其法將各質之號 書在相等 號之左而書 所成之新質於右 因化合之時 其各質無一點 毁減故 其左右必相等 總計各質之其重數 必與所成新質之重數等 如以硫强水加於灰石之內[卽 石灰與炭養所成] 散其炭養而化合之 其式如 2o+8+6+16+24 / C2 O. C O2 O3/ - 2o+8+16+21+6+16=*o / -Ca O S O3+Co[14]) 於本方各原質之上書 明重數 若幷之則左右兩邊之重數 皆爲九十 此可以證相等法之無訛 此法初習 若甚難而熟之 又甚便矣.

■ 제28절 잡질 입방

입방의 방법은 각 원질의 기호를 나열하고 입호 오른쪽에 지수를 더하여 분제를 표시한다. 지수가 없는 것은 하나의 분제로 이루어진 것이다. Ho와 같은 것은 물의 방으로 경기 1분제, 양기 1분제이다. 또 So3는 유강수(硫强水)의 방으로, 유황 1분제, 양기 3분제이다. 또 C12H11O11는 당(糖)으로 탄 12분제, 경기 11분제, 양기 11분제이다. 무릇 나열한 수는 원질의 입호 및 분제의 지수이다. 잡질을 일컬으면 잡질과 잡질이 화합한 것으로 그 표시 방법은 동일하다. 오직 염류(鹽類) 안의 근원[양전질은 반드시 그 왼쪽 변에 쓰는데 유강수방(硫强水方)에서 SO3, 철양방(鐵養方)의 FeO가 화합하여 이룬 잡질은 FeO+SO3와 같이, 중간에 +자를 더하는 것은 서로 더했음을 의미한다. 혹은 점을 사용하는 것도 있는데 FeO·SO3은 점을 사용한다. 그러므로 화합이 긴밀한 것은 점을 사용하고, 거친 것은 +를 사용한다. So1Ho+2Ho의 의미는 유양(硫養) 1분제와

---

14) 원문에서는 '/로 표시한 부분을 줄 아래로 표시하였음. 즉 2o+8+6+16+24 / C2 O. C O2 O3/ - 2o+8+16+21+6+16=*o / -Ca O S O3+Co가 네 줄을 차지함.

물 3분제의 화합으로 3분제 내 1분제가 긴밀하게 화합하고 다른 2분제는 화합이 거칠음을 나타낸다. 만약 3합질을 표시하고자 한다면 위와 같이 모든 분제를 방향 좌우에 괄호를 더하여 지수를 나타낸다. 다만 오른쪽에 양괄호 안의 부호를 첨가하면 괄호의 오른쪽은 다시 부호를 더할 수 없다. 백반(白礬)을 Al2O3·3[So3]1Ko·So2+24H11로 표시하는데 그 3[So3]에서 왼쪽 3은 유강수 3분제를 나타내며 다시 괄호를 써서 왼쪽에 지수를 나타낼 수 없으므로, 오른쪽에 부호를 쓰도록 한다.

이상 각 기호는 끊임없이 잡질이 어떻게 형성되었는가를 나타낸다. 또한 가히 좌우 상등의 표시를 대신하여 각 원질이 변화하여 새로운 물질을 나낼 수 있음을 드러내며, 그 방법은 장차 각각의 물질의 기호가 상등(相等)임을 부호의 왼쪽에 써서 나타내며, 그렇게 이루어진 새로운 물질은 오른쪽에 나타낸다. 이로 인해 화합할 때 각각의 잡질이 한 점 훼멸됨이 없는 까닭에 좌우에 반드시 상등 총계의 각질의 중수(重數)는 반드시 새로운 물질의 중수(重數)와 동등하다. 회석(灰石)[즉 회와 탄양이 화합하여 이루어진 것]에 유강수를 서하면 탄양이 흩어져 화합하는데 그 식은 2o+8+6+16+24 / C2 O. C O2 O3/ - 2o+8+16+21+6+16=*o / -Ca O S O3+Co로 본방(本方)의 각 원질 위에 중수를 밝혀 적고 아울러 좌우 양변의 중수(重數)는 모두 90이 되도록 한다. 이는 가히 상등법이 오류가 없음을 증명한다. 이와 같은 법은 처음 배울 때에는 매우 어려우나 익히고 나면 또한 매우 편리하다.

■ 第二十九節 華字命名

西國質名字音繁 譯華文不能盡吐 今惟以一字爲原質之名 原質連書卽爲雜質之名 非特各原質簡明 而各雜質 亦不過數字該之 仍於字旁加指數, 以表分劑名 而可兼號矣. 原質之名 中華古昔已有者仍之 如金銀銅鐵鉛錫汞硫燐炭是也. 惟白鉛一物 亦名倭鉛乃古無今有名 從雙字 不宜用於雜質 故譯西音作鋅(자: 아연) 昔人所譯而合宜者

亦仍之 如養氣淡氣輕氣是也. 若書雜質則原質名槪從單字. 故白金 亦昔人所譯 今改

作鉑(박). 此外尙有數十品 皆爲從古所未知 或雖有其物而名仍闕 如而西書賅備無遺

譯其意義 殊難簡括全譯其音苦於繁冗 今取羅馬文之首音譯一華字. 首音不合則用次

音 並加偏旁 以別其類 而讀仍本音. 後表所列卽此類也. 至雜質之名則連書原質之名

如水爲輕養 硫强水之無水者爲硫養, 其養旁之小三字卽指養氣三分劑也. 多種原質合

成者由此類. 推俱以本質在上 配質在下. 如鐵養硫養 其鐵養本質也. 硫養配質也.

雜質亦有方 所以徵輕重相等交互變化之理 在其間作⌐號者 指相加 而化合不緊

之意作一號 乃多質化合其本 或配之分劑 不止於一則在其上作大指數 至一號爲大指

數所止也. 如二鉛養 鉛養指鉛養二分劑 與鉛養一分劑化合也.

作═號者 指上下相等 而變易化合也. 如鈣養炭養⌐硫養⌐炭養是也.

■ **제29절 중국 문자 명명**

서국 원질의 명명자는 음이 번다하여 중국 문자로 그 뜻을 다 표현하기

어렵다. 지금 오직 한 자로 원질의 이름을 삼고, 원질을 이어서 쓰면 곧 잡

질의 이름이 된다. 특히 각각의 원질이 간명하고 각각의 잡질이 불과 몇 자

가 되지 않으니 이에 글자 옆에 지수(指數)를 더하여 나눈 물질(分劑)의 이름

으로 표시하고 아울러 호칭으로 사용한다. 원질의 이름은 중국에서 예전부

터 존재하던 것을 사용했으니 금(金), 은(銀), 동(銅), 철(鐵), 연(鉛), 석(錫), 홍

(汞: 수은), 유(硫: 유황), 인(燐), 탄(炭)이 그것이다. 오직 백연(白鉛) 하나는

또한 왜연(倭鉛)으로 예전에 없던 것이 지금 이름은 있으니, 이에 따라 두

글자를 사용하는 것이 잡질에 맞지 않는다. 그러므로 서양 음을 번역하여

자(鋅: 아연)라고 하니, 옛날 사람이 번역한 것으로 마땅한 것은 그것을 따르

고자 한다. 양기(養氣), 담기(淡氣), 경기(輕氣) 등이 그것이다. 잡질(雜質)을 쓸

때 원질의 명칭은 단자(單字)를 따른다. 그러므로 백금은 또한 옛날 사람이

번역한 것을 지금 고쳐서 박(鉑)이라고 쓴다. 그밖에 수십 종은 모두 옛날에

알지 못했던 것으로 혹 물질은 있으나 이름이 없는 것이 있으니, 서양 서적

에는 모두 나타나나 그 뜻을 번역하여 전하는 것이 없으니 비록 간단히 그 음을 모두 번역하기 어렵고 번잡하여 이제 로마 문자의 첫소리(首音)를 따서 한 자의 중국 문자로 번역한다. 첫소리가 합치되지 않으면 다음 소리(次音)를 곁에 부가하여 그 종류를 별도로 표시하고 본음으로 읽도록 한다. 뒤의 표는 이런 종류를 나타낸 것이다. 잡질의 이름은 원질에 이어 쓴다. 물은 경양(輕養), 유강수(硫强水)에서 물이 없는 것은 유양(硫養)과 같다. 그 양(養)자 옆에 작은 세 글자는 양기(養氣)가 셋으로 나누어진 물질을 지칭한다. 다종의 원질이 합성한 것은 이런 종류로 말미암은 것으로 본질은 위에, 배질은 아래에 쓴다. 철양유양(鐵養硫養)은 철양이 본질이며 유양이 배질이다. 잡질이 또한 옆에 있는 것은 경중의 등급에 따라 서로 변화하는 이치 때문이며 그 사이의 ⊥부호는 가미함과 화합이 긴밀하지 않음을 나타낸 것으로, 여러 원질이 화합하여 본을 이루거나 배질이 여러 물질로 나뉘어 하나에 그치지 않으면 그 위에 큰 숫자를 적어 하나의 부호가 수 개로 이루어짐을 나타낸다. 2연양(二鉛養)은 연양(鉛養)이 연양 두 물질임과 연양 한 물질의 화합임을 나타낸다.

華名	西號	分劑 (입력 생략)	西名	현대[15]	비고	
					현대 어휘계통	동일성
養氣	O	八	Oxygen	산소	한	
輕氣	H	一	Hydrogen	수소	한	
淡氣	N	一四	Nitrogen	질소	한	
綠氣	CI	三五五	Chlorine	염소(鹽素)	한	
碘	I	一二七	Ioduie(Iodine)	아이오딘(요오드)	외	
溴	Br	一八〇	Bromine	브로민, 브롬(臭素)	외	
弗氣	FI	一九	Fluorine	불소, 플루오르	한	
硫	S	一六	Sulphur	유황(설퍼)	한	2음절화
硒	Se	四〇	Selenium	셀레늄	외	
石+某	Te	六四	Tellurium	텔루륨	외	
燐	P	三二	Phosphorns(p	인광체, 포스포로스	한	2음절화

			hosphor의 이형태)			
*(?)	B	一一	Boron	붕소	한	
矽	Si	二一三	Silicon	규소(硅素), 실리콘	한	
炭	C		Carbon	탄소	한	
鉀	K		Kallum	칼륨	외	
鈉	Na		Natrium	나트륨	외	
鋰	Li		Lithium	리튬	외	
鑢	Cs		Caesium	세슘	외	
銣	Rb		Rubidium	루비듐	외	
鋇	Ba		Barium	바륨	외	
鍶	Sr		Strontium	스트론튬	외	
鈣	Ca		Calcium	칼슘	외	
鎂	Mg		Magnesium	마그네슘	외	
鋁	Al		Aluminum	알루미늄	외	
鈹	G		Glucinum	글루시늄(베릴륨)16)	외	
鋯	Zr		Zirconium	지르코늄	외	
釷	Th		Thorium	토륨	외	
釱	Y		Yttrium	이트륨	외	
鉺	E		Erbium	에르븀	외	
鋱	Tb		Terbium	테르븀	외	
鈰	Ce		Cerium	세륨	외	
鑭	La		Lanthanium	란타늄	외	
鏑	D		Didymium	디디뮴	외	
鐵	Fe		Ferrum	철	한	동일
錳	Mn		Magnanese	망간(망가니즈)	외	
鉻	Cr		Chromium	크롬(크로뮴)	외	
鈷	Co		Cobalt	코발트	외	
鍊	Ni		Nickel	니켈	외	
鋅	Zn		Zine	아연(亞鉛)	한	
鎘	Cd		Cadmium	카드뮴	외	
銦	In		Indium	인듐	외	
鉛	Pb		Plumbum	납	고	
鉈	Tl		Thallium	탈륨	외	
錫	Sn		Stannum	주석	한	2음절화
銅	Cu		Cuprum	구리(쿠푸룸)	고	
鉍	Bi		Bismuth	비스무트	외	
鈾	U		Uranium	우라늄	외	
釩	V		Vanadium	바나듐	외	
鎢	W		Wolfradium	텅스텐(볼프람)	외	
鉭	Ta		Tantalum	탄탈럼	외	
鈦	Ti		Thanium	티타늄(타이타늄, 티탄)	외	
鉬	Mo		Malybdenum	몰리브덴(몰리브데넘)	외	

*(?)	Nb		Niobium	니오븀(니오브)	외		
銻	Sb		Stibium	안티몸(스티븀, 안티모니)	외		
砷	As		Arsenic	비소	한		
汞	Hg		Mercury	수은	한		
銀	Ag		Argentum	은	한	동일	
金	Au		Aurum	금	한	동일	
鉑	Pt		Platinum	백금(플래티늄)	한		
鈀	Pd		Palladium	팔라듐(팔라디온)	외		
銩	Ro		Rhodium	로듐	외		
釕	Ru		Ruthenium	루테늄	외		
銤	Os		Osmium	오스뮴	외		
鉱	Ir		Iridium	이리듐	외		

= 부호는 상하 상등이며 화합하여 변역된 것을 나타낸다. 개양탄양(鈣養炭養) ㅗ유양(ㅗ硫養) 상ㅗ탄양(ㅗ炭養)이 그것이다.[17]

○ 卷二·卷三의 『한성순보』 관련 부분 발췌 번역

1) 양기(養氣)

■ 第三十二節 養氣根源

前九十六年 英國 教士 名布里司德里 考得養氣之質. 其明年瑞國習化學者名西里 法國習化學者 名拉夫西愛 二人尙未知前人已知此氣 乃各自考驗不謀 而合初知之時

---

15) 이 표에서 '현대 어휘', '계통' 등은 번역 과정에서 연구상의 필요에 따라 부가한 것임.

16) 1797년 프랑스의 화학자 보클랭은 녹주석(베릴, Beryl)에서 미지의 금속산화물을 발견했다. 그는 이 산화물을 맛보고[2] 단맛이 났기 때문에 그리스어로 '달다'를 의미하는 '글루시늄'이라는 이름을 붙였다. 하지만 원소를 분리하지는 못하고, 1828년 독일의 화학자 뵈시와 뷜러가 각각 독자적으로 원소의 분리에 성공해, 그 해에 베릴륨이라는 이름을 붙였다. 단 맛이 나는 베릴륨이지만, 실은 발암성이 강하고, 심각한 만성 폐질환을 일으키는 맹독성 원소이다.

17) *로 표시한 것은 인쇄본 글자가 번져 판독하기 어려운 글자임. 또한 '텔레륨'에 해당하는 한자는 한자 글자판에서 찾을 수 없는 글자로 '石+某'와 같이 '+'기호로 표시하였음.

拉夫西愛命名曰酸母意 以爲各物之酸 皆由是生也. [近時又考 輕氣有此性而養氣無之.]

養氣爲萬物中最多之原質. 但皆合於別質之內 而無獨自生成者 地球全質 [卽土石等] 養氣居三分之一. 地面之水養氣居九分之八 地面之空氣養氣居五分之一. 空氣所容之霞霧亦九分之八爲養氣. 凡生長之物 養氣爲最要之品 而動物之能活 火之發光發熱 皆所必賴焉. 惟天空墜下之物 [如星石雷碬等] 大約無有養氣與地球之石質不同 或疑生此石類之星質本無養氣也. 設有之亦必較地球所有者甚少.

■ 제32절 양기(산소)의 근원 (산소의 발견)

96년 전 영국 선교사 포리사덕리(布里司德里: 프리스틀리)는 양기의 성질을 연구하여 이해했다. 그 다음해 서국(瑞國: 스웨덴)의 화학자 서리(西里: 셀레)와 프랑스 화학자 납부서애(拉夫西愛: 라부와지에) 두 사람은 그들보다 앞서 다른 사람이 이 양기를 알아낸 것을 알지 못하고, 서로 의논한 적이 없이 각자 고증하고 실험하였는데, 그 설이 합치되었다. 납부서애(라부와지에)가 이를 처음 알게 되었을 때 이것을 '산모(酸母)'라고 명명했는데, 그 뜻은 모든 물건이 산(酸)에서 비롯된다는 것이었다. [근래에 다시 고증하니 경기(輕氣)에 이러한 성질이 있으며, 양기(養氣)에는 그 성질이 없다.]

양기는 만물 중 가장 많이 포함된 원질이다. 다만 별질(別質) 안에 포함된 것으로 단독으로 생성될 수는 없다. 지구의 모든 원질 [즉 토석 등]은 양기가 3분의 1이 들어 있다. 지면의 물은 양기가 9분의 8이며, 지면의 공기는 양기가 5분의 1이다. 공기 중의 안개에도 또한 9분의 8이 양기이다. 무릇 생장하는 물건은 양기가 가장 중요한 물건이며 동물이 능히 살아가는 것이나 불의 발광, 발열도 모두 이것을 의지한다. 오직 하늘에서 떨어지는 물건 [별, 석뢰, 계 등]은 대체로 양기가 있지 않으며 지구의 석질과도 같지 않다. 혹 어떤 사람은 이 석류(石類)의 별이 본래 양기가 없는 것이 아닌가 의심했으며, 설혹 있다 해도 지구와 비교했을 때 극히 적다.

■ 第三十三節 取法

定質所含之養氣 加熱而能發出者 厥有數種如第三圖 用玻璃試筒盛汞養 [卽三仙丹]少許以酒燈煏之因三仙丹內汞 與養氣之愛力最小 故少受熱而養氣外散汞則囲於筒內 聚成小球形試點火於筒口 其氣立燒此乃布里司德里 初知養氣之法.

養氣之用處甚多 若欲收存備用 如第四圖 將谷玻璃管上端挿入前玻璃筒之口 周圍用頓木圈密塞之下端浸入水盆之中 用架扶定筒底加熱 如前法水中浮出小泡 卽是養氣另 用玻璃瓶滿盛 以水倒置水中正對管口 其養氣卽山水中升 至瓶底氣漸多 而瓶內之水 漸低待氣將滿 卽在水中固塞瓶口 而後取出 或將瓶離開管口 而仍置水中另換瓶收之 俟三仙丹內之養氣盡而後已.

三仙丹爲貴價之品 若欲多取其費甚大 可將賤物代之用 極乾之鉀養, 綠養 與錳養等 分和勻盛於曲頸玻璃甌 [或銅爲之亦可用] 取法如前盖鉀養綠養之 養氣最多每一百二十四分 有養氣四十八分 綠氣三十六分 鉀四十分. 養氣遇熱而盡出臏者爲鉀綠七十六分矣.

獨用鉀養綠養亦可取養氣 但不如合用錳養爲妙 盖錳養雖不能自發養氣 然能使鉀養綠養不甚熱 而易發養氣也 或以爲錳養之點間 雜於鉀養綠養之點 而分離之 所以易發然 其說殊誤. (中略)

■ 제33절 취법

양기(養氣)를 취하는 방법은 고체 속에 포함되어 있는 나트륨과 양기(養氣)를 가열하게 되면 거기에서 발출되는 것이 수종(數種)이 있는데 제3도(그림 입력 생략)[18]와 같이 유리 시험관(試驗管)에 수은을 담아서 쓰되[즉 삼선단[19]]을 조금 넣고 알코올 불로 가열하면 바로 삼선단 속에 포함되어 있는 수은과 양기의 흡인력이 제일 적기 때문에 조금만 가열해도, 양기는 겉으로

---

18) 『한성순보』 1884.5.25. '論養氣'에서는 제32절과 제33절을 요약하여 설명하였으며, 그림을 활용하지 않았음.

19) 삼선단(三仙丹): 산화 제이수은. 적강홍.

흩어지게 마련이며 수은은 시험관 속에서 작은 구형(球形)으로 엉겨서 그대로 남아 있게 된다. 이때 시험관으로 발출되는 양기에 시험 삼아 점화해 보면 그대로 불이 붙는다. 이와 같은 것이 곧 프리스틀리가 처음 알아낸 양기를 모으는 방법이다.

양기의 쓰임이 매우 많으니 만약 이것을 모아서 쓰임에 대비코자 한다면 제4도와 같이 굽은 시험관의 상단에 앞에서 말한 양기가 발출되는 시험관의 끝을 삽입(揷入)하고 주위를 연한 나무껍질로 공기가 새지 못하게 밀봉한 다음, 하단은 물을 담은 그릇에 잠기게 하되 넘어지지 않게 하기 위하여 시험관의 밑에 가(架)를 설치하여 붙들어 매고, 앞의 방법대로 가열하면 물속에서 작은 거품이 솟아오르게 된다. 이것이 바로 양기인데 별도로 유리병을 준비하여 물을 가득 담아서 수중에 거구로 넣되, 양기가 나오는 시험관의 입구에 정확하게 닿게 하면 나오는 양기는 곧 물속에서 거구로 되어 있는 병으로 올라가게 된다. 양기가 차츰 많아지면 병 속의 물은 점차로 낮아지게 되며, 양기가 병에 가득 차면 곧 물속에서 굳게 병 입을 막은 뒤에 들어낸다. 때로는 병을 옮겨내고도 시험관은 열어둔 채 그대로 물속에 두고 별도로 병을 교환하여 그것을 취하는데 삼선단속에 있는 양기가 모두 빠져나온 뒤에 그친다.

삼선단은 매우 값이 비싼 것이기 때문에 만약 많은 양을 취하려 하면 그 비용이 너무 많아서 값싼 물건으로 대용할 수 있다. 그것은 잘 건조된 갑양(鉀養: 칼륨), 녹양(綠養: 염소)과 맹양(錳養: 망간)을 잘 섞어서 목이 굽은 유리병에 담은 것으로 [때로는 동으로 된 병을 사용해도 가함] 그것을 취하는 방법은 앞에서와 같이 하며 대체로 갑양(鉀養)과 녹양(綠養)에는 양기가 매우 많이 들어 있는데 포함 비율을 살펴보면, 매 1백 24분에 양기는 28분, 녹기(綠氣)는 36분, 갑기(鉀氣)는 40분이 포함되어 있으며, 양기가 열을 만나면 모두 발산되고 갑(鉀)과 녹(綠)은 76분이 남게 된다.

다만 갑양(鉀養), 녹양(綠養)은 또한 가히 양기를 취할 수 있다. 단 맹양(錳養, 망간)을 사용하는 것만큼 묘하지는 않다. 대개 맹양은 저절로 양기를 발산할 수 없다. 그러나 능히 갑양(鉀養)과 녹양(綠養)은 열이 심하지 않으므로 양기를 쉽게 발산한다. 혹은 맹양의 점 사이에 갑양과 녹양의 점이 섞여 분리되는 까닭으로 발산된다고 생각하나 그 설은 잘못된 것이다. (중략)

2) 경기(輕氣)

■ **第四十三節 輕氣根源[20]**

英國化學者 名賈分弟詩於一百四年前 考得輕氣實爲原質 而命名譯爲水母因 與養氣化合爲水也. 在萬物中 亦無自然獨成者 必須用法化分 而得凡物質之內 最多此氣者 惟水 水內有九分之一也. 要之化成類之物 所含不多 生長類之物所含頗多.

■ **제43절 경기 근원**

영국의 화학자 가분제시(賈分弟詩: 카벤디시 Cavendish)가 104년 전에 경기(輕氣: 산소)가 실로 원질이 됨을 연구하여 이해하고, 명명한 것으로 번역하면 물의 근원으로 양기와 화합하여 물이 된다. 모든 물질에 들어 있고 또한 홀로 이루어지지 못하며 반드시 화학적 분해를 해야 한다. 무릇 물질 안에 이 기운이 가장 많은 것은 오직 물로, 물 속에 9분의 1이 들어 있다. 요컨대 화성류의 물질은 이것이 많지 않으며, 생장류의 물질은 많이 포함한다.

■ **第四十四節 取法**

收取輕氣之法 皆使水化分而得. 若欲純者 如第十七圖 用玻璃器盛烝水 [水內稍

---

20) 『한성순보』1884.5.5. '논경기(論輕氣)'에서는 『박물신편』권1의 '경기' "輕氣生于水中 色味俱無 不能生養人物 試之以火有熱 而無光 其質爲最輕 于牲器十四倍 每一百寸等方 其重三釐而已."를 인용한 뒤, 『화학감원』의 '경기 근원'을 합쳐 전재하였다.

加硫强水易化分]　以金類電氣之陰陽兩線通入而不相遇　其陰線端所發之水泡卽輕氣
其陽線端所發之水泡卽養氣　以有底玻璃管單於二端之上　取之可得.　最純之輕養二氣
又法　如第十八圖　用鐵管滿盛鐵屑於火爐上熱　至紅色管之一端　與曲頸玻璃甌相連
甌內盛水下用酒燈熰之其汽　自甌頸過管內之鐵屑則養氣　與鐵化合爲鐵養所出者爲輕
氣矣. 盖水雖熱至化汽　其二汽終不化分 [近有英人 古魯弗考知汽至極熱微有化分] 必
有物收其養氣　始能分出輕氣也.　若反之而在此口入　輕氣使過管內之鐵養則仍與鐵養
內之養氣化合　而成水還流至甌內.

　　灑水於燃(石+某)21)之上水　卽化分而使火更熾　因水內之養氣　能與炭質化合也.
由是而水內分出之輕氣　亦燒而增熱　故鐵匠欲火猛烈　必灑水於鍛竈之上　嘗有失火之
家　往往稍燒以水而焚更烈正此理耳.

　　金類之可取輕氣者　如鉀鈉二物　無庸加熱　亦能自與水內養氣化合放出輕氣　如第
十八圖　將有玻璃筒　滿盛沸水倒置於水碗　以鈉一塊繫在鐵絲一端　斜揷水中正對　玻
璃筒口放脫　卽自淨於筒內之水面　因質比水輕　故能浮上也　浮上之後則與水內之養氣
化合　而發輕氣矣. (中略)

- **제44절 취법**

　　그것을 취하는 법은 경기(輕氣)를 모으는 방법인데, 대개 물을 화학적으
로 분해시켜서 얻을 수 있으며 순수한 것을 얻으려면 유리그릇에 증수(蒸水)
를 담고 물속에 유강수(硫强水)를 조금 넣으면 쉽게 분해할 수 있으며, 쇠로
된 전기의 음양 양선(陰陽兩線)을 모두 물에 담그되 서로 닿게 해서는 안 된
다. 이때 음선(陰綿)의 끝에서 발생하는 거품이 경기이며 양선의 끝에서 발
생하는 수포가 양기이다. 그 다음 한쪽이 막혀있는 유리관을 두 선에 끼우
면 그것을 취할 수 있으며, 여기에서 얻은 것이 가장 수수한 경·양(輕養) 2
기이다. 또 다른 방법으로는 철관(鐵管)에 쇳가루를 가득 채우고 화로 위에

---

21) 石+某: 텔레륨.

올려놓으면 열이 전달되어 쇳가루가 빨갛게 되었을 때 관의 한쪽 끝에 목이 구부러진 유리그릇을 연결하고 이 그릇에는 물을 담아서 그 밑에 알코올 불을 피워 가열하면 병에 있는 물이 끓어 그 증기가 병목을 지나 관 안의 쇳가루를 통과하게 되면 양기가 철이 화합하여 철양(鐵養: 산화철)이 되며 밖으로 분출되는 것은 경기이다. 대체로 물은 아무리 끓여도 증기로 화할 수는 있겠지만 경양 2기는 화학적으로 분해될 수는 없다. [근래 영국사람 고노불(古魯弗)은 증기도 극도로 가열하면 조금은 분해되는 경우가 있음을 연구하여 알아냈다.] 어떤 물체가 반드시 양기를 흡수해야 비로소 경기를 분해해서 분출할 수 있다. 만약 반대로 이 관의 입구에 경기를 넣어서 관내의 철양(鐵養)을 통과되게 하면 곧 철양(鐵養)속에 있는 양기와 화합해서 물이 되어 도리어 병 내로 흘러들게 된다.

또 타고 있는 석탄 위에 물을 뿌리면 물이 곧 화학적(化學的)으로 분해되면서 불을 더욱 치열하게 하는데 이것은 물속에 포함되어 있는 양기가 탄질과 화합하기 때문이며, 이로 인해서 물속에서 분해되어 나오는 경기(輕氣)도 역시 타면서 열을 증가시켜 주기 때문이다. 대장장이가 불을 맹렬하게 하려 할 때면 반드시 불을 달구는 부엌에 물을 뿌려주는 것이며, 어떤 때 집에 불이 났을 경우 왕왕 물을 조금씩 뿌리게 되면 타는 것이 더욱 치열해지는 것은 바로 이와 같은 이치인 것이다.

또 금속류(金屬類)로 경기를 얻을 수도 있는데 갑(鉀)과 납(鈉, 나트륨)의 두 가지 물질은 가열하지 않아도 스스로 물속의 양기와 화합하여 경기(輕氣)를 방출하니, 그 방법으로는 밑이 막혀 있는 유리통에 끓는 물을 가득히 담아서 다른 물그릇에 거꾸로 놓고 납(鈉) 한 덩이를 철사의 한쪽에 매달아서 비스듬히 물속에 삽입하되 유리통의 입구에 바로 닿게 하면 곧 스스로 통 안의 수면에 떠오르게 되는 것은 그 성질이 물보다 가볍기 때문에 떠오를 수 있다. 떠오른 뒤에는 물속의 양기와 화합하여 경기를 발생하게 된다.

3) 수(水)[22]

■ 第五十四節 水

水爲化學中 最要最奇之雜質 徧地皆有統計地球之面 水居四分之三. 大洋中有數處不能測其深淺 動植兩物之質 水亦居大半 如人體重一百五十四磅 止有三十八磅爲定質餘皆爲水 別類動物之內 水有多於人體者 如海蟄一百分九十九分爲水也.

■ 제54절 물

물은 화학 중 가장 긴요하고 기이한 잡질로 지구에 편재된 것을 모두 통계하면 지구의 표면에서 4분의 3을 차지한다. 대양 중 여러 곳은 그 깊이를 측정하기 어렵고, 동식물의 물질은 물이 또한 대부분이다. 인체 1백 54방에서 38방이 정질이고 다른 것은 물로 이루어진 것과 같다. 어떤 종류의 동물 내부는 물이 또한 인체보다 많은데 바다에 사는 것은 1백 분 가운데 99분이 물로 이루어져 있다.

■ 第五十五節 輕養二氣成水

水以體積而論輕氣居二 養氣居一. 若衡輕重養氣得八 輕氣得一 其微驗有數端化分 水爲二氣 可用電氣與汽 過鐵屑二法 化合二氣爲水 或以鉑絨燒之 或用電火燒之 或以輕氣過極熱之銅養[鐵養亦可] 然此以末法爲最佳 蓋輕氣過銅養 卽與養氣化合而凝爲水 所膯之銅比原銅養 減輕若干 卽知輕氣與養氣化合若干 而成水若干.

■ 제55절 경양 2기가 물을 이룸

물은 체적으로 경기 2, 양기 1이다. 양기의 무게를 달아보면 8개의 경기로 하나를 만든다. 그 실험은 몇 개로 분화되는데 물은 두 기를 전기와 에너지를 사용하여 쇳가루를 통과하게 하는 방법으로, 두 기(경기와 양기)를 화

---

22) 이 부분은 『한성순보』에 등장하지는 않으나, 지석영의 『신학신설』 가운데 『박물신편』을 참고했다고 한 내용과 밀접한 관련이 있으므로, 발췌하여 수록한다.

합하여 물을 만들거나 혹은 금박과 융을 태우거나 전깃불로 태우거나 혹 경기가 동양(銅養)[철양도 가능함]을 극도로 가열함으로써 물을 만들 수 있다. 그러나 이러한 방법이 가장 좋은데 대개 경기는 동양(銅養)을 통과하면 양기와 화합하고 응결되어 물이 된다. 동을 원래의 동양에 비해 약간 가볍게 하면 경기가 양기와 약간 화합하여 물을 약간 만드는 것을 알 수 있다.

■ **第五十八節 形性**

水不冷熱之時 爲流質 無色無臭無味 熱至二百十二度而沸 冷至三十二度而氷 無論冷熱俱能漸漸化氣與空氣等體相較 其重八百十五倍 至淸無色 然積聚極多則有色 其故多端未有定論海邊離岸不遠 而不甚深者其色綠 大海深處其色藍 或以爲日光之藍色最易返照水之色 或卽日光返照之 故兌飛言 水中微碘(요오드) 又有人言 地中海水之藍色較 別海更明 因微含膽礬等然 雖有此物亦甚少不足變色也. 紅海之水 時變紅色 以顯微鏡察之 聚生紅色植物旣爲植物 故因時而生矣. 大洋之淸濁隨寒暑 而變最淸之時下視 不過至二百五十尺.

■ **제55절 성질**

물이 차거나 덥지 않을 때는 유질(流質)로 무색 무취 무미이다. 열이 220도에 이르면 끓고, 차가움이 32도에 이르면 언다. 물론 냉열은 점점 변화하여 기체와 공기 등이 서로 교차되며 그 무게가 850배에 이르면 맑고 색이 없어진다. 그러나 부피가 극히 많아지면 색이 생긴다. 그 까닭에 해변이 해안가에서 멀지 않은 곳은 여러 갈래의 정해진 것이 없고 깊지 않은 곳은 녹색이며 큰 바다의 깊은 곳은 남색이다. 혹은 일광의 남색이 가장 쉽게 물의 색에 반사되며 혹 일광이 그것을 반사하여 비춘다. 그러므로 태비(兌飛: 햄프리 데이비, 염소를 원소로 규정한 인물)가 말하기를 수중 미세한 요오드가 있기 때문이라고 하며, 또 사람이 말하기를 지중해의 물이 남색과 비교되고 별도의 바다가 다시 밝아지는 것은 미세한 담반(膽礬: 황산구리)을 포함하고 있기 때문으로, 비록 이 물질이 또한 극히 적으면 변색하기에 부족하다고 한다. 홍해의 물이 때에 따라 홍색으로 변하는 것을 현미경으로 관찰하면 홍색 식물이 이미 식물로 변해 있고 때에 따라 성장함을 관찰할 수 있다. 대양(大洋)의 청탁은 한서(寒暑)에 따라 변하는데 가장 맑은 때에 불과 250척을 바라볼 수 있다.

4) 담기(淡氣)[23]

■ 第七十三節 淡氣根源

前九十八年 英國人 如脫福特考得此氣 其命名之意 譯爲硝母.

萬物中最多之氣質有數種 而淡氣亦與焉. 空氣之內淡氣居五分之四 其餘 若淡輕 若煙(石+某) 若硝 若別種雜質以及一切動物之內淡氣爲最多 風乾之肉 且居五分之一也. 惟植物之內則甚少然 亦有較多者 其花瓣必四出 如蘿蔔 白菜 芥子是也. 蕈菌(전균)之類 亦有淡氣 前人以爲此氣動物多 而植物少者 乃動物體中自能生淡氣也. 今則動物常食植物其內淡氣 雖少而亦積少成多矣. 若植物之淡氣 或從泥土中得之 或從空氣中得之 或從空氣中之淡輕之俱未可定.

■ 제73절 담기(질소)

지금부터 98년 전 영국 사람 여탈복특(如脫福特, Rutherford. D.)이 이것을 발견했으며 그가 붙인 이름을 번역해서 말한다면 초모(硝母: 초석의 원료)이다. 만물 중에 가장 많이 포함되어 있는 기질 수종이 있는데, 담기(淡氣) 역시 여기에 속한다. 공기 중에 담기(淡氣)가 5분의 4를 차지하고 있으며 그 나머지는 담경(淡輕), 연매(烟煤), 초석(硝)같은 것과 별종의 잡질(雜質)에 이르기까지 모든 동물에서 담기가 가장 많다. 마른 고기에도 또한 5분의 1이나 포함돼 있으며 식물 속에는 매우 적다. 그러나 그 중에서 비교적 많이

---

23) 『한성순보』 1884.5.25. '논담기(論淡氣)'.

함유하고 있는 것은 꽃잎이 네 개인 것으로 무우, 배추, 개자(芥子) 등이며 전균류(蕈菌類)에도 역시 담기가 포함돼 있다. 옛날 사람은 담기가 동물에는 많고 식물에는 적은 것은 곧 동물은 몸속에서 스스로 이 담기를 생성한다고 생각했는데, 지금은 동물은 항상 식물을 먹기 때문에 그 식물 속에 아무리 담기가 적게 포함돼 있다고 하더라도 계속 적은 것이 쌓이면 많아지기 때문이라고 말하고 있다. 식물에 있어서 담기를 섭취함은 때로는 진흙 같은 곳에서 섭취하기도 하며 때로는 공기 중에서 얻기도 하며 혹은 공기 중의 담경(淡輕)에서 얻는다고 하는데 모두가 확정된 이론이라고는 할 수 없다.

■ **第七十四節 取法**

常法 以空氣取去養氣餘者卽是淡氣. 如第三十一圖 收玻璃窜內安小盆 盆內置燐少許 以火點之窜口浸於水中小盆 自浮水面燐燃卽將養氣燒盡餘贖(*)之淡氣 亦差淨矣. 燒時水卽漸漸滿上 乃燐與養氣化合而成燐養. 初時白色之濃霧 漸沈於水 而爲水所收矣. 亦可用醇代燐然不能淨 且有醇內之炭氣騰下也. 此外尙有數法 但費時日 將燐一條 置於玻璃罩內 罩覆於水 如前法而不燒俟 其漸漸與養氣化合 二三日後 見罩內之氣所存五分之四則爲淡氣 亦淨矣. 又法將鐵屑代燐 亦同. 又法 用玻璃罩 如前將淡輕水 引綠氣過之 亦得淡氣. 但此甚險不精 此事者 不可輕試 又法將肉浸於硝强水 其盛玻璃甀內而加熱 亦得. 又法將銅管滿盛銅屑燒之極熱 使空氣透過銅屑收其養氣而成銅養 亦得.

■ **제74절 취법**

담기(淡氣)를 취하는 일반적인 방법은 공기에서 양기를 제거하면 남은 것은 바로 이 담기이다. 유리 탁 안에 조그마한 그릇을 바로 놓고 이 그릇 안에 인(燐)을 조금만 담고 불을 점화시킨 뒤 탁구(窜口)를 물에 잠기게 하면 이 조그만 그릇이 자연히 수면에 뜨게 되며 인(燐)이 연소되면서 곧 양기(養氣)가 모두 연소되며, 남은 것이 담기(淡氣)이다. 또 이렇게 해서 얻은 것은 비교적 깨끗한 것이니, 이렇게 되는 과정을 살펴보면 연소될 때 물은 점점 위로 차서 올라오고, 인(燐)과 양기(養氣)는 화합하여 인양(燐養)을 형성하게 되는데 처음에는 특별한 백색의 짙은 안개가 점차 물에 침수되면서 물에 흡수된다.

다른 방법으로는 순(醇) 속에 탄기(炭氣)가 밑에 남게 된다. 이 밖에도 몇 가지 방법이 있으나 단지 시일이 많이 필요하다. 그것은 인(燐) 한 조각을 유리 조(罩) 안에 넣고 조(罩)를 물에 엎어놓되 전 방법대로 하고 불은 점화시키지 않는다. 이렇게 해서 차츰 양기와 화합되도록 기다리면 이삼일 뒤에는 조 내(罩內)의 공기 남은 것이 5분의 4 정도로 보이면 담기(淡氣) 역시 깨끗하게 된 것이다. 또 다른 방법으로는 쇳가루를 인(燐) 대신 사용하여도 마찬가지이고, 또 한 방법으로는 유리 조(罩)를 전의 방법과 같이하고 담경수(淡輕水)에 녹기(綠氣)를 흡인케 하여 통과시키면 담기(淡氣)를 얻을 수 있으나, 이 방법은 매우 위험하므로 경험 있고 세밀하지 못한 사람은 함부로 시험해서는 안 된다. 또 다른 방법으로는 고기를 초강수(硝强水, 유산나트륨)에 적셔서 그것을 유리병 속에 넣어 가열해서 얻기도 하며, 또 한 방법으로는 동관(銅管)에 동(銅) 가루를 가득히 채우고 열이 극도로 올라가게 연소시키고 공기가 동(銅) 가루를 투과케 하면 양기(養氣)를 섭취하여 동(銅) 가루는 동양(銅養)이 되고 나머지는 담기(淡氣)가 된다.

5) 공기(空氣)[24]

- ### 第七十七節 空氣根源

  昔以空氣爲四行之一 而視爲空虛無形無重 如今人之視 光熱電氣相同 且不知有

---

24) 『한성순보』에 전재된 적은 없으나, 지석영의 『신학신설』을 비롯하여, 근대 이후 '공기론(空氣論)'과 관련한 상당수의 글이 이 내용과 관련을 맺고 있다.

別種氣質 前一百九十七年 有人考定質加熱 知化出氣質與空氣不同 而不知其不同之
故 嘗見煤(石+某)井之各氣 或殺人 或焚燒 或爆裂不知其理何在 甚有疑爲鬼魔者.
前一百二十七年 杜利率利[25] 考知空氣有重 前一百一十三年 蘇格蘭人 名步拉客[26]
將灰石或雲石或蚌殼 試燒以火 試浸以濃酸 收得其氣 不能活動物 知非空氣命名爲
定氣 因定於石內 必須火用酸纔能發出也. 由此知氣質 不止一種 亦如流質定質[27]之
不止一種也. 未幾歐羅巴各國有人考得各氣 如布里司德里考知養氣 外尙有氣質八種
同時有瑞顚國人 西里考得三種 賈分弟詩考得輕氣 如脫福特考得淡氣 拉夫西愛考知
空氣爲淡養二氣始知空氣非原質矣.(中略)

- **제77절 공기 근원(공기 연구의 근원)**

예전에는 공기는 4행의 하나로 허공의 형체가 없고 무게가 없는 것이라
고 생각했다. 지금 사람이 보는 바 빛과 열과 전기와 서로 같고 또한 별종
기질이 있음을 알지 못했다. 197년 전 한 사람이 고체(定質)에 열을 가해 변
해서 나오는 기질과 공기는 같지 않음을 알고, 그 같지 않은 이유를 알지 못
했다. 그러므로 일찍이 각 기운이 연소되고 혹은 사람을 죽이며 혹은 불을
태우고 혹은 폭발하나 그 이유가 어디에 있는지 알지 못하여, 심할 때는 귀
신의 일이라고 의심하기까지 했다. 127년 전 두리솔리(토리첼리: 이탈리아
화학자)는 공기에 무게가 있음을 알았고, 113년 전 소격란(스코틀랜드)의 보
납객(步拉客: 보일로 추정)은 회석, 운석 혹은 방각(조개껍질)을 태워 짙은 산

---

25) 두리솔리(杜利率利): 토리첼리. 에반젤리스타 토리첼리(Evangelista Torricelli, 1608년
10월 15일-1647년 10월 25일)는 이탈리아의 수학자며 물리학자이다. 파엔자(Faenza)
출생으로, 로마에 와서 처음엔 수학자 베네디토 카스텔리의 비서를 했다. 1641년부터
는 갈릴레오 갈릴레이의 제자가 되어, 갈릴레이가 죽을 때까지 연구를 함께 했다. 그
후 토스카나 대공 페르디난도 2세로부터 수학자·철학자로서 초대되었다. 1644년 유
속과 기압의 법칙을 적은 토리첼리의 정리를 발표했다. 수은으로 실험한 대기압의 연
구로도 유명하며 수은기압계를 발명하기도 했다. 〈위키백과〉에서 전재.
26) 보납객(步拉客): 로버트 보일로 추정. 보일-샤를의 법칙.
27) 정질(定質): 변하지 않는 성질 또는 고체.

을 가라앉히고 그 기운을 거두니 동물을 살릴 수 없기에 공기가 아니며, 돌 안에 정해진 것으로 불 탈 때 산(酸)을 사용하여 잠깐 발출하는 것이라고 하여 명명하기를 정기(定氣)[28]라고 이름 붙였다. 이로 말미암아 기질(氣質: 기체의 성질)은 한 종류가 아니며 유질(流質: 액체), 정질(定質: 고체)와 마찬가지로 한 종에 그치는 것이 아님을 알게 되었다. 오래지 않아 구라파 각국에는 포리사덕(프리스틀리)이 양기를 연구하여 이해하고 그 외 여러 기질 8종이 있음을 안 것과 같이 각 기질을 연구하여 이해한 사람들이 있었다. 동시에 서전국(瑞顚國: 스웨덴)의 서리(셸리)는 3종을 알아냈으며, 가분제시(賈分弟詩, 카펜터시)는 경기(輕氣)를, 여탈복특(如脫福特: 러더포드)는 담기를, 납부서애(라부와지에)는 공기가 담양2기로 변함을 이해하여 처음으로 공기가 원질(原質: 원소)이 아님을 알아냈다. (중략)

- **第七十八節 空氣之原質**

空氣內之淡氣 與養氣不過融和而非化合 惟二氣多少之 數未無贏虧 有乘輕氣 球上至二萬一千尺 有下至最深之井 或至曠野 或至城市 二氣之數 亦無改變 而炭氣之多少則不能定 且各處不同 一萬立方尺 空氣內有炭氣 四尺九爲常 間有多至六尺二 少至三尺七者 與地面相近 夏多於冬 夜多於日 而高處多於低處 亞美利加之高 火山噴出 炭氣甚多 或言歐羅巴與亞西亞火山所噴出者 皆爲淡氣. (中略)

- **제78절 공기의 원질**

공기 내의 담기와 양기는 융화하여 화합하지 않는다. 오직 두 기의 많고 적음이 있다. 수은은 경기를 타고 지구 위 2만 1천척까지 이르며 아래로 가장 깊은 우물, 혹은 광야, 혹은 성시에 있는 두 기(양기와 경기)의 수도 또한 변화하지 않는다. 탄기의 다소는 정해지지 않고 또한 각처마다 같지 않다. 1

---

28) 정기(定氣): 공기가 아닌 다른 물질.

만 입방 척의 공기 내 탄기는 4척 9가 일상적이며 간혹 많으면 6척 2나 적
으면 3척 7이라고 하는데, 지면에 가깝고 여름이 겨울보다 많으며 밤이 낮
보다 많다. 그리고 높은 곳이 낮을 곳보다 많은데 아미리가의 높은 화산이
분출한 곳은 탄기가 매우 많다. 혹은 구라파와 아서아의 화산이 분출한 곳
도 모두 탄기를 생성한다고 한다. (중략)

6) 녹기(綠氣, 염소)[29]

■ **第九十四節 綠氣根源**

前九十六年 西里考得此氣 當時習化學者 猶不以爲原質 後此三十四年 兌飛(햄
프리 데이비: 1810년 염소를 원소로 규정함)始爲考定因其色黃綠 故名之爲綠氣.

原質有四種 彼此無甚愛力其性又略相類 卽綠碘溴弗也. 若與別質 而冷熱適中 皆
有甚大愛力旣大 故無自然獨成者 收藏更易自散 蓋欲附合於別質也. 綠氣與別質化合
之物 兩大類之內 並有之最多在食鹽 食鹽卽綠氣與鈉也. 金類礦多有此氣化合者 動
物植物內之各流質多有此氣.

■ **제94절 녹기 근원**

96년 전 서리(西里: 셀레, Scheele)라고 하는 사람이 이 기를 고찰하여 알
아냈는데, 당시 화학을 공부하던 사람들은 이 때만 해도 원질(原質: 原素)로
여기지 않았다. 그 후 34년이 지나서 兌飛(햄프리 데이비)가 처음으로 그 빛
이 황녹색이어서 이를 염소라고 하였다

원질은 4종이 있는데 서로 화합하는 힘이 없고 그 성격 또한 대개 비슷
한데, 즉 녹(綠), 전(碘: 요오드), 추(溴: 브로민), 불(弗: 불기, 플루오르)이 그
것이다. 만일 또 다른 물질이 냉열(冷熱)이 맞으면 모두 큰 화합력이 생긴다.
그러므로 자연 상태에서 홀로 생성되는 것이 없고, 저장한 것도 쉽게 흩어

---

29) 『한성순보』 1884.6.5. '논녹기(論綠氣)'.

지는데, 개개 다른 물질에 덧붙어 합해지고자 하는 성질이 있기 때문이다. 녹기와 별질의 화합물은 두 가지가 있는데, 그 중 가장 많은 것은 식염으로, 식염의 성분은 녹기(염소)와 납(나트륨)이다. 금속류에도 이 기가 많이 화합되어 있는데, 동물 식물의 내에 있는 각각의 유질(流質)에도 이 기가 많이 있다.

■ **第九十五節 取法**

常法 如第三十六圖 將玻璃瓶 或 玻璃甌 盛錳養細末 一分 濃鹽强水 二分 用酒燈緩緩燔之 或於取氣盆內取之 或用極淨極乾之小頸瓶取之 因綠氣重於空氣 故能直流 至底而空氣浮出 且易見其淺滿瓶口 用玻璃塞甚緊再加油蠟密封 可存數日不髮 如無錳養 用鉛養代之 淡養亦可代錳養

取氣之時 有數事宜愼 房屋之內 必通流空氣 而風撤去 貴重中華麗之物 如帳幃書畫等 因一遇此氣其色立變爲白也. 又須細察甌內盡有鹽强水湮透毫無一點乾處 然後加熱否則玻璃甌邊裂矣. 若用水盆收取卽用冷水無妨 不以搖動所食綠氣極微 溫水收取固 不食氣然有一病其氣透過 亦微 溫封塞之後 氣冷而縮瓶塞不能拔出 瓶內不可有多水 蓋見光則綠氣與水化合成輕綠 輕綠又爲水所收 而縮以增瓶外之壓力 而瓶塞亦難拔矣. 人若誤吸此氣 速吸淡輕氣可解 如無淡輕 或醋氣 或以脫氣皆可 取氣之理輕綠二分 與錳養一分 分合而成三物一爲水 一爲綠氣 一爲錳綠.

錳養上二 輕綠＝錳綠上二 輕養上綠氣 錳養粉三兩 鹽强水半升 以水三兩化淡之可成綠氣 八百三十一立方寸 至一千一百零八立方寸 但鹽强水半升之內加水 若多於三兩 或鹽强水本是淡者皆爲險事 恐收取之時 綠氣與水之養氣化合成爆裂之其也.[30]

又法淨食鹽四分 錳養一分 硫强水二分 四物共置玻璃甌內烝之 此爲多取綠氣之法 若作漂白粉仍宜用前法 因作鈉養炭養時所得鹽强水甚多 而價廉也

---

30) 이 부분은 『한성순보』1884.5.5.에서 전재하지 않았음.

又法食鹽與鈉養淡養 和勻多加硫强水 而加熱卽有輕綠 並淡養散出 而二氣相遇 卽成綠氣 並淡養氣 並水氣 使過造硫强水之鉛房則硫養氣 收淡養氣 而成硫强水積 於底所餘 卽綠氣矣. 故此法在造硫强水之處 極使用也 所餘之質另置甄內 再加食鹽 而加熱尚可得輕綠氣 並鈉養硫養.

■ **제95절 취법**

일반적인 방법으로 제36도와 같이, 유리병 또는 유리그릇에 맹양(錳養: 망간)의 미세한 가루 1분과 진한 염강수(鹽强水) 2분을 담고 알코올 심지불로 약하게 쬐어서 취기분(取氣盆) 안에 채취하거나 혹은 깨끗하고 잘 건조된 목이 작은 병으로 채취한다. 녹기(綠氣)가 공기보다 무겁기 때문에 곧게 흘러 밑바닥에 모이고 공기는 떠서 밖으로 나오며 들어간 내용물의 깊이를 쉽게 볼 수 있다. 채취한 다음 병 입구를 유리로 단단히 막고 다시 유랍(油蠟)으로 밀봉해 두면 며칠은 뽑히지 않고 보존된다. 만일 맹양(錳養)이 없으면 연양(鉛養: 납)으로 대신하고 담양(淡養: 질소)도 맹(錳: 망간)을 대신할 수 있다. 녹기를 수취할 때에 몇 가지 조심할 것은 실내에 반드시 공기를 유통시켜 바람기가 있도록 하고 커튼이나 서화(書畵) 등 귀중하고 화려한 물건들을 가려야 하는데 단 한번이라도 녹기에 접촉되면 그 빛깔이 즉시 하얗게 변색되기 때문이다. 또 한 가지는 유리그릇 내면에 염강수(鹽强水)가 골고루 스며들어 한 점도 마른 데가 없는가를 세밀히 관찰한 다음에 열을 가해야 한다. 그렇게 하지 않으면 유리그릇이 터져버린다. 만일 수분(水盆)을 사용하여 채취한다면 찬물로도 무방하지만 물에 먹힌 녹기를 흔들어낼 수 없고 극히 미미한 온수(溫水)로 채취하면 사실 녹기를 먹어 없애지는 않지만 그래도 한 가지 흠이 있다. 그 녹기가 들어갔을 때는 녹기의 온도 역시 미온(微溫)이지만 입구를 봉해버린 뒤는 안 된다. 그것은 빛을 보면 녹기가 물과 화합해서 경록(輕綠)으로 변하고 경록(輕綠)이 또다시 물이 흡수되어 쭈그러들어 병 외부의 압력으로 인해 병마개를 빼기 어렵다. 사람이 만일 이 녹기를 잘못 들여 마신 경우 빨리 맑은 경기(淡輕氣)를 들여 마시만 해독할 수 있다. 혹 담경(淡輕)이 없을 때에는 순기(醇氣: 술 기운)으로 기를 벗어내는 것도 가능하다. 녹기(綠氣)를 채취하는 원리는 경록(輕綠) 2분과 맹양(錳養) 1분을 분리하고 혼합하는 과정을 거치면 세 가지 물질을 형성하는데, 하나는 물이 되고 하나는 녹기(綠氣)가 되며, 하나는 담록(淡綠)이 된다.

맹양(망간) ⊥ 2, 경록 =, 맹록 ⊥ 2, 경양(輕養) ⊥ 녹기 (⊥은 긴밀하지 않음을 표시하는 기호, =는 상하 상등으로 변역된 것을 나타내는 기호) 맹양 가루 3냥, 염강수 반 되로 물 3냥을 변화하여 담기로 831 입방촌에서 1108 입방촌의 녹기를 만들 수 있다. 단 염강수 반 되에 물을 가미하되 3냥보다 많거나 혹 염강수가 본래 맑은 것은 모두 위험하니 수취할 때 녹기와 물의 양기가 합성하여 폭발할 수 있음을 두려워해야 한다.

또 다른 방법으로 청결한 식염(食鹽) 4분, 맹양(錳養) 1분, 유강수(硫强水) 2분, 물 2분 등 네 가지 물질을 유리 용기 안에 함께 넣고 열을 가하는데, 이것은 녹기를 많이 채취하는 방법이다. 만일 표백분(漂白粉)을 만들려면 마땅히 앞의 방법을 사용해야 하니, 납양(鈉養: 나트륨)과 탄양(炭養)을 만들 때 얻은 염강수(鹽强水)가 매우 많고 가격이 싸기 때문이다. 또 다른 방법은 식염과 납양(鈉養) 담양(淡養)을 같은 분량으로 혼합한 다음 염강수(硫强水)를 많이 넣고 열을 가하면 경록(輕綠)이 담양(淡養)과 섞여 증발해 나오고 두 기체가 서로 만나면 곧 녹기가 된다. 이것이 담양기(淡養氣) 수기(水氣)와 혼합되고, 유양기(硫養氣)가 담양기(淡養氣)를 흡수하여 유강수(硫强水)로 변해 밑바닥에 쌓이면 그 나머지는 곧 녹기(綠氣)가 된다. 그러므로 이 방법은 유강수(硫强水)를 제조하는 장소에서 사용하기가 극히 편리하다. 녹기를 제외한 나머지 물질을 따로 유리용기 안에 넣고 다시 식염을 첨가해서 열을 가하면 경록기(輕綠氣)와 납양(鈉養), 유양(硫養)을 얻을 수 있다.

7) 탄(炭)[31] 권3

■ 第一百六十九節 炭

最多最要之原質 炭居其一焉. 地産之物含之最多者 爲煤與養氣二分劑化合者爲炭氣. 空氣內有之炭氣 與鈣養(개양)等化合爲數種石 又動植二物之質 並動植物內取出之質 含炭者大半 其一質 有三形形性廻異 一金剛石 一筆鉛 一煤 與木炭煙炱.

■ 제169절 탄

세상에서 가장 많고 가장 필요한 원질은 탄기가 그 중 하나이다. 땅에서 생산된 물건 가운데 가장 많이 함유된 것은 매(煤)와 양기(養氣) 두 가지인데 이 두 가지가 화합하여 탄기가 된다. 공기 가운데 있는 탄기는 개양(鈣 산화칼슘)과 화합하여 여러 가지 돌이 되고 또 동식물의 원질이 된다. 아울러 동식물이 섭취하고 배출하는 물질도 태반 탄소를 함유한다. 이 한 가지 물질에는 세 가지 형태가 있는데 모양과 성질이 아주 다르다. 그 하나는 금강석이며 또 하나는 필연(筆鉛)이며 또 하나는 매(石炭)와 목탄(木炭), 연태(煙炱: 그을음)이다. (중략)

■ 第一百七十六節 炭之雜質

炭與養氣輕氣淡氣化合之雜質無數 動植物之質大半出於此 若詳言之卽爲生物化

---

31) 『한성순보』 1884.6.4. '논탄기'는 『박물신편』과 『화학감원』을 편집한 것으로, 『박물신편』에서 "炭者何煉煤之實火盡之餘氣之最毒者也. 究其所自來 乃養氣輕用之後 混毒氣于其中 實養氣之無精英者 其實爲最重 重于養氣三倍"라는 성질을 편집하고, 『화학감원』에서 "其取之法 用花石數片以淸水浸于樽中 調以鹽强水 [解見下篇] 自有炭氣升出 或用石灰 調磺强水亦有之"이라는 '취법'을 편집하였다. 또한 『박물신편』에서 "凡人呼出之氣 亦曰炭氣 燒灰爐所出之氣 亦曰炭氣. 密家不通風 皆足以殺人 嘗有一老屋中 有枯井甚深浚井之工人者 輒死初疑爲毒妖 有博物者知其內 有炭氣縋試以大火立熄滅 遂設法內引生氣入者 始無恙盖久無居人 其炭氣質重下墜不散故也. 西國之寶以金剛石爲至貴 其體堅莫能陷肰 亦淸炭之凝質焉耳"라는 '탄의 성질'을 편집한 뒤, 『화학감원』 제176절의 '炭之雜質'. 제177절 탄양, 제178절 취법을 발췌 편집하였다.

學矣 其直與養氣化合者 祗有二質卽炭養與炭養

■ **제176절 탄의 잡질**

탄과 양기, 경기, 담기가 화합한 잡질은 무수하다. 동식물의 질(質) 역시 태반이 여기에서 나왔다. 이를 자세히 말하면 생물·화학(生物化學)이 된다. 탄소와 산소가 합하면 두 가지 물질이 되는데 바로 탄양(炭養: 일산화탄소)과 탄양(炭養: 이산화탄소)[32]이 된다.

■ **第一百七十七節 炭養 [又名炭氣]**

淨炭在養氣 或空氣中焚燒卽成此氣 凡動物之呼吸 動植物之腐爛造醸之醸酵 各物之焚燒皆生此氣 空氣內亦容此氣 地殼所容極多 大牛與鈣養化合如灰石白石粉之類

■ **제177절 탄양 [또는 탄기라고 이름함]**

정탄(淨炭)은 양기 혹 공기 중에 있으며 불에 타면 즉 이 기(氣)가 형성된다. 무릇 동식물이 호흡하거나 동식물이 썩어 뒤섞여 발효하거나 각 물질이 불탈 때 이 기가 형성된다. 공기 내에도 이 기가 있으며, 지각(地殼)에도 이 기가 많이 포함되어 있는데 대부분 개양(蓋壤: 칼슘)과 화합되어 있는데, 회석, 백석분의 종류가 그것이다.

■ **第一百七十八節 取法**

焚燒木炭於養氣之中 或燃一燭而悶熄之則空氣燒盡而成此氣 但此尙不甚純須 將有炭氣之雜質 如白石粉之類 盛於瓶內 如第七十七圖 和以淡硫强水 或鹽强水 則硫養 或綠氣與石內之鈣養 或鈣化合 而炭氣推出卽用收氣器收之 或使自落於瓶中 亦能驅出瓶中之空氣

---

32) 두 개의 탄양을 모두 '탄양(炭養)'으로 표현했으나, 일산화탄소와 이산화탄소를 지칭한 것임. 『한성순보』 1884.6.4.의 기사에서는 '炭養與炭養二'로 표현하였음.

■ 제178절 취법

목탄을 양기 속에서 태우거나 혹 촛불이 잠깐 꺼지는 것은 공기가 다 되어 이 기가 생긴 것이다. 단 이 기는 아직 순수하지 못하여 탄기의 잡질(雜質)이 섞여 있다. 백석분(白石粉)의 유를 병 속에 가득 넣고, 제77도와 같이 묽은 유강수(硫强水)나 혹은 염강수(鹽强水: 염산)를 부어 조화하면 즉 유양(硫養)[33] 혹은 녹기(綠氣: 염소)와 돌 안의 개양(鈣養) 혹은 개양의 화합물이 만들어진다. 탄기를 추출하려면 수기기(收氣器)를 사용하여 거둔다. 혹 스스로 병 속으로 떨어지게 하고, 또한 병 속에 있는 공기를 밖으로 나오게도 할 수 있다.

---

33) 『한성순보』 1884.6.4.에서는 '유양삼(硫養三)'이라고 표현하였음.

II. 『박물신편(博物新編)』 발췌 번역

1. 地氣論 (卷一 所在)

　大地體圓如橙 其外有氣 以環遶之如蛋白之包. 裏其黃色也. 自地而上高 約一百五十里 人物皆處其中 若魚類之在水 魚賴水 以長人藉氣 以生魚不能離水 人不能離氣 其理相同. 弟其爲氣 有數種合而言之 曰生氣 分而言之 曰養氣 曰淡氣 曰濕氣 曰炭氣 皆可以法較辨之. 是氣雖無形無味 其實乃地上一物也.[1] 氣之爲色靑而藍 凡晴空無雲仰望蒼然者 乃氣之色非天之色 氣愈遠愈高則其色愈藍 愈近愈薄則其色愈淺淺 深則玲瓏不見時遙 望遠山見藍影模糊 亦氣之色. 如觀滄海水淺則色綠 愈深則色蒼 其理亦此耳. 顧其爲氣與地上雜物之氣不同 盖雜物之氣 乃蒸水漚而成 生氣則肇自開闢有天地卽有是氣矣. 狀是氣之力 其勢甚重 比如四方一寸 [番人一寸 唐尺八尺 番以十二尺爲一尺[2]] 自地起上至氣盡處 計其壓下之力勢重一十五磅[一十一兩 六錢爲一磅] 如以十五磅之物壓之人爲氣所包羅 而不覺氣壓之重者 却因上下周圍均同 如水之渾浸身體 人自不覺其勢耳.

　試將氣與水及水硺互較 均以四方一寸爲度水高三十四尺 [以番尺計] 水硺高三十寸 [以番尺計] 氣高上盡處三者 其力悉敵西國風雨鍼之製 亦因較此而知也. 惟水之力 人能散之而不能縮之 氣之性人能散之 使開不能逼之 使縮風鎗之類是也. 今將氣力之擴 略言於後 凡以兩物相幷之處密貼無隙 勿使洩氣則兩物可以粘連不脫 西國孩童用一牛皮大 如人掌以繩繫皮背以水濕皮底 然後將皮貼於石上以掌壓之 務使相粘之處外 氣不能入則皮與石相連 可以抽繩而起石 使用一茶盂 以水滿之將 一厚紙 盖於盂

---

1) 이 부분은 지석영 『신학신설』 '공긔'의 내용과 동일함. 『박물신편』에 보인다고 서술하였음.

2) 번인(番人): 일반적으로 토번(티베트 고원의 고대 왕국)을 지칭하는 한자이나 여기서는 서양국의 하나를 지칭한 것으로 보임.

上 用手畧壓少頃 使水與紙相連無隙洩氣則倒持其盃 水亦不出. 何也 是因相貼之處無氣 而上下周圍被外氣 所壓托故也. 今試用一小樽 以口嘬出樽之氣可使樽粘於脣舌之間 或用一米筒 以少紙焚於筒中 使大推出筒中之氣急 將筒口附於身上軟肉之處則筒粘於肉上 亦卽此理. 嘗有棺匠相戲 使其伴入棺偃臥 試將其蓋以掩之少選力板其蓋不能起大懼無所措手 遇有識者急令 以鑽穿其數孔 使外氣透入 然後能移其蓋見其人昏迷僵臥 良久方蘇 蓋棺中生氣已 被其人吸而呼出之氣 內外冷熱輕重不同故其蓋爲外氣所壓伏也. 比如玻有璃盃 兩個一大一小 大者滿載以水 然後倒持小者以盃口向水 而內之則小盃之中 水不能入 是其內有氣拒水之 故然近地面則其氣厚而力大去 地漸高則氣漸薄 而力減. 西域有人乘輕氣球 以凌空者 嘗携兩樽至空際 然後以木柽塞之至地時 將一樽倒持入水 水入樽中者半 又將一樽與地面之氣互相較 驗見其質性無少差異 特其力稍薄耳.

地上生氣中分數類比 如以生氣一櫓 其內有養氣二十一斤 淡氣七十九斤 二氣常相調和 頤養萬類. 養氣者中有養物 其性濃烈 故必有淡氣 以淡之濃淡得宜方爲中和之氣 炭氣者 其性有毒與炭同類 一出于人之呼吸 一出于火之焚燒 在生氣中不過千分之一. 凡有血肉之類 獨吸炭氣則死 惟草木花卉則反 藉炭氣爲茂 欲知其理者 請看全體新論[此書本館有刻] 若濕氣則以陰晴爲多少不能以一例而定.

[번역] 대지는 그 모양이 둥글어 등자나무와 같다. 그 밖에 공기가 있어 계란 흰자위를 둘러싼 것과 같고 그 속은 황색이다. 땅으로부터 위로 올라 약 150리까지 사람들은 모두 그 가운데 사니, 어류가 물에 살면서 물을 의지하는 것과 같이 사람은, 이 공기로써 살아가니 물고기가 물을 떠날 수 없는 것과 같이, 사람이 공기를 떠날 수 없음은 그 이치가 동일하다. 이 공기는 여러 종이 합쳐진 것으로 이를 생기(生氣)라고 한다. 이것을 나누어 말하면 양기(養氣: 산소), 담기(淡氣: 질소), 습기(濕氣), 탄기(炭氣: 탄소)라고 하니, 이는 모두 가히 구분할 수 있다. 공기는 비록 무형 무미이나 사실 지상의 한

물질이다. 공기의 색은 푸르며 남색으로 바뀐다. 무릇 빈 하늘을 구름이 없을 때 바라보면 창연한 것은 공기의 색으로 하늘의 색은 아니다. 공기는 멀고 높아질수록 그 색이 남색이 되며, 가깝고 옅을수록 그 색이 얇아지며 깊으면 영롱하여 때로 보이지 않는다. 먼 산을 바라보면 남색 그림자가 모호한 것도 또한 공기의 색이다. 창해의 물줄기를 바라보면 색이 녹색이며 더 심한 물줄기는 색이 푸른 것도 그 이치가 또한 이와 같을 따름이다. 살펴보면 공기와 지상 잡물의 기운은 같지 않다. 대개 잡물의 기운은 끓인 물의 거품에서 만들어진다. 생기는 개벽 당시에서 시작되어 천지에 가득한 것이 즉 이 공기이다. 이 공기의 힘은 매우 무거워 사방 일촌 [번인의 일촌은 당척 8척, 번인 12척이 1척이 된다.] 땅으로부터 위로 올라가 공기가 다한 곳에서는 그 압력을 통계하면 무게가 15방 [11 냥 6전이 1방]이 되며, 15방의 물건이 사람을 누르는 것과 같이 공기가 나열되나 공기의 압력 무게를 깨닫지 못하는 것은 상하 주위에 골고루 퍼져 있어, 신체가 물에 빠질 경우 사람이 그 힘을 자각하지 못하는 것과 같다.

　　장차 공기와 물이 미쳐 수간(水磵: 돌에 남은 물의 흔적)을 서로 비교하면 사방 일천이 물 높이 34척 [번척으로]에 고루 미치고, 수간 높이 삼십 촌 [번척으로]에서 공기가 다하는 곳은 기 힘이 다하니 서양국 풍우침을 제작하는 것은 또한 이를 비교한 것임을 알 수 있다. 비록 물의 힘은 사람이 능히 흐트릴 수 있으나 압축하지 못하고, 기체의 성질은 사람이 능히 흩어낼 수 있으나 급속하게 만들어 풍창(風鎗)과 같이 압축할 수는 없다. 지금 기체의 힘에 근거하여 간략히 말하면, 무릇 두 가지 물질이 모두 밀접하여 간극이 없을 때 기체가 새어나오지 못하게 하면, 두 물질은 달라붙어 떨어지지 않는다. 서양 아이들은 큰 소가죽을 사용하여 손바닥에 줄을 묶고 그 뒤를 적신 뒤 장차 돌 위에 그 가죽을 덮어 손바닥으로 눌러 서로 달라붙게 하면, 기체가 들어가지 못해 가죽과 돌이 서로 달라붙어 가히 묶인 줄이 일어난다. 찻잔 하나를 사용하여 물을 붓고 두꺼운 종이로 그 위를 덮은 뒤 손으로 약간 기울여 누르고, 물과 종이를 이어 간극을 없애면 기체가 그 잔에 담겨 있어 물은 또한 넘치지 않는다. 어찌된 것인가 하면 사로 붙어 있는 곳에 공기가 없어 상하 주위가 외기(外氣)의 영향을 받아 눌리는 까닭이다. 지금 작은 술 동이로 그 입구를 막으면 공기가 가히 술동이의 입구 사이의 점액을 없애는 것을 실험할 수 있다. 혹은 쌀통에 작은 종이를 태워 통 안에 밀어 넣으면, 통 안의 공기가 급해져 몸통에 붙어 있는 통 입구가 부드러워지니 통 위가 끈적거리는 것 또한 이와 같은 이치이다. 일찍이 관을 만드는 사람이 서로 희롱하기를 관 안에 반쯤 눕혀 넣어 장차 그 뚜껑을 조금 덮고자 그 판(板)에 조금 힘을 쓰면 그 뚜껑은 움직이지 않으니 크게 놀라 손 둘 곳조차 없다. 그 이치를 아는 사람이 급히 영을 내려 몇 개의 구멍을 뚫어 밖의 공기가 들어가게 한 연후에 능히 뚜껑을 옮길 수 있으니, 그 사람이 혼미하여 강시가 누워 있는 것을 본 듯하다. 오랜 뒤 관 뚜껑 안에서 공기가 생겨 그 사람이 들이마시고 내뿜게 되나 안과 밖의 온도와 무게가 같지 않다. 그것은 그 뚜껑의 외기가 누르는 까닭이다. 유리잔 두 개가 큰 것과 작은 것이 있을 때 큰 것에 물을 가득 채운 뒤 작은 것을 뒤집어 입구를 안으로 향하게 하면 작은 작 안의 물이 안으로 들어가지 않는데, 이는 그 안에 공기가 있어 물이 들어가는 것을 막는데, 그 까닭에 가까운 지면은 공기가 두터워져 그 힘을 제거하고, 지면이 점차 높아지면 공기가 옅어져 힘이 감소되기 때문이다. 서역에는 사람이 경기구를 타고 공중을 돌아다니는데 일찍이 두 단지를 맞잡아 공중에 이르게 하고 그 뒤 나무로 통을 막아 땅에 이를 때 한 단지를 뒤집어 물이 들어오게 하면, 물이 들어온 단지 가운데 반이 장차 다른 한 단지와 지면의 공기가 서로 교차하도록 한 것이다. 그 성질을 경험해 보면 전혀 차이가 없는데 특히 그 힘이 점차 엷어지는 것일 따름이다.

지상의 생기 가운데 몇 가지 종류를 나누어 비교하면 생기(生氣, 일반적

인 공기)가 가장 풍성하고, 그 안에 양기(養氣, 산소) 21근, 담기(淡氣, 질소)
79근이 있어, 두 기가 서로 조화를 이루어 만물을 길러낸다. 양기(養氣)는 양
물(養物)을 갖고 있으며, 그 성질이 짙고 강하다. 그러므로 반드시 담기(淡氣)
를 갖는데 담에서 짙은 것은 마땅히 한 방편으로 조화로운 기운을 얻는다.
탄기(炭氣, 탄소)는 그 성질이 독성이 있으며 탄과 동일하다. 하나는 사람의
호흡에서 나오고 또 하나는 불이 연소될 때 나오는데 생기 가운데 천분의
일에 불과하다. 무릇 사람의 혈육에서 오직 탄기만을 들이마시면 곧 죽는다.
다만 초목이나 화훼는 이와 반대로 탄기가 무성하다. 그 이치를 알고자 한
다면『전체신론(全體新論)』[이 책은 본관에서 판각한 것이 있다]에서 습기는
습함과 맑음의 다소가 하나 같이 정해지지 않음을 살펴보기 바란다.

2. 氣機筒3) [或稱爲抽風之器] (卷一 所在)

筒爲銅爲之形容畧如水筒 [粤東方言 曰水櫛] 其法卽中華風鎗 抽風之具 而機巧
過之. 但風鎗抽氣 使入機筒抽氣 使出用法時相反耳. 西國自有氣機筒之法. 博物者曰
以測氣漸知地氣之大用 嘗用一玻璃圓罩 罩于卓上 以機筒抽出罩內之氣 內以鳥獸鳥
獸立斃 內以鱗介鱗介漸死 內以花而花不開 內以火火熄滅 內以鐘鼓擊撞無聲 內以
磁石揖鐵無力 內以流螢而不見光 內以大藥而不焚爇 內以熱物而熱不能傳 內以盂水
而水及化氣 然更有奇異于此者 凡欲秤氣質之輕重 驗氣性之舒縮 試氣勢之壓 托測
氣力之功用 皆可以此法辨之比 如用玻璃樽一個 將機筒抽出 樽內之氣然後 以戥秤
驗 必較未抽氣之樽輕減數分 此秤氣之擄也. (中略)

기기통 [혹 추풍지기라고 부르기도 함]

통은 구리로 만들고 모양은 대략 수통(水筒)과 같다. [월 지역의 방언에

---

3) 기기통: 공기를 추출하는 통으로 된 장치를 설명한 글임.

일수즐(日水櫛)]. 그 용법은 중국의 풍쟁(風鎗)이 바람을 불러일으키는 것과 같으나 기계가 매우 교묘하다. 다만 풍쟁이 바람을 부르는 것은 그 통에 들어가도록 하여 바람을 일으켜 나오게 하는 법이 상반될 따름이다. 서국에서는 기기통(氣機筒)의 용법이 있다. 박물학자가 낮에 기(氣)를 측정하여 지기(地氣)가 크게 유용함을 알고, 일찍이 유리로 만든 둥근 조(罩, 항아리)를 사용하여, 탁상 위에 두고 기통(機筒)으로 항아리 안의 공기를 추출했는데, 안에 조수(鳥獸)를 두면 조수가 숨이 막히고, 인개류(鱗介類)를 두면 인개가 점차 죽으며, 안에 꽃을 두면 꽃이 피지 않고, 안에 불을 두면 불이 꺼지며, 안에서 종과 북을 울리면 종과 북이 소리가 나지 않고, 안에 자석을 두면 쇠곁에서도 힘이 없으며, 안에 반딧불을 두면 빛이 나지 않고, 안에 화약을 두어도 타지 않으며, 안에 열이 있는 물질을 두어도 전달되지 않고, 안에 물잔을 두어도 물이 급히 기화되니 다시 보아도 이것은 기이한 것이다. 무릇 그 기질의 무게를 재고자 하나 그 기질의 성질이 늘어지고 압축되며 기질의 형세가 눌리는 것을 시험하여 기력(氣力)의 효용을 측정하고자 하면 모두 가히 이 방법으로 변별할 수 있는데, 유리로 만든 술잔 한 개를 사용하여 장차 기통으로 술잔 안의 기체를 추출한 연후 이를 재면 반드시 기질이 들어 있는 술잔의 무게가 경감되는 수를 나누어, 이로써 기체의 근거를 측량할 수 있다. (중략)

3. 風雨鍼(卷一 所在)

風雨鍼者 以玻璃製一小筒 大如筆管 長約二尺五寸 上塞下通 筒中以平滑 爲貴 另製一圓甌 大如茶盤 先以頂淨水碾一兩 [水碾不淨卽不應驗] 內[4]于甌中再收玻璃筒 實以水碾 肰後揷入甌裡則筒中水碾 與甌裡水碾相連豎 而直之筒內水碾 定必瀉下數

---

4) 『한성순보』 제20호(1884.5.5.)에서는 納으로 표기함.

寸自與地氣之力相稱 乃將箭甌懸于板上畵刻度數 以驗之視水硍高低 爲風晴雷雨之
候 百不失一盖地氣 及流動之物 或輕或重或升或降 隨時更改風雨鍼之 能自行上落
者 實因箭內水硍之上空無氣入 而甌中水硍 能被外氣逼壓 故隨其輕重以或升或降也.
狀一升一降 不過二寸四分 西國風而鍼之例 以三十度爲平和 或風雨雷雪之時 則有
二十九度者 或二十八度者 或過三十度者 各分氣候每日更變不同 水硍升降亦小差異
以地球而論在赤道之中 水硍升降最少 赤道迤南迤北 水硍升降無常 故驗雨驗風不能
以一例 而定是在善用者之能隨地辨氣耳. 茲西國較準之候 略列於左 [若在中國製造
風雨鍼 必須測較中國之氣候 因西國分寸度數 與中國不無少異也][5]

一. 凡夏天水硍略降 必報風雨 水硍大降 不報大風必報大雨 水硍降甚則主大颶風
　　水硍驟降多主甚雨 或報大雷 若酷暑之時 水硍下降 定有迅雷

一. 凡春秋冬三季 水硍驟降則報烈風 或報大風

一. 凡冬天水硍上升 必報暴冷 冷極仍升則 報釀雪 雪時水硍下降則 報雪消久 旱
　　水硍驟降 必報雨 雨時仍降則主颶

一. 凡水硍下降 必報有雨 雨時水硍驟升則 晴不久 驟升而仍有雨方得久晴 若天
　　晴之時 水硍畧降 當有微雨 降甚而慢 不報大雨 則報大風 或升降不定則晴雨
　　不時在風雨之後北風迷爽 天有漏光 水硍漸上 必大晴霽
　　凡人携風雨鍼 登山可知山之高數 比如在山頂 水硍低降一寸 此山高平地千尺
　　嘗有人乘輕氣球凌空 水硍低降八寸 以此推算殆高一十二里矣. 西國有禮拜堂
　　樓高四百尺 風雨鍼比平地常低四分 盖生氣離地漸遠 其力漸薄不能如在平地
　　壓逼之重也.
　　風雨鍼之爲用其功甚大 海客農夫 當以是爲至寶 場圃有善識風雨鍼之 人從無
　　漂麥漚芽之事. 海航有善識風雨鍼之 客從無檣折帆沉之慘 有某航駛行南洋時
　　日 將夕天色淸明空無纖翳 舟子唱晚管弦甚樂 忽聞航主疾呼收帆 舟子領命而

　5)『한성순보』1884.5.5. '풍우침'에서는 '중국' 대신 '아국(我國)'으로 표현하였음.

竊怪之 整頓甫畢颶風大起 航蕩欲覆幸無檣帆重累 以是獲免實賴風雨鍼早報
之力也. 前數十年 葡萄牙國 [又名 西洋] 地大震屋宇盡行傾塌附近 鄰國亦皆
震動未震之前 風雨鍼降三寸之下 此爲最大之報兆矣.

[번역] 풍우침

　풍우침(風雨鍼)은 유리로 만든 조그만 통(筒)으로 크기가 필관(筆管: 붓대)
만 하고 길이는 대략 2척 5촌 정도이며, 위는 막혀 있고 아래는 통해 있으
며, 평평하고 매끈할수록 좋은 것이다. 또 별도로 찻잔과 같은 둥근 사발로
만들어 먼저 깨끗한 수은6) 1냥(만약 수은이 깨끗하지 않으면 반응이 나타나
지 않는다.)을 이 사발 안에 넣는다. 다음에는 유리통 속에 수은을 채운 뒤
병 속에 넣으면 통 안의 수은이 사발 안의 수은과 서로 연결이 된다. 그때
세워서 통을 바로 서게 하면 통 속의 수은이 몇 촌(寸) 정도 반드시 밑으로
내려오게 되는데 자연히 대기 중의 온도와 서로 맞게 된다. 그렇게 되면 곧
사발 통을 판상(板上)에 매달고 이 판에 도수(度數)를 새겨 온도를 실험하는
것이다. 이 수은의 오르고 내리는 것을 보면 풍청뇌우(風晴雷雨)의 기후를 백
에 하나도 빠뜨리지 않고 알 수 있다. 대체로 지상의 기후는 유동하는 물체
이기에 때로는 가볍기도 때로는 무겁기도 하며 혹은 올라가고 혹은 내려오
기도 하여 수시로 변한다. 그리고 풍우침(風雨鍼) 속의 수은이 스스로 오르
내리는 것은, 실지로 통 내에 있는 수은의 위쪽이 비면 공기가 거기에 들어
갈 수 없게 되어, 병 속의 수은이 외기(外氣)의 자극으로 압력을 받게 되므
로, 그 압력의 무게(輕重)에 따라 올라가기도 하고 내려오기도 하는 것이다.
그러나 그 오르내림이 2촌 3분에 불과하므로 서국의 풍우침(風雨鍼)의 예에
의하면, 30도로써 표준을 삼는다. 풍우뇌설(風雨雷雪) 때에는 29도가 될 수도

---

　6) 원문에는 수간(水硍)으로 기록되어 있으나 수은(水銀)을 의미함.

있고 혹은 28도, 혹은 30도가 넘을 때도 있으니 모든 지방의 기후가 매일 변하는 것이 같지 않기로 수은의 승강(升降)도 역시 조금씩 차이가 있다. 그런데 지구 위치로써 논한다면 적도(赤道)의 가운데에서는 수은의 승강(升降)이 가장 적고 적도에서 이남이나 이북은 수은의 승강이 일정하지 않기 때문에 풍우에 대한 증험(證驗)을 일례로서 확정할 수 없으므로 이때에는 사용자가 때를 따라 기후를 판별할 뿐이다. 그래서 서국에서 표준(標準)하는 예를 대략 왼쪽과 같이 열거하고자 한다. [만약 중국에서 풍우침(風雨鍼)을 제조한다면 반드시 중국 기후에 비교해서 맞추어야 하는 것이니, 서국의 분촌 도수(分寸度數)와 중국은 적지 않은 차이가 있다.]

1. 여름에 수은이 조금 내려가면 반드시 풍우(風雨)가 있을 것을 알리는 것으로, 수은이 크게 내려가면 큰 바람이 아니면 반드시 큰 비가 있음을 알리는 것이니 수은의 내려가는 것이 심하면 주로 큰 태풍(颶風: 구풍)이고 내려가는 것이 아주 빠르면 주로 심한 비가 올 때가 많다. 때로 큰 우레(大雷)를 알리는 경우도 있다. 만약 혹서(酷暑) 때에 수은이 내려가는 경우는 틀림없이 빠른 우레(迅雷)가 있음을 알리는 것이다.

1. 하추동(夏秋冬) 세 계절에 수은이 빨리 내려가면 열풍(烈風)이 있거나 혹은 큰 태풍이 있음을 알리는 것이다.

1. 겨울에 수은이 상승하면 반드시 맹렬한 추위가 있을 것을 알리는 것이고, 추위가 혹심한데 계속 올라가면 때로는 눈이 오는 것이며, 눈이 오는데 수은이 내려가면 눈이 녹고 있다는 것을 알리는 것이다. 오랜 가뭄에 수은이 빨리 내려가면 틀림없이 비가 올 것을 알리는 것이며 비가 오는데 계속 내려가면 주로 큰 바람이 있음을 알리는 것이다.

1. 수은이 하강하면 반드시 비가 있을 것을 알리는 것이며, 비가

올 때 수은이 빨리 올라가면 개어도 오래가지 못하고, 수은이 빨리 올라가고 있는데도 계속 비가 내리고 있으므로 오랫동안 개는 것이다. 만약 날이 맑을 때 수은이 약간 내려가면 당연히 미우(微雨: 보슬비)가 있을 것이며, 내려가는 것이 심해서 표시할 수 없으면, 큰 비 즉 대풍(大風)을 알리는 것이다. 때로 오르내림이 일정치 못하면 비 오고 개는 것의 때가 없으며 풍우가 있은 뒤에 반드시 북풍(北風)이 불어 날씨가 서늘해지고, 구름 사이로 햇볕이 새어나오면 수은이 점차 상승하고 반드시 날씨가 맑게 갠다.

무릇 사람이 이 풍우침(風雨鍼)을 휴대하고 등산하면 그 산의 높이를 알 수 있을 것이니 예컨대 그 산정(山頂)에서 수은 1촌이 내려가면 이 산의 높이는 평지에서 천 척이 된다. 일찍이 어떤 사람이 경기구(輕氣球)를 타고 공중에 떠올랐는데, 수은 8촌이 내려갔으므로 이것으로 추산하면 12리의 높이이다. 그리고 서국에 한 예배당이 있는데, 망루의 높이가 4백 척으로 풍우침이 평지보다 4분 내려가니, 대개 공기의 생태가 땅에서 떨어지기가 멀면 멀수록 그 힘도 점점 약해져서 평지에 있을 때의 압력의 무게와는 같을 수 없기 때문이다.

풍우침(風雨鍼)의 쓰임은 그 공이 막대하다. 해객(海客)의 어떤 농부는 풍우침을 잘 아는 사람으로 농사를 그르치거나 싹을 썩히는 일이 없다고 하며, 또 항해하는 뱃사람도 이 풍우침을 잘 알면 돛대가 꺾이거나 배를 침몰시키는 참사가 없다. 어떤 배가 남양(南洋)을 달리고 있었는데, 해질 무렵 하늘은 청명하여 구름 한 점 없었다. 뱃사람들은 노래를 부르고 악기의 흥도 한창인데 이때 갑자기 선주가 뱃사람들을 불러 명령을 하였다.

명령을 받은 사람들이 속으로 이상하게 생각하면서 모든 것을 정돈하였는데 정돈을 마치자 태풍이 일어나서 배가 흔들리고 엎어질 것 같았으나 다행히 부러지고 돛대가 꺾어지지 않았다. 여러 번 이로써 화를 면하게 된 것은 실지로 이 풍우침이 일찍 알려준 덕택이었다. 또 몇 십 년 전에 포도아(葡萄牙: 또한 서양 이름)에 큰 지진이 일어나서 집들이 모두 파괴되고, 부근의 이웃나라까지도 진동한 일이 있었는데, 이 진동이 있기 전에 풍우침이 3촌이나 내려갔다고 한다. 이것은 그 징조를 알려준 가장 큰 것이었다.

[참고] 『격물입문(格物入門)』의 '풍우침'

『한성순보』 제20호(1884.05.05.)의 '풍우침'은 『격물입문』(丁韙良)을 더 추가하여 구성하였다. 그 내용은 다음과 같다.7)

蓋風雨針者 因天氣之輕重 以考驗風雨故名 若天氣厚重則雲必高浮 故不雨 天氣薄輕則雲必低垂 故落雨 格物入門云 或問8)天氣高厚 何如 答俗以爲天氣高厚不可限量 至格物家推測天氣一層 包裹地球漸高漸稀 約計二百里 或作一百五十里之厚靜則爲氣 動則爲風

又問天氣僅有如此高厚鳥得知之 答測天文家考察星宿運行一週 由古及今從無快慢差別 是知星際空虛無氣阻止也. 且由地上升天氣漸漸稀薄 至此則幾於窮盡 又問 氣候自然漫散之物 何以能有限制. 答凡物之有質者 莫不有相吸之力 氣至極薄 地球之吸力 亦足抵其散漫之力 故有限制也.

---

7) 『한성순보』의 기사에서는 띄어쓰기와 문단 나누기를 하지 않았으나, 독해의 편의를 위해 문단을 나누고 띄어 썼음.

8) 『격물입문(格物入門)』은 정위량(丁韙良)이 역술한 문답식 자연과학 입문서임을 보여줌.

又問天氣之有無形止 烏從知之. 答氣雖視之不見然耳可聞而膚可捫也 試以木板搖動如扇 卽覺被風阻碍而動盪喫力矣. 且風能轉磨行船 大則拔樹掀石鼓蕩 萬物苟非實有形焉 能如是哉.

又問天氣下壓 何故. 答物有輕重蓋被地取吸也. 天氣亦然 天氣下壓而人不覺者以內外之氣均同也.

又問 天氣下壓之力 何法度量. 答以三尺長之玻璃管一頭無孔 滿灌水硍以指緊按之 而倒置於水硍筒中移開 其指而管中水硍自然矗立較筒 水硍向上二尺一寸三不落 此天氣壓於筒中水硍之也 可知 二百里之天氣 與二尺一寸三之水硍同其輕重矣.

又問天氣與水硍之輕重 尙有何法. 比喩答 假令水硍筒上加以極嚴之蓋上鑿二孔 一孔以三尺長之管 灌滿水硍 如前法入於筒內 一孔若能以二百里長之管入於筒中 則彼管水硍 亦能有二尺一寸三不落也. 如將長管去 其一段則彼管水硍必落下一節至此管段段去盡 則彼管水硍 亦節節落完矣. 惜二百里之長管 不能造而施之耳. 然天氣下壓之力 確有此理可知也. 若管中盛水 則必須三丈 因二百里之天氣 與三丈之水同 其輕重故 吸水只管只 能吸三丈之水也. 若於水硍內只能吸至二尺一寸三 亦此故耳.

又問 天氣有輕重之別 何故. 答因有深淺厚薄之時 故其壓力不能常常相同也. 比如水之在海潮長則水深 潮退則水淺 天氣亦然 似有潮汛之長退波浪之起伏時重時輕 故管中水硍隨之升降也.

又問 不用水硍可造風雨表否. 答邇來西國有人製得一種風雨表 不用水硍 惟以鋼條 其式略如時辰表內有吸空之盒盤 以鋼條不使外氣透入 惟持抵敵天氣之壓力隨其輕重漲縮有針 與之相連可以旋轉盤面畫有度數 查針運行之度 卽知天氣之輕重 而驗風雨名空盒風雨表.

又問 以風雨表測量地勢高低 宜愼何事. 答宜防天氣寒暑陰晴也. 蓋陰晴偶變其輕重 卽無準則而難 以之測量地勢 至於寒暑則水硍表測量高低 大有妨碍 蓋水得旣隨寒暑漲縮卽難 以其漲縮辨天氣之輕重 雖無水硍之空盒表 亦有碍也. 因鋼條隨寒暑 有軟硬漲縮之別 其愼有二. 一測地兩處須於同時. 一須附用寒暑表 以便

參看將所差冷暖之數 除去始免訛錯. 若升高山較平地 冷多矣.

又問 山上天氣較平地 輕薄情形何如. 答平地煮水高煮水 以寒暑表試之 卽知在山之滾水不如在地之熱甚 因天氣下壓之力輕水易滾沸 瑞士國有人佳極高山上 炊粮不易熟 乃天氣輕之故也. 必於釜上加蓋 其炊始熟 以水氣不出 亦如天氣壓之也. 又如釜水正滾沸蓋之水 卽不滾 亦水氣倒壓之故 因登極高之山 便覺頭悶膚脹 亦因天氣較輕 而體中之氣偏重故脹滿不安耳.

又問 天氣下壓 分兩幾何. 答 四圍各方一寸 高二十一寸三之管 盛滿水碾則二十二斤六兩 天氣旣同此均重可知方寸所壓之 天氣二十二斤六兩 若將地球周圍包農二百里厚之天氣 通盤核算儼如二十一寸三之水碾海包裹地球一般 亦可推而考其分兩也. 共計五十三萬兆噸.

又問 人物不致 被天氣壓斃何也. 若人物皆有孔竅 以通氣體中之氣 與外壓之氣相敵均稱 故不費其重也. 如魚之在水然 亦體中之水 與體外之氣均稱也. 試以茶壺紙蓋嚴 其紙必平 若於壺嘴 以口吸出其氣 則紙必下凹 以壺中之氣 不敵外壓之氣也. 再以極薄 木板蓋桶甚嚴用吸氣 管將桶內之氣吸盡 其板必被壓裂 亦內氣不敵之故耳.

[번역9)] 대체로 풍우침이라는 것은 기후의 경중(輕重)으로 인해서 풍우를 상고하고 경험할 수 있다는 이유 때문에 이름을 그렇게 했으니 만약 기후가 중후(厚重)하게 되면 구름이 반드시 높게 뜨게 되므로 비가 오지 않으며 기후가 경박(輕薄)하면 구름이 낮게 뜨게 되므로 비가 오게 되는 것이다. 『격물입문(格物人門)』에 말하였는데, 어떤 사람이 천기(天氣)의 고후(高厚)함을 어떻게 아느냐고 물으니 그 답이, 보통 사람은 천기의 고후(高厚)함을 한계(限界)해서 헤아릴 수 없다고 생각하겠으나 과학자의 추측에 의하면 천기의 한 층이 지구를 싸고 있어 점점 높이 올라갈수록 점점 희박해져서 약 2백리

---

9) 관훈클럽 신영연구기금(1983)의 번역본을 바탕으로 수정하였음.

328

나 혹은 1백 50리의 두께에서 정지된 상태는 기(氣)가 되고 움직이는 상태면 풍(風)이 된다고 한다.

다시 묻기를 천기란 있는 듯도 없는 듯도 한데 이와 같은 고후(高厚)는 어떻게 알 수 있느냐고 하니, 답에서 천문가(天文家)는 모든 별의 운행하는 1회전을 관찰하는 것이 예부터 오늘날에 이르도록 큰 차이가 결국 없었던 것은, 별이 자리하고 있는 곳은 공허(空虛)하여 어떤 공기(空氣)로 해서 저지당함이 없고, 또 지상에서 하늘로 올라간 공기도 점점 희박하여져서 여기까지 이르면 거의 떨어져 버리는 것이다. 또 묻기를 기후(氣候)란 스스로 흩어져 있는 물체인데 어떻게 한계를 지을 수 있겠는가고 하니, 답에서는 무릇 사물이 원질은 서로 흡인하는 힘이 없지 않아 공기가 희박한 데 이르면 지구의 흡인력이 또한 그 흩어지는 힘보다 못하므로 제한이 있는 것이라고 하였다.

또 묻기를 천기(天氣)는 무형인데 어떻게 그것을 아는가. 답하기를 비록 공기는 눈으로 볼 수는 없지만 움직임은 귀로도 들을 수 있으며 피부로 느낄 수도 있는 것이다. 목판(木板)을 부채처럼 움직이면 곧 매우 힘찬 바람이 이는 것을 시험할 수 있다. 또 바람을 이용하여 방아를 찧거나 배를 가게 할 수도 있으며, 큰 바람은 수목을 뽑고 돌을 움직이며 만물을 뒤흔들기도 하니 진실로 형질(形質)이 없지 않은 것이 아니니, 이로써 알 수 있는 것이라고 하였다.

또 묻기를, 공기가 누르는 압력이 있다는 것은 무슨 까닭인가 하니 답하기를, 사물에 경중(輕重)이 있는 것은 모두 지구(地球)의 인력(引力) 때문이다. 천기(天氣)도 역시 그러해서 공기가 누르는 압력이 있어도 사람이 느끼지 못하는 것은 사방의 공기가 균등하기 때문이라고 했다.

또 묻기를, 공기의 누르는 압력은 어떤 방법으로 잴 수 있는가 하니 답하기를, 3척(尺) 길이의 유리관의 한쪽에 구멍을 뚫고 수은을 가득 채우고 손가락으로 구멍을 막고 다른 수은 통을 거꾸로 세우고 손가락을 떼어버리면 관 속의 수은이 자연히 내려가려고 서게 되고 또 관 속 수은은 위로 밀어 올리는 힘과 비교되게 마련인데, 이때 관 안의 수은은 2척 1촌 3이 밑으로 떨어지게 된다. 이것은 공기가 관 안의 수은 면(面)을 누르기 때문이다. 그러면 2백 리의 공기와 2척 1촌 3의 수은은 그 무게가 같다는 것을 알 수 있다고 하였다.

또 공기와 수은의 경중(輕重)은 어떠한 방법으로 비교하느냐 하니, 비유하여 답하기를, 가령 수은을 가득채운 통 위에 빈틈없이 뚜껑을 닫고 거기에 두 개의 구멍을 뚫어놓고 한쪽 구멍에는 3척 길이의 수은을 가득 채운 관을 앞에서 말한 방법으로 통 안에 세우고, 한쪽 구멍에는 2백 리 길이의 관을 통 안에 세운다면 저쪽 관의 수은 역시 2척 1촌 3이 내려갈 것이며, 이때 만일 2백 리의 긴 관의 1단(段)을 잘라내면 다른 쪽 관의 수은도 반드시 한마디쯤 내려갈 것이다. 그래서 이 긴 관을 1단씩 차차 잘라내게 된다면 저쪽 관의 수은도 마찬가지로 1절(節)씩 내려가서 저쪽을 다 끊어내면 이쪽도 완전히 내려갈 것이다. 애석하다면 2백 리 길이의 관을 제조해서 그것을 시험할 수 없다는 것뿐이다. 그러나 공기가 누르는 압력이 확실하게 있다는 이치는 알 수 있을 것이다. 또 여기에서 관속에 물을 채우면 반드시 3장(丈)의 길이로 해야 할 것이니, 2백 리의 공기와 3장의 물을 빨아들일 수 있는 것이다. 만약 수은 속에 방치하면 오직 흡수하는 능력이 2척 1촌 3에 이르게 되는 것도 역시 이런 이유일 뿐이라고 하였다.

또 천기(天氣)에 경중의 구별이 있는 것은 무엇 때문이냐는 물음에 답하기를, 그것은 때에 따라서는 깊은 데와 얕은데, 또는 두꺼운 데와 얇은 데가 있기 때문에 그 압력이 언제나 서로 같을 수 없는 것이니 물에 비교할 것 같으면 바다에 있어서 만조(滿潮) 때는 물이 깊고 퇴조(退潮) 때에는 물이 얕듯이 천기도 역시 마찬가지다. 그래서 조수(潮水)의 기복과 파도(波濤)의 가 때로는 무겁고 가볍기 때문에 관 안의 수은도 그것을 따라서 승강(升降)하는 것이라고 하였다.

또 수은을 사용하지 않고도 풍우표(風雨表)를 만들 수 있느냐는 물음에 답하기를, 근래에 어떤 서양 사람이 한 종류의 풍우표를 만들었는데 수은을 사용하지 않고 오직 강철만 사용하였다. 그 방식이 시계와 비슷한데 안에는 공기를 빨아들이는 장치의 그릇이 들어 있고 강철의 테로써 밖의 공기를 안으로 들어오지 못하게 했는데 이 강철 테가 공기의 압력과 서로 맞서게 되는 것을 이용해서 그 압력의 경중에 따라서 불어나고 줄어들게 하였고 여기에 침(針)을 연결시켜서 도수를 그린 둥근 판 위에 돌게 하여 침(針)의 돌아가는 각도를 보면 곧 천기의 경중을 알아서 풍우(風雨)를 알 수 있도록 한 것인데 이름을 공합풍우표(空盒風雨表)라고 하였다.

또 풍우표로 지세의 고저(高低)를 측량하려면 어떤 점을 조심해야 하느냐는 물음에 답하기를, 천기의 한서(寒署)와 음청(陰晴)을 피해야 할 것이니 대체로 흐리고 맑음은 그 경중을 변하게 하고 그렇게 되면 곧 표준할 수 있는 법칙이 없어져서 지세를 측량하기 어렵게 되고 또 한서(寒署)에 있어서는 수은표가 고저(高低)를 측량하는데 제일 큰 방해가 되는 것이니, 그것은 수은이란 언제나 한서에 따라서 팽창하고 수축하며 그러니 이 팽창이나 수축된 것으로는 천기(天氣)의 경중을 판단하기 어렵기 때문이다. 비록 수은이 들어 있지 않은 공합표(空盒表)라 할지라도 역시 방해가 있으니 그것은 강합이나 강조(鋼條)도 한서에 따라서 연해지고 단단해짐과 팽창하고 수축되는 것의 다름이 있기 때문이다. 그래서 조심할 것이 두 가지가 있는데, 하나는 두 곳의 지세를 측량할 때는 반드시 동시에 할 것이며, 다른 하나는 언제나 꼭 한서표(寒署表)를 곁들여 사용하여 참고하여보는데 편리하도록 하는 것이니 그것은 춥고 더움으로 인해서 생기는 차이의 수(數)를 빼거나 더해주어야 와착(訛錯)을 면할 수 있다. 만약 고산(高山)에 올라가면 편지에 비교해서 차갑기가 더 심한 것과 같은 것이라고 하였다.

또 산 위의 천기가 평지에 비해 가볍고 희박한 것은 무엇 때문이냐는 물음에 답하기를, 평지에서 끓인 물과 고산(高山)에서 끓인 물을 한서표(寒暑表)로 시험해 보면 바로 알 수 있는데 산 위에서 끓인 물이 평지에서 끓인 물보다 못한 것은 공기의 누르는 압력이 가볍기 때문에 물이 쉽게 끓어서이다. 서사국(瑞土國, 스위스)의 어떤 사람이 대단히 놓은 산 위에서 밥을 짓는데 좀처럼 밥이 익지 않았다고 하는바 그것은 공기가 가볍기 때문이었다. 그럴 때 반드시 솥 위에 무엇을 더 눌러야, 불을 때도 익을 수 있는 것은 수증기(水蒸氣)를 나오지 못하게 하여 마치 공기의 압력 같이 하기 때문이다. 또 만일 솥의 물이 끓고 있을 때 그 위에 무엇을 누르면 물이 곧 끓지 않는 것도 역시 수증기에 압력을 더하기 때문이며 아주 놓은 산에 올라가면 문득 머리가 어지럽고 피부가 붓는 것을 느끼게 되는 것도 역시 공기는 희박하고 몸속이 기운은 거기에 비해 너무 무겁기 때문에 붓는 것 같으면서 불안할 뿐이라고 하였다.

또 천기(天氣)의 누르는 압력의 분량은 얼마나 되느냐는 물음에 답하기를, 네 변의 길이가 모두 1촌이고 높이가 21촌 3되는 관에 수은을 가득 채우면 그 무게가 22근 6량인데 천기가 이미 이것과 같은 무게니 두루 1촌 위에서 누르는 공기의 무게는 22근 6량이라는 것을 알 수 있다. 그러면 앞으로 지구 주위를 둘러싸고 있는 2백리 두께의 공기를 전부 계산하려 한다면 이것은 틀림없이 21촌 3되는 수은의 바다가 지구를 둘러싸고 있는 것과 일반일 것이니 그것을 추측해서 분량을 상고해 보건대 총계 53억조 톤(噸)이라고 하였다.

또 사람이나 동물이 공기의 압력을 받아도 죽지 않는 것은 어째서인가 하는 물음에 답하기를, 사람과 동물은 모두 구멍이 뚫려 있어서 기운이 서로 연결되어 있는데 몸에 있는 기운과 밖에서 누르는 기운이 서로 대적해서 맞게 되어 있기 때문에 그 무게를 느끼지 못하게 되어 있으니 마치 고기가 물에 있을 때 몸속의 수분과 몸 밖의 기운이 서로 알맞은 것과 같은 것이다. 시험으로 차호(茶壺)에 종이로 덮개를 하되 바람이 통하지 않게 잘해 놓고 이 호리병에 달려 있는 꼭지에 입을 대고 그 안의 공기를 빨아들이면 종이는 틀림없이 밑으로 파일 것이니 그것은 호리병 속의 기운이 외부의 압력을 상대하지 못하기 때문이다. 또다시 아주 엷은 목판으로 통을 덮되 바람이 통하지 않도록 하고 공기를 빨아내는 기계를 사용하여 통 안의 공기를 다 뽑아내게 되면 그 목판은 반드시 파열될 것이니 이것 또한 안의 기운이 밖의 힘을 감당치 못하기 때문일 따름이라고 하였다.

4. 寒暑鍼(卷一 所在)

寒暑鍼者 以玻璃爲箭 長數寸許狀如筆管 上通下塞 下有圓胆 中貯水碾 其入水碾之法 先以燈大炙熱 圓胆則筒中之氣漸行散出 乃以指頭掩壓筒口 俟圓胆復冷卽將筒口蘸入 水碾之中 胅後移開指頭水碾卽由筒口走入 胆裡務以滿筒中 卽以吹筒向火吹 [如打銀匠 以吹筒向 火鎔銀之法] 再俟筒體 復冷水碾復降如初 方可懸於板上畫刻分寸 而驗寒暑. 盖水碾質性浮柔 遇熱則鎔而上升 遇冷必凝而下墜 以英國寒暑鍼分寸而論 [佛囒西國 分寸不同 此係隨人心意則較] 凡河氷水結之時 水碾行至三十二分 行漸高天時漸熱 若論粵省風氣嚴寒 行至四十分 盛暑 行至九十分 英國風氣 嚴寒 行至二十餘分 盛暑 行至七十六分. 近赤道各國 風氣爲最熱盛暑 有行至百分者 南極北極風氣爲最冷嚴寒 有行至無分者 以人身本熱而論九十六分爲平和 一百十二分爲病熱 以水質而論 滾酒之熱 一百七十六分 滾水之熱 二百一十二分 滾水碾之熱 六百分. 他如炕麵焗爐 四百分 焚物之熱 一千分 熱之最甚者.

[번역] 한서침

한서침(寒暑鍼)은 길이가 수 촌(數寸)되는 유리통으로 모양은 필관(筆管)과

같으며 위는 통하고 아래는 막혀, 통 안쪽의 둥근 틈 속에 수은을 넣은 것인
데 거기에 수은을 넣은 방법은 먼저 등불로 원통(圓筒)을 가열하여 통 안의
공기가 점점 빠져나가게 되면 손가락으로 통의 입구를 눌러서 막은 뒤에 그
원통이 다시 냉각되기를 기다려, 막고 있는 통구(筒口)를 수은 속에 넣은 뒤
에 막고 있던 손가락을 떼어버리면, 수은이 바로 통구(筒口)를 통해서 구멍
속으로 빨려 들어간다. 이때 반쯤 들어가고 그칠 때 다시 등화(燈火)로 원통
을 가열하여 수은이 열을 받아서 올라가게 하고 올라가서 통속에 가득차면
통 입구를 봉하고 다시 통체(筒體)가 냉각되기를 기다려 수은이 처음과 같이
내려오면 그 때 목판(木板)에 달아 분촌(分寸)을 그려 한서(寒暑)를 알도록 한
다. 대체로 수은의 성질은 유동성이 있으면서 부드러워 열을 만나면 바로
녹으면서 상승하고 찬 것을 당하면 바로 응고되면서 밑으로 떨어진다. 영국
한서침의 분촌(分寸)으로 논하면 [불란서국 분촌은 같지 않은데 이와 관련하
여 의문이 나면 비교할 수 있다.] 무릇 얼음물이 응결할 때 수은은 32분에
이르고, 높이 올라가면 날씨가 점점 더워진다. 만약 월성(粵省: 광동 지방)의
기후라면 최고로 추울 때는 40분에 이를 것이고, 가장 더울 때는 90분에 이
를 것이다. 영국의 기후는 가장 추울 때는 20여 분에 이르고 가장 더울 때는
76분에 이른다. 적도 근처 각국의 기후는 한여름 가장 더울 때 1백 분에 이
를 때도 있으며, 남극 북극(南極北極) 기후는 가장 추운 겨울에 무분(無分)에
이르기도 한다. 그리고 사람의 본열(本熱)은 96분이 정상이고 1백 12분이면
병열(病熱: 병을 앓아 나는 열)이라 할 수 있다. 수질(水質)을 논하면 술이 끓
는 열(滾酒之熱)은 1백 76분이며, 물이 끓는 열은 2백12분, 수은이 끓는 열은
6백분, 기타 항면국로(炕麵焗爐: 밀가루를 말리고 찌는 화로)는 4백분, 물건
을 태우는 열은 1천분이니, 열 가운데 가장 높다.

[참고] 『격물입문(格物入門)』의 '한서침'

『한성순보』 제20호(1884.05.05.)의 '풍우침'은 『격물입문』(丁韙良)을 더 추가하여 구성하였다. 그 내용은 다음과 같다.[10]

格物入門云 以水銀造寒暑表 何如. 答用紙玻璃管下 如球形中盛水銀 令見熱漲滿其管 將其催出上口杜嚴 將口置於結氷冷水內視 水銀縮至何處畫一 紀號以三十二計之再 將球置滾水內視 水銀升至何處 又畫一紀號 以二百十二度計之兩處冷熱相差 一百八十度矣. 卽於中間畫一百八十分度 此英美常用者 因髮倫海創之故

又問 水凍結氷旣係三十二度 此數何自筭起. 答鹽與雪調和卽化水較氷冷三十二度也 故由此筭起 其法以表置鹽雪中視水銀退至極下之處 於此畫圈名極冷圈 然尤言冷者 北極相近之處 表中水銀再下退三十餘度者 非有 若退至四十度則水銀亦結氷矣. 此水與水銀結氷之冷 相差七十二度也.

又問 酒精造寒暑表 何如. 答其外式 與水銀表無異 酒精於漲縮不能成氷 故於極冷之地 以之造寒暑表 較水銀尤愈.

又問 天氣造寒暑表 何如. 答用玻璃管 與水銀表無異. 惟開其上口 將球置熱水中令氣漲出一半 或將氣吸出復 將此管倒浸於清水 礶內水卽上流 管其上球遇熱則氣漲而水下退 遇冷則氣縮而水上升於氷水流水中卽定成度數矣. 水須染紅便於察者 惟熱退冷升與水銀表相反耳. 且尙有弊端不僅 因冷熱上下天氣恒有重輕變易壓於水面 使管中之水 隨其升降畧如風雨表然.

又問 雙頭表 如何. 答以玻璃管 兩頭有球 此頭盡盛天氣 彼頭半氣半水 若二球冷熱不差 水至何處 畫一紀號 其冷熱度數 由此而分 如此球而冷 則氣縮而水漲 彼球冷則氣縮而水退 設有二物冷熱微差 以此試之 毫釐不爽也.

又問 百度表 何如. 答其理與前無異也. 惟分度之不同耳. 自結氷之冷起 至滾水

---

10) 『한성순보』의 기사에서는 띄어쓰기와 문단 나누기를 하지 않았으나, 독해의 편의를 위해 문단을 나누고 띄어 썼음.

之禁止分爲百度 其五十度卽髮倫表之一百二十度 其餘按此可筭 法俄二國多用之.

又問 自記寒暑表 何用. 答人或寢愈 或無暇看表 有此可知極冷極熱之時矣.

又問 其式何如. 答以玻璃筒盛 以酒精上口有管屈曲而下復折回而上 上口有玻璃管中盡盛水銀兩邊管中 置小玻璃二片 上嵌鐵絲 如翼能上而不能下遇熱 則彼管水銀上昇卽 將玻片托起迨水銀遇冷 而退其玻片 因兩翼撑住不能隨之俱下也 遇冷則筒中酒精退縮 而此管水銀 亦上升 其玻片亦浮起不退可知極冷極熱之度數矣. 如欲玻片退下 以磁石引之而落矣.

격물입문(格物入門)에서 말한 것에 의하면 수은(水銀)을 사용하여 한서표(寒暑表)를 만들려면 어떻게 하는가, 답하기를 가느다란 유리관을 사용하는데 밑은 공 같은 모양이고 관속에 수은을 채우고는 거기에다 열을 가해서 그 관을 팽창하게 하여 그 속의 공기가 밖으로 빠져나가면 이쪽의 구멍을 꽉 막고 그 구멍을 물이 얼 정도의 냉수에 담그면 안에서 수은이 수축하게 되는데 어디까지 수축하게 되는가를 봐서 기호를 그어 32도(度)로 계산하고, 다시 밑에 있는 공같은 부분을 끓는 물에 담그면 안에서 수은이 상승하게 되는데 어느 지점까지 가는가를 봐서 또 한금을 그어서 2백12도로 계산하면 두 부분의 냉열(冷熱)의 차이는 1백80도가 된다. 그렇게 되면 그 중간에 1백80도의 금을 그으면 되는 것이다. 이것이 영국과 미국에서 보통 사용하는 것인데, 발륜해(髮倫海, 파렌하이트 Fehrenheit)란 사람이 그것을 처음 만들었기 때문에 발륜표(髮倫表, 華氏)라고도 한다.

또 묻기를, 물이 얼어서 얼음이 되는 때를 이미 32도로 결정했는데 이 수는 어디서부터 계산해낸 것인가 하니, 답하기를 소금과 눈을 한데 섞으면 곧 물이 되는데 이것은 얼음의 차갑기와 같아서 32도인 것이다. 때문에 여기서부터 그 법을 계산해낸 것이며 한서표를 소금을 섞은 눈 속에 두고 수은이 제일 밑까지 내려가는 부분을 봐서 이곳에 금을 그어 극냉권(極冷圈)이라고 하는데 이보다 더욱 차가운 곳이 있으니 북극 근방은 온도계 속의 수은을 빙점에서 다시 30여도나 더 내려가게 하므로 한서표를 빙점에서 40여도 더 내려갈 수 있도록 하지 않으면 수은도 역시 얼게 될 것이다. 여기에서 물과 수은의 어는 점의 차이가 72도란 것을 알 수 있다고 하였다.

또 주정(酒精)으로 한서표를 만들려면 어떻게 해야 하느냐는 물음에 답하기를, 그 외부 형식은 수은표와 다름이 없고 주정(酒精)은 팽창과 수축 면에서 달라 얼음이 안 되기 때문에 극냉(極冷)한 곳에서는 이것으로 한서표(寒暑表)를 만들면 수은으로 만든 것보다 훨씬 낫다고 했다.

또 공기로 한서표를 만들려면 어떻게 하느냐는 물음에 답하기를, 유리관을 사용하는 것은 수은표와 다름이 없고 다만 위에 입구를 틔우고 밑에 달린 구를 뜨거운 물에 담그면 안의 공기가 팽창하여 반 정도는 밖으로 빠져나가게 되는데 혹은 안의 공기를 흡출기(吸出器)로 반쯤 빼내든지 하여 다시 이 관을 맑은 물그릇에 거꾸로 담그면 물이 거꾸로 관 속으로 올라가게 되고 위쪽에 있는 구가 열을 만나면 안의 공기가 팽창하여 물이 밑으로 밀려 내려오고 차가운 것을 만나면 공기가 수축하여 물이 위로 올라가게 되는데, 얼음물과 보통 물에서도 곧 도수(度數)를 형성할 수 있다. 다만 물은 반드시 붉게 염색을 해서 관찰하는 데 편리하도록 할 것이다. 그런데 열을 가하면 내려오고 차면 올라가는 것은 수은표와는 서로 반대될 뿐이다. 또 폐단이 있다면 냉열(冷熱)로 인해 오르내리게 될 뿐만 아니라 외부이 공기가 항상 무겁거나 가볍기로 자주 변하는데 이것이 그릇 속의 수면에 압력을 다르게 하해서 관 속의 물로 하여금 그 승강(升降)에 영향을 주는 점인데 이것은 풍우표(風雨表)와 비슷하다고 하였다.

또 쌍두표(雙頭表)는 어떤 것이냐는 물음에 답하기를, 유리관의 양쪽 머리에 구를 달아 한쪽 머리의 구에는 완전히 공기만 채우고 다른 한쪽에는 반은 공기 반은 물이 되게 해놓고 이 양쪽 구에 냉열(冷熱)의 차이가 없을 때

물이 어디까지 이르는가를 봐서 기호를 그어놓고 다음 그 냉열의 도수를 거기서부터 구분하는 것인데 만일 이쪽 구가 차가우면 공기는 수축하고 물은 팽창하게 되며 저쪽 구가 차가우면 그쪽 공기가 수축하면서 물이 밑으로 내려가게 될 것이다. 가령 두 가지의 물건이 냉열의 차이가 아주 적다고 해도 이것으로 시험한다면 조금도 틀림이 없을 것이라고 하였다.

또 백도표(百度表, 섭씨 온도계)는 어떤 것이냐는 물음에 답하기를, 그것의 이치는 앞서 밝힌 것과 다름이 없으나 분도(分度)의 다름이 있을 뿐이다. 얼음이 얼 수 있는 차가움을 기점으로 하여 물이 끓는 열에 이르면 그치도록 하여 그것을 백도로 나눈 것이니 여기에서 50도는 즉 발륜표(화씨)의 1백 22도가 되는 셈이고 그 나머지는 이런 방식으로 하여 계산이 가능하다. 이것은 프랑스와 러시아들에서 많이 사용하고 있다고 하였다.

또 묻기를 한서표(寒暑表)가 있으면 어떤 곳에 사용되는가에 대하여 물음에 답하기를, 사람이란 때로는 잠자기도 휴식하기도 하며 또 어떤 때는 표를 볼 수 있는 여가도 없겠으나 이것이 있음으로 해서 극냉(極冷)하고 극열(極熱)한 때를 알 수 있을 것이라고 하였다.

또 묻기를 그 제조 방법은 어떤 것인가 하니 답하기를, 먼저 유리로 된 통에 주정(酒精)을 채우고 그 위의 입구에 관을 세우되 관은 구부러져 밑으로 내려온 것을 다시 돌려 꺾어서 위로 올라간 것을 사용하고 그래서 그 관의 위의 입구에는 역시 유리로 된 구를 두고 이 관 속에는 모두 수은을 채우며 또 구부러진 양쪽의 관 속에는 조그마한 유리 조각을 설치하되 위로는 철사를 날개처럼 끼워지도록 해서 유리 조각이 올라갈 수는 있어도 내려오지는 못하도록 한다. 이렇게 하여 열을 만나면 저쪽 관의 수은이 올라가서 바로 유리 조각을 일으켜 세우게 되며, 수은이 차가운 것을 만나 물러나더라도 그 유리조각은 날개처럼 돼 있는 철사가 버티어 그대로 남아 있으며 수은을 따라 밑으로 함께 내려오지 못하게 되어 또 차가운 것을 만나 밑에

338

있는 통속의 주정이 수축하여 물러가면 이쪽 관의 수은이 역시 상승하게 되며, 그쪽의 유리조각 역시 뜨면서 일어나서 물러가지 못하게 되면 이 유리조각을 보고 언제든지 극냉과 극열의 도수를 알 수 있을 것이다. 만일 유리조각을 밑으로 후퇴시키려면 자석으로 그것을 끌어내리면 스스로 자석을 따라서 떨어질 것이라고 하였다.

5. 風論(卷一 所在)

地氣受日熱之烝輕 而上騰他處之氣流動 以補其缺謂之曰風 如渫盤心之水盤旁水 卽流動以塡其空也. 其行有徐有疾日夜不停 一時 [每兩點鐘爲一時] 而行六里者 人物不覺水雲不動, 一時而行三十里者 和暢宜人水紋烟捲 一時而行百里者 松竹有聲, 一時而行百五十里者 芙蓉颭水, 一時而行三百里者 蓬飛茅展帽落塵颸, 一時而行四百里者 萬竅怒號海波洶湧, 一時而行五百里者 船沉屋爛樹拔桅傾, 一時而行六百里者 草木皆摧鳥獸多死 飛沙走石物無完膚 此風勢大畧隨在皆然者也.

若在赤道迤北三十度內 四季常吹東北 迤南二十七度內 四季常吹東南 恒年不易. 是因赤道永與日近其氣受日熱上升 南北二方之氣 時常流動以補其缺 而地球向東左旋 地氣內輕浮之物 不能隨地體速運故 其氣斜向西 而流也. (中略)

풍론

땅의 기운이 태양열을 받아 끓어 가벼워지고 상승하여 다른 곳으로 공기가 이동하여 부족한 곳을 메우면 이를 일컬어 바람이라고 한다. 쟁반 가운데 물이 곁의 물을 치받으면 움직여 빈 곳을 메우는 것과 같다. 그 움직임이 느리나 밤낮으로 멈추지 않는다. 일시 [매 두 점종이 일시]에 육리를 가는 것은 사람이 지각하지 못하고 물과 구름도 움직이지 않는다. 일시에 삼십 리를 가는 것은 화창하여 사람이 물결을 말아 줄 수 있다. 일시에 백 리를 가는 것은 송죽에서 소리가 난다. 일시에 백오십 리를 가는 것은 연꽃이 물에 닿는다. 일시에 삼백 리를 가는 것은 쑥이 날고 띠풀이 펼쳐지며 모자가 벗겨지고 먼지가 날린다. 일시에 사백 리를 가는 것은 모든 것이 노호하고 바다가 출렁인다. 일시에 오백 리를 가는 것은 배가 침몰하고 집이 무너지며 나무가 뽑히고 돛대가 기울어진다. 일시에 육백 리를 가는 것은 초목이 모두 꺾어지고 조수(鳥獸)가 많이 죽으며 모래가 날리고 석물(石物)도 완전하지 않다. 이것이 바람의 힘을 대략 적은 것으로 대부분이 그러하다.

만약 적도 이북 30도 내에서는 사계절 항상 동북풍이 불며, 이남 27도 내에서는 사계절 항상 동남풍이 불어 매년 바뀌지 않는다. 이것은 적도가 항상 해 근처에서 그 기운을 받아 태양열이 상승하며 남북 두 방향의 기운이 때에 따라 유동하여 그 부족한 것을 보충하고 지구가 동쪽 왼편으로 돌며, 지기(地氣) 안의 가볍게 떠도는 물질은 지구 형체를 따라 빠르게 움직일 수 없는 까닭에 그 기운이 서쪽을 향해 움직이기 때문이다.

6. 養氣 [又名生氣](卷一 所在)

養氣者 中有養物人畜皆賴 以活其命 無味無色 而性甚濃火藉之 而光血得之而赤 乃生氣中之尤物 西人有數法以取之者 其一用一玻璃長筩內三仙丹于其中 以火炙之 卽有養氣升出聚于筩內 試以生物大有可觀.

양기(일명 생기)

양기는 그 속에 양물(養物: 모든 생물을 기르는 물질: 지석영은 만물을 기르는 물건으로 풀이)이 있어 사람과 가축이 모두 의지하여 생명을 살린다. 무미 무색으로 그 성질이 농후하여 불이 붙을 수 있다. 빛이 피에 들어가면 붉어지는 것은 생기가 그 물질에 들어가기 때문이다.[11] 서양인은 여러 가지

---

11) 이 부분은 지석영의 〈신학신설〉 '공긔'에 포함되어 있음.

방법을 취했는데, 그 중 하나가 유리로 된 긴 통[玻璃長箭] 안에 삼선단(三仙丹)을 넣어 구우면 즉 양기가 올라가 그 통 안에 모이도록 하니 이로써 살아 있는 것은 모두 양기가 있음을 가히 볼 수 있다.

7. 輕氣 [或名水母氣](卷一 所在)

輕氣生于水中　色味俱無不能生養人物試之　以大有熱而無光　其質爲最輕　輕于生氣十四倍　每一百寸　登方其重三釐而已. 西人製取之法有二. 其一用鐵筒一個　筒中實以鐵碎炕之　以火便有濕氣走入筒中　其濕氣之內原有養氣一分輕氣二分　養氣遇熱卽蝕入鐵質　輕氣遇熱卽透筒則　以淸水浸精錡數片　[鐵片亦可]　入磺强水　[解見下篇]調之　亦有輕氣升出　西國輕氣球多以此法製造.

경기[혹 수모기](수소)

경기는 수중에서 생겨나며 색과 맛이 없고, 사람을 생양케 하지 못하며, 열이 있으나 빛은 없다. 그 성질이 가벼워 생기보다 14분의 1에 이르며 매백 마디(촌)의 부피에서 무게는 3리일 뿐이다. 서양 사람이 이를 만드는 데두 가지 방법이 있으니, 하나는 쇠로 만든 통 한 개를 사용하여 통 가운데 쇠를 부수어 말린 뒤 불을 가해 습기가 통 가운데로 들어가도록 하면 습기 내에서 본래 양기 1분이 경기 2분으로 나뉘고, 양기가 열을 만나면 쇠의 원질(원소, 바탕)과 융합하고, 경기가 열을 만나면 통을 통과하게 되니 맑은 물(청수)이 깨끗한 솥에 가라앉아 [철편도 가능함] 황강수 [하편에서 해명함]로 조정하면 또한 경기가 하늘로 솟으니 서국 사람들이 이 방법으로써 경기구를 많이 만든다.

8. 淡氣(卷一 所在)

淡氣者　淡肤無用所以調淡生氣之濃者也. 功不足以養生　力不足以燒火　其取之之

法 以玻璃樽中 只剩淡氣而已 又法用銅箭一個 實以銅碎炕如取輕氣之法 亦有淡氣
升出

담기(질소)

담기는 담연(淡然)하여 쓸 데가 없으나 맑은 생기를 짙게 한 것이다. 생명
체를 기르기에 부족하고 불을 붙이는 데도 적당하지 않다. 담기를 모으는
방법은 유리관 가운데 다만 담기를 충분히 해야 할 따름이다. 또한 구리 통
한 개를 채워 구리를 부수어 말리면 경기를 모으는 법과 같이 담기가 솟아
난다.

9. 炭氣(卷一 所在)

炭者何煉煤之實火盡之餘氣之最毒者也. 究其所自來 乃養氣輕用之後 混毒氣于其
中 實養氣之無精英者 其實爲最重 重于養氣三倍. 其取之法 用花石數片以淸水浸于
樽中 調以鹽强水 [解見下篇] 自有炭氣升出 或用石灰 調礦强水亦有之 凡人呼出之
氣 亦曰炭氣 燒灰爐所出之氣 亦曰炭氣. 密家不通風 皆足以殺人 嘗有一老屋中 有
枯井甚深浚井之工人者 輒死初疑爲毒妖 有博物者知其內 有炭氣縋試以大火立熄滅
遂設法內引生氣入者 始無恙盖久無居人 其炭氣質重下墜不散故也. 西國之寶以金剛
石爲至貴 其體堅莫能陷朕 亦淸炭之凝質焉耳.

탄기(연매)

탄기란 연매(煉煤: 석탄)의 물질이 타고 남은 것으로 기체 가운데 가장 독
한 것이다. 그 발생 원리를 연구하면 양기를 사용한 뒤 독기가 그 가운데로
혼합되는 것이니 실은 양기의 본성(精英: 핵심, 본성)이 없는 것으로, 그 실체
가 가장 무거워 양기의 세 배에 이른다. 탄기를 모으는 방법은 화석(花石) 여
러 조각을 맑은 물에 가라앉히고 염강수 [하편 풀이를 볼 것]로 조절하면 탄

기가 솟아 오른다. 혹은 석회를 사용하여 황강수를 조절해도 된다. 사람이 호흡해 내뿜는 것도 역시 탄소이며, 불에 타고 남은 기(氣) 역시 탄소이다. 빽빽한 집에 공기가 통하지 않으면 능히 사람을 죽이기도 한다. 일찍이 한 오래된 집의 우물에 들어간 공인이 갑자기 죽은 일이 있었다. 처음에는 요사스런 물건이 있는 것으로 의심되었으나, 박물학자가 그 속에 있는 탄소 때문임을 알고 시험 삼아 불을 넣었더니, 갑자기 불이 꺼졌다. 드디어 방법을 찾아 생기(산소)를 불어 넣었더니 근심 없이 모두 오랫동안 살 수 있었는데, 그것은 탄기가 무거워 아래로 모여 흩어지지 않았기 때문이다. 서국에서는 보석 가운데서도 금강석을 가장 귀하게 여기는데 금강석은 아주 단단해서 흠이 생기지 않는다. 이 금강석 역시 순수한 탄기가 응결되어 생긴 것이다.

10. 炭輕二氣(卷一 所在)

輕氣之性易燒 炭氣之性光焰 合二氣而焚則火色淸白 而明勝於焚膏點蠟實用大而價廉 以是西人有賣氣爲生涯者 近日英吉利 佛蘭西 花旗 等國 皆有賣氣之行 行內設一大爐中 貯煤炭四圍熾大 以煽之煤炭受熱 則上騰爐上 設數銅箭引導其氣 氣至箭口卽以火點 其端光明 如數十燭 以箭接 箭可引數里 凡城中道路 皆引箭點氣 以代燈大輝煌如晝 幾疑不夜之城 在彼貴國行店 亦莫不接箭買氣用照房廊 正是日暮不須傳蠟燭 而輕烟已散入五侯家[12]矣

탄경2기

경기의 성분은 쉽게 연소되고 탄기의 성분은 불꽃이 밝다. 두 기(氣)를

---

12) 한평군(韓君平: 당나라 때 시인)의 '한식(寒食)': 춘성무처불비화(春城無處不飛花), 한식동풍어류사(寒食東風御柳斜), 일모한궁전랍촉(日暮漢宮傳蠟燭), 청연산입오사가(靑煙散入五侯家) [봄이 되어 온 성 안에 꽃들이 흩날리고, 한식날 봄바람에 궁중의 버들 느러지네. 해 저물자 황제께서 밀랍 초를 하사하니, 오후 가에선 푸른 연기 피어나 흩어지네.]

혼합해서 불을 붙이면 불빛이 밝고 희며 밝기도 기름이나 밀랍을 태우는 것보다 우수해서 실용가치가 크고 값이 싸다. 이것으로 해서 서양사람 중에는 매기(賣氣)로 생활하는 자도 있다. 요즘 영길리(英吉利), 불란서(佛蘭西), 화기(花旗: 화란, 네덜란드) 등의 나라에는 모두 매기를 하는 업소가 있는데, 업소의 내부에 한 개의 커다란 노(爐)가 있고 그 속에 매탄(煤炭)을 저장한 다음, 사방 주위에서 강열한 불로 뜨겁게 하여 매탄(煤炭)이 열을 받으면 기(氣)가 위로 치닫는다. 노(爐) 위에 몇 개의 구리통(銅筒)을 설치하여 올라오는 기를 끌어내는데 기가 통 입구에 왔을 때 불을 그 끝에 점화하면 빛의 밝기가 수십 개의 촛불과 같다. 통에 통을 접속하면 몇 리까지는 끌어갈 수 있으므로 성 안의 모든 도로마다 통을 끌어와 기에 점화해서 등불을 대신하는데 휘황하게 대낮처럼 밝아서 거의 불야성인가 의심할 정도이다. 그곳에 있는 귀족 집안이나 영업장소에서도 통을 접속하고 기를 사서 방안이나 대청마루를 밝히지 않은 일이 없으니, 진정 옛날 궁중에서처럼 날이 저물면 납촉(蠟燭)을 돌릴 때 가벼운 연기가 다섯 공사(公侯)의 집으로 흩어져 들어갈 필요가 없겠다고 하겠다.

11. 熱論[熱有大用而無形質謂之物者特借字以立說耳](卷一 所在)

熱乃世上最要之物 萬類皆賴以生發者便地 無熱人類不成其爲人 物産不成其爲物 但其爲用無形無質 而見慣渾間人自不察其理耳. 西國博物之士 推窮其故 分爲六等 一曰 日熱 二曰 火熱 三曰 電氣熱 四曰 肉身熱 五曰 化成熱 六曰 相擊熱. 六熱出處各有不同 而其功用一也.

열론 [열은 크게 쓰임이 있으나 형체와 형질이 없는 것을 일컫는 물질로 특히 글자를 빌어 입증하고자 할 따름이다.[13]]

열은 세상에 가장 긴요한 물질이다. 만물이 모두 이로써 의지하여 생발하니 열이 없으면 인류는 사람이 되지 못하고, 물산은 그 물건이 되지 못한다. 다만 그 쓰임이 무형 무질로 흔히 세상에 존재하나 다만 그것을 살피지 못할 따름이다. 서국 박물 학사가 이를 추궁하여 6등분으로 나누니 일은 일열(日熱: 태양열), 이는 화열, 삼은 전기열, 사는 육신열, 오는 화성열, 육은 상격열이다. 여섯 가지 열의 출처는 각각 같지 않으나 그 공용은 동일하다.

12. 水質論(卷一 所在)

天下之物元質 五十有六. 萬類皆由之 以生造之 不竭化之不滅 是(造)物主之冥冥中村也. 泰西博物者 過物必求其理 遇理必窮其極. 見一物之內 有數質會合而成者 有十餘質會合而成者 間有一質自成其爲物者 難(?)品物繁形然. 皆不出于五十六種之外. 如人身之質도[14] 五十六種之十四水質도 五十六種之二鑽石爲五十六種之一均能用法 以分之何也.

수질론

천하 물건의 원질은 56종으로 만물은 모두 이에서 비롯하여 만들어지며 그 변화가 끝없고 소멸되지 않는다. 이것이 조물주의 깊은 뜻이다. 태서 박물학자가 물질에서 그 이치를 구하고자 하고, 그 이치를 궁구하여 깨우친 것으로 하나의 물질 내에는 여러 개의 원질이 합쳐 이루어진 것, 십여 개의

---

13) 지석영(1891)의 『신학신설』에 다음과 같은 내용과 비교할 수 있다. "더운 거슨 니 세상에 가장 요긴헌 물건이라. 만물이 다 십입버서써 싱발허느니 쓰으로 흐여곰 더우미 업스면 인유가 그 사람이 되들 못헐 거시요 물산이 그 물건이 되들 못허리라. 다만 그 씨음되움이 무형무질흐야 무쳐불유허것마는 보기에 익어서 사람이 스스로 그 잇치을 살피지 못흐야쩐이 서국 박물지시가 추궁기고흐야 분위육등헌이 일왈 열이요 이왈 화열이요 삼왈 전긔열이요 사왈 육신열이요 오왈 화성열이요 육왈 상격열인니 육열의 츌처는 각유부동허나 그 공용인즉 일얘라".

14) 도: (氵+導)

원질이 합쳐 이루어진 것, 간혹 하나의 물질로 이루어진 것 등 그 형체와 관계를 모두 다 말하기 어려우나 대개 56종 내외를 벗어나지 않는다. 사람의 기질도 56종의 14질로 56종의 2 찬석(鑽石: 미상)이 56종에 균등히 사용되니 이를 어떻게 나눌 것인가?(?)

13. 天文略論(卷二 所在)

　天文之學由來舊矣 然古人皆謂天圓地方 日月星辰圜行於大地之外 推步者各以管窺爲是 著述者自以臆斷爲能 無從知有地球圓日之理 自前明嘉靖二十年 泰西天文師明嘉利珂者 如造窺天大千里鏡具見日月五星體象 縮百千萬里之遙瞭如指掌 由是夜觀日算 邃深悉日月星辰轉運之 奇後經各國星士 互相考証分較合符其法 果有眞據而不可易 自此愈推愈精講 天文者並皆以是爲宗據 西士自入太學之後 經史而外靡不旁搜天文地理之書其意 盖謂人生覆載之間 當知覆載之所 以造彼蒼浩蕩 日月何以光懸 星宿何以纒伏 地球何以圜運不停 歲序何以亘古不紊 精言思之必知有一造化 眞宰默主於冥冥之中 所謂天無耳而聽者眞宰聽之 天無目而視者 眞宰之擧 凡在天垂象在地成形者 莫非眞宰之所 形象之由是 遠取諸物 近取諸身 何莫而非眞宰之所 化所造則朝乾夕惕 君子與敬畏之心 而俯察仰觀 小人品鑿臨之念 敢謂談天說地爲迂闊哉 回擇要而淺近者 譯述數篇 名曰 天文略論 雖管窺蠡測不足以高淡而飮水思源亦爲勸善之一道云爾.

　천문약론

　천문학의 유래는 오래되었다. 그러나 <u>옛 사람은 모두 "하늘은 둥글고 지구는 모가 나며, 일월성신은 대지 밖을 둥글게 행한다."</u>라고 말하였다. 추보(推步)하는 사람[15]들은 각자 자기의 관견(管見)을 옳게 여겨 저술하는 사람

───────────────

15) 추보자(推步者): 천체 운행을 관측하는 사람.

들도 억단(臆斷)을 능사로 삼아 지구가 순환하는 이치를 알지 못했다. 이전 명나라 가정 20년(1541년) 태서의 천문학자 가리가(嘉利珂: 갈릴레오)[16]라는 사람이 대천리경(大千里鏡)을 만들어 일월 5성의 체상(體象)을 관측하고 축도 했는데, 백 천 만 리의 먼 곳도 손바닥처럼 명료하게 보였다. 이로써 밤에는 관찰하고 낮에는 수리(數理)를 계산하여 드디어 일월성신의 운행하는 법칙 을 다 밝혔다. 얼마 후 각국 성사(星土)들이 서로 고증하고 비교하여 그 원 리를 맞추어 보니, 과연 참된 증거가 있어 바꿀 수 없었다. 이로부터 더욱 추리하고 강구하여 천문학자와 모두가 이를 옳게 여기고 종주(宗土)로 삼게 되었다.[17] 서양 학사가 태학(太學)에 들어온 후 경사(經史)와 외방 미비한 천 문 지리서를 탐구하게 되었다. 대개 사람이 복재지간(覆載之間, 하늘은 만물 을 덮고 땅은 만물을 받쳐 실음)에 마땅히 놓여 있을 곳이 있음을 알고, 이 로써 저 푸르고 희고 넓은 곳에 일월이 어찌 빛을 내며, 별자리가 어떻게 얽 혀 있으며, 지구는 어찌 둥글게 움직이며 정지하지 않고, 세월은 어찌 항상 질서를 지켜 어지럽지 않으며 바른 말과 생각이 조화가 있음을 알아, 조물 주가 어둠을 주재한다. 이른바 하늘에 귀가 없으나 진재(眞宰, 조물주)는 그 것을 듣고, 하늘에 눈이 없으나 보는 것은 조물주의 거동이며, 무릇 하늘에

---

16) 가리가(嘉利珂): 갈릴레이 갈릴레오 Calilei Galileo.

17) 『한성순보』 제2호(1883.11.10.) '지구의 운전에 대한 논'에서도 이 부분에 대한 인용 이 들어 있음. "처음에는 이런 이치를 모르고 모두 「하늘은 둥글고, 땅은 모가 나서 日月 星辰이 大地 밖을 圍行한다」고 생각하여 推步〈天體運行을 관측하는 것〉하는 사람들이 각자 자기의 偏見을 옳게 여기고, 著述하는 사람들도 臆斷을 능사로 삼아 地球가 운전하는 이치를 아는 사람이 없었다. 지난 嘉靖〈明 世宗의 연호〉 20년 (1541년: 註=갈릴레이가 망원경을 발명한 실지연도는 1609년임), 서양의 이름이 嘉 利珂(갈릴레이: 갈릴레오 Calilei Galileo)란 자가 하늘을 보는 大千里鏡〈望遠鏡〉을 처음으로 만들어 日月 五星의 體象을 관측하였는데, 천백만리의 먼 곳이 마치 손바 닥에 있는 물건처럼 가깝게 보였다. 이로써 밤에는 천문을 관찰하고 낮에는 數理를 계산하였다. 그래서 일월성신이 운행하는 妙理를 자세히 알게 되었다. 그래서 著書 에다 처음으로 지구가 운동하는 이치를 밝혔는데, 세상 사람들 모두가 허탄한 말로 돌리고 말았다."

드리운 모습이 땅을 형성하는 것은 다른 것이 아니라 조물조가 그렇게 한 형상에서 말미암은 것이다. 멀리 사물에서 취하고 가까이 자신에서 취하는 것이 어찌 조물주가 조화하여 만들지 않은 것이 있으며, 변화하여 조화를 이룬 즉 아침부터 저녁까지 부지런히 일한다. 군자는 경외심으로 하늘을 우러러 바라보고(仰觀天文), 땅을 굽어 살피며(俯察地理), 소인은 성품이 협착하여 눈앞에 보이는 것만 생각한다. 감히 담천설에서 땅은 오활하다 말한다. 돌이켜 중요하고 쉬운 것을 가려 몇 편을 역술하고 이름하여『천문약론(天文略論)』이라 하니 비록 좁은 소견으로 고담(高淡)과 음수(飮水)를 헤아리는 데 부족하나 생각의 근원이 또한 선을 권하는 한 방편을 삼고자 한다.

14. 地球論(卷二 所在)

古人俱以地在天下 平大不動 四方之極地邊是海浩渺遠天 天際人見每朝太陽東升 酉刻西沒 夜見太陰亦然. 但未思此日月從何來往 若問海底有何物扶承 地底有何物基 址 皆不能知 各人比擬不同 迄今尙無定論 殊不知之形體 非坦非方却是 團圓如橙確 有實擄可考

지구론

옛날 사람들은 모두 지구가 하늘 아래 있으며, 평평하고 넓어 움직이지 않고 네모나며 지구의 가장자리가 바다로 희고 먼 곳이 하늘이라고 생각했다. 하늘의 경계에서 사람이 매일 아침 해가 솟는 것을 보고, 저녁에는 지며 밤에 달을 보는 것 또한 그렇다고 여겼다. 다만 이 해와 달이 어디에서 왔다 가는지 생각하지 못했다. 만약 누가 묻는다면 바다 깊은 곳에서 어떤 물건이 솟아오르게 하며, 지구 밑에서 어떤 물건이 터를 이루는지 모두 알지 못하고, 각각의 사람마다 그 근거가 같지 못해 지금까지 정해진 이론이 없이 그 형체를 알지 못하고, 다만 평탄하지 않고 모나지 않음은 사실이니 등과 같이 확실한 근거를 가히 고찰할 수 있다.

15. 行星論(卷二 所在)[18]

蒼天衆星羅列 或動或伏. 雖老星士莫能指數如二十八宿 北斗七星天乙紫微之屬亘古不動 西國天文師 以大千里鏡竅測共知 有十餘行星 皆有軌度圜日而行者 地球與行星 亦在其內焉. 最近日者爲水星 其次爲金星 其次爲地球 其次爲火星 其次爲喊[19]士吗小星 次爲思(口+思)[20]厘士小星, 次爲哩拉士小星, 次爲珠那小星, 次木星, 次土星, 次聶段星 是爲離日最遠 日輪常居其中十餘星次第圜統行之 實以日輪爲樞紐之位 此十一星中 有木星大 土星次之於呢拿(宀+拿)士又次之 地球又次之 金星又次之 火星又次之 水星又次之 均已詳列圖中 茲約論其槩 假如地球離日十分 水星則四分 金星七分 火星十六分 木星五十二分 土星一百分 聶段星則一百九十六分. 天文家言日大於地一百三十萬倍 地大於水星十四倍 地大於金星小許 地大於火星三倍 土星大於地一十倍 木星至大大於地一千四百倍 聶段星大於地八十倍 此皆以天文算法推計之.

행성론

창천(蒼天)에는 수많은 별이 나열해 있는데, 어떤 것은 움직이며 혹은 정지하고 있어서 비록 노성사(老星士)라도 그 수를 다 알 수 없다. 28수와 북두칠성, 천을(天乙: 하늘)과 자미(紫微: 북두칠성 북쪽의 별자리) 등의 부류는 예부터 움직일 수 없다. 서국의 천문사(天文師)들이 큰 천리경(千里鏡)으로 바라보고 측량하여 10여 개의 행성(行星)이 모두 궤도가 있으며 태양을 둘러싸고 운행한다는 사실을 모두 알게 되었다. 지구도 행성들과 함께 또한 그 (궤도) 내에 들어 있다. 태양에서 가장 가까운 수성(水星)이고, 그 다음은 금

---

18) 『한성순보』 1884년 5월 5일자(제20호) '행성론(行星論)'.

19) 한성순보에서는 威로 표현함.

20) 한성순보에서는 偲

성(金星)이며, 그 다음은 지구(地球), 그 다음은 화성(火星), 그 다음은 위사타 소성(喊士打 小星), 그 다음은 시리사(偲厘士 小星), 그 다음은 필납사 소성(啤拉士 小星), 그 다음은 주나 소성(珠那小星) 그 다음은 목성(木星), 그 다음은 토성(土星), 그 다음은 섭단성(聶段星)[21]으로, 이 별은 태양에서 가장 멀리 떨어져 있다. 태양은 항상 가운데 위치하고, 10여 개의 별이 차례로 그것을 돌아 움직여 실제로 태양을 축으로 삼는다. 이 열 한 개의 별 중 목성(木星)이 제일 크고, 토성(土星)이 그 다음이며 어니나사(於呢疒+拿士)[22]가 그 다음이며, 지구가 다음이고, 금성이 그 다음이며, 화성이 그 다음이며, 수성이 다음으로 모두 태양계의 가운데에 나열하고 있다. 여기에서 그 개요를 약론(約論)하면, 가령 지구가 태양에서 10분 정도 떨어져 있다고 하면, 수성은 4분이고, 금성은 7분, 화성은 16분, 목성은 52분, 토성은 1백분, 섭단성(聶段星)은 1백 96분 떨어져 있다. 또 천문가(天文家)의 말로는 태양이 지구보다 1백 30만 배 크며 지구는 수성보다 14배가 크며, 지구가 금성보다는 조금 작으며, 지구가 화성보다는 3배 크고 토성이 지구보다 1천배 크며, 목성(木星)이 제일 큰데 지구보다는 1천 4백 배 크고, 섭단성(聶段星)이 지구보다 80배가 크다고 한다. 이것은 모두 천문 산법(天文算法)으로 추계(推計)한 것이다.

---

21) 위사타 소성(喊士打 小星)은 베르타(Vesta), 시리사 소성(偲厘士 小星)은 세레스(Ceres), 필납사 소성(啤拉士 小星)을 팔라스(Pallas), 주나 소성(珠那小星)은 주노(또는 유노 Juno), 섭단성(聶段星)은 새턴(Saturn: 토성)을 음차한 것임.
22) 어니나사(於呢疒+拿士): 유러너스(Uranus)의 음차. 즉 천왕성.

기획 단국대학교 일본연구소 HK+ 사업단

최석원   단국대학교 일본연구소 HK연구교수
허재영   단국대학교 일본연구소장 (HK+사업 연구 책임자)
노경희   울산대학교 국어국문학부 부교수
홍성준   단국대학교 일본연구소 HK연구교수
이성현   서울대학교 중어중문학과 강사

지식인문학총서(지식 사회화 2)

한·중·일 문헌 교류와 유통을 통해 본 지식의 영향력

ⓒ 단국대학교 일본연구소 HK+ 사업단, 2020

1판 1쇄 인쇄 _ 2020년 02월 18일
1판 1쇄 발행 _ 2020년 02월 28일

기 획 _ 단국대학교 일본연구소 HK+ 사업단
지은이 _ 최석원·허재영·노경희·홍성준·이성현
펴낸이 _ 한정희
펴낸곳 _ 경인문화사
등록 _ 제406-1973-000003호
이메일 _ kyungin@kyunginp.co.kr
사업장주소 _ 경기도 파주시 회동길 445-1 경인빌딩 B동 4층
전화 _ 031-955-9300   팩스 _ 031-955-9310
값 27,000원
ISBN 978-89-499-4866-9 93000

※ 이 책은 본사와 저자의 허락 없이는 내용의 일부 또는 전체의 무단 전재나 복제, 광전자 매체 수록 등을 금
합니다.
※ 잘못된 책은 구입처에서 바꾸어 드립니다.
※ 이 도서의 국립중앙도서관 출판예정도서목록(CIP)은 서지정보유통지원시스템 홈페이지(http://seoji.nl.go.kr)
와 국가자료공동목록시스템(http://www.nl.go.kr/kolisnet)에서 이용하실 수 있습니다.
(CIP제어번호: 2020007145)